Personalplanung

Basistexte Personalwesen

Herausgegeben von Oswald Neuberger

Bd. 6

Peter Wimmer

Personalplanung

Problemorientierter Überblick –
theoretische Vertiefung

42 Abbildungen

 Ferdinand Enke Verlag Stuttgart 1985

Dr. Peter Wimmer

Akademischer Rat am Lehrstuhl für Psychologie I
Wirtschafts- und Sozialwissenschaftliche Fakultät
der Universität Augsburg
Memminger Straße 6, 8900 Augsburg

CIP-Kurztitelaufnahme der Deutschen Bibliothek

<u>Wimmer, Peter:</u>
Personalplanung : problemorientierter Überblick -
theoret. Vertiefung / Peter Wimmer. - Stuttgart :
Enke, 1985.
   (Basistexte Personalwesen ; Bd. 6)
   ISBN 3-432-95191-4

NE: GT

© 1985 Ferdinand Enke Verlag, P.O. Box 1304, 7000 Stuttgart 1
Printed in Germany
Druck: Johannes Illig, Buch- und Offsetdruckerei, Göppingen

Inhaltsverzeichnis

1. Einleitung

1.1 Die Entwicklung des Personalwesens in der Bundesrepublik Deutschland

Seit Beginn der 80er Jahre beschäftigt sich eine Reihe von Autoren mit der Entwicklung und dem Stand des Personalwesens in der Bundesrepublik (z.B. STAEHLE & KARG 1981; WÄCHTER 1981; ENDE 1982; GAUGLER 1982; BISANI 1983; MÜLLER 1983; WUNDERER 1983; WUNDERER & MITTMANN 1983). Dies deutet darauf hin, daß für die relativ junge Disziplin Personalwesen eine erste Konsolidierungs- bzw. Reflexionsphase begonnen hat, die u.a. dazu beitragen soll, daß allgemein akzeptierbare Bezugsrahmen und Betrachtungsweisen entwickelt werden können (WUNDERER 1983, S. 221).

Während über die Entwicklungsgeschichte des Personalwesens weitgehend Übereinstimmung besteht, gehen die Schlußfolgerungen, welche die verschiedenen Autoren aus ihren Analysen für eine aktuelle Konzeption des Personalwesens ziehen, zum Teil erheblich auseinander.

Die Behandlung personalwirtschaftlicher Fragestellungen in der BWL

Allgemein wird davon ausgegangen, daß sich die Betriebswirtschaftslehre von Anfang an mit Personalfragen und das heißt primär: vor allem mit der Erfassung und Verrechnung von Personalkosten auseinandergesetzt hat. Bereits in den 20er Jahren wurde vor allem von Vertretern, die in der philosophischen Tradition des Calvinismus, des deutschen Idealismus und der christlichen Soziallehre standen (z.B. SCHÄR, NICKLISCH, FISCHER) menschliche Arbeit als Grundbaustein für eine Betriebswirtschaftslehre vorgeschlagen. Dabei wurde Arbeit nicht nur unter dem Gesichtspunkt ökonomischer Rationalität, sondern auch als "soziales Handeln" betrachtet. Allerdings konnten sich diese "romantischen" Vorstellungen gegen die eher "rational" orientierten Betriebswirte nicht durchsetzen. Einen sicher nicht unbedeutenden Einfluß auf die Hinwendung der deutschen BWL zur (technischen) "Rationalität" dürfte die Verbreitung der Idee der "wissenschaftlichen Betriebsführung" von TAYLOR ausgeübt haben. Unter der Annahme des Menschenbildes vom "homo oeconomicus" wurde versucht, durch systematische (Atomisierung; Synthese) Methoden- und Zeitstudien, entsprechender Personalselektions- und Lohnanreizsysteme, sowie strenger organisatorischer Strukturierung (z.B. Funktionsmeistersystem) die Organisation im Sinne maximaler (ökonomischer) Effizienz zu gestalten.

In der Zeit des Nationalsozialismus (1933-1945) wurden in der BWL verstärkt Probleme der Personalführung vor allem unter dem Aspekt der "Betriebsgemeinschaft" thematisiert; zudem gewann die ursprüngliche Betrachtungsweise des Personals als Kostenfaktor noch stärkere Beachtung (Kriegswirtschaft). Nach dem Zweiten Weltkrieg konnte sich trotz der Anregung SCHMALENBACHs (s. GAUGLER, 1982, S. 288) zunächst keine betriebswirtschaftliche Teildisziplin für das betriebliche Personalwesen durchsetzen. Geprägt wurde die deutsche BWL zu dieser Zeit primär durch die Arbeiten von ERICH GUTENBERG. Menschliche Arbeitsleistung wird von GUTENBERG in eine objektbezogene (ausführende) und eine dispositive (führende) Dimension unterteilt. Dabei wird im Rahmen der Gesamtkonzeption (wirtschaftliches Handeln soll mit Hilfe von Produktions- und Ertragsfunktionen abgebildet werden) unterstellt, daß Führungsverhalten rational nicht erklärbar sei. Ausführende Tätigkeiten wurden ausschließlich auf der Ebene der Betriebsmittel unter den Aspekten des Personaleinsatzes und der Entlohnung betrachtet. Diese Gleichsetzung von Menschen mit Produktfaktoren ist nur dann möglich, wenn von einem mechanistischen Grundmodell des Menschen im Sinne des "Scientific Management" ausgegangen wird (s.S. 9). Trotz einer zumindes teilweise erfolgten Öffnung der BWL in Richtung Verhaltenswissenschaften und ungeachtet aller Bemühungen eine "Personal- und Sozialorientierung der BWL" (REBER 1977) zu forcieren, werden auch heute noch weite Teile der BWL durch das Gedankengebäude der "klassischen" BWL sensu GUTENBERG bestimmt (vgl. BISANI 1983, S.90). Vertreter dieser Richtung (z.B. WÖHE 1981) sind sich der Restriktionen, die sich aus der ausschließlichen Betrachtung der ökonomischen Zielsetzung des Menschen im Betrieb ergeben, durchaus bewußt. Konflikte, die etwa aus sozialen Problemen resultieren können, sollen durch eine interdisziplinäre Zusammenarbeit (mit der Psychologie, Soziologie, Pädagogik) überwunden werden, indem gesicherte Erkenntnisse dieser Wissenschaften bei praktischen wirtschaftlichen Entscheidungen berücksichtigt werden. Wie diese Zusammenarbeit im einzelnen aussehen soll, wird leider nicht expliziert. Nach ELSCHEN (1982) herrscht bei diesen Autoren vermutlich die Vorstellung, daß die Nachbardisziplinen der BWL ähnlich wie in einem Supermarkt fertige Rezepte, Theorien usw. in ihren Regalen gehortet haben, die dann bei Bedarf lediglich in den Einkaufswagen gepackt, zu Hause geöffnet und "konsumiert" werden müssen; wie schwierig, wenn nicht gar unmöglich eine derartige Prozedur ist, wurde anhand der Probleme bei der Übernahme sozialpsychologischer Forschungsergebnisse anlässlich einer Untersuchung zum Risky-Shift-Phänomen bei Gruppenentscheidungen durch ELSCHEN (1982) demonstriert.

Von den Ansätzen in der BWL, die verhaltenswissenschaftliche Ergebnisse in ihre Überlegungen einbezogen haben, ist zunächst die Entscheidungstheorie von HEINEN (z.B. 1966) zu erwähnen. In Anlehnung v.a. an MARCH & SIMON (1958) rückte er den wirtschaftenden Mensch als Entscheidungssubjekt in den Mittelpunkt der theoretischen Betrachtungen. Einstellungen und Motive der Entscheider, mikropolitische Taktiken (z.B. Bildung von Koalitionen, Nepotismus) usw. sollen in ein Entscheidungsmodell integriert werden, welches eine realistischere Erklärung von (Führungs-)Handeln in Organisationen ermöglicht. Für die objektbezogene Arbeit wird der GUTENBERGsche Ansatz weiter aufrechterhalten.

Eine weitergehende Berücksichtigung verhaltenswissenschaftlicher Ergebnisse ist im systemtheoretischen Ansatz von ULRICH (1971) zu finden. Die Unternehmung wird in dieser Betrachtungsweise als produktives und soziales System gesehen. Das Menschenbild des homo oeconomicus wird nun ersetzt durch eine ganzheitliche Betrachtung der arbeitenden Menschen; die Trennung von objektbezogener und dispositiver Tätigkeit wird aufgehoben. Allerdings kam es auch im Rahmen der systemorientierten Betriebswirtschaftslehre nicht zu einer angemessenen Eingliederung des Personalbereichs (s. BISANI 1983, S. 90).

Das Personalwesen als eigenständige Teildisziplin der BWL

Die Entwicklung des Personalwesens als eigene Disziplin der Betriebswirtschaftslehre kann in vier Phasen unterteilt werden (nach WUNDERER 1983):

- Vorbereitungsphase   (1950 - ca. 1960)
- Gründungsphase   (1961 -   1971)
- Expansions- und Profilierungsphase (1971 -   1981)
- Reflexionsphase   (ab 1981)

In der Vorbereitungsphase wurden überwiegend Teilprobleme des betrieblichen Personalwesens (z.B. Personalverwaltung, Arbeitsrecht) unter primär anwendungsorientierten Aspekten behandelt. Ein erster Versuch v.a. instrumentelle Lösungsansätze der Personalpraxis handbuchartig zusammenzufassen, wurde von GOOSENS (1955) unternommen.

WUNDERER (1983, S. 219) datiert das eigentliche Gründungsjahr des Personalwesens auf das Jahr 1961. Ausschlaggebend hierfür sind drei Ereignisse: der Mannheimer BWL-Professor J. KOLBINGER legt sein Manuskript "Das betriebliche Personalwesen" vor. Im gleichen Jahr findet in Mannheim die wissenschaftliche Jahrestagung des Verbands der Hochschullehrer für Betriebswirtschaft unter dem Oberthema "Arbeit und Lohn als Forschungsobjekt der Betriebswirtschaftslehre" statt. Ungefähr zur gleichen Zeit wird ebenfalls in Mannheim der erste (betriebswirtschaftliche) Lehrstuhl für "Personalwesen und Arbeitswissenschaft" an einer deutschsprachigen Hochschule gegründet und die spezielle BWL "Personalwesen" in einer Prüfungsordnung verankert. Die Expansionsphase nimmt ab 1972 in nahezu allen Bereichen einen beinahe explosionsartigen Verlauf, welcher u.a. durch die Gründung vieler neuer Hochschulen, die Personalwesen von Anfang an in die Strukturplanung ihrer betriebswirtschaftlichen Fakultäten aufnehmen, begünstigt wird (s. WUNDERER 1983, S. 220). Zusätzlich haben nach BISANI (1976, S. 19ff.) folgende Gründe zu einer zunehmenden Bedeutung des Personalwesens geführt:

- Änderung der Arbeitsmarktlage,
- Erhöhung der Personalkosten,
- Stärkung der wirtschaftlichen und rechtlichen Position der Arbeitnehmer,
- zunehmendes Anspruchsniveau der Arbeitnehmer an Arbeitsplatz, Beruf und Freizeit,
- Veränderung der Belegschaftsstruktur durch veränderte Berufsqualifikationen und Arbeitsmethoden sowie die Notwendigkeit zu verstärkter Aus- und Fortbildung,
- zunehmende Betriebsgrößen und Arbeitsintensivierung,
- veränderte Führungsanforderungen und Managementphilosophien,
- neue Erkenntnisse der Arbeits- und Sozialwissenschaften,
- Interdependenz aller Funktionsbereiche bei unternehmerischen Entscheidungen.

In dieser Phase, die ca. 10 Jahre lang anhält, wurden an 53 deutschsprachigen Hochschulen 24 weitere Professuren für Personalwesen errichtet. Neben zwei enzyklopädisch konzipierten Handwörterbüchern zum betrieblichen Personalwesen (GAUGLER 1975; BIERFELDER 1976) erscheinen in dieser Zeit ca. 30 zusammenfassende Darstellungen zum Personalwesen (siehe BISANI 1983, S. 99).

Die Zeit ab 1981 ist gekennzeichnet durch eine "Häufung gleichzeitig erscheinender Sammelrezensionen und dogmengeschichtlicher Monographien zum Personalwesen" (WUNDERER 1983, S. 220). Dies kann als ein Indiz dafür verstanden werden, daß mittlerweile eine Reifungsphase (siehe oben) des Personalwesens begonnen hat, die zu einer Klärung ihres Selbstverständnisses beitragen wird.

Die Entwicklung des Personalwesens in der betrieblichen Praxis

Die Entwicklung der (wissenschaftlichen) Disziplin "Personalwesen" kann nicht losgelöst von der Rolle des Personalwesens in der betrieblichen Praxis betrachtet werden. Inhalte akademischer Disziplinen werden häufig anhand wissenschaftlicher Systematiken abgeleitet; sie können aber, und das trifft für das Fach Personalwesen in erheblich stärkerem Umfang zu, auch aus einer mehr oder weniger kritischen Reflexion "praktischer" Probleme und Instrumente gewonnen werden (vgl. WÄCHTER 1979). Geht man von der zuletzt genannten Annahme aus, so läßt sich eine (zumindest in groben Umrissen erfolgte) Parallelität in der Entwicklung des Personalwesens in der betrieblichen Praxis und an den Hochschulen feststellen, wobei die Rezeption der Praxis durch die Wissenschaft mit zum Teil erheblichen zeitlichen Verzögerungen erfolgt sein dürfte (s. STAEHLE & KARG 1981, S. 85). Dagegen blieb der Einfluß theoretischer Entwicklungen auf die Personalpraxis relativ gering und beschränkte sich in erster Linie auf die Übernahme unmittelbar zu verwertender "Rezepte" v.a. aus dem juristischen und arbeitswissenschaftlichen Bereich (vgl. WUNDERER & MITTMANN 1983, S. 624). Ähnlich wie die Stellung des Personalwesens in der Betriebswirtschaftslehre hat die Bedeutung des Personalwesens in wirtschaftlichen Organisationen im Lauf der letzten Jahrzehnte erheblich an Bedeutung zugenommen. Zu Beginn der Industrialisierung beschränkte sich Personalarbeit darauf, aus den vom Land in die Städte drängenden Menschen nach der Methode "Versuch und Irrtum" Arbeitskräfte anzuheuern. Das Arbeitsverhältnis wurde als reines Austauschverhältnis (Arbeitskraft gegen Lohn) verstanden, dessen Inhalt durch freie vertragliche Vereinbarung festgelegt wurde (Warencharakter der Arbeit). Durch die Einführung der Sozialversicherung und gesetzlicher Regelungen für die Arbeitsverhältnisse erweiterte sich der Aufgabenbereich und erhielt primär administrativen Charakter. Die Entstehung eines differenzierten Arbeitsrechts führte dazu, daß Personalarbeit im "dispositiven" Bereich immer häufiger von Juristen geleistet wurde.

Mit zunehmender technischer Entwicklung veränderten sich die Anforderungen an die Qualifikationen zukünftiger Arbeitskräfte. Probleme der Arbeitsgestaltung, der Produktivität und damit verbunden der Einstellung, Führung, Entwicklung und Betreuung traten immer stärker in den Vordergrund und führten zu gesteigerten Anforderungen an die betriebliche Personalarbeit. Während zunächst die Lösung dieser Aufgaben häufig mit Hilfe des TAYLORschen Paradigmas in Angriff genommen wurde, trugen nicht zuletzt politische Veränderungen (z.B. Demokratisierung) zu einer teilweisen Abkehr vom mechanistischen Grundmodell TAYLORs und zu einer Hinwendung zu einem neuen, eher sozialwissenschaftlich geprägten Verständnis von Personalarbeit bei.

Der Mensch, bisher als Einsatzgut auf der Ebene der Betriebsmittel betrachtet, sollte Teilglied eines kooperativen Systems werden, welches im modernen Industriebetrieb verwirklicht werden kann. Ausdruck fanden diese Forderungen beispielsweise in gesetzlichen Regelungen (z.B. BetrVG von 1972; Mitbestimmungsgesetz 1976), die eine stärkere Beteiligung der Arbeitnehmer auf betrieblicher und Unternehmensebene ermöglichen, im Ausbau des Arbeitsschutzes (z.B. Arbeitsstättenverordnung) und in verstärkten Bemühungen zur Humanisierung des Arbeitslebens (s. MAIER 1983a).

Konzeptionen des Personalwesens

Allerdings bedeutet diese Entwicklung keineswegs ein Verschwinden tayloristischer Vorstellungen. Besonders deutlich wird dies in Zeiten ökonomischer Krisen, in welchen u.a. durch organisatorische Maßnahmen in der Tradition der "wissenschaftlichen Betriebsführung" eine Intensivierung der Arbeit vorangetrieben wird. Interessengegensätze stellen einen wichtigen Themenbereich des Personalwesens dar. Dabei gehen die Auffassungen, welche Rolle "das" Personalwesen im Hinblick auf Spannungen zwischen den Interessen von Arbeitnehmer und Arbeitgeber spielen soll, weit auseinander (s. Beleg 1). Manche Autoren beschränken sich auf rein sachliche Funktionen des Personalwesens (z.B. PULLIG 1980), andere nehmen Werturteile in ihre Definitionen des Personalwesens auf, welche eine Gleichgewichtung bzw. einen Ausgleich zwischen rein ökonomischen und sozialen Zielsetzungen erlauben (z.B. MARR & STITZEL 1979; RKW-Hdb. 1978).

Beleg 1: ZIELE DES BETRIEBLICHEN PERSONALWESENS

"Als allgemeines oberstes Sachziel der Personalwirtschaft kann formuliert werden:
dem Unternehmen personelle Kapazität in Form von dispositiver und objektbezogener
menschlicher Arbeitsleistung in der erforderlichen Quantität, Qualität, zum richtigen
Zeitpunkt und für die benötigte Dauer am jeweiligen Einsatzort bereitzustellen, damit die betrieblichen Prozesse der Leistungserstellung und -verwertung durchgeführt
werden können" (HENTZE 1977, Bd. 1, S. 55).

"Seine Rolle als Produktionsfaktor findet ihre Grenzen dort, wo sie die Würde des
Menschen berührt. Das Ziel, die Arbeit menschengerecht zu gestalten, tritt also
gleichwertig neben die sachlichen Ziele eines Unternehmens" (RKW-Handbuch 1978,
Bd. 1, S. 10).

"Die Funktion des Personalwesens ist die Sicherung des erforderlichen Personalstands,
sowie die Aufrechterhaltung der Leistungsfähigkeit und Leistungsbereitschaft der
Menschen im Betrieb" (PULLIG 1980, S. 21).

"Damit wird die Konzeption des Interessenausgleichs zwischen ökonomischer und sozialer Effizienz zum personalpolitischen Zentralproblem (S. 29).
Aus personalwirtschaftlicher Sicht heißt Wirtschaftlichkeit dann die Optimierung des
Verhältnisses von personalabhängigem Leistungsergebnis und Personalkosten... Menschliche Arbeit ist grundsätzlich Bestandteil und Ausdruck der Individualität dessen, der
sie leistet. Es gibt nicht die 'Arbeit an sich', sondern nur Menschen, die ihre Arbeitskraft zur Verfügung stellen, wobei es zumindest aus der Sicht der Arbeitenden nicht
nur um deren ökonomische Nutzung geht, sondern auch um Arbeit als 'Selbstzweck' "
(MARR & STITZEL 1979, S. 26).

"Betriebliche Personalpolitik beinhaltet diejenigen Ziel- und Mittelentscheidungen, die
auf die wechselseitigen Beziehungen zwischen Entscheidungsträgern und Belegschaft,
zwischen den Mitarbeitern untereinander und den Mitarbeitern und ihrer Arbeit gerichtet sind" (v. ECKARDSTEIN & SCHNELLINGER 1978, S. 2).

"... daß Personalwesen nicht nur ein Mittel zu vorgegebenen Unternehmenszwecken
ist, sondern auch die (Mit-)Bestimmung der Unternehmenszwecke umfaßt (Personalpolitik)..." (REMER 1978, S. 19).

"In der Praxis wird stets Verhaltenssteuerung betrieben, d.h. wird Mitarbeiterführung
praktiziert, werden Personen eingestellt, versetzt, fortgebildet. Solange es aber nicht
auf der Grundlage einer systematisch entwickelten Konzeption geschieht, d.h. Mitarbeiterführung nicht nach einheitlich-geschlossenen und erklärten Richtlinien ("Führungsstil"), Steuerungsaktivitäten für das Personal nicht nach dafür gestatteten Systemen
betrieben werden, liegt kein konzeptionell betriebenes Personal-Management vor"
(BERTHEL 1979, S. 12).

"Die generelle Aufgabe der Personalwirtschaftslehre besteht darin, die Probleme der
menschlichen Arbeit und der arbeitenden Menschen in Organisationen im Spannungsfeld unterschiedlicher Ziele und Zwecke sichtbar zu machen, zu erklären und im Hinblick auf angestrebte Ziele und Zwecke Gestaltungshilfen zu geben"
(HENTZE 1977, Bd. 1, S. 81).

Eine rein sachliche Orientierung bei der Behandlung personalwirtschaftlicher Problemstellungen herrscht in der betriebswirtschaftlichen Literatur vor. Dies wird u.a. an den Aufgaben deutlich, die dem Personalwesen zugeordnet werden. Analog zum "Lebenszyklus" eines Arbeitnehmers in einer Organisation werden v.a. folgende Themenbereiche behandelt (nach NEUBERGER 1983a, S. 2):

- Politik und Planung: Grundsatzfragen der Personalpolitik, Personalbestands- und Bedarfsplanung, übergreifende arbeitsrechtliche Fragen usw.
- Personalbeschaffung: Beschaffungsplanung, Bewerberattraktion und -auslese, Einführung neuer Mitarbeiter usw.
- Personaleinsatz: Einsatzplanung, Fluktuation, Fehlzeiten, Arbeitszeit, Arbeitsbedingungen, Arbeitsmotivation, Personalführung, Arbeitsgestaltung usw.
- Personalentwicklung: Verhaltenstraining, Ausbildung, Karriereplanung, Versetzung, Organisationsentwicklung usw.
- Personalkosten: Entgeltsysteme, Leistungsmessung, Arbeitsbewertung, Nebenkosten, Sozialleistungen usw.
- Personalinformation: Arbeitsplatz-, Leistungs-, Personen-Daten, Personalverwaltung usw.
- Personal-Abbau.

Eine derart objektivierte Auffassung von Personalarbeit ist dann sinnvoll, wenn unter rein ökonomischen Gesichtspunkten (Personal-)Alternativen "berechnet" werden müssen. Zusätzlich begünstigt wurde die Dominanz dieser Sichtweise durch die Entwicklung der Rechtssprechung in Deutschland. Während nach 1900 und größtenteils auch während der Weimarer Zeit das Konzept eines Austauschverhältnisses zwischen Kapital und Arbeit herrschte, wurde in den 20er Jahren und v.a. nach 1933 dieses Konzept durch den Gedanken der Betriebsgemeinschaft ersetzt. Die Interessengegensätze traten dadurch in den Hintergrund; für die Arbeitgeber wurde eine "Fürsorgepflicht" und für die Arbeitnehmer eine "Treuepflicht" konstruiert. "Das Arbeitsverhältnis war kein schuldrechtliches Austauschverhältnis mehr, sondern ein personenrechtliches Gemeinschaftsverhältnis..." (DÄUBLER 1979, S. 184). Nach dem Zweiten Weltkrieg stand das Konzept des personenrechtlichen Gemeinschaftsverhältnisses im Vordergrund. Dabei wird dem Umstand nicht Rechnung getragen, daß Arbeitsverhältnisse keine Gemeinschaft darstellen, sondern daß Arbeit prinzipiell konfliktgeladen ist. Spannungen, die sich daraus ergeben daß "Betriebe Menschen einsetzen, um durch Arbeit ihre Ziele (z.B. Gewinn) zu erreichen, und daß Menschen ihre Arbeitskraft im Betrieb einsetzen, um ihre Existenz zu sichern und zu verbessern... können immer nur partiell und vorübergehend ausgeglichen werden" (WÄCHTER 1981, S. 465). Der Vorstellung eines Gemeinschaftsverhältnisses kommt somit auch eine ideologische Bedeutung zu, denn "im Interesse der Erhaltung des gesellschaftlichen Status Quo spricht sie dort von Harmonie, wo in Wirklichkeit fundamentale Interessengegensätze bestehen" (DÄUBLER 1979, S. 186).

Werden in der Literatur zum Personalwesen Interessenkonflikte berücksichtigt, so wird dem Personalwesen eine Schlichtungs- und Vermittlungsfunktion zugeschrieben. Nach STAEHLE & KARG (1981, S. 86) entspricht diesem Quasi-Harmoniemodell die Auffassung der Autoren zur angemessenen Interessenberücksichtigung. Dabei sollen möglichst alle Interessen gleichberechtigt und gleichzeitig berücksichtigt werden. Nicht diskutiert wird allerdings, wie diese Forderung in der Praxis verwirklicht werden kann. Häufig werden lediglich Zielkataloge für "die Ökonomie" oder/und den "Menschen" aufgestellt und unter den Aspekten Komplementarität, Indifferenz und Konkurrenz diskutiert. Implizit wird dabei diesen beiden Sphären eine Eigenständigkeit unterstellt, die es in Wirklichkeit nicht gibt. Weder kann der Mensch losgelöst von seinen Verhältnissen und Strukturen betrachtet werden, noch sind die Strukturen der Ökonomie ehern und übergeschichtlich.

Als Konsequenz dieser Überlegung ergibt sich für eine Konzeption des Personalwesens, daß weder nur "Individualisierung" noch nur einzelwirtschaftliche "Organisierung" noch nur gesamtgesellschaftliche "Sozialisierung" als fertiges Programm angeboten werden und dem einzelnen eine Objektrolle zugewiesen wird. Nach unserer Auffassung geht es bei einer Konzeption des Personalwesens v.a.

"um das Aufzeigen und Offenhalten von Gestaltungsfreiräumen und Zielalternativen mit der Möglichkeit für den einzelnen, seine Interessen bei der Entwicklung der gemeinsamen und verpflichtenden Strategie und (oder) deren Durchführung einbringen zu können" (NEUBERGER 1983, S. 7).

Auf diese Weise wäre es möglich, von einem statischen Denken in "Strukturen" und "Sachzwängen" zu einem Personalwesen zu gelangen, welches alternative Lösungen bzw. Konzeptionen zuläßt. Ausgehend von den programmatischen Vorstellungen, welche wir unseren Basistexten zum Personalwesen zugrunde gelegt haben (siehe NEUBERGER 1983, S. 1ff.), soll auch im Rahmen des in diesem Buch zu bearbeitenden Themenbereichs "Personalplanung" kein ausgearbeiteter Entwurf für eine neue Personalplanung vorgelegt werden.

Bei der Konzeption des nachfolgenden Textes wurde vielmehr folgender Plan verfolgt:

1. Zunächst werden unter enger Bezugnahme auf herrschende Meinungen in Wissenschaft und Praxis die bestehenden Konzeptionen, Methoden und Instrumente in ihrer vorwiegend objektivistischen Form dargestellt (Beschreibung);

2. Daran schließt sich die Kritik dieser Ansätze: Aufweis und Diskussion von Voraussetzungen, Widersprüchen und Anwendungsproblemen (Bewertung);

3. Dem folgt - anhand exemplarischer Problembereiche (z.B. Fehlzeiten, Fluktuation, Arbeitszeitregelungen) - die Skizzierung neuer Alternativengestaltung.

2. Planung in wirtschaftlichen Organisationen

Der Stellenwert des Planungsaspekts im Rahmen organisatorischen Handelns hat in den letzten Jahren erheblich an Bedeutung gewonnen. Die Notwendigkeit vorausschauender Planung im Unternehmen - etwa zur Prognose von Erfolgen, zur Vermeidung von Fehlentwicklungen oder allgemeiner: zur besseren Transparenz der Auswirkungen wirtschaftlichen Handelns - wird mittlerweile weitgehend anerkannt. Begünstigt wurde diese Entwicklung u.a. durch zunehmende Veränderungen im politischen, ökonomischen, technischen und sozialen Bereich. So haben etwa ökonomische Unwägbarkeiten wie z.B. die Erhöhung der Energiekosten oder der Rohstoffpreise dazu geführt, daß Unternehmen versuchen, die Grenzen des Planbaren immer weiter auszudehnen. Die verstärkte Auseinandersetzung mit der Planungsthematik hat auch zur Folge, daß mittlerweile eine Vielfalt "neuer" Konzeptionen bzw. Definitionen von Planung entstanden ist, die gelegentlich eher zur Verwirrung als zur (kognitiven) Strukturierung der (Planungs-) Diskussion beiträgt. Aus diesem Grund soll "Planung" hier zunächst allgemein behandelt werden; dabei sollen die wichtigsten Begriffe erklärt, die häufigsten Definitionsmerkmale herausgearbeitet und die unterschiedlichen Formen und Ebenen der Planung vorgestellt werden. Daran anschließend folgt eine Diskussion über den Nutzen der Planung für das Unternehmen.

2.1. Definitionen

Die Frage ist nicht (mehr) ob, sondern wie geplant wird bzw. was unter Planung verstanden werden soll. Obwohl in der Betriebswirtschaftslehre keine allgemein akzeptierte Definition von Planung existiert, kann aus der Zahl der am meisten verbreiteten Begriffsbestimmungen eine Reihe von Merkmalen herausgefiltert werden, die mit unterschiedlicher Gewichtung fast immer angesprochen werden (vgl. KRINK 1983).

- Zukunftsbezogenheit
- Prozeßcharakter
- Systematik (z.B. unter Anwendung spezieller Methoden)
- Zielorientiertheit (in Verbindung mit der Forderung nach Rationalität)
- Informationsabhängigkeit
- Gestaltungscharakter, Realisierungsabsicht

Planung kann somit verstanden werden als ein "willensbildender, informationsverarbeitender und prinzipiell systematischer Entscheidungsprozeß mit dem Ziel, zukünftige Entscheidungs- oder Handlungsspielräume problemorientiert einzugrenzen und zu strukturieren" (SZYPERSKI & WINAND 1980, S. 4f.). Abgestellt wird auf eine Rationalisierung von Handlungen, welche mit Hilfe von Plänen, die als Programm die Durchführungshandlungen imperativ im voraus bestimmen, erreicht werden soll.

2.2. Formen und Ebenen des Planens

Die verschiedenen Formen der Planung können nach Umfang (totale Planung vs. partielle Planung), nach Vollständigkeit, nach Sachgegenstand (z.B. Personal-, Finanz-, Investitionsplanung), nach Abstraktionsgrad und gleichzeitig Fristigkeit (strategische, taktische, operative Planung) und nach Rangfolge der Pläne (primär, sekundär, tertiär) unterschieden werden (vgl. z.B. WILD 1974; KOCH 1977; FANDEL 1983).

In der Unternehmensplanung wird häufig zwischen den drei Ebenen der strategischen, taktischen und operativen Planung unterschieden. Als Unterscheidungskriterien dieser Ebenen kommen ihre zeitliche Reichweite, ihr Abstraktionsniveau und ihre Planungsvollständigkeit in Frage (s. FANDEL 1983). Dabei nimmt die Fristigkeit von der strategischen zur operativen Planung ab, während Detailliertheit, Differenziertheit und Vollständigkeit zunehmen. Nach WÄCHTER (1974) ist eine Unterscheidung von Planung nach rein zeitlichen Gesichtspunkten nicht sinnvoll, da es primär darauf ankommt, welche Einflußgrößen als stabil und welche als variabel betrachtet werden müssen. Strategische Planung setzt voraus, daß ein großer Teil der Faktoren, die zum gegenwärtigen Zeitpunkt die Struktur bestimmen, variabel ist, während sich eine operative Planung im Rahmen der vorliegenden Strukturen vollzieht wird. Gegenstände der strategischen Planung sind somit vorwiegend globale Ziele (z.B. Standortwahl, Organisationsstruktur, Rechtsform), die auf weite Sicht ausgelegt sind. Im Rahmen der taktischen Planung werden die Strategien (vor-)strukturiert bzw. abgegrenzt und durch die operative Planung in unmittelbar realisierbare Ziele umgesetzt. Dabei findet eine zeitliche und sachliche Differenzierung in verschiedene Aufgabenbereiche der Unternehmung statt (z.B. Funktionen für 1-Jahreszeitraum). Die Aussagen auf der operativen Ebene sind, bedingt durch ihre Realitätsnähe, i.d.R. dokumentiert und auf Kontrollierbarkeit angelegt.

2.3. Diskussion

Trotz der zunehmenden Akzeptanz von (Unternehmens-)Planung wird v.a. in neueren Arbeiten (z.B. TAYLOR 1976; ARNOLD 1977; HUNSICKER 1980; KOCH 1980; TAGIURI 1980; ULRICH 1980; SCHREYÖGG 1981; BLASS 1983; BROWN 1983; KIESER 1983;) vor einer übertriebenen Planungseuphorie gewarnt. Die in diesem Zusammenhang angeführten Argumente verlaufen auf zwei unterschiedlichen Ebenen:

Zum einen wird, eher systemimmanent, der ökonomische Nutzen der Planung bzw. die Effizienz verwendeter Planungsmethoden relativiert. Es wird darauf hingewiesen, daß Planung einen hohen Analyseaufwand erfordert, welcher einen (zu) großen Teil betrieblicher Resourcen (Zeit, Geld, Energie) bindet; zudem wird befürchtet, daß Planung, je stärker ihre Quantifizierbarkeit und Systematisierbarkeit betont wird, ein flexibles Reagieren auf unerwartete Veränderungen (z.B. im technologischen Bereich, im Nachfrageverhalten von Kunden) erschwert. Formalisierung und Quantifizierung von Planung beinhalten zudem die Gefahr der Reduktion auf das Meßbare und das Vortäuschen einer in Wirklichkeit nicht gegebenen Sicherheit der Prognose; sie erzeugt Illusionen über die Machbarkeit der Zukunft (ULRICH 1980). Vermutlich führt auch die ideologische Betrachtung des Begriffs "Planung" ("Planwirtschaft" = Kommunismus) zu einer mehr oder weniger bewußten Abwehr gegen das Konzept der Planung.

Argumente der zweiten (normativen) Ebene werden v.a. gegen die Rationalitätsannahme in den Planungstheorien erhoben. Diese Annahme beinhaltet zwei Aspekte:

a) Zum einen die Vorstellung, daß der Planungsprozeß aus einer Reihe formallogisch richtig aufgebauter kognitiver Prozesse besteht.

b) Zum anderen der Zweck-Bezug in Planungsprozessen, wobei Rationalität für eine kulturell vermittelte Norm steht (Rationalprinzip, "allgemeines" Vernunftsprinzip).

zu a)
Die Hypothese, daß geplante, rational getroffene Entscheidungen zu besseren Ergebnissen führen, basiert auf dem Denkansatz des homo oeconomicus, der durch folgende Merkmale gekennzeichnet ist (nach NEUBERGER 1983a):

- der Handelnde hat ein Ziel bzw. Präferenzen, die ihm erlauben, verschiedene Ergebnisse in eine Rangordnung der Vorzugswürdigkeit zu bringen;

- der Handelnde kennt die Bedingungen der Situation: er überblickt die möglichen "Zustände der Natur" und weiß auch, mit welcher Wahrscheinlichkeit er mit welchen Voraussetzungen zu rechnen hat;

- er kennt die Handlungsmöglichkeiten, Mittel oder Alternativen, die ihm offenstehen;

- er ist über den Handlungs-Ergebnis-Zusammenhang informiert, weiß also, welche Handlungen (mit welcher Wahrscheinlichkeit) zu welchen Ergebnissen führen werden;

- er hat eine Entscheidungsregel, die ihm erlaubt, zwischen verschiedenen Alternativen zu wählen;

- er ist unendlich schnell und hat alle nötigen Informationen verfügbar; deshalb spielen Probleme der zeitlichen Stabilität von Bedingungen, Ergebnissen, Bewertungen ebenso keine Rolle wie die Frage der Überschreitung der individuellen Informationsverarbeitungskapazität.

Es wird hier nicht vom Abbild des real existierenden Menschen ausgegangen, sondern von einer Fiktion, einmal um als methodisches Prinzip zur Konstruktion ökonomischer Gesetzlichkeiten bestimmte Verhaltensweisen und deren Konsequenzen zu erklären, zum anderen um ein Idealbild vom Menschen zu schaffen, wie er sich bei wirtschaftlichen Entscheidungen zu verhalten hat: "nüchtern und interesselos Alternativen systematisch vergleichen und konsequent mit angebbarer Begründung eine auswählen" (NEUBERGER 1984, S. 176).

Die Rolle subjektiver (irrationaler) Faktoren bei der Planung (z.B. Interessen und Normen der Handelnden, Widerstände gegen Veränderungen, kognitive Fähigkeiten der Planer, Motive) wird bei diesem Ansatz nicht beachtet. Deutlich wird dies u.a. am Beispiel der Zielplanung. Geht man davon aus, daß sich in Planungssystemen nicht nur ein Ziel findet, sondern eine Reihe von Zielen gegeneinander abgeklärt, zeitlich und hierarchisch geordnet werden müssen, so ergibt sich die Frage, welchen Zielen der Vorrang gegeben wird bzw. welche Unterziele abgeleitet werden. Eine eindeutige Zuordnung von Zielen und Subzielen ist nach SCHREYÖGG (1981) nur durch Nennung zusätzlicher Entscheidungsprämissen möglich, da exakte Zielbeziehungsfunktionen empirisch nicht nachweisbar sind. Dadurch entsteht ein Spielraum für kollektive und individuelle Bewertungen und Präferenzen, die als "intervenierende" Variable den "rationalen" Planungsprozeß beeinflussen. Um Handeln in Planungs- (und Entscheidungs-)Situationen zuverlässig vorhersagen zu können, müssen daher verhaltenswissenschaftliche Erkenntnisse über kognitive und emotionale Prozesse einbezogen werden (daß dies u.U. mit erheblichen Schwierigkeiten verbunden sein kann und außerordentliche Anstrengungen von seiten des Forschers verlangen, soll hier nicht geleugnet werden).

zu b)
Bei der Berücksichtigung sozialer Normen und Werte muß davon ausgegangen werden, daß verschiedene Gruppen bzw. Individuen einer Gesellschaft unterschiedliche Präferenzstrukturen haben, die miteinander in Konflikt stehen können und deren Durchsetzung(-smöglichkeiten) von der jeweiligen sozialen Position abhängen. Es gibt somit nicht die "allgemeine" Vernunft, sondern im Rahmen unterschiedlicher Wert-Setzungen unterschiedliche Rationalitäten. Besonders deutlich wird dieses Dilemma bei der Personalplanung. Den Planenden, die im Rahmen betrieblicher Zielvorgaben (z.B. Flexibilität des Einsatzes von Arbeitskräften) versuchen, die Zukunft in den Griff zu bekommen, stehen als Planungs-"Gegenstand" Menschen mit Hoffnungen, Zielen und Bedürfnissen gegenüber, die den Zielen einer Organisation u.U. entgegenstehen (z.B. Verstetigung eines Arbeitsverhältnisses).

3. Personalplanung

3.1. Definition

Der Begriff "Personalplanung" taucht in der deutschsprachigen Literatur erst in den frühen 60er Jahren auf (vgl. GAUGLER u.a. 1974). Dies bedeutet nicht, daß vor dieser Zeit Arbeitnehmer nicht Gegenstand und Ziel planvollen Handelns in Organisationen gewesen sind; so wurden etwa um die Jahrhundertwende im Rahmen des Scientific Management Einsatz, Kosten und Ausbildung von Arbeitnehmern systematisch analysiert und geplant, um eine maximale ökonomische Effizienz zu erzielen.

Das qualitativ Neue der Personalplanung liegt (nach BOSCH 1982, S. 37f.) in der Kombination folgender Merkmale:

- Größere Systematik der Personalplanung (bessere Abstimmung mit anderen Bereichen der Unternehmensplanung, größere Ausgereiftheit und mehr Vollständigkeit der Teilplanungen);

- Weiterer Planungshorizont;

- Formalisierung und Quantifizierung der Pläne (dadurch bessere "Objektivierung", u.v.a. Entdeckung von Prämissen und Widersprüchen);

- Einsatz neuer Hilfsmittel, wie z.B. Personalinformationssysteme (dadurch kann die gestiegene Anzahl von Einzelinformationen schneller und übersichtlicher verarbeitet, miteinander kombiniert, zentralisiert und für Entscheidungen transparent gemacht werden).

Das rasch zunehmende Interesse an der Personalplanung kann u.a. auf hohes wirtschaftliches Wachstum und, damit verbunden, auf ein relativ knappes Angebot auf dem Arbeitsmarkt zurückgeführt werden. Die vordringlichste Aufgabe der Personalplanung besteht darin, dafür zu sorgen, daß der Unternehmung die zukünftig benötigten Mitarbeiter in der erforderlichen Quantität und Qualität, zum richtigen Zeitpunkt, am richtigen Ort und unter Berücksichtigung der zu erwartenden Kosten zur Verfügung stehen.

Der Rückgang der Konjunktur Mitte der 70er Jahre und die andauernde wirtschaftliche Rezession, die zu Produktionsrückgängen, zu einer steigenden Zahl von Unternehmenszusammenbrüchen und zu Massenarbeitslosigkeit führten, haben eine neue Problemkonstellation entstehen lassen. Neben den bisher propagierten Funktionen der Personalplanung (Personalbedarfs-, Personalbeschaffungs-, Personaleinsatz- und Personalkostenplanung) rückt v.a. die Personalabbauplanung in den Vordergrund. Beim Versuch, unerwünschte Folgen im wirtschaftlich-sozialen sowie im technisch-organisatorischen Bereich des Betriebes und in der gesellschaftlichen Umwelt vorbeugend zu beeinflussen, treten die unterschiedlichen Ziele von Arbeitgebern, Betroffenen, Belegschaftsvertretern und Gesellschaft besonders deutlich zutage.

Aus diesem Grund sollen nach ULRICH und STAERKLE (1965) unter Personalplanung nicht nur die einzelnen Teilfunktionen (Bedarf, Beschaffung usw.), sondern v.a. auch die Zielplanung im Bereich des Personalwesens verstanden werden. Sie stellt dann ein Instrument zur Detaillierung der personalpolitischen Ziele dar und steht zwischen der Personalpolitik als strategischer Zielplanung und der Maßnahmenplanung (s. DIELMANN 1981). Allerdings muß in jedem Fall geklärt werden, ob Ziele tatsächlich geplant bzw. vereinbart werden. In der betrieblichen Praxis der Personalplanung werden Ziele i.d.R. gesetzt und nur ihre Realisierung geplant.

3.2. Ziele der Personalplanung

Mit der Einführung der (anfangs eher rudimentären) Personalplanung zu Beginn der 60er Jahre verbanden alle betroffenen Gruppen hohe Erwartungen (s.Tab. 1). Die Arbeitgeber erhofften eine objektivere und rationalere Basis für Entscheidungen im Personalbereich und dadurch eine "Vermeidung von Personalengpässen und Fehlbesetzungen, Reduzierung von Personalkosten, bessere Nutzung innerbetrieblicher und außerbetrieblicher Arbeitskräfteressourcen usw...." (SCHULTZ-WILD 1980, S. 49).

Die Arbeitnehmer versprachen sich von einer systematischen Personalplanung v.a. eine Verstetigung und Sicherung der Beschäftigung, eine Verbesserung von Arbeitsbedingungen und die Vermeidung von negativen Auswirkungen bei technischem und organisatorischem Wandel; zudem sollten die besonderen Probleme spezieller Arbeitnehmergruppen (z.B. ältere Arbeitnehmer, gemindert Leistungsfähige) stärker berücksichtigt werden.

Die Gewerkschaften erwarteten durch die Personalplanung v.a. eine Verschiebung der innerbetrieblichen Herrschaftsverhältnisse durch eine Ausdehnung der qualifizierten Mitbestimmung auf die gesamte Industrie. "Durch die Mitbestimmung sollte die Gleichberechtigung von Kapital und Arbeit im Betrieb erreicht werden. Personalplanung, die zum Ressort der Arbeitsdirektoren gehörte, sollte auf betrieblicher und Unternehmensebene das entscheidende Instrument eines sozialeren Umgangs mit den Beschäftigten werden. Die verbleibenden Beschäftigungsrisiken sollten auf gesamtwirtschaftlicher Ebene durch die Globalsteuerung vermindert werden" (BOSCH 1982, S. 4). Schließlich sollte Personalplanung auf einzelbetrieblicher Ebene die Möglichkeiten von Konflikten zwischen Arbeitnehmern und Arbeitgebern reduzieren oder ganz vermeiden bzw. vorbeugend lösen (s. SCHOLL u. BLUMSCHEIN 1979). Allerdings blieb weitgehend ungeklärt, in welchem Verhältnis "die" Ziele der Arbeitnehmer zu den ökonomischen Zielen stehen und welche Ziele im Konfliktfall den Vorrang haben. Wenn soziale Ziele nicht in den politischen Entscheidungsprozeß als originäre Ziele eingebracht werden, besteht die Gefahr, daß sie nur inhaltsleere Integrationsformeln darstellen (s. ARNOLD 1977). Solange die wichtigste Aufgabe der Personalplanung in der Bewältigung von Personalengpässen lag, traten Widersprüchlichkeiten von Zielen kaum hervor. Wenn jedoch Personalabbauplanung in den Vordergrund rückt, verringern sich die Gemeinsamkeiten der Erwartungen erheblich.

Beispielsweise stehen viele Betriebsräte der Personalplanung eher skeptisch gegenüber, da sie befürchten " - in bester Absicht - zum Mittäter, für Personalentscheidungen zu werden, die sich hernach als wirtschaftlich problematisch und sozialpolitisch fragwürdig erweisen" (REHAHN 1978, S. 214) bzw. zu einer "Individualisierung der Krise" beizutragen (s. DOMBOIS 1976). Diese Einstellung resultiert aus der Erfahrung, daß trotz ausgebauter Personalplanungssysteme in vielen Betrieben in Krisen Personal entlassen wurde. Zudem ergingen Informationen an den Betriebsrat über den geplanten Personalabbau häufig so spät, daß ein rechtzeitiges Reagieren (z.B. vorzeitige Pensionierungen, Einstellungsstop) zur Vermeidung von Entlassungen nicht mehr möglich war (KOHL 1978). Personalplanung erwies sich in den meisten Fällen als Folgeplanung. So hängt etwa die Planung des Personalbedarfs unmittelbar mit anderen wirtschaftlichen Plänen des Unternehmens zusammen, aus denen er abgeleitet wird (z.B. Absatz-, Investi-

Tab. 1: INTERESSENSCHWERPUNKTE GESELLSCHAFTLICHER GRUPPEN AN DER PERSONALPLANUNG

(aus: RKW-Hdb., 1978, Bd. 1, S. 13)

Arbeitgeber	Arbeitnehmer	Gesamtgesellschaft (Staat)
● Verfügbarkeit des Produktionsfaktors Arbeit - in der erforderlichen Anzahl - mit den erforderlichen Qualifikationen - zum richtigen Zeitpunkt - am richtigen Ort	● Sicherheit der Arbeitsplätze bzw. Vermeidung von Härten bei Um- oder Freisetzung	● Vermeidung gesellschaftlicher Belastungen, die auf unzureichend geplanten Personalentscheidungen beruhen (vermeidbare Kündigungen, Inanspruchnahme der Arbeitsgerichte u.a.)
● Anforderungs- und eignungsgerechter Personaleinsatz	● Minderung der Risiken, die sich aus technischem und wirtschaftlichem Wandel ergeben können	
● Verbesserung des Qualifikationsniveaus der Mitarbeiter	● Sichere, anforderungs- und leistungsgerechte Arbeitseinkommen	● Rechtzeitige Information der zuständigen Arbeitsämter über bevorstehende Nachfrage nach Arbeitskräften oder Entlassungen
● Vermeidung von Personalbeschaffungskosten durch Stellenbesetzung "aus den eigenen Reihen"	● Menschengerechte Arbeitsbedingungen und Vermeidung gesundheitsschädigender Belastungen	● Versachlichung der Beziehungen zwischen Arbeitgeber und Arbeitnehmer im Betrieb
● Motivation der Mitarbeiter	● Chancen beruflicher Aus- und Weiterbildung	● Realisierung und Ausfüllung gesetzlicher Vorschriften (§ 92 BetrVG)
● Überschaubarkeit der Personalkostenentwicklung	● Aufstiegschancen im Unternehmen	● Realisierung gesellschaftspolitischer Zielvorstellungen (Empfehlungen der Sozialpolitischen Gesprächsrunde beim Bundesminister für Arbeit und Sozialordnung
	● Schutz besonderer Arbeitnehmergruppen (Ältere, Behinderte, Jugendliche)	

tionsplanung). Primäre Ziele der Unternehmenspolitik sind die Erstellung von Gütern und Dienstleistungen und die Erhaltung bzw. Erhöhung des im Unternehmen eingesetzten Kapitals (s. KADOR 1982; ENGELEN-KEFER 1983). Diese Ziele bilden auch den Orientierungsrahmen für die betriebliche Personalplanung. Personalplanung gerät somit zu einem technischen Instrument der betrieblichen Personalpolitik, welches eine stärkere Effizienz von personalpolitischem Handeln hinsichtlich bestimmter Aufgabenstellungen gewährleisten soll (s. LUTZ u.a. 1980). Durch den instrumentellen Charakter der Personalplanung rücken veränderbare Bedingungen betrieblicher Personalpolitik in den Mittelpunkt einer wissenschaftlichen Analyse der Personalplanung. Die sich daraus ergebende Konsequenz ist die umfassendere und differenziertere Einbeziehung der jeweiligen gesamtwirtschaftlichen und betrieblichen Rahmenbedingungen. Personalplanung muß demnach nicht nur "für sich" erfaßt werden, sondern "in den Gesamtzusammenhang betrieblicher Strategien, Handlungspotentiale und Interessen" eingeordnet werden (LUTZ u.a. 1980, S. 6).

Ein derartiges Konzept der Personalplanung geht weit über die auf Seite 11 aufgeführte Definition der Personalplanung hinaus. Dort wurde sie als integrierter Bestandteil der Unternehmensplanung aufgefaßt mit der Aufgabe, die Beschäftigten zu einem gewünschten Zeitpunkt, in der erforderlichen Anzahl... dem Unternehmen zur Verfügung zu stellen: Während hier aus management-orientierter Perspektive die positiven Konsequenzen der Personalplanung betont werden, geht es in der Konzeption von LUTZ u.a. (1980) v.a. um den Konfliktaspekt der betrieblichen Personalplanung.

Zusammenfassend kann gesagt werden, daß der Begriff "Personalplanung" nicht eindeutig definiert ist. Während kapital-orientierte Autoren Personalplanung eher als Hilfsmittel zur Optimierung des Personaleinsatzes betrachten, gehen die Gewerkschaften von einem sehr breiten Personalplanungs-Begriff aus, in welchem zur Durchsetzung von Arbeitnehmerinteressen keine Veränderung der (instrumentellen) Personalplanung, sondern der tatsächlichen Unternehmenspolitik gefordert wird (vgl. WÄCHTER 1979a).

3.3. Die Verbreitung der Personalplanung

Zur Verbreitung der Personalplanung in der betrieblichen Praxis liegen relativ wenige empirische Untersuchungen vor. Neben den quantitativ relativ schmalen (n=25), nicht auf Repräsentativität angelegten Erhebungen von WÄCHTER (1974) und DRUMM u.a. (1980) in Großunternehmen, gibt v.a. die repräsentative Studie des IFO-Instituts (Institut für Sozialwissenschaftliche Forschung) aus dem Jahr 1975 bei knapp 2000 Firmen der gewerblichen Wirtschaft Auskunft (s. LUTZ u.a. 1977; 1979). Zusammenfassend erbrachte diese Untersuchung folgende Ergebnisse (aus: SCHULTZ-WILD u. SENGENBERGER 1980, S. 74ff.):

- Eine Minderheit von etwa zwei Fünfteln der Unternehmen mit 50 und mehr Beschäftigten, verfügten in irgendeiner Form über betriebliche Personalplanung; Investitions-, Produktions- und Absatzplanung waren meist weiter verbreitet als Personalplanung.

- Die Verbreitung von Personalplanung hatte jedoch im letzten Jahrzehnt deutlich zugenommen; häufiger als früher gab es dort auch einen Personalplan, wo andere Unternehmenspläne aufgestellt wurden; in manchen Teilen der Wirtschaft (insbesondere Großunternehmen) waren Personalpläne gleich häufig oder sogar häufiger als andere Unternehmenspläne.

- Die Planungsfristen waren relativ kurz; die meisten Pläne reichten nur bis zu einem Jahr; nur in relativ wenigen Unternehmen gab es zwei bis dreijährige oder gar vier- und mehrjährige Planungsperioden. Dies galt für Personalplanung wie auch für andere Unternehmensteilplanungen: wie zu erwarten, wurden Investitionen eher etwas länger im voraus geplant, während bei der Produktionsplanung die Fristen durchschnittlich eher noch kürzer lagen, als bei der Personalplanung.

- Die Planungsintensität, gemessen an der Zahl von Einzelplänen für verschiedene Zeiträume, war ebenfalls im erfaßten Teil der Gesamtwirtschaft noch relativ gering; durchschnittlich verfügte nur etwa jeder fünfte Betrieb, der überhaupt plante, über zwei Pläne verschiedener Zeitperspektiven; höher war die Planungsintensität in den Großunternehmen.

- Mit einigen Vorbehalten kann aus dem Erhebungsmaterial und im Vergleich mit früheren Untersuchungen geschlossen werden, daß sowohl die zeitliche Reichweite als auch die Intensität der betrieblichen Personalplanung, wie der Unternehmensplanung überhaupt, tendenziell zunehmen. Derzeit gehört eine in Teilplänen aufgegliederte Unternehmensplanung etwa ab einer Betriebsgröße von 2000 Beschäftigten aufwärts zum betrieblichen "Standardinstrumentarium". Einiges spricht für die Vermutung, daß sich dieses Instrumentarium weiterhin in Richtung auf Unternehmen geringerer Größenordnung ausbreiten wird. Außerdem ist dementsprechend der Entwicklungsstand in der Unternehmensplanung insbesondere in jenen Wirtschaftszweigen überdurchschnittlich hoch, in denen großbetriebliche Unternehmensformen vorherrschen.

- Im übrigen zeigen weitere, hier im einzelnen nicht ausgewiesene Ergebnisse der Erhebung, daß auch der Differenzierungsgrad der betrieblichen Personalplanung nach Beschäftigtengruppen, die Einführung qualitativer Personalplanung (Personalbeurteilung, Karriereplanung, Nachfolgeplanung etc.) sowie das Vorhandensein von Personalplanungsausschüssen (zumeist unter Beteiligung des Betriebsrats) in der Gesamtwirtschaft noch eine relativ geringe Bedeutung besitzen, die jedoch mit wachsender Betriebsgröße deutlich zunimmt.

Bei der Interpretation dieser Ergebnisse muß darauf geachtet werden, daß die bloße Existenz eines Personalplans noch keine Gewähr dafür bietet, daß dieser den gleichen Rang wie die anderen Teilpläne hat und sich die Personalpolitik auch tatsächlich planmäßig vollzieht. Schriftliche Pläne können als notwendige, aber noch nicht hinreichende Bedingung für einen verbesserten Stellenwert von Personalentscheidungen betrachtet werden (SCHULTZ-WILD u. SENGENBERGER 1980, S. 62f.). Die relativ geringe Verbreitung der Personalplanung ist v.a. wegen der allseits gepriesenen Vorteile verwunderlich. Eine Erklärung hierfür liefert die "selektive Nutzung" (SCHULTZ-WILD 1980, S. 53) verschiedener Teilaspekte der Personalplanung je nach betrieblicher Bedingungs- und Interessenkonstellation.

Weitere Gründe für die "Ablehnung" der Personalplanung durch die Unternehmen sind nach den Ergebnissen der Untersuchung von DRUMM u.a. (1980) und nach den im RKW-Handbuch (Praxis der Personalplanung 1978, Bd. 1, S. 54) die im folgenden zusammengefaßten Vorbehalte gegenüber der Personalplanung:

- fehlende Planungsmentalität bei der Unternehmensleitung
- negative Erfahrungen mit der Planung aufgrund zu hochgesteckter Erwartungen
- Abneigung gegen perfektionistische Planungsmodelle und -systeme
- zu geringes Planungswissen auf der Unternehmerseite (geringe Vertrautheit mit Planungsmethode)

- unzureichendes Wissen und fehlende Einsicht auf seiten der Betriebsräte
  (Angst vor Leistungsverdichtung, Mitarbeiter als Planungsobjekt)
- Fehlen gesicherter und praktikabler Prognosemethoden
- Fehlen der notwendigen Daten-Infrastruktur (u.a. wegen Datenschutz)
- mangelnde Information über die Planungen in verbundenen Unternehmungen
  (Konkurrenz)
- unberechenbare Wirtschaftspolitik (Weltwirtschaft, Währung, Export usw.)
- geringe Kalkulierbarkeit menschlichen Verhaltens (Fehlzeiten, Fluktuation
  usw.)
- Inflexibilität bei Entscheidungen (Ermessensspielraum des Planers wird zu
  sehr eingeschränkt).

Trotz dieser Vorbehalte gegen die Übernahme (v.a. formaler) Personalplanungs-
konzeptionen in die betriebliche Praxis läßt sich eine Vielzahl von Gründen
aufführen, die zu einer weiteren Verbreitung von Personalplanungsaktivitäten im
Unternehmen beitragen dürften (vgl. Bisani 1976, S. 19f.; RKW-Hdb. 1978, Bd. 1,
S. 18f.):

- Strukturelle Knappheit von Arbeitskräften (Personalplanung sichert die "Verfügbarkeit" von Mitarbeitern);
- gesetzliche und tarifliche Schutzbestimmungen machen kurzfristiges "Herauf -
  und Herunterfahren" des Personalbestands schwierig bzw. unmöglich;
- Personalkosten machen einen erheblichen Teil der Gesamtkosten aus (Personalplanung reduziert Kosten bzw. macht sie transparent und vorausschaubar);
- technisch-organisatorischer und auch wirtschaftlich-struktureller Wandel
  machen Vorausschau nötig (z.B. Vorhandensein von Stabsstellen und EDV-ge-
  steuerten Informationssystemen);
- Arbeitnehmer und Betriebsräte werden zunehmend ihre Möglichkeiten nutzen
  (vermehrte Schulung);
- verstärkte (kostenintensivere) betriebliche Aus-, Fort- und Weiterbildung;
- bestimmte gesetzliche Vorschriften (z.B. Meldepflicht erkennbarer Veränderungen des Betriebes innerhalb der nächsten zwölf Monate an das Arbeitsamt
  (§ 8 Arbeitsförderungsgesetz) können nur sinnvoll mit Hilfe einer aussage-
  fähigen Personalplanung erfüllt werden;
- qualitatives und quantitatives Wachstum der Betriebe erfordern eine inten-
  sivere Koordination;
- im Mitbestimmungsgesetz von 1976 wird Personalwesen als Vorstandsressort
  aufgeführt.

3.4. Funktionen der Personalplanung

Es wurde an anderer Stelle bereits darauf hingewiesen (s.S.15), daß Entscheidungen im Personalbereich häufig als Folge von Entscheidungen in anderen Unternehmensbereichen betrachtet werden. Seit einigen Jahren wird nun gefordert, daß
der Personalbereich gleichrangig, gleichwertig und gleichzeitig mit den übrigen
Unternehmensbereichen geplant wird (vgl. SCHULTZ-WILD u. SENGENBERGER 1980).
Personalplanung würde auf diese Weise von der "Folgeplanung" zum Bestandteil
einer umfassenderen Unternehmensplanung; sie stellt aber gleichzeitig ein eigenes Planungssystem dar, welches aus verschiedenen eng miteinander verbundenen
Teilbereichen besteht (s. Abb. 1) und meist in folgende Teilfunktionen unter-
gliedert wird:

- die Personalbedarfsplanung, deren Aufgabe die Prognose des Personalbedarfs
  ist, der zur Erfüllung der Arbeitsaufgaben in quantitativer, qualitativer
  und zeitlicher Hinsicht erforderlich ist;

Abb. 1: TEILBEREICHE DER PERSONALPLANUNG (die Teilbereiche in den gestrichelten Kästchen werden in den anderen Bänden dieser Reihe behandelt)

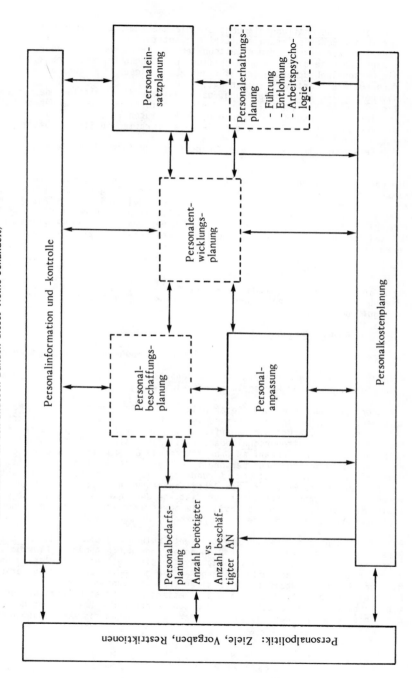

- die Personalbeschaffungsplanung, die die Maßnahmen zu planen hat, durch die der in der Bedarfsplanung ermittelte quantitative und qualitative Personalbedarf zu den verschiedenen Zeitpunkten gedeckt werden kann oder, falls die Bedarfsprognose einen voraussichtlich anhaltenden Personalüberhang ergibt: die Personalabbauplanung, die für den Abbau dieses Überhangs unter Vermeidung sozialer Härten zu sorgen hat;
- die Personalentwicklungsplanung, deren Aufgabe die Ermittlung des gegenwärtigen und zukünftigen Bildungsbedarfs und die Planung von Maßnahmen zur beruflichen Aus- und Fortbildung der Beschäftigten ist;
- die Personaleinsatzplanung, die die Arbeitskräfte und Stellen bestmöglichst zuzuordnen hat;
- die Personalkostenplanung, die die personellen Aufwendungen erfaßt und steuert.

Die nachfolgenden Ausführungen setzen sich v.a. mit der Personalbedarfs-, -einsatz-, -abbau- und -kostenplanung auseinander (s. die gestrichelten Kästchen in Abb. 2); Personalbeschaffungsplanung und Personalentwicklungsplanung werden im Rahmen weiterer Publikationen in dieser Schriftenreihe behandelt (KOMPA 1984; CONRADI 1983). Ein eigenes Kapitel ist dem Personalinformationssystem als einem Hilfsmittel der Personalplanung gewidmet, welches in letzter Zeit zunehmend an Bedeutung gewinnt.

3.5. Personalbedarfsplanung

Wenn in der Literatur vom Personalbedarf die Rede ist, so wird i.d.R. darunter eine objektivierbare Größe verstanden. Personal wird dabei primär als "Beschaffungsgut" betrachtet.

3.5.1. Arten des Personalbedarfs

Der Personalbedarf kann in zwei grundlegende Komponenten gegliedert werden:

- in die Ermittlung des Bruttopersonalbedarfs
- in die Prognose der Personalbestandsentwicklung

Aus der Gegenüberstellung dieser beiden Variablen ergibt sich der Nettopersonalbedarf. Zum besseren Verständnis des Prozesses der Personalbedarfsplanung ist es nötig, zunächst die Bedarfsbegriffe und Bedarfsarten zu beschreiben (s. Abb. 3): Der Bruttopersonalbedarf (Soll-Personalbestand; potentieller Personalbedarf) ist der Bedarf an Arbeitskräften, der zur Erfüllung der betrieblichen Arbeitsaufgaben ohne personell bedingte Unterbrechung nötig ist. Er wird bestimmt aus dem Einsatzbedarf und dem Reservebedarf. Der Einsatzbedarf entsteht durch die Erfüllung der Arbeitsaufgaben unter Berücksichtigung der zur Verfügung stehenden Arbeitszeit und ist von den rein technischen und organisatorischen Gegebenheiten abhängig. Im Reservebedarf werden die in der Person liegenden Ausfallzeiten, wie z.B. Krankheit, Urlaub und Unfall, berücksichtigt.

Aus der Prognose der Personalbestandsentwicklung ergibt sich der Ersatzbedarf. Dieser entsteht während einer Planungsperiode durch Abgänge (Fluktuation) von Personal (z.B. durch Pensionierung, Invalidisierung, Tod, Wehrdienst) und führt zu einer Nachfrage nach Mitarbeitern, um die zu Beginn der Planungsperiode vorhandene Personalkapazität zu erhalten (bei konstantem Arbeitsanfall). Ist der Bruttopersonalbedarf größer als der Bestand plus Ersatzbedarf, so spricht man von Neubedarf. Er entsteht beispielsweise durch die Erweiterung der Aufgaben der Unternehmung oder durch Veränderung organisatorischer Bedingungen (z.B.

Arbeitszeitverkürzung). Personal-"Freistellungs-"Bedarf tritt dann ein, wenn der Personalbestand größer ist als der gegenwärtige oder zukünftig zu erwartende Bruttopersonalbedarf. Ersatzbedarf, Neubedarf und Freistellungsbedarf werden unter dem Oberbegriff Nettopersonalbedarf zusammengefaßt (vgl. EMRICH-OLTMANNS 1976). Die Bezugsgröße für auf die Bedarfsplanung folgende Maßnahmen ist häufig der Nettopersonalbedarf. Dabei geht man allerdings von einem optimalen Einsatz bzw. einer optimalen Ausstattung des vorhandenen Personals aus, was u.U. zu einer "Fortschreibung" bestehender Fehler und langfristig zu erheblichen finanziellen Einbußen führen kann. TÜRK (1978, S. 18) hält es für sinnvoller, die erforderliche personelle Kapazität unabhängig von der momentanen Personalausstattung zu ermitteln, da sonst Deckungsüberlegungen bereits in die Bedarfsanalyse miteinbezogen würden. Dies könne zu ineffizienten Handlungsfolgen führen, etwa dann, wenn es ökonomisch sinnvoll ist, schon vorhandenes Personal neu zu verteilen. In diesem Fall werden Informationen über den Bruttobedarf benötigt. Die Zusammenhänge zwischen den einzelnen Arten des Personalbedarfs werden in Abb. 2 noch einmal veranschaulicht.

3.5.2. Die Berechnung des Personalbedarfs

Die folgenden Ausführungen behandeln ausschließlich den quantitativen Personalbedarf. Der qualitative Aspekt wird nur insofern berücksichtigt, als quantitative Analysen getrennt für unterschiedliche Anforderungsgruppen durchgeführt werden. Dabei ist uns klar, daß Personal nie nur quantitativ gesehen werden darf, sondern immer auf dem Hintergrund individueller Qualifikationen. Auf eine Darstellung bzw. Besprechung von Anforderungsanalysen kann hier jedoch verzichtet werden, da dieser Themenbereich in dieser Reihe ausführlich in den Bänden "Arbeitsanalyse und Lohngestaltung" (MAIER 1983b) und "Personalentwicklung" (CONRADI 1983) behandelt wird.

Gedanklich sind bei der Berechnung des Personalbedarfs drei Schritte zu vollziehen (s. auch Abb. 2). Zunächst muß mit Hilfe geeigneter Methoden (s. S. 25) der Bruttopersonalbedarf ermittelt werden:

1. Schritt

Bruttopersonalbedarf in t_1

Abgeleitet aus übergeordneten Plänen (z.B. Produktion oder Absatz)

2. Schritt

In einem zweiten Schritt erfolgt die Prognose der Entwicklung des Personalbestands. Nach EMRICH-OLTMANNS (1976) sollte dabei folgendes Ermittlungsschema zugrunde gelegt werden:

Personalbestand in t_o ./. Abgänge + Zugänge

./. Abgänge im Zeitraum t_o bis t_1 :

   1. sichere Abgänge
     - Pensionierungen
     - Einberufung zur Bundeswehr usw.

2. statistisch zu ermittelnde Abgänge
   - Tod
   - Kündigung von seiten des Arbeitnehmers usw.

3. Abgänge als Auswirkung getroffener Dispositionen
   - Versetzungen in andere Abteilungen, Werke
   - Beurlaubungen wegen Fortbildung usw.
   - Kündigungen

+ bereits feststehende Zugänge im Zeitraum t_o bis t_1 :

   1. Rückkehr von Bundeswehr
   2. Versetzungen aus anderen Abteilungen, Werken
   3. Rückkehr nach Beurlaubung wegen Fortbildung
   4. Übernahme aus dem Ausbildungsverhältnis

+ vorgesehene Zugänge
_____

= Personalbestand in t_1
_____

Der Nettopersonalbedarf ergibt sich nun durch Subtraktion des zukünftigen Personalbestandes vom zukünftigen Bruttopersonalbedarf:

3. Schritt

> Bruttopersonalbedarf in t_1
>
> ./. Personalbestand in t_1
> _____
>
> = bis zum Zeitpunkt t_1 zu deckender Nettopersonalbedarf.

Die rechnerische Einfachheit dieses Schemas soll nicht über erhebliche (Ermittlungs- und Handhabungs-) Schwierigkeiten hinwegtäuschen, die im Rahmen einer langfristigen Personalplanung entstehen können. Kurzfristig geht der Nettopersonalbedarf meist nur auf Veränderungen im Personalbestand zurück. Von Bedeutung ist dabei nur der Ersatz bzw. Freistellungsbedarf. Langfristig hängt der Nettopersonalbedarf sowohl von Veränderungen des Personalbestands als auch des Sollbedarfs ab. Daraus resultieren Ersatz- und/oder Neu- bzw. Freistellungsbedarf.

3.5.3. Das Instrumentarium der Personalbedarfsplanung

3.5.3.1. Die Determinanten des Personalbedarfs

In der Fachliteratur ist eine Vielzahl von Verfahrensvorschlägen zur Personalbedarfsplanung zu finden. Die jeweils beschriebenen Methoden unterscheiden sich u.a. hinsichtlich des Praxisbezugs (aus der Praxis entwickelte Ansätze vs. theoretische Ansätze der mathematischen Unternehmensforschung) und bezüglich der Fülle und der Genauigkeit des zur Berechnung notwendigen Datenmaterials (z.B. einfache Schätzung vs. Anwendung arbeitswissenschaftlicher Methoden).

Zudem ist die Eignung der verschiedenen Instrumente und ihre Anwendbarkeit häufig von Faktoren wie Branchenzugehörigkeit, Unternehmensgröße, Art der Produktion, Länge des Planungszeitraums usw. abhängig.

Abb. 2: Zusammenhänge zwischen den Arten des Personalbedarfs
(aus: NÜSSGENS 1975, S. 103)

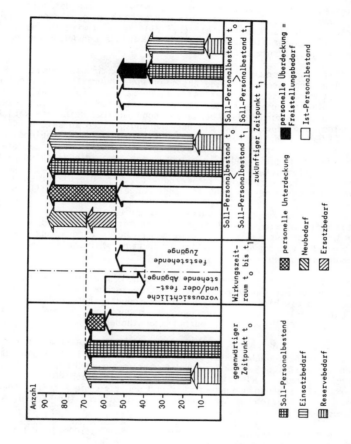

Veränderungen von Personalbestand und -bedarf können durch eine Vielzahl unterschiedlicher Faktoren hervorgerufen werden. Um Entwicklungen von Bestands- und Bedarfsgrößen möglichst exakt vorhersagen zu können, müssen deren Determinanten und die Ursachen, die zu einer Veränderung dieser Determinanten führen, herausgefunden werden. Der eigentliche Prognoseprozeß beruht somit primär auf der Vorhersage der Determinantenentwicklung (vgl. REMER 1978). Auskunft über mögliche Einflußfaktoren des Personalbedarfs gibt Abb. 3. Allerdings finden nur einige der dort aufgeführten Variablen Eingang in jeweilige Prognosemodelle. Am häufigsten werden produktions- und kostentheoretische Determinanten berücksichtigt, wobei meist der Schluß von der erwarteten geplanten Produktion auf die erwartete Arbeitsproduktivität (s.S.31) gezogen wird (siehe ausführlich dazu BEYER 1981). Soziale Aspekte (z.b. Bedürfnisse und Ansprüche der Mitarbeiter) werden so gut wie nie beachtet.

Die Aufzählung von Determinanten bereitet kaum Schwierigkeiten, Probleme ergeben sich dann, wenn jeweilige Zusammenhänge theoretisch fundiert und empirisch überprüft werden sollen. Dies ist v.a. deshalb der Fall, weil in der betrieblichen Realität nur sehr selten einfache isolierte Beziehungen zwischen Determinanten und Personalbedarf bestehen, sondern eine Reihe von Variablen simultan auftreten und häufig untereinander Abhängigkeiten aufweisen (s. HENTZE 1970). Auch BEYER (1981) moniert die häufig zu begrenzte Problemsicht der von ihm analysierten Determinantenkonzeptionen. Er stellt fest, daß die Systematiken zwangsläufig unvollständig bleiben, wenn "zwar die direkten Einwirkungen auf den Personalbedarf untersucht, mehrstufige Koppelungen und übergreifende Zusammenhänge aber vernachlässigt werden (S. 22). Die bisher entwickelten Ansätze weisen nach seiner Meinung folgende Mängel auf (nach BEYER 1981, S. 22f.):

- "die Konzeptionen sind unsystematisch und unvollständig, da wichtige Einflußfaktoren, wie Art und Umfang der zu verrichtenden Aktivität, eingesetzte Arbeitsobjekte oder Umweltbedingungen bei vielen Autoren fehlen. Ebenso werden die von der Qualifikation vorhandener Mitarbeiter ausgehenden Beschäftigungswirkungen übersehen;

- den Faktoren mangelt es an der notwendigen Präzision. Das gilt v.a. für Determinanten wie Rationalisierung, Betriebsgröße und technischer Fortschritt. Aber auch die häufig erwähnte Arbeitsproduktivität (z.B. Umsatzerlöse je Mitarbeiter) ist als Bestimmungsgröße ungeeignet, denn sie ist Wirkungsergebnis, nicht Ursache von Beschäftigungsänderungen;

- die Modelle sind häufig auf bestimmte Wirtschaftssysteme, Betriebstypen oder Beschäftigungsgruppen beschränkt. Es fehlen fast überall Untersuchungen zur zeitlichen Veränderung der Bestimmungsgrößen und ihrer Beschäftigungswirkungen. Auch ist die Analyse ausschließlich auf die am Markt verwertbaren Leistungen ausgerichtet und damit zu eng angelegt (häufig fehlt etwa die Einbeziehung der Bedürfnisse der Mitarbeiter, Konsumenten, Eigentümer usw.);

- viele Konzeptionen beschränken sich darauf, Einflußgrößen des Personalbedarfs aufzuzählen, ohne Art, Intensität und Bedingungen ihrer Einwirkung zu untersuchen (z.B. Konkurrenzverhalten; Konjunkturverlauf). Ist dies aber der Fall, bleibt die Analyse auf quantitative Aspekte beschränkt. Qualitative und strukturelle Konsequenzen werden ebenso häufig vernachlässigt wie Wirkungsverzögerungen."

Abb. 3: DETERMINANTEN DES PERSONALBEDARFS

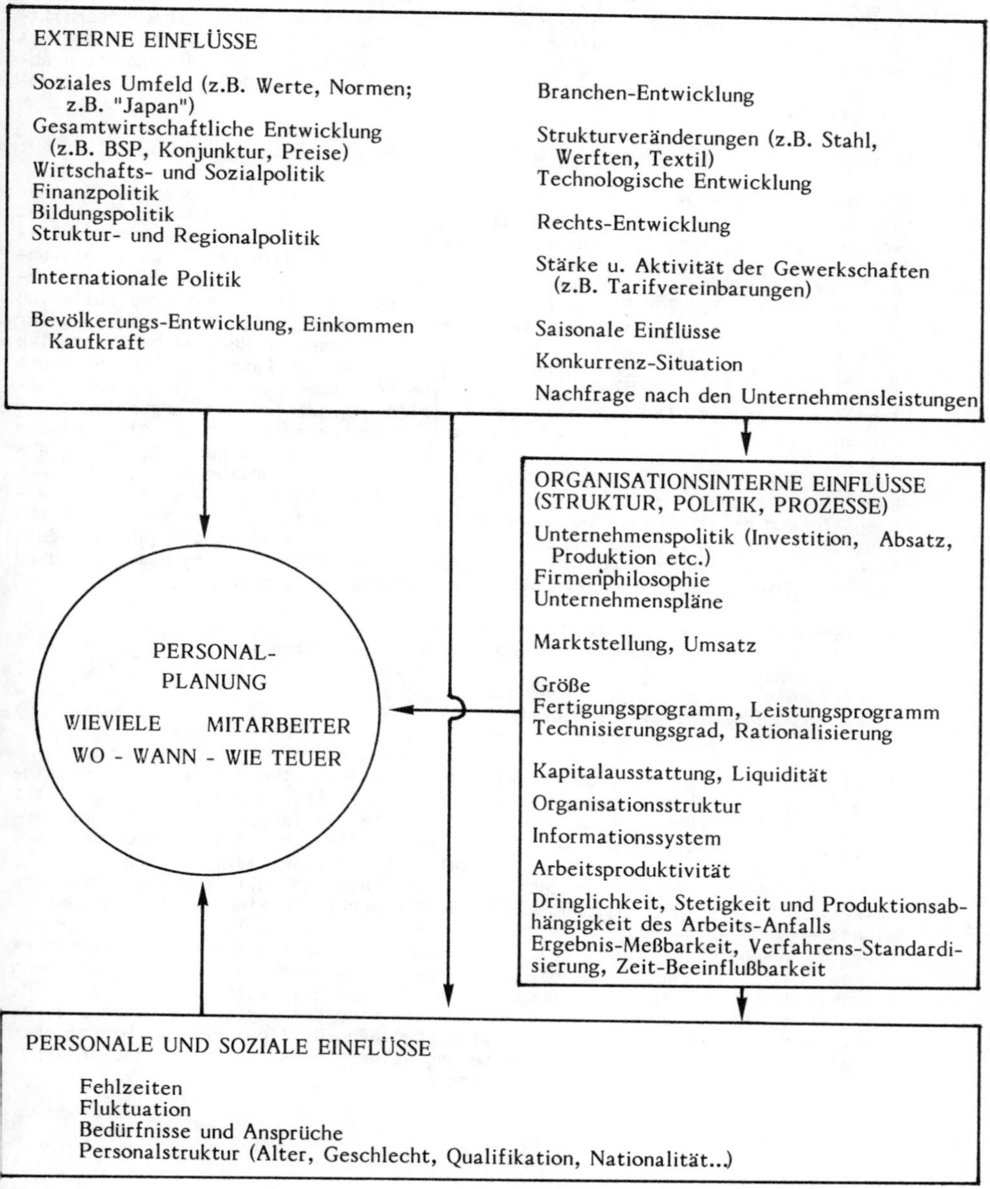

EXTERNE EINFLÜSSE

Soziales Umfeld (z.b. Werte, Normen;
   z.b. "Japan")
Gesamtwirtschaftliche Entwicklung
   (z.b. BSP, Konjunktur, Preise)
Wirtschafts- und Sozialpolitik
Finanzpolitik
Bildungspolitik
Struktur- und Regionalpolitik

Internationale Politik

Bevölkerungs-Entwicklung, Einkommen
   Kaufkraft

Branchen-Entwicklung

Strukturveränderungen (z.b. Stahl,
   Werften, Textil)
Technologische Entwicklung

Rechts-Entwicklung

Stärke u. Aktivität der Gewerkschaften
   (z.b. Tarifvereinbarungen)

Saisonale Einflüsse

Konkurrenz-Situation

Nachfrage nach den Unternehmensleistungen

PERSONAL-
PLANUNG

WIEVIELE MITARBEITER

WO - WANN - WIE TEUER

ORGANISATIONSINTERNE EINFLÜSSE
(STRUKTUR, POLITIK, PROZESSE)

Unternehmenspolitik (Investition, Absatz,
   Produktion etc.)
Firmenphilosophie
Unternehmenspläne

Marktstellung, Umsatz

Größe
Fertigungsprogramm, Leistungsprogramm
Technisierungsgrad, Rationalisierung

Kapitalausstattung, Liquidität

Organisationsstruktur

Informationssystem

Arbeitsproduktivität

Dringlichkeit, Stetigkeit und Produktionsab-
hängigkeit des Arbeits-Anfalls
Ergebnis-Meßbarkeit, Verfahrens-Standardi-
sierung, Zeit-Beeinflußbarkeit

PERSONALE UND SOZIALE EINFLÜSSE

   Fehlzeiten
   Fluktuation
   Bedürfnisse und Ansprüche
   Personalstruktur (Alter, Geschlecht, Qualifikation, Nationalität...)

Auf diese Kritikpunkte soll hier nicht weiter eingegangen werden. Bei der Diskussion der verschiedenen Instrumente zur Erfassung des Personalbedarfs wird dieses Thema aufgegriffen und ausführlich behandelt. Die folgenden Ausführungen sollen - entsprechend den beiden Grundkomponenten der Personalbedarfsermittlung - in zwei Hauptabschnitte unterteilt werden: Im ersten Abschnitt geht es um die Verfahren zur Prognose des Bruttopersonalbedarfs, während im zweiten Abschnitt auf die Instrumente und Methoden zur Vorhersage der Personalbestandsentwicklung eingegangen wird.

3.5.3.2. Die Ermittlung des Bruttopersonalbedarfs

Da die Prognose des Personalbedarfs auf Orientierungs- bzw. Bezugsgrößen basiert, muß die Bedarfsplanung aus vorgeordneten Daten und Plänen abgeleitet werden. Voraussetzung für eine systematische Personalplanung ist somit die Existenz einer planerischen Infrastruktur in der Unternehmung (z.b. funktionierende Unternehmensplanung, Informations-Systematik, Regelungen der Aufbau- und Ablauforganisation). Zur Prognose des Bruttopersonalbedarfs steht eine Fülle von Methoden und Instrumenten zur Verfügung, mit deren Hilfe die Entwicklung der Orientierungsgrößen vorhergesagt und deren Umrechnung in Personalbedarfszahlen (z.B. nach Qualifikationsgruppen) vorgenommen werden kann (vgl. RKW-Handbuch 1978, II, S. 22). Eine Zusammenstellung von Verfahren zur Ermittlung des Bruttopersonalbedarfs wie sie ähnlich in vielen Lehrbüchern zum Personalwesen zu finden ist, wird in Abb. 4 vorgelegt. Übersichten dieser Art sind auf den ersten Blick sehr anschaulich. Es wird eine "Ordnung" suggeriert, die es erlaubt, jeweilige Verfahren zur Prognose des Brutto-Personalbedarfs genau einem Bereich (Kästchen) zuzuordnen. Sucht man allerdings nach den "Dimensionen" solcher Zusammenstellungen, so geraten solche Systematiken sehr schnell durcheinander. Anstatt Ordnung und Übersicht entsteht Chaos und Ratlosigkeit. Deutlich wird dies, wenn man von einem (exemplarischen) Orientierungsbaum, der nach folgenden Dimensionen des Personalbedarfs geordnet ist, ausgeht:

- Determinantenbezug (explizit vs. implizit)
- Präzision der zugrunde gelegten Modelle (hoch vs. niedrig)
- Operationalisierbarkeit (hoch vs. niedrig)
- Leistungsabhängigkeit vs. Ergebnisabhängigkeit
- Zeitbezug (langfristig vs. kurzfristig)
- Differenzierungsgrad (global vs. detailliert)

Zeigt man nun anhand von zwei exemplarisch ausgewählten Verfahren zur Bestimmung des Brutto-Personalbedarfs, die später - s.S.31ff.- noch genau dargestellt werden, (z.B. arbeitsproduktivitätsorientierte Verfahren vs. Rosenkranz-Formel), die der gleichen (Methoden-)Gruppe (Kennzahlenverfahren) zugerechnet werden, die jeweiligen Bezüge zu den einzelnen Dimensionen auf, so wird deutlich, daß beide Verfahren zum größten Teil völlig unterschiedliche Dimensionsbezüge aufweisen (siehe Abb. 5): Während beide Verfahren von einem expliziten Determinantenbezug ausgehen, unterscheiden sie sich hinsichtlich der Modellpräzisierung erheblich. Im Gegensatz zu den arbeitsproduktivitätsorientierten Verfahren (ApV) zeichnet sich die Rosenkranz-Formel durch einen (relativ) hohen Präzisierungsgrad des Modells und durch hohe Operationalisierbarkeit aus. Anders als die Rosenkranz-Formel, die primär leistungsabhängig ist, gehen die ApV vom Ergebnis (Output) aus und prognostizieren den (Brutto-) Personalbedarf eher global und langfristig. Eine Subsumierung beider Verfahren unter eine "Klasse" ist unter diesen Umständen sehr fragwürdig.

Abb. 4: ÜBERSICHT ÜBER DIE VERFAHREN ZUR PROGNOSE DES BRUTTO-PERSONALBEDARFS UND IHRE EIGNUNG (modifiziert nach: RKW-Handbuch 1978, II, S. 24)

Methode	Bezugsgrößen	Umrechnungs-methoden	Eignung
Schätz-verfahren	unbestimmt - Erfahrung - Vorhaben und Maßnahmen anderer Unternehmenspläne u.a.	z.B. - einf. Schätzung - normale Expertenbefragung - systematische Expertenbefragung	geeignet für kleinere und mittlere Betriebe zur kurz- und mittelfristigen Bedarfsermittlung
Globale Bedarfs-prognosen	Entwicklung bestimmter Größen in der Vergangenheit wie - Beschäftigtenzahl - Umsatz u.a. Ermittelte oder vermutete Zusammenhänge zwischen Größen in Form von Kennzahlen	Trendextrapolation Regressionsrechnung Korrelationsrechnung	geeignet für Mittelbetriebe und Groß-betriebe mit kontinuierlicher Absatz- und Produktionsentwicklung zur mittel- und langfristigen Planung
Differenzierte Bedarfs-prognosen	Kennzahlenmethode: z.B. Entwicklung der Arbeitsproduktivität bzw. anderer Kennzahlen	wie oben zuzügl. rationale Deduktion aus obj. Größen (z.B. Maschinenbedienungskoeffizienten)	gut geeignet für Betriebe aller Größenklassen zur Ermittlung des Personalbedarfs für bestimmte Betriebteile oder Gruppen von Arbeitsplätzen
	Verfahren der Personalbemessung Zeitbedarf pro Arbeitseinheit Arbeitszeit	Schätzungen Arbeitsanalysen Zeitmessungen Tätigkeitsvergleiche innerbetriebliche Quervergleiche	für Betriebe geeignet, in denen im Rahmen der Arbeitsvorbereitung REFA bzw. MTM angewendet wird
Stellen-plan-methode	gegenwärtige und zukünftige Organisationsstruktur Arbeitsplätze	---	für alle Betriebe geeignet zur kurz- und mittelfristigen Planung, wenn organisatorische Voraussetzungen erfüllt sind

Abb. 5: ORIENTIERUNGSBAUM: Verfahren zur Messung des Brutto-Personalbedarfs

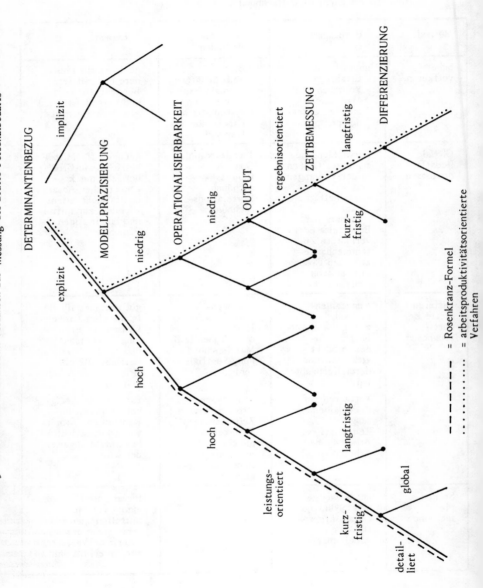

Schätzverfahren

Schätzverfahren zählen zu den ältesten und vermutlich am häufigsten eingesetzten Methoden zur Ermittlung des Personalbedarfs. Bei diesen Verfahren wird nicht von einheitlichen und zuverlässigen Bezugsgrößen, sondern von der Intuition erfahrener "Praktiker" (z.B. Abteilungsleiter, Firmeninhaber bei kleineren Betrieben) ausgegangen. Allgemein wird zwischen
- einfacher Schätzung
- normaler Expertenbefragung
- systematischer Expertenbefragung (Delphi-Methode)
unterschieden.

Beim einfachen Schätzverfahren wird der Personalbedarf aufgrund des Urteils der einzelnen Abteilungsleiter bestimmt. Diese "Personalprognose aus dem Stegreif" wird in vielen Betrieben durchgeführt und liefert in vielen Fällen zumindest unter kurzfristiger Perspektive relativ zuverlässige Zahlen. Diese Methode hat zudem den Vorteil, daß sie relativ einfach und schnell zu handhaben ist. Als Nachteil steht dem gegenüber, daß sie ausschließlich auf subjektiven Meinungen beruht, welche oft vom Zweckdenken der Abteilungsleiter geprägt sein dürfte. Der Erfolg dieser Methode hängt v.a. davon ab, ob die Planung nach einheitlichen Maßstäben durchgeführt werden kann und ob die Abteilung, in welcher die Planung organisiert bzw. koordiniert wird, die vorgelegten Daten unabhängig überprüfen kann (vgl. WENZEL 1976).

Bei der normalen Expertenbefragung basiert die Prognose nicht auf der Schätzung einzelner Abteilungsleiter, sondern auf dem Gruppenurteil mehrerer kompetenter Personen. Um sozialpsychologische Phänomene, die sich aus unmittelbaren Interaktionen ergeben können, wie etwa "Zwang zur Konformität" oder "Dominanz eines Experten", und die in solchen Situationen häufig eine Rolle spielen (z.B. wer ist der größte "Pragmatiker"; wer hat die besten Beziehungen"; wer kann am besten "erpressen"), zu vermeiden, wurde in Anlehnung an die Delphi-Methode, die systematische Expertenbefragung entwickelt. Dabei wird versucht, mit Hilfe standardisierter Fragebögen einheitliche Angaben über den Personalbedarf und die Gründe für die jeweilige Schätzung zu erhalten. Die Ergebnisse der (ersten) Befragung werden ausgewertet, systematisiert und zusammen mit den durchgeführten Informationsanalysen an die Schätzer zurückgemeldet, mit der Bitte, aufgrund der neuen Informationen eine neue Schätzung abzugeben. Der Vorteil dieser Methode besteht in ihrer Anonymität (die Antworten der einzelnen Experten gelangen den anderen Befragten nur anonym zur Kenntnis) und in der Reduktion unnötiger Kommunikation. Durch die Erhebung individueller Daten werden u.U. mehr Faktoren bei der Ermittlung und Begründung des Personalbedarfs beachtet, als dies bei Gruppenurteilen der Fall ist. Zudem werden durch den Informationseffekt dieser Planungsmethode und die intensive Beteiligung der Betroffenen am Planungsprozeß günstige Voraussetzungen für die Akzeptanz der Personalplanung geschaffen (vgl. RKW-Hdb.II, S. 25f.). Die Nachteile dieses Verfahrens liegen v.a. in den hohen Kosten und im großen Zeitbedarf, die durch die Einbeziehung von teuren Führungskräften entstehen und in der Gefahr, daß das Interesse an dieser Methode durch mehrmaliges (Nach-)Fragen sinkt.

Verfahren zur globalen Bedarfsprognose

Im folgenden werden vergangenheitsbezogene Verfahren zur mittel- oder langfristigen Prognose des Personalbedarfs dargestellt. Sie können in zeitvariable und multivariable Techniken unterteilt werden. Zeitvariabel bedeutet, daß bei der

Berechnung einer Zeitreihe ausschließlich die Zeit als Einflußgröße berücksichtigt wird. Multivariable Techniken beziehen in die Analyse und Prognose mehrere Einflußgrößen ein (vgl. RABE 1975).

Die wichtigste zeitvariable Technik stellt die "Trendextrapolation" dar; bei den multivariablen Verfahren sind v.a. Regressions- und Korrelationsanalysen gebräuchlich.

Bei der Trendextrapolation werden Daten einer stetigen Entwicklung aus der Vergangenheit in die Zukunft fortgeschrieben. Dabei wird unterstellt, daß sich eine Zeitreihe auch in Zukunft fortsetzt (s. Abb. 6).

Abb. 6: Personal- und Sozialbericht der HOECHST AG, 1980

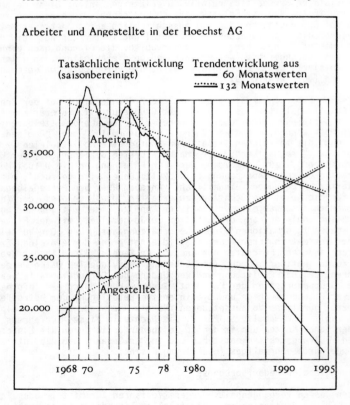

Zur Trendextrapolation liegen unterschiedliche statistische Verfahren vor (z.B. Berechnung gleitender 3er-Durchschnitte; Verfahren der kleinsten Quadrate), auf die hier nicht weiter eingegangen werden soll (siehe dazu ausführlich das Lehrbuch von BAMBERG u. BAUR 1982).

Die Trendextrapolation kann nicht nur für einzelne Variablen, sondern auch für Verhältniszahlen durchgeführt werden. DOMSCH (1978, S. 112) weist darauf hin, daß dies in der Regel vorgezogen wird, da einzelne Variablen (z.B. Zahl aller Beschäftigten) oft starken Schwankungen im Zeitablauf unterworfen sind. Als wichtige Verhältniszahlen nennt DOMSCH:

- Gesamtbelegschaft: Gesamtgeschäftsvolumen
- Überwachungspersonal: ausführendes Personal
- Zahl der Verkaufskräfte: Zahl der Auftragseingänge

Die verschiedenen Bezugsbasen können ebenfalls mit Hilfe von Trendextrapolationen ermittelt werden.

Allgemein hängt die Qualität von Trendschätzungen von der Anzahl und der Auswahl der vergangenen berücksichtigten Perioden ab. Trendumschwünge, die sich erst in neuerer Zeit bemerkbar machen, können bei langen Betrachtungsperioden u.U. untergehen (Extrapolationsfalle) (siehe Abb. 6). Das Verfahren kann nur dort eingesetzt werden, wo entsprechende Ausgangsdaten zur Verfügung stehen, die Anzahl der Arbeitnehmer genügend groß ist, damit statistisch signifikante Ergebnisse erzielt werden können und wo keine oder nur geringfügig qualitative Veränderungen erwartet werden können. In Betrieben mit dynamischer Entwicklung und komplexen Umweltbedingungen kann dieses Verfahren zu starken Abweichungen vom tatsächlichen Bedarf führen.

Bei den multivariablen Ansätzen wird versucht, einen Zusammenhang zwischen zwei oder mehreren Variablen nachzuweisen und das Ausmaß dieses Zusammenhangs in statistischen Größen aufzuzeigen (vgl. DOMSCH 1978). Sie werden häufig als Regressionsmodelle bezeichnet, weil sie sich des mathematisch-statistischen Ansatzes der Regressionsanalyse bedienen. Im Prinzip stellt dieser Ansatz eine Erweiterung der Trendextrapolation dar, wobei nun anstelle der Zeit mehrere Einflußfaktoren berücksichtigt werden (z.B. neue Technologien, Unternehmenswachstum, Konjunktur, Energiekosten). Auch bei diesem Verfahren liegt das Problem in der Annahme der Konstanz der Parameter. Zusätzlich muß die Relevanz der verwendeten Determinanten geklärt werden (s.S.23). Die praktische Bedeutung dieser Modelle wird darüber hinaus dadurch eingeschränkt, daß in vielen Fällen, die notwendigen Daten nicht zur Verfügung stehen (s. BEYER 1981).

Der Einsatz mathematischer Prognosemodelle erweckt den Eindruck, daß diese Techniken frei von subjektiven Wertungen sind. Es entsteht dadurch die Gefahr, daß der jeweilige Anwender zu sehr den Ergebnissen vertraut, die mit Hilfe mathematischer Berechnungen gewonnen werden, deren Logik für ihn kaum durchschaubar ist; dabei wird übersehen, daß Intuition in mathematischen Verfahren lediglich in der Gestalt formalisierter und damit meßbarer und überprüfbarer Parameter auftritt (z.B. zugrundegelegte Beobachtungsintervalle; berücksichtigte Einflußgrößen; gewählte Funktionstypen; s. RABE 1975).

Verfahren zur differenzierten Bedarfsprognose

Im vorigen Abschnitt wurden Verfahren dargestellt, die sich auf die quantitative Bedarfsermittlung innerhalb relativ grob umrissener Beschäftigungskategorien und Organisationsbereiche beziehen und im Rahmen der langfristig-strategischen Planung eine Rolle spielen. Nach GAUGLER u.a. (1974) ist es jedoch die Aufgabe der Personalbedarfsplanung "letzten Endes, in operationaler Form Angaben über Art, Anzahl und Einsatzpunkt der benötigten Mitarbeiter zu machen. Das greifbare Ergebnis dieser Aufgabe sollte eine Personalanforderung sein, auf deren Basis konkrete Beschaffungsmaßnahmen eingeleitet werden können" (S. 17).

Zur Erfüllung dieser Aufgabe bedarf es einer detaillierten und zuverlässigen Informations- und Datenbasis, wie sie im allgemeinen nur bei mittel- und kurzfristigen Planungen zur Verfügung steht. Neben dem Genauigkeitsgrad der Erfassung des Arbeitsanfalls sind für die Personalbedarfsermittlung folgende strukturbestimmende Elemente entscheidend (nach BISANI 1980, S. 105 f.):

1) DRINGLICHKEIT DER ERLEDIGUNG DES ARBEITSANFALLS
Entscheidend ist dabei, ob die Arbeit sofort bei Anfall erledigt werden muß (z.B. Bedienung eines Kunden im Kaufhaus, Behebung einer Maschinenstörung) oder nicht (z.B. Reklamationen). Im ersten Fall richtet sich der Personalbedarf nach dem Spitzenanfall, im zweiten Fall jedoch nach dem durchschnittlichen Arbeitsanfall.

2) STETIGKEIT DES ARBEITSANFALLS
Zu unterscheiden ist zwischen laufendem Arbeitsanfall, der immer in gleicher Form und auf längere Sicht stetig anfällt, wie in der Materialdisposition usw., oder stoßweisem Arbeitsanfall, wie bei einer Reparaturkolonne, die Maschinenstörungen zu beheben oder sonstige Sonderaufgaben zu erledigen hat. Bei stetiger Arbeit ist die Personalbedarfsfestsetzung leichter, bei stoßweisem Anfall ist ein entsprechender Zusatzbedarf mit zu berücksichtigen.

3) ABHÄNGIGKEIT DES ARBEITSANFALLS VOM PRODUKTIONSVOLUMEN
Eine vollkommene Abhängigkeit besteht z.B. in Bereichen der Fertigung, der Arbeitsvorbereitung, des Lagerwesens usw. Hier verhält sich das Arbeitsvolumen weitgehend proportional zu dem Beschäftigungsvolumen. Unabhängig vom Beschäftigungsumfang sind dagegen Aufgaben der Koordination, Verwaltung usw. Im ersten Fall kann der Personalbedarf produktionsprogrammbezogen ermittelt werden, im zweiten Fall ist er stellenabhängig.

4) MESSBARKEIT DES ARBEITSERGEBNISSES
Entscheidend ist, ob das Arbeitsergebnis in einer Meßzahl ausgedrückt werden kann, wie dies in der Regel bei direkter Produktionstätigkeit der Fall ist, oder ob die Tätigkeit nur bedingt qualitativ gemessen werden kann, wie bei Tätigkeiten der Kontrolle, Überwachung usw.

5) GRAD DER BESTIMMBARKEIT DES ARBEITSVERFAHRENS
Der Personalbedarf ist um so exakter zu erfassen, je genauer die Art der Arbeitsausführung bestimmbar ist. Dies ist dann der Fall, wenn die einzelnen auszuführenden Arbeitsschritte, wie bei standardisierten Arbeitsabläufen, erfaßbar sind. Ein Arbeitsverfahren ist nicht bestimmbar, wenn sich die einzelnen Schritte des Arbeitsverfahrens nicht vorgeben oder vorschreiben lassen.

6) GRAD DER BEEINFLUSSBARKEIT DER AUSFÜHRUNGSZEIT
Der Personalbedarf ist um so exakter zu bestimmen, je weniger die Zeit für die Ausführung durch den Menschen beeinflußbar ist. Unbeeinflußbar ist die Zeit bei vollautomatischen Fertigungsanlagen, teilweise beein-

flußbar z.B. bei halbautomatischen Anlagen, bei denen die Beschickung und die Nebenarbeit vom Bedienungspersonal beeinflußt werden können, der eigentliche Fertigungsablauf jedoch nicht. Voll beeinflußbar hingegen ist die Zeit für rein manuelle Tätigkeiten. Hier hängt sie ausschließlich vom Leistungsgrad des Betreffenden ab.

Die Kennzahlenmethode

Die Kennzahlenmethode kann sowohl zur globalen, als auch zur detaillierten Personalbedarfsplanung herangezogen werden. Ziel dieser Verfahren ist es, eine stabile Beziehung zwischen dem Personalbedarf und einer oder mehrerer Determinanten herauszufinden und in einer Kennzahl zu formulieren. Dabei wird unterstellt, daß zwischen dem Personalbedarf und seinen Determinanten eine stabile Beziehung besteht. Die Kennzahlenmethode kann grundsätzlich für alle Arbeitsplätze angewendet werden, bei denen die Personalbesetzung abhängig von der anfallenden Arbeitsmenge ist.

Die wichtigsten Kennzahlen für die globale Personalbedarfsplanung sind die Arbeitsproduktivität und der Output (Wertschöpfung; Produktion; Umsatz usw.). Dabei wird meist von der geplanten Produktion (zukünftiger Output) über die erwartete Arbeitsproduktivität auf den zukünftigen Bruttobedarf geschlossen:

$$\text{Bruttopersonal-} \atop \text{bedarf} \quad = \; + \left(\frac{\text{zukünftiger Output}}{\substack{\text{geschätzte zukünftige} \\ \text{Produktivität}}} \right)$$

Der zukünftige Output wird meist als Zielgröße vorgegeben; die künftige Arbeitsproduktivität wird mit Hilfe von Vergangenheitsanalysen (z.B. Trendextrapolationen) vorausgeschätzt (s. EMRICH-OLTMANNS 1976).

Da die Produktivität von vielen anderen Determinanten abhängt (z.B. Ausstattung; Mitarbeiterqualität; Programmwechselhäufigkeit) ist die Güte und Zuverlässigkeit der Bedarfsermittlung durch Produktivitätskennzahlen u.a. davon abhängig (s. RKW-Hdb. II, 1978, S. 30),

- welche Ertragsgröße verwendet wird und inwieweit Preisschwankungen eliminiert und Qualitätsänderungen berücksichtigt werden und

- welche Methoden im einzelnen bei der Schätzung der Arbeitsproduktivität angewendet werden und welchen Einflußgrößen dabei Rechnung getragen wird: z.B. Berücksichtigung der Lerneffekte bei wiederholten Tätigkeiten, Einbeziehung von Rationalisierungseffekten.

Personalbemessung

Die Kennzahlen für eine kurzfristige und detaillierte Prognose des Personalbedarfs basieren auf dem Zeitbedarf für eine Tätigkeit und der Anzahl der im Rahmen eines Produktionsprogramms zu verrichtenden Tätigkeiten. Der erforderliche Personalbedarf ergibt sich aus folgender Formel:

$$PB = \frac{\sum_{i=1}^{n} M_i \cdot Z_i}{VAZ}$$

BPB = Bruttopersonalbedarf

M_i = Häufigkeit der einzelnen Tätigkeiten

Z_i = Zeitbedarf für die einmalige Ausübung

i = laufende Nummer einer Tätigkeit

n = Anzahl der auftretenden Tätigkeiten in einem Tätigkeitsbereich

VAZ = Verfügbare Arbeitszeit pro Beschäftigtem

Die Berechnung der Arbeitszeit pro Arbeitskraft (VAZ) ist kaum mit Schwierigkeiten verbunden; Ausfallzeiten (z.B. Urlaub, Krankheit) können direkt mit einbezogen oder in Form eines Zuschlags berücksichtigt werden. Die Arbeitsmenge (aus der M_i bestimmt wird) kann direkt aus der geplanten Produktion abgeleitet werden (v.a. im Fertigungsbereich), bei "unproduktiven" Tätigkeiten wird der Output entweder aufgrund von Erfahrung geschätzt oder über spezielle Verfahren ermittelt. Die Zeitbedarfswerte liegen im direkten Produktionsbereich für die meisten Tätigkeiten aufgrund von Fertigungsplänen vor; ist dies nicht der Fall, so können bestehende Zeitwerte vergleichbarer Funktionen und Tätigkeiten zur Bildung neuer Werte verwendet werden (s. BISANI 1980, S. 106). Ziel ist es in jedem Fall, die Normalzeiten für verschiedene Arbeitseinheiten bzw. für die jeweilige Arbeitsmenge zu ermitteln. Normalzeiten sind die Zeiten, die unter gegebenen technischen und organisatorischen Bedingungen für den durchschnittlich zu erwartenden Arbeitsablauf zur Erstellung einer Arbeitseinheit benötigt werden (s. REMER 1978).

Eine objektivere Festlegung der erforderlichen Arbeitszeit pro Arbeitseinheit soll durch den Einsatz "arbeitswissenschaftlicher" Verfahren gewährleistet werden. In der Praxis werden meist folgende Methoden eingesetzt:

- Multi-Moment-Verfahren
- Refa-Zeitaufnahme-Verfahren
- Systeme vorbestimmter Zeiten (Methods of Time Measurement (MTM), Work Factor Analysis (WF))

Eine ausführliche Darstellung und Kritik dieser Verfahren wird in Band I dieser Reihe (MAIER 1983b) gegeben und soll an dieser Stelle nicht noch einmal wiederholt werden (verwiesen wird auch auf die ausführlichen Beispiele zur Personalbemessung als Verfahren zur Bestimmung des quantitativen Personalbedarfs in den verschiedenen Beiträgen in SCHMIDT 1980). Gemeinsam ist allen Verfahren zur Personalbemessung, daß die Arbeit in einzelne kleine Arbeitsvorgänge zerlegt wird. Der Unterschied zwischen den Methoden besteht v.a. im Ausmaß der Differenzierung der Arbeitsabläufe (z.B. relativ komplexe Arbeitsabläufe vs. kleinste Bewegungseinheiten), in der Anzahl der berücksichtigten Anforderungen und in der Vorgehensweise bei der Zeitermittlung (z.B. Schätzen des Leistungsgrads am Arbeitsplatz vs. Entnahme von Normalzeitwerten aus Tabellen i.d.R. "am Schreibtisch").

Problematisch dabei ist (s. VOLPERT 1975), daß bei der Zerstückelung der Arbeit bzw. durch die Vergabe von Normwerten für die Ausführung einzelner Tätigkeiten von einem naturwissenschaftlichen Menschenbild ausgegangen wird, in welchem menschliches Verhalten als einfache Reiz-Reaktions-Sequenz betrachtet wird und welches ausschließlich an ökonomischer Effizienz orientiert ist. Der Mensch mit seinen Bedürfnissen, Emotionen und Fähigkeiten entzieht sich einer derartigen Betrachtungsweise. Auswirkungen zunehmender Rationalisierung wie z.B. Dequalifikation, geistig-seelische Belastungen, Vereinseitigung des Arbeitsin-

halts, Sinnentleerung der Arbeit werden beim Einsatz dieser Verfahren nicht berücksichtigt. Zudem scheint es sehr schwer, im Rahmen arbeitswissenschaftlicher
Verfahren die Tätigkeiten zu erfassen. LASKE (1977) weist im Rahmen der Diskussion um die Umsetzbarkeit von Tätigkeiten in personenbezogene Merkmale (Anforderungen) darauf hin, daß Anforderungskataloge zwangsläufig unvollständig bleiben müssen und einem impliziten Wertungsprozeß bei der Auswahl der Merkmale
unterliegen; die Brauchbarkeit der meisten Merkmalskataloge wird dadurch in
Frage gestellt, daß es kaum möglich und u.U. sehr teuer ist, mit neuen Entwicklungen (z.B. technologischen, organisatorischen) Schritt zu halten. Grundsätzlich eignen sich diese Verfahren nur zur Erfassung relativ "einfacher" Tätigkeiten; qualitativ "anspruchsvollere" Aspekte menschlicher Arbeit (z.B. Nachdenken, Verantwortung) können nicht exakt quantifiziert werden. Allgemein muß
befürchtet werden, daß durch den formalen Charakter dieser Methode ein hoher
Präzisionsgrad suggeriert wird, welcher in Wirklichkeit nicht gegeben ist. So
werden etwa bestimmte Vorgaben (im Nachhinein) gemacht, um "erwünschte" Perso-
nalwerte zu finden. Die Kritik an den arbeitswissenschaftlichen Verfahren läßt
sich folgendermaßen zussammenfassen:

- Es herrscht eine technokratische Sicht vom Menschen vor; der Mensch (im
  Maschine-Mensch-System) wird nur als Einsatzgut auf der Ebene der Betriebsmittel betrachtet; der wirtschaftlich-technischen Rationalität wird keine
  soziale Rationalität gegenübergestellt; der Mensch ist nur Mittel einer ökonomisch motivierten Rationalisierungstechnik, obwohl er eine völlig andere
  Struktur als eine Maschine hat;

- es wird (stillschweigend) von einem Zielkonsens zwischen den Zielen der
  Arbeitnehmer und den "objektiven" betrieblichen Zielen ausgegangen; Konflikte zwischen den Interessen von Arbeitnehmern und Management werden heruntergespielt; die Bedeutung verhaltenswissenschaftlicher Kriterien (z.B. Motivation, Zufriedenheit) werden kaum berücksichtigt;

- das, was meßbar ist (im Sinne von "sichtbar") wird gemessen; dann aber
  "unter der Hand" für alles ausgegeben;

- die Vorstellung vom Normal- oder Durchschnittsmenschen ist problematisch;
  jeder hat spezifische Fertigkeiten, Erfahrungen und Variabilitäten; eine
  "Normierung" ist unter diesen Umständen nur sehr schwer möglich (häufig
  werden viele Durchschnittswerte ermittelt oder angenommen und - person-
  situation-übergreifend - extrapoliert);

- der soziale Kontext der Arbeit und die Möglichkeit der faktischen Beeinflussung der Arbeitsleistung werden vernachlässigt.

Die Verwendung der oben aufgeführten Formel ist nur dann sinnvoll, wenn davon
ausgegangen werden kann, daß jede Person im Anforderungsprofil alle Tätigkeiten
kann und daß jede Person die gleiche Arbeitszeit zur Verfügung stellt. Aus die-
sem Grund werden die Berechnungen des Bedarfs an Arbeitskräften für homogene
Anforderungsbereiche und bestimmte Personengruppen gesondert durchgeführt (s.
REMER 1978, S. 254). Die prinzipielle Vorgehensweise bei der Ermittlung des
Personalbedarfs anhand der Kennzahlenmethode verdeutlicht ein Beispiel von
HACKSTEIN, NÜSSGENS & UPHUS (1971).

Bei den in Tab. 2 aufgeführten Bürotätigkeiten ergibt sich für Woche 12 eine
insgesamt erforderliche Arbeitszeit von 1622 Minuten (Summe Spalte 6). Diese
ermittelten Zeitbedarfswerte sind in Personenzahlen umzusetzen; d.h. es muß die

Tab. 2: Ermittlung des in einem Tätigkeitsbereich und für einen Zeitraum erforderlichen Arbeitszeitbedarfs; dargestellt an einem Beispiel für Bürotätigkeiten (aus: HACKSTEIN, NÜSSGENS u. UPHUS 1971, S. 159-181

Bürotätigkeiten, Zeitraum: Woche 12

Nr.	Tätigkeiten	Bezugseinheit	wöchentlicher Arbeitsanfall	Zeitbedarfswert min Bezugseinheit	gesamte erforderliche Arbeitszeit (min)
(1)	(2)	(3)	(4)	(5)	(6)
1	telefonisch Auskunft geben	Gespräch	65	2,0	130
2	persönliche Auskunft geben	Gespräch	80	2,0	160
3	Schreiben, Brief, Aktennot.	S. DIN A 4	40	13,0	520
4	Schreiben, Brief, Aktennot.	S. DIN A 5	8	5,0	40
5	Schreiben v.Aufstellungen	S. DIN A 4	2	12,0	24
6	Schreiben v. Formularen	Formular	90	4,0	360
7	Karteikarte anlegen	Karteikarte	85	2,0	170
8	Einsortieren v.Karteikart.	Karteikarte	80	0,3	24
9	Kontrollieren v. Tabellen	S. DIN A 4	-	10,0	-
10	Projektbuch oder Auftragbuch führen	Eintragung	2	2,5	5
11	Projektmappe anlegen	Mappe	-	5,5	-
12	Zusammenlegen v.Angeb.	Seite	120	0,3	36
13	Sortieren und Ablegen	Beleg	30	0,5	15
14	Zeichnung falten	Zeichnung	-	2,0	-
15	Post sortieren u. verteilen	Brief, Beleg	220	0,4	88
16	Gänge in andere Abteilung.	Gang	10	5,0	50
17	Summe (min. in Woche 12)				1622

Anzahl von Personen für einen bestimmten Tätigkeitsbereich berechnet werden, die aufgrund des ermittelten Zeitbedarfs unter bestimmten Voraussetzungen eingesetzt werden müssen. Die verfügbare Arbeitszeit eines Beschäftigten (VAZ) ist dabei die Zeit, in der eine Person im Rahmen der vereinbarten Arbeitszeit dem Unternehmen zur Verfügung steht. Wenn die vereinbarte Arbeitszeit z.B. 40 Stunden pro Woche beträgt, so kann der Personalbedarf für unser Beispiel wie folgt berechnet werden:

$$ PB = \frac{1\ 622\ \text{Min.}}{2\ 400\ \text{Min./Pers.}} = 0{,}6758\ \text{Personen} $$

Dieses Ergebnis besagt, wieviele Personen zur Ausführung der anfallenden Tätigkeiten benötigt werden. Treten nicht-ganzzahlige Werte auf, so muß geprüft werden, ob und wie der Arbeitsanfall und der zugehörige Zeitbedarf auf andere Personen aufgeteilt werden können.

Eine weitere Methode zur Personalbedarfsermittlung mit Hilfe von Vorgabezeiten ist die sogenannte ROSENKRANZ'sche Formel, die für Büroarbeiten entwickelt wurde. Sie lautet:

$$ PB = \frac{\sum_{i=1}^{n} m_i \cdot t_i}{T} \cdot f_{NVZ} + \frac{tv}{T} \cdot \frac{f_{NVZ}}{f_{TVZ}} $$

m_i = durchschnittliche Menge der Geschäftsvorfälle der Kategorie in einem Jahr, dividiert durch 12 (Monate)

t_i = Zeit laut Zeitaufnahme für den Geschäftsvorfall i

T = Arbeitszeit laut Tarif oder Individualvertrag im Monat/pro Person

t_v = Zeit für "Verschiedenes": Arbeiten, für die keine Zeitaufnahmen gemacht werden

f_{NVZ} = Notwendiger Verteilzeitfaktor

f_{TVZ} = tatsächlicher Verteilzeitfaktor

Die Anwendung der Formel setzt die Kenntnis der einzelnen Faktoren voraus (die Erläuterung der Formel und das Beispiel sind aus HENTZE 1977, S. 138 f. entnommen):

1. Je nachdem, für welche Bereiche (Abteilung, Gruppe usw.) die Personalbedarfsrechnung durchgeführt wird, sind die Mengenangaben, z.B. Anzahl Kundenaufträge, Anzahl Rechnungen, Anzahl Mahnungen usw., zu erfassen.

2. Die Zeit laut Zeitaufnahme ist eine Netto-Soll-Bearbeitungszeit der einzelnen Arbeitsgänge des Arbeitsablaufs.

3. Unter der Arbeitszeit laut Tarif wird die Bruttoarbeitszeit verstanden, d.h. einschließlich Urlaub, Abwesenheit bei Krankheit, Feiertage usw.

4. Für die Zeit "Verschiedenes" werden keine Zeitaufnahmen gemacht, da es sich entweder nicht lohnt, oder eine Zeitaufnahme zu aufwendig ist.

5. In den notwendigen Verteilzeitfaktor gehen drei Faktoren (f_{NAZ}, f_{EZ}, f_{AQ}) ein. Sie enthalten Zeiten, die nachträglich in die Ist-Ermittlung eingebaut werden und durch Multimomentaufnahmen überprüft werden können.

Der erste Faktor stellt ein Gewicht für die v e r g e s s e n e n und N e b e n a r b e i t e n dar (f_{NAZ}). Hierzu zählen Telefonate, Besucherverkehr und besorgte Wege. Nach den Untersuchungen von Rosenkranz liegt f_{NAZ} je nach Umfang der vergessenen und Neben-Arbeiten zwischen 1,2 und 1,4.

Der zweite Faktor (f_{EZ}) wird für E r m ü d u n g und E r h o l u n g angesetzt. Er soll zwischen 1,08 und 1,12 liegen, je nach Konzentration, die für die Arbeit aufgewendet werden muß. Aufgrund mangelnder Absicherung von Zwischenwerten verwendet ROSENKRANZ nur den höchsten Faktor von 1,12.

Der dritte Faktor (f_{AQ}) enthält die A u s f a l l s t u n d e n . Er wird als Quotient aus den Gesamtarbeitsstunden, z.B. einer Abteilung, die laut Tarif zur Verfügung steht, mit der Differenz der Gesamtarbeitszeit vermindert um die Ausfallstunden gebildet. Die Ausfälle enthalten alle Zeiten, die die Mitarbeiter nicht im Betrieb anwesend waren. Beträgt z.B. die Gesamtarbeitszeit 10.000 Std. und die Ist-Gesamtarbeitszeit 8.500 Std. in einem Jahr, die Ausfallzeit also 1.500 Stunden, dann lautet der Faktor 0,85 oder als reziproker Wert 1,18.

Der n o t w e n d i g e V e r t e i l z e i t - Z u s c h l a g s - F a k t o r (f_{NVZ}) ist das Produkt der drei Faktoren:

a) Faktor für vergessene und Neben-Arbeiten

$$f_{NAZ} : (1,20 \leqslant f_{NAZ} \leqslant 1,40)$$

b) Faktor für Ermüdung und Erholung f_{EZ}

$$f_{EZ} ; 1,12$$

c) Faktor für Ausfallstunden als reziproker Wert (f_{AQ})

$$(12) \quad f_{NVZ} = f_{NAZ} \cdot f_{EZ} \cdot f_{AQ}$$

Der notwendige Verteilzeit-Zuschlags-Faktor kann auch als Quotient aus Brutto-Soll-Bearbeitungszeit zu Netto-Soll-Bearbeitungszeit definiert werden. Der t a t s ä c h l i c h e V e r t e i l z e i t - Z u - s c h l a g s - F a k t o r (f_{TVZ}) ist dann der Quotient aus Ist-Bearbeitungszeit und Netto-Soll-Bearbeitungszeit. Ein Quotient über 1 besagt, daß die Abteilung übersetzt ist.

Beispiel:
In einer Abteilung fallen drei verschiedene Arbeitsgegenstände an:

Arbeitsgegenstand i	Anzahl m_i	Bearbeitungszeit je Einheit lt. Zeitaufnahme t_i in Stunden	$m_i \cdot t_i$
1	500	1	500
2	3000	1/2	1500
3	300	3	900
			2900

Verschiedene Arbeiten sollen im Umfang von 200 Stunden auftreten. Die durchschnittliche Arbeitszeit je Mitarbeiter beträgt monatlich 170 Stunden.

Die Faktoren für vergessene und Neben-Arbeiten, Ermüdung und Erholung sowie für Ausfälle sind dann:

$$f_{NAZ} = 1,3$$
$$f_{EZ} = 1,12$$
$$f_{AQ} = 1,1$$

Es sind in der Abteilung 30 Mitarbeiter beschäftigt. Das entspricht einer Soll-Gesamtarbeitszeit von 5.100 Stunden.

$$f_{NVZ} = 1,3 \cdot 1,12 \cdot 1,1 = 1,6$$

$$f_{TVZ} = \frac{5100}{500 \cdot 1 + 3000 \cdot 0,5 + 300 \cdot 3} = \frac{5100}{2900} = 1,76$$

$$\frac{f_{NVZ}}{f_{TVZ}} = \frac{1,60}{1,76} = 0,91$$

$$PB = \frac{500 \cdot 1 + 3000 \cdot 0,5 + 300 \cdot 3}{170} \cdot 1,6 + \frac{200}{170} \cdot 0,91$$

$$= \frac{2900}{170} \cdot 1,6 + \frac{200}{170} \cdot 0,91$$

$$= 27,4 + 1,18$$

$$= 28,6 \text{ aufgerundet } 29$$

Die Abteilung ist mit einem Mitarbeiter überbesetzt.

Die hier besprochenen Formeln gehen von bestimmten Normalzeiten, Arbeitsproduktivitäten und von bekannten Produktivitäts- bzw. Arbeitszeitänderungsfaktoren aus (s. REMER 1978, S. 271). Die Werte für diese Faktoren müssen in der Praxis jedoch zuerst einmal ermittelt werden; dabei müssen wiederum statistische oder arbeitswissenschaftliche Verfahren eingesetzt werden. Um mit diesen Methoden den Personalbedarf planen zu können, muß davon ausgegangen werden, daß die gleichen Verhältnisse, wie sie zum Zeitpunkt der Messung vorgelegen haben, auch für die Zukunft gelten (s. RKW-Hdb. 1978, Bd. II). HENTZE (1977, S. 140) macht darauf aufmerksam, daß mit dieser Formel (ROSENKRANZ) nur die Angemessenheit des gegenwärtigen Personalbestands überprüft werden kann, eine Prognose des Bruttobedarfs aber nicht möglich ist. Im Grunde müßte die Entwicklung jeder einzelnen Determinante (und die Wechselwirkung zwischen den Determinanten) prognostiziert werden. Allerdings stehen häufig nur die Determinanten "Output" und "Produktivität" im Mittelpunkt des Interesses; andere damit zusammenhängende Determinanten wie z.B. Ausstattung, Qualität der Mitarbeiter, werden kaum in die Analyse mit einbezogen (s. REMER 1978, S. 272).

Die Stellenplanmethode (Arbeitsplatzmethode)

Bei diesen Verfahren wird der Bruttopersonalbedarf direkt aus den für die Zukunft fortgeschriebenen Stellenplänen bzw. Stellenbeschreibungen abgeleitet. Voraussetzung dafür ist das regelmäßige Erstellen, Überprüfen und Fortentwickeln von Stellenbeschreibungen, aus welchen ablauf- (z.B. zweckmäßige Arbeitsweise, Zusammenwirken von Teilbereichen im Unternehmen) und aufbau-organisatorische (z.B. Stellenbildung und -besetzung) Regelungen extrahiert werden können.
Im Rahmen der Stellenbeschreibung werden die wesentlichen Merkmale jeder Stelle detailliert festgehalten. Dazu gehören v.a.:

- Aufgaben (wesentliche Tätigkeiten)
- Kompetenzen und Vollmachten
- Über- und Unterstellungsverhältnisse
- Vertretungsregelung
- Zielsetzung der Stelle
- Anforderungen
- Informationspflichten und -rechte
- Mitgliedschaft in Ausschüssen, Arbeitsgruppen...

Aufbauend auf der Stellenbeschreibung wird ein Stellenplan erstellt, in welchem sämtliche Stellen und deren Bezeichnungen für jede Abteilung des Unternehmens erfaßt werden (s. Abb. 7).

Wird im Stellenplan neben dem Kästchen mit der Stellenbezeichnung der Name des jeweiligen Stelleninhabers aufgeführt, so spricht man von einem Stellenbesetzungsplan. Durch die direkte Ableitung des Personalbedarfs aus dem Stellenplan wird das Problem der Suche nach zuverlässigen Determinanten nicht gelöst, sondern nur auf die Aufstellung und Fortführung von Stellenplänen verlagert (siehe RKW-Hdb. II 1978, S. 35). Erst dann, wenn der Stellenplan optimal gestaltet wäre, d.h. an keiner Stelle Über- oder Unterauslastungen auftreten, könnte der Personalbedarf exakt prognostiziert werden (s. REMER 1978, S. 274). Für die Anwendung der Stellenplanmethode sprechen nach REMER (1978, S. 274 f.) v.a. zwei Gründe:

1. Es gelingt nicht immer, den Stellenplan so zu gestalten, daß der Bedarf jeder Stelle personell genau gedeckt werden kann, da einer beliebigen per-

sonellen Aufteilung der Arbeit aus technischen und menschlichen Gründen Grenzen gesetzt sind. Es entstehen daher oft Stellen (z.B. Pförtner, Werksarzt), die unabhängig von der Produktion immer besetzt sein müssen. Bezugsgröße ist in diesen Fällen nicht die Arbeitsmenge, sondern die Stellennotwendigkeit.

2. Oft gelingt es nicht, direkte Beziehungen zwischen der Arbeitsmenge und der benötigten Anzahl an Arbeitskräften herzustellen. Dies trifft vornehmlich auf Büro- und Führungstätigkeiten zu. In diesen Fällen wird versucht, mit Hilfe von Auslastungsstudien (z.B. Multimomentverfahren) im nachhinein festzustellen, ob die gebildeten Stellen zu Über- oder Unterauslastungen geführt haben.

Abb. 7: Beispiel: Stellenplan der Abteilung Finanz- und Rechnungswesen (aus: RKW-Arbeitsbuch II 1976, S. 32)

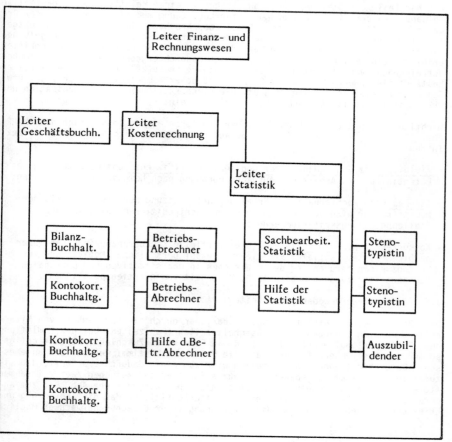

Auf den Führungsbereich wird die Stellenplanmethode anhand von Kontrollspannen-
werten angewendet; diese geben an, wieviel Mitarbeiter von der Führungskraft
maximal beaufsichtigt werden. Das Problem liegt auch bei dieser Vorgehensweise
in der Festlegung der Bezugsgrößen, die man für die Berechnung der Spannen benötigt. HENTZE (1977, S. 145) macht zwei Vorschläge zur Unterscheidung der Kontrollspannen für Führungskräfte. Es handelt sich dabei um eine "starre" bzw.
"kollektive" Kontrollspanne und eine "flexible" bzw. "individuelle" Kontrollspanne, bei welcher horizontal und vertikal individuelle Kontrollspannen angenommen werden. Eine starre Zuordnung dürfte nicht für alle Bereiche und Ebenen
eines Unternehmens sachlich begründbar sein; häufiger wird in der Praxis eine
variable Lösung bevorzugt. Dabei muß bedacht werden, daß die Zahl der Mitarbeiter, die ein Vorgesetzter beaufsichtigen kann, von einer Vielzahl von Faktoren
abhängt (z.B. Qualifikation der Führungskraft und der Mitarbeiter; Art der
Tätigkeit).

Die Nachteile der Stellenplanmethode liegen in einem relativ hohen finanziellen
Aufwand bei der Einführung und Durchführung. Zudem muß die Richtigkeit der Or-
ganisationsstrukturen bzw. der Stellenbeschreibung immer wieder neu festgestellt werden. Zusätzlich besteht die Gefahr, daß durch zu starre Regelungen
die Initiative des einzelnen behindert wird und ein Rückzug auf Vorschriften
erfolgt. Ein weiteres Problem kann sich dadurch ergeben, daß sich Stellenbeschreibungen verselbstständigen. Der einzelne "besetzt" eine Stelle, indem er
Bestandteile anderer Stellen (z.B. aufgrund hoher Kompetenz) an sich zieht bzw.
Teile der eigenen Stelle abgibt. Die Planbarkeit der Ablauforganisation und
ihre Gestaltbarkeit kann somit nie "perfekt" sein.

Wichtige Ursachen von Problemen bei der Stellenbesetzung lassen sich nach MARR
und STITZEL (1979, S. 143 f.) u.a. auf folgende Konflikt-Situationen zurückführen:

- Zieldivergenz von ökonomischer und sozialer Effizienz: optimale Nutzung des
  Potentialfaktors Arbeit vs. Aufgabenzuordnung nach Neigung und Fähigkeiten;

- Streben nach Machterhaltung: Erhaltung und Stützung der organisatorischen
  Machtstruktur wird von den Inhabern von Machtpositionen zum selbständigen
  Stellenbesetzungskriterium erhoben;

- Konkurrenz innerhalb sozialer Ziele: partielle Konkurrenzbeziehungen innerhalb des Systems sozialer Effizienz, die auf persönlichen Motiven und Verhaltensweisen beruhen und deren Ursachen in den situativen und personalen
  Gegebenheiten zu suchen sind (z.B. Knappheit von Aufstiegspositionen).

3.5.3.3. Der Reservebedarf (Fehlzeiten)

Der Reservebedarf stellt den Bedarf dar, der durch die Abwesenheit von Mitarbeitern entsteht. Werden die Abwesenheitszeiten (Fehlzeiten) bei der Ermittlung
des Bruttopersonalbedarfs nicht (z.B. in Form eines Zuschlags) berücksichtigt,
so muß der Reservebedarf über spezielle Messungen bestimmt werden. Die angemessene Berücksichtigung von Fehlzeiten wird zum einen dadurch erschwert, daß sie
zufällig in einem gegebenen Zeitraum auftauchen und zwischen zwei Zeiträumen
stark fluktuieren können (z.B. saisonale Schwankungen siehe Abb. 8); zum anderen existiert kein einheitlicher Fehlzeitenbegriff, so daß die Abgrenzung und
Erfassung von Fehlzeiten bzw. die Erforschung ihrer Ursachen nur schwer möglich

- 41 -

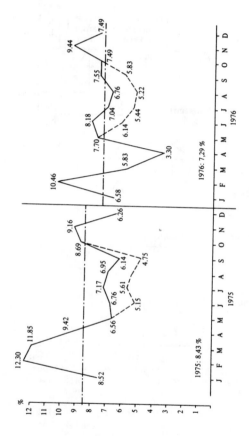

Abb. 8: Saisonale Verteilung der krankheitsbedingten Fehlzeit; bezogen auf die Arbeitstage (aus: ESCHWEILER, HINZE u. NIEDER 1979, S. 117)

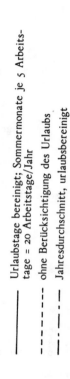

————— Urlaubstage bereinigt; Sommermonate je 5 Arbeitstage = 20 Arbeitstage/Jahr

– – – – – ohne Berücksichtigung des Urlaubs

— · — · — Jahresdurchschnitt, urlaubsbereinigt

sind. Eine Systematik der Ausfallzeiten wird von REMER (1978 S. 280) vorgelegt (s. Abb. 9)

Abb. 9: Systematik der Ausfallzeiten (nach REMER 1978, S. 280)

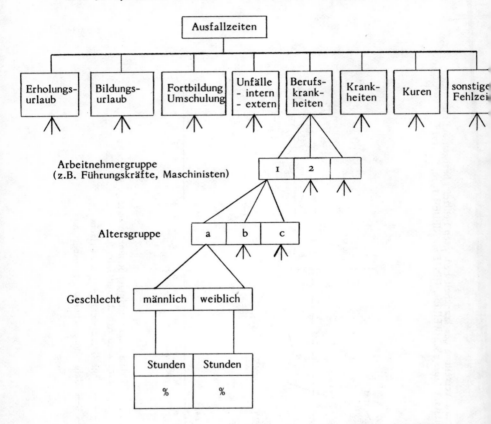

Im folgenden wird versucht, die sprachliche Vielfalt der Begriffe für betriebliche An- bzw. Abwesenheitszeiten, wie sie im Schema von REMER zum Ausdruck kommt, präziser zu fassen.

Unter Ausfallzeiten werden häufig (siehe den Vorschlag des Studienkreises für Personal- und Sozialpolitik) alle Zeiten verstanden, in denen ein Arbeitnehmer nicht zur Erfüllung seiner Aufgaben, zu denen er sich vertraglich verpflichtet hat, zur Verfügung steht; Fehlzeiten beinhalten dagegen nur solche Zeiten, in denen der Arbeitnehmer seinen Verpflichtungen aus persönlichen Gründen nicht nachkommen kann (z.B. Krankheit, Mutterschutz, Unfallfolgen, Sonderurlaub, entschuldigtes/ unentschuldigtes Fehlen). Zentraler Bestandteil dieser Definitionen ist die Arbeitszeit, wobei die normative Basis der Anwesenheitserwartung eher unklar bleibt; auf die vertragliche Verpflichtung und die Erfüllung der Arbeitsaufgabe wird zwar hingewiesen, jedoch nicht eindeutig gesagt, wie etwa Abwesenheitszeiten einzustufen sind, in denen die Arbeitsaufgabe nicht erfüllt werden kann, die vertraglich aber legitimiert sind (z.B. Urlaub). Die Eingrenzung von Fehlzeiten auf persönliche Gründe ist nur dann sinnvoll, wenn genau definiert wird, was darunter zu verstehen ist. In der Kategorie Fehlzeiten kommt dem Krankenstand vor allem in der öffentlichen Diskussion eine besondere Bedeutung zu. Erfaßt werden dabei all jene Ausfallzeiten, die durch ein ärztliches Attest (Arbeitsunfähigkeitsbescheinigung) legitimiert sind; betont wird somit sowohl die medizinische als auch die arbeitsrechtliche Funktion des Arztes (vgl. NIEDER 1981). Ob mit Hilfe dieser Kennzahl die tatsächliche Erkrankungsrate erfaßt werden kann, wird v.a. in der sozialpolitischen Debatte in Frage gestellt. So weist etwa NIEDER darauf hin, daß Krankheit und Gesundheit nicht eindeutig voneinander abgrenzbar sind und eine Grauzone besteht, in der "durch den Patienten geltend gemachte und durch den Arzt attestierte Krankheit eine andere Ursache für Krankheit bzw. Abwesenheitsbereitschaft überdeckt" (NIEDER 1981, S. 343).

Um diesem Umstand Rechnung zu tragen, werden unter Absentismus solche Fehlzeiten verstanden, die auf motivational bedingten Entscheidungen einer Person zur Abwesenheit beruhen, d.h. unabhängig von vertraglich vereinbarten bzw. gesetzlichen oder medizinisch-"objektiven" Tatbeständen zu Abwesenheit führt (siehe NIEDER 1981). Graphisch werden diese Zusammenhänge in Abb. 10 veranschaulicht.

Geht man davon aus, daß Begriffe ihren Sinn erst aus der Einbettung in einen (Handlungs-)Zusammenhang erhalten, so ist es zwecklos, die "richtige" Definition proklamieren zu wollen. Zur Beurteilung von Klassifikationen bzw. Definitionen müssen die zugrunde liegenden Verwendungsabsichten, die theoretischen Annahmen und die Metaprinzipien deutlich gemacht werden. Auch bei dem in Abb.10 dargestellten Klassifikationsversuch liegen implizite Annahmen zugrunde (siehe Abb. 11).

Ein derartiger Versuch könnte dazu genutzt werden, ein systematisches Klassifikationsschema auf dichotomer Grundlage zu entwickeln, bei welchem dann jeder möglichen Erscheinungsform eine und nur eine Codenummer zugewiesen werden könnte.

Validität von Fehlzeiten-Konzepten

Eine Unterscheidung, wie sie oben vorgeschlagen ist, wird in den meisten Arbeiten zum Thema betriebliche Abwesenheiten nicht getroffen, vielmehr werden häufig zwei Analyseebenen vermischt. Zum einen werden Fehlzeiten als Indikator für ein Konstrukt betrachtet (z.B. für betriebliche Effizienz; Morbidität einer Gruppe von Arbeitnehmern); dabei stellen Fehlzeiten einen beobachtbaren Hinweis auf eine hypothetische oder intervenierende Variable dar. Auf der anderen Seite werden verschiedene Formen von Fehlzeiten selbst als Konstrukt behandelt, für welches dann Indikatoren gefunden werden müssen. Besonders deutlich wird dies am Beispiel des Absentismus, da es sich weder um einen unmittelbar beobachtbaren, noch meßbaren empirischen Sachverhalt handelt. Zu seiner Operationalisierung müssen deshalb "geeignete" Indikatoren gefunden werden; in der Praxis werden dafür häufig Kurzabsenzen (1-3 Tage) und/oder der sog. "Blauer Montags"-bzw. "Blauer Freitags-Index" (zur Erklärung von motivational begründeten Fehlzeiten) verwendet (s. dazu unten S. 49). Die Aussagefähigkeit von Indikatoren (z.B. Fehlzeiten für Effizienz bzw. Kurzabsenzen für Absentismus) hängt in

- 44 -

Abb. 10 : Eine (mögliche) Klassifikation betrieblicher Abwesenheitsarten

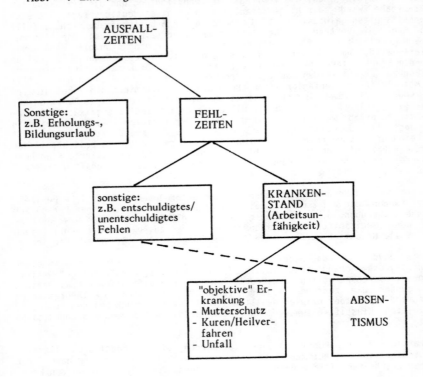

hohem Maße von ihrer Validität (Gültigkeit) für das zu klärende Konstrukt ab. Es geht dabei v.a. um eine umfassende inhaltliche Dimensionierung. Das zu klärende Konstrukt müßte unter diesem Aspekt in einen theoretischen Rahmen eingebettet werden, in welchem die verwendeten Indikatoren eine Prüffunktion für den jeweiligen empirischen Sachverhalt haben. Die Validierung könnte in diesem Zusammenhang als empirischer Untersuchungsprozeß verstanden werden, bei dem schrittweise die Folgerung bestätigt wird, daß die jeweiligen Indikatoren eine spezifische Bedeutung besitzen. Diese Bedeutung läßt sich am Besten am Bestehen empirischer Beziehungen zu Werten anderer Indikatoren erkennen, die mit Hilfe unterschiedlicher Verfahren abgeschätzt werden können (z.B. Konsistenzanalysen von Korrelationsmatrizen und Faktorenstrukturen, auf der Basis von Gruppendifferenzen, Reaktionsveränderungen in Längsschnittuntersuchungen). Auf diese Art und Weise ist es möglich, Indikatoren durch Konstruktbegriffe zu interpretieren, welche wegen ihrer Einbettung in ein umfassenderes nomologisches Netz eine rationale Ableitung überprüfbarer Aussagen unter Einbeziehung dieser Indikatoren ermöglichen (vgl. KOMPA 1984).

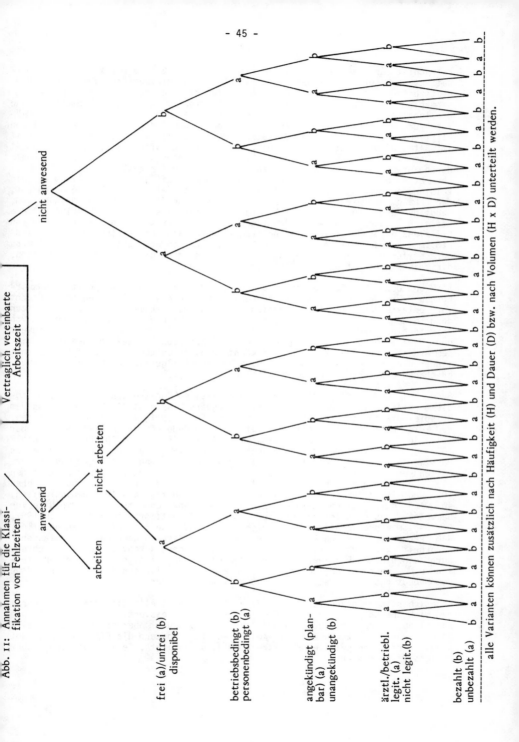

Abb. II: Annahmen für die Klassifikation von Fehlzeiten

Vertraglich vereinbarte Arbeitszeit

anwesend — nicht anwesend

arbeiten — nicht arbeiten

frei (a)/unfrei (b) disponibel

betriebsbedingt (b) personenbedingt (a)

angekündigt (planbar) (a) unangekündigt (b)

ärztl./betriebl. legit. (a) nicht legit.(b)

bezahlt (b) unbezahlt (a)

alle Varianten können zusätzlich nach Häufigkeit (H) und Dauer (D) bzw. nach Volumen (H x D) unterteilt werden.

Betrachtet man Fehlzeiten als Indikator für betriebliche Effizienz (ein alternatives Erkenntnisziel wäre die Sammlung von Informationen über den Gesundheitszustand einer Population als Basis für die Planung von Humanisierungsmaßnahmen), so wird bereits anhand des Metaprinzips "Arbeitszeit" deutlich, daß die inhaltliche Gültigkeit der meisten Definitionen nur gering ist. Als Prädiktor für die Kriteriumsvariable Effizienz (wobei die Konstruktvalidität von Effizienz hier nicht weiter diskutiert werden soll), wird u.a. die Anwesenheit im Betrieb betrachtet. Dabei wird die Hypothese aufgestellt, daß Abwesenheit per se kostenverursachend ist (z.B. durch erhöhten Reservebedarf an Personal; durch aufwendigere Personaleinsatzplanung) und damit negativ für die betriebliche Effizienz zu Buche schlägt, während Anwesenheit als Voraussetzung für die Leistungserbringung und damit als anzustrebendes Ziel gilt. Geht man davon aus, daß Phänomene wie Bummelei, Dienst nach Vorschrift, Produktion von Ausschuß, Sabotage usw. in der betrieblichen Realität existieren und Einfluß auf die Effizienz haben, so wird deutlich, daß Anwesenheit allein zur Erklärung von Effizienz nicht den erwarteten Beitrag liefern kann. Da Leistung u.U. nur niedrig mit Anwesenheit korreliert, müßten vielmehr andere Faktoren zur Bestimmung der Kriteriumsvariablen herangezogen werden (dies gilt v.a. für Tätigkeiten, die keinen hohen Standardisierungsgrad aufweisen).

STAW und OLDHAM (1978) weisen darauf hin, daß Fehlzeiten sogar positive Auswirkungen für den Betrieb haben (können), wenn sie als zeitlich begrenzte Flucht vor belastenden (Arbeits-)Situationen in Anspruch genommen werden, sie leisten dann einen positiven Beitrag für die körperliche und seelische Gesundheit von Arbeitnehmern und tragen damit zu einer Restabilisierung von Leistungsfähigkeit und Motivation bei. Eine rigorose Unterdrückung von Fehlzeiten wäre unter diesem Aspekt nicht wünschenswert und könnte u.U. zu entgegengesetzten (effizienzmindernden) Ergebnissen führen (z.B. erhöhte Unfallgefahr, gesundheitliche Dauerschäden bzw. erhöhte Quote der Fehlzeitendauer).

Auch bei der Operationalisierung von Fehlzeiten-Konstrukten ergeben sich Probleme hinsichtlich der Validität. Besonders klar geht dies wiederum aus dem Beispiel des Konstrukts Absentismus hervor. Sehr häufig wird davon ausgegangen, daß die Wahrscheinlichkeit motivationaler Gründe für das Fehlen um so größer ist, je kürzer ein Abwesenheitsfall dauert (siehe z.B. NIEDER 1979; HINZE 1982). Die Bewertung der Abwesenheiten erfolgt z.B. über die Vergabe von Punktwerten. Abwesenheitsfälle, die zwischen einem und fünf Tagen dauern, erhalten sechs Punkte, solche zwischen sechs und zehn Tagen fünf Punkte, zwischen elf und fünfzehn Tagen vier Punkte usw. Geht man davon aus, daß nur zwischen 10% und 15% aller Krankheitsfälle eine Dauer von mehr als 10 Tagen aufweisen, so wird durch diese Methode beinahe jeder "Abwesenheitsfall in die Nähe von Bummelei, des Krankfeierns und der fehlenden Arbeitsmoral gerückt" (MAIB 1981, S. 34). Wie problematisch eine solche Vorgehensweise ist, wird daran deutlich, daß Personen, die hoch motiviert sind und deshalb nach kaum überstandener Krankheit zur Arbeit kommen sowie auf eine längere Rekonvaleszenz verzichten, durch einen hohen Punktwert "bestraft" werden. Kurzfristige Abwesenheiten stellen u.U. eher einen Indikator für hohe Arbeitsmotivation dar und stehen dann dem Bedeutungsgehalt des Begriffs Absentismus entgegen.

Angesichts der offensichtlichen Validitätsmängel stellt sich die Frage, warum man sich überhaupt so sehr für die Fehlzeiten interessiert. Zum einen wohl (und das klingt sicher sehr überzeugend) aus Kostengründen. Aber es ist oben bereits betont worden, daß nicht die Kosten an sich, sondern die Effizienz relevant sind. Wer seine gesamte Arbeitszeit untätig "absitzt", fehlt zwar nicht, aber er leistet auch nichts.

Es muß zusätzlich ein sozialer Aspekt berücksichtigt werden. Die Unschärfe des Konzepts eignet sich vorzüglich zur Verschleierung des Fehlzeiten-Problems und erleichtert die Attribution von Motiven, Einstellungen usw. an Personen; ermöglicht wird dadurch eine interessengeleitete Interpretation von Fehlzeiten, die meist im Sinne einer in vielen Veröffentlichungen vorherrschenden Managementorientierung stattfindet. Verräterisch sind dabei die in diesem Zusammenhang verwendeten Bezeichnungen für Fehlzeiten, wie z.B. "Determinanten der Arbeitsverweigerung" - s. z.B. HINZE (1982). Die Argumentation verläuft meist nach dem Muster: "wenn das alle täten...". Es geht also nicht so sehr um den Bodensatz der Sowieso-Fehlenden, sondern vor allem um die prophylaktische Wirkung auf diejenigen, die (noch) da sind und die u.U. durch das "schlechte" Beispiel verführt werden könnten. Es soll mit aller Eindringlichkeit dem Blaumachen als sozialer Norm entgegengewirkt werden, denn es kann Bereiche "sozialer Selbstverständlichkeit" in der Zeitgestaltung geben, die als informelle Gruppennormen geregelt sind (man "nimmt" sich seine freien Tage). Dem muß durch Kontrollen, Strafen etc. präventiv ein Riegel vorgeschoben werden. Die Fehlzeitenerfassung und -verfolgung hat somit eine normsetzende Funktion. Damit wären Fehlzeiten auch nicht mehr (nur) als individuelle Maße interessant, sondern könnten als "Frühwarnsignale" für Konfliktpotentiale gesehen werden. Auf dieses Konzept der "sozialen Norm" könnten dann auch auffällige Veränderungen der Fehlzeitenrate bei konjunkturellen Schwankungen zurückgeführt werden. Gefördert wird die Sichtweise von Fehlzeiten als objektiven Indikatoren zusätzlich durch die in den meisten Arbeiten zu diesem Thema vorherrschende empirisch-analytische Forschungsausrichtung; hier wird in erster Linie davon ausgegangen, daß es sich bei Fehlzeiten um ein Problem handelt, das gelöst werden kann durch die Anwendung analytisch-messender Methoden, die durch Merkmale wie Objektivität, Wertfreiheit, akulturelle und ahistorische Betrachtungsweise, den Einsatz primär quantitativer Methoden und logisch-deduktive Beweisführung usw. gekennzeichnet sind (s. JOHNS & NICHOLSON 1982, S. 133 f.).

Die Messung von Fehlzeiten in der betrieblichen Praxis

Bei der Erfassung von Fehlzeiten in der betrieblichen Praxis besteht das Ziel primär darin, eine oder mehrere Kennzahlen zu formulieren, mit deren Hilfe die Fehlzeitenproblematik möglichst umfassend quantifiziert werden kann. Die Verwendung verschiedener Maße wird damit begründet, daß es sich dabei um relativ unabhängige Phänomene handelt, deren Meßwerte nur sehr gering miteinander korrelieren (s. MOWDAY u.a. 1982); so kann etwa eine Gruppe von Arbeitnehmern eine hohe Fehlzeitenhäufigkeit aufweisen, die gesamte Abwesenheitsdauer dieser Gruppe aber dem Durchschnitt der gesamten Belegschaft entsprechen. Allerdings kommen hohe (oder niedere) Korrelationen auch durch statistische Besonderheiten (z.B.Poisson- bzw. Neyman-Verteilung) oder durch Unreliabilitäten (z.B. Saisonschwankungen) zustande. Eine zusammenfassende Darstellung der verschiedenen Fehlzeitenmaße findet sich bei NEUBERGER (1974b), TREBESCH (1979) und MAIB (1981). Allgemein wird dabei zwischen (a) arbeitszeit-, (b) personen- bzw. gruppen- und (c) ursachenbezogenen Kennzahlen unterschieden.

a) Bei allen arbeitsbezogenen Maßen ist die Beobachtungsbasis ein bestimmter Zeitraum i; so wird etwa die Ausfallzeit bzw. die Durchschnittsdauer von Erkrankungen mit Hilfe der folgenden Formel ermittelt:

$$\text{Ausfallzeit} = \frac{\text{Anzahl der Fehlstunden (Ganztage) in } i}{\text{Sollarbeitstage in } i}$$

Die Erfassung in Tagen ist zwar mit einem relativ geringen Aufwand verbunden; allerdings sind Fehlzeiten, die kürzer als einen Tag dauern, und solche, die von Halbtags- oder Teilzeitarbeitskräften hervorgerufen werden, nur schwer abgrenzbar. Zudem scheint sich mit zunehmender Automatisierung der Zeiterfassung der Trend zur Messung von Fehlzeiten in Stunden zu verstärken (s. MAIB 1981, S. 49). In vielen Formeln zur Messung von Fehlzeiten werden anstelle des Soll-Bestands bzw. der Soll-Arbeitszeit der Ist-Bestand bzw. die tatsächlich geleisteten Arbeitsstunden als Nenner verwendet (s. z.B. TREBESCH 1979). Da i.d.R. die Fehlzeiten bei der Ermittlung des Ist-Bestands allerdings bereits berücksichtigt sind, ergibt sich eine Korrelation zwischen Nenner und der jeweiligen Kennzahl. Eine Änderung oder Differenzen in den Fehlzeiten werden von dieser Kennzahl dadurch nicht proportional wiedergeben; eine Verdoppelung der Fehlzeiten bewirkt mehr als eine Verdoppelung der Kennzahl, während eine Verdoppelung der Kennzahl bei weitem nicht eine Verdoppelung der tatsächlichen Fehlzeiten bedeutet (s. MAIB 1981, S. 52 f.). Eine solche Vorgehensweise bildet das tatsächliche Ausmaß der Fehlzeiten nur sehr ungenügend ab und eignet sich eher zur Heraushebung des Menetekels etwa im Rahmen sozialpolitischer Diskussionen. Die Beziehungszahl im Zähler basiert auf der Summe aller Ausfallzeiten, ohne Unterschied, ob diese bezahlt sind oder nicht. Die Einbeziehung des Tarifurlaubs in den Zähler zum Zweck der Personalbedarfsermittlung (z.B. benötigte Anzahl von Springern) ist nur dann sinnvoll, wenn nicht bereits im Rahmen der Einsatzplanung (z.B. Urlaubsvertretung, Produktionsanpassung) entprechende Regelungen getroffen worden sind.

b) Bei den meisten personenbezogenen Kennzahlen wird die Summe der abwesenden oder anwesenden Arbeitnehmer der Gesamtzahl aller Arbeitnehmer zu einem bestimmten Zeitpunkt gegenübergestellt. Eine Durchschnittsbildung dieser Ergebnisse ist ohne Gewichtung jedes einzelnen Tages nicht möglich; sie gelten prinzipiell nur für bestimmte Personengruppen zu einem Zeitpunkt. Die mangelnde Vergleichbarkeit der Werte beeinträchtigt die zentrale Funktion von Kennzahlen, die darin besteht, Veränderungen von Ist-Werten bzw. Abweichungen von Soll-Werten festzustellen, Entwicklungen zu prognostizieren, Maßnahmen zu planen, Konsequenzen zu kontrollieren und gegebenenfalls in kurativer und präventiver Hinsicht zu intervenieren.

Eine Momentaufnahme der "Morbidität" der Belegschaft ermöglicht folgende Formel:

$$\text{Fehlstand in } i = \frac{\text{Anzahl der Kranken am i-ten Tag}}{\text{Gesamt- Soll-Bestand in } i} \times 100$$

Hier wird die Anzahl der Abwesenheiten pro 100 Arbeitnehmer zu einem bestimmten Zeitpunkt (i) gemessen. Durch eine entsprechende Gliederung des Zählers (z.B. Unfall, Krankheit) können unterschiedliche Arten von Fehlzeiten identifiziert werden.

Die komplementäre Ziffer nach der Formel:

$$\text{Anwesenheitsgrad} = \frac{\text{Anzahl der Nicht-Kranken am i-ten Tag}}{\text{Soll-Bestand (lt. Plan)}} \times 100$$

ergibt den Prozentsatz der Belegschaft, der an diesem Tag überhaupt nicht krank gewesen ist. Mehrfach Erkrankte werden auf diese Weise nicht erfaßt. Berücksichtigt werden Mehrfacherkrankungen im Rahmen einer Häufigkeitskennziffer, die allerdings nur sinnvoll für Zeiträume aufgestellt werden kann:

$$\text{Morbiditätsrate} = \frac{\text{Anzahl der Krankheitsfälle in i}}{\text{durchschnittl. Soll-Bestand in i}} \times 100$$

Allerdings wird hier die Dauer der Erkrankungen nicht berücksichtigt. Zudem kann aber mit dem Ergebnis der oben angegebenen Formel ermittelt werden, auf welchen Prozentsatz der Belegschaft sich die Krankheitsfälle verteilen.

c) Während es bei den bisher besprochenen Kennzahlen primär darum geht, einen Überblick über das quantitative Ausmaß von Fehlzeiten zu erhalten, sollen mit Hilfe von ursachenbezogenen Kennzahlen Gründe für das Zustandekommen von Fehlzeiten festgehalten werden. Zumindest implizit liegen den meisten dieser Verfahren Annahmen über das Entstehen solcher Fehlzeiten zugrunde (z.B. Krankheit echt, simuliert, motivational bedingt), die willentlich bzw. nicht willentlich beeinflußt sind (MAIB 1981). Viele Ansätze gehen davon aus, daß sich "objektive" Erkrankungen unabhängig vom jeweiligen Wochentag ereignen und die Abwesenheit deshalb eine gleichmäßige Zufallsverteilung über alle Arbeitstage aufweisen müßte; Häufungen bei ganz bestimmten Tagen lassen auf motivational begründete Fehlzeiten (Absentismus) schließen. Die empirisch immer wieder festgestellten Häufungen von Fehlzeiten am Montag und am Freitag werden dann, im Rahmen dieser Logik durchaus folgerichtig, als freiwillige Abwesenheit interpretiert. Betrachtet man allerdings die zur Messung solcher Abwesenheiten verwendeten Verfahren näher, so wird die Willkürlichkeit dieser Schlußfolgerung deutlich. So stellt beispielsweise BEHREND (1959) der Zahl der Abwesenheiten am Montag derjenigen am Freitag derselben Woche gegenüber (die Bezeichnung dieser Kennzahl als "Blauer-Montags-Index" (BMI) spricht dabei für sich):

$$\text{BMI} = \frac{\text{Zahl der Abwesenden am Freitag minus}}{\text{Zahl der Beobachtungswochen x}}$$
$$\frac{\text{Zahl der Abwesenden am Montag}}{\text{durchschnittlicher Personalbestand}}$$

Da Erkrankungen, die während des Wochenendes auftreten, erst am Montag als Fehlzeiten registriert werden und zusammen mit den am Montag "ohnehin" anfallenden Fehlzeiten zu einer Häufung führen müssen, erscheint eine einseitige Zuschreibung an die Motivation der Fehlenden als nicht gerechtfertigt; einen weiteren Einfluß auf die Erhöhung des Fehlzeitenanteils am Montag hat nach MAIB (1981, S. 64) die Pflicht der Arbeitnehmer zum ärztlichen Nachweis über Krankheit. Da der Freitag der weitaus häufigst auftretende letzte Tag einer bescheinigten Krankheit ist, kumulieren die länger als drei Tage dauernden Krankheiten auf das Wochenende hin. MAIB bezweifelt, daß aufgrund dieser Umstände und der spezifischen Stellung des Arztes bei der Feststellung der Arbeitsunfähigkeit in Deutschland derartige Indices als gültiges Maß für motivational begründete Fehlzeiten geeignet sind.

Bedenkt man, daß nicht die Häufigkeit des Fehlens allein wichtig ist, sondern die Kombination aus Häufigkeit x Dauer, so ergibt sich ein Bild, das dem in der polemischen Diskussion immer wieder aufgezeichneten völlig widerspricht. Der Mißbrauch des Systems der sozialen Sicherheit, der durch häufiges kurzzeitiges Fehlen offenkundig wird, läßt sich anhand der vorliegenden empirischen Ergebnisse nicht belegen. Im Rahmen einer "Strukturanalyse der Arbeitsunfähigkeit",

die mit Hilfe von Daten der Allgemeinen Ortskrankenkasse Ingolstadt durchgeführt wurde, konnten GUT, STEFFENS und THIELE (1983, S. 71 ff.) u.a. zeigen,
daß:

- nur jede zweite Person im Verlauf eines Jahres arbeitsunfähig (AU) geschrie-
ben war;

- von denen, die krankgeschrieben waren, 60 % nur einen Arbeitsunfähigkeits-
Fall pro Jahr hatten, 26 % zweimal krankgeschrieben waren und nur 14 % drei
oder mehr AU-Fälle aufwiesen;

- die durchschnittliche Dauer eines AU-Falls für das Jahr 1981 16,8 Tage betrug;

Die Frage ist nun, ob viele kurze oder nur wenige langandauernde AU-Fälle ein
großes AU-Volumen erzeugen. Die beiden folgenden Abbildungen 12 und 13 zeigen
die Ergebnisse für die Personengruppen mit einem AU-Fall bzw. mit zwei AU-Fäl-
len pro Jahr. Beide Gruppen repräsentieren 86 % aller Betroffenen.

Bei beiden Personengruppen vereinigt ein eher kleiner Personenkreis (1 AU-Fall:
7,8 %; 2 AU-Fälle: 18,1 % der Beschäftigten) ein relativ großes AU-Volumen auf
sich (38,5 % bzw. 46,9 % des AU-Volumens). Etwa ein Drittel aller AU-Fälle dauerte bis zu 7 Tagen. Auf diese Fälle konzentrieren sich nur knapp 7 % der Gesamtheit aller AU-Tage. Angesichts dieser 7 % erscheint die These der sinkenden
Arbeitsmoral, die vielfach mit dem Hinweis auf den Kurzabsenzen "belegt" wird,
als unangebracht.

Im folgenden Abschnitt soll exemplarisch die Notwendigkeit der Einbeziehung
verhaltenswissenschaftlicher Überlegungen in den Prozeß der Planung bzw. Prognose des Personalbedarfs herausgearbeitet werden.

Korrelate von Fehlzeiten

Während in den bisherigen Ausführungen Fehlzeiten als unabhängige Variable betrachtet wurden, lassen sie sich als abhängige Variable behandeln. Auf diese
Weise wird eine (analytische) Trennung zwischen den Bedingungen des Verhaltens
(z.B. Arbeits- und Lebensbedingungen, gesellschaftliche Strukturen) und dem
Verhalten selbst (z.B. Fehlzeiten, Fluktuation, Produktivität) möglich. Die
Aufgabe besteht darin, die Beziehungen zwischen zwei oder mehr Variablen zu
klären; es wird davon ausgegangen, daß die abhängige Variable (unter Berücksichtigung personaler und situativer Verhaltensspielräume) durch Veränderungen
der unabhängigen Variablen beeinflußt wird. Um die Art dieser Beziehungen aufzeigen zu können, müssen die untersuchten Variablen in einen theoretischen Be-
deutungszusammenhang gebracht werden.

Hier zeigt sicht ein Mangel in den meisten Untersuchungen zum Thema "Fehlzeiten"; die Autoren orientieren sich an Hypothesen, die durch unsystematisch ge-
wonnene Alltagserfahrungen gewonnen wurden; umfassende theoretische Ansätze
sind kaum auszumachen. Existierende konzeptionelle Modelle bestehen primär aus
der Integration fragmentarischer Forschungsergebnisse oder Erfahrungen von Per-
sonalpraktikern (vgl. MOWDAY u.a. 1982); zum Kern des Problems dringen sie
häufig nicht vor und zur wissenschaftlichen Klärung tragen sie so gut wie
nichts bei. Besonders deutlich wird dies anhand von Untersuchungsansätzen, die
in Anlehnung an BURKARDT & OPPEN (1982) als "faktorenanalytische" bezeichnet
werden sollen. Ihr Ziel ist es, den Einfluß aller möglichen Einflußfaktoren auf

Abb. 12: Verteilung des AU-Volumens der erwerbstätigen
Pflichtversicherten in Fallklasse 1 nach AU-Dauer
der Betroffenen (Anteil der betroffenen Personen)

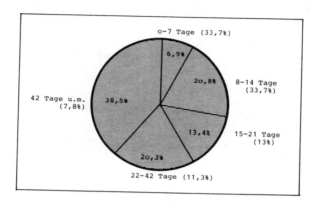

Abb. 13: Verteilung des AU-Volumens der erwerbstätigen
Pflichtversicherten in Fallklasse 2 nach AU-Dauer
der Betroffenen (Anteil der betroffenen Personen)

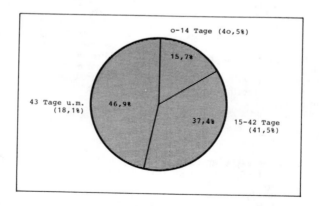

aus: VOLKHOLZ u.a. 1983, S. 88

die Fehlzeiten zu ermitteln. Umfang und Zusammensetzung von Fehlzeiten sollen aufgezeigt werden, indem bivariate Zusammenhänge, etwa zwischen sozialstatistischen Daten (z.B. Lebensalter, Geschlecht, Familienstand, Nationalität), betriebsbezogenen Merkmalen (z.B. Dauer der Betriebszugehörigkeit, Ausbildung, Schichtarbeit) oder organisationspsychologischen Faktoren (z.B Größe der Arbeitsgruppe, soziale Integration, Führungsstil) und den Fehlzeiten ermittelt werden. Eine Begründung für die Auswahl der einzelnen Merkmale bzw. der Versuch einer Klassifikation erfolgt nicht (vgl. BÜRKARDT u.a. 1982). Einen Eindruck von der Vielzahl möglicher Einflußfaktoren auf das Fehlzeitenverhalten vermittelt eine (sicher nicht erschöpfende) Aufstellung von TREBESCH (1979, S. 44 f. - s. Abb. 14). Wegen dieser Vielzahl ist ein hoher Anteil an Varianz für einzelne Variablen auch nicht zu erwarten.

Abb. 14: Einflußfaktoren auf das Fehlzeiten-Verhalten (aus: TREBESCH 1979, S. 44)

Außerbetriebliche, soziale und biographische Faktoren (mittelbar wirkend)	Faktoren betrieblichen Ursprungs (unmittelbar wirkend)
- Konjunktur (Arbeitsmarktlage) - Jahreszeit (Saison) - Klimatische Verhältnisse (Grippewelle) - Gesellschaftliche Einflüsse - Gesetzgebung (Lohnfortzahlung, Sozial-Gesetzgebung) - Wochentage - Geschlecht - Familienstand - Kinderzahl - Lebensalter - Berufsausübungsdauer - Nationalität (Gastarbeiter) - Familiäre Verhältnisse - Wohnverhältnisse - Länge und Art des Arbeitsweges - Spezialisation - Beruflicher Qualifikationsgrad (Ausbildung) - Berufsstatus (Arbeiter oder Angestellte) - Außerberufliche Verpflichtungen (Nebentätigkeiten) - Gesundheitszustand allgemein	- Arbeitsbedingungen (physische und psychische Belastung und Beanspruchung) - Tätigkeitsart - Arbeitszeit - Sicherheit des Arbeitsplatzes - Lohnsysteme - Führungs- und Kontrollsysteme - Vorgesetztenverhalten - Betriebsgröße - Gruppengröße - Betriebsklima - Hierarchische Stellung in der Organisation - Aufstiegsmöglichkeiten - Standort des Betriebes - Personalbetreuungssystem - Produktionstechnologie - Betriebszugehörigkeitsdauer - Verhältnis von Arbeit und Freizeit

Nachfolgend sollen exemplarisch einige Ergebnisse, die für die faktorenanalytischen Ansätze typisch sind, dargestellt und daran anknüpfend die Schwächen dieser Vorgehensweise aufgezeigt werden (zur ausführlichen Darstellung der Ergebnisse faktorenanalytischer Ansätze siehe auch die Sammelreferate von PORTER & STEERS 1973; ULICH 1975; MUCHINSKY 1977; GAUGLER & MARTIN 1979; BELLINGER 1981; MAIB 1981; NIEDER 1981; BÜRKARDT u.a. 1982; JOHNS & NICHOLSON 1982; MOWDAY u.a. 1982; BEHREND 1983; CLEGG 1983; HAUSS u.a. 1984).

a) Unter den sozio-demographischen Merkmalen gilt der Zusammenhang zwischen Geschlecht und Fehlzeiten als relativ gut gesichert. Es wird davon ausgegangen, daß der Fehlzeitenbestand weiblicher Arbeitnehmer den der Männer insgesamt eindeutig und erheblich übertrifft (vgl. ULICH 1975;SALOWSKY 1981). Sieht man einmal davon ab, daß im Rahmen neuerer Erhebungen diese Unterschiede nicht bei allen Unternehmen gefunden werden (siehe Repräsentativerhebung durch Infas im Auftrag des Bundesministers für Arbeit und Sozialordnung, Bonn, 1982, oder HINZE 1982), so überrascht auf jeden Fall die Selbstverständlichkeit, mit der zwei Stichproben verglichen werden, die in der Zusammensetzung (zusätzlicher) fehlzeitenrelevanter Merkmale (z.B. Status, Qualifikation, Arbeitsinhalt) völlig unterschiedlich sind. Werden bei derartigen Vergleichen zusätzliche Variablen berücksichtigt, wie z.B. Familienstand, Kinderzahl oder Berufstätigkeit des Ehepartners, so verlieren die Unterschiede u.U. an Deutlichkeit.

Leider liegen zur Bedeutung des Familienstands keine neueren Untersuchungen vor. Häufig wird jedoch die Meinung vertreten, daß Frauen mit Kindern und v.a. alleinerziehende Mütter einen höheren Krankenstand aufweisen, als Frauen ohne Kinder (SALOWSKY 1981). Dies wird v.a. auf den höheren Anteil dieser Gruppe an den Kurzerkrankungen zurückgeführt (MAIB 1981). Trifft dies zu, so wäre zu prüfen, ob sich im höheren Krankenstand verheirateter und lediger Mütter nicht Konfliktlösungsstrategien widerspiegeln, die mangels alternativer Möglichkeiten nicht alleine von den Müttern zu verantworten sind (vgl. HAUSS u.a. 1984).

b) Von den außerbetrieblichen Faktoren, denen eine (direkte) Wirkung auf den Krankenstand unterstellt wird, spielen v.a. der Konjunkturverlauf und gesetzliche Regelungen, wie z.B. das Gesetz der Lohnfortzahlung, eine bedeutende Rolle. Vor allem in der politischen Diskussion wird gelegentlich die Meinung vertreten, daß in Phasen wirtschaftlicher Prosperität, die Anwesenheitsmoral der Arbeitnehmer sinke, da das Risiko des Verlustes des Arbeitsplatzes relativ gering sei. Abbildung 15 zeigt die Entwicklung der Arbeitslosenquote und der Wachstumsraten des Bruttosozialprodukts (in Prozenten) im Vergleich mit dem Krankenstand für die Jahre von 1960 bis 1984. Zwischen Wachstumsraten und Arbeitslosenquoten lassen sich i.d.R. (zum Teil hohe) negative Konsequenzen feststellen. Im Gegensatz zu den starken zyklischen Schwankungen, denen diese beiden Kennzahlen unterworfen waren, ist der Verlauf des Krankenstandes (mit Ausnahme des Jahres 1973) bis zum Jahr 1980 eher kontinuierlich; d.h. es besteht kein (signifikanter) Zusammenhang zwischen den Werten für das Bruttosozialprodukt, der Arbeitslosenquote und dem Krankenstand. Ab dem Jahr 1980 ändert sich dieses Bild. Einer rasch wachsenden Arbeitslosenquote (1980: 3,8 %; 1981: 5,5 % 1982: 7,5 %; 1983: 9,1 %;1984: ca. 9,6 %) steht ein ständig sinkender Krankenstand gegenüber (1980: 5,7 %; 1981: 5,3 %; 1982: 4,6 %; 1983: 4,4 %; 1984: 4,06 % = Monatsdurchschnitt September).

Trotz aller Vorbehalte gegen bivariate Erklärungen scheinen diese Ergebnisse auf einen direkten Zusammenhang zwischen Arbeitslosigkeit und Krankenstand hinzudeuten, der v.a.unter einer management-orientierten Perspektive als "steigende Arbeitsmoral" bei steigender Arbeitslosigkeit interpretiert wird. Die Behauptungen einer geringeren Neigung der Arbeitnehmer zum "Krankfeiern" in Phasen relativer Sicherheit der Arbeitsplätze kann nicht ohne weiteres widerlegt werden. Um zu einer differenzierteren Beurteilung des Zusammenhangs zwischen Krankenstand und Konjunktur zu gelangen, müßten allerdings auch andere Erklärungsmöglichkeiten herangezogen werden (vgl. BEHREND 1983; BÜRKARDT & OPPEN 1982):

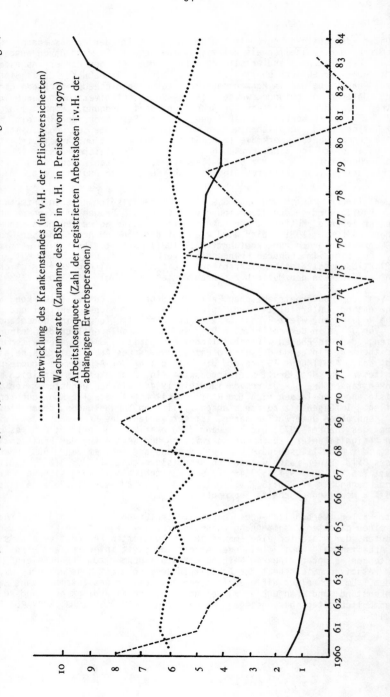

Abb. 15: Indikatoren der ökonomischen Entwicklung und Krankenstand von 1960 - 1984
(1960 - 1981: aus BEHREND 1983, S. 24; 1982 - 1984: aus STATISTISCHES JAHRBUCH bzw. eigene Berechnungen)

•••••• Entwicklung des Krankenstandes (in v.H. der Pflichtversicherten)

– – – Wachstumsrate (Zunahme des BSP in v.H. in Preisen von 1970)

——— Arbeitslosenquote (Zahl der registrierten Arbeitslosen i.v.H. der abhängigen Erwerbspersonen)

- In Phasen der Hochkonjunktur und einer starken Nachfrage nach Arbeitskräften werden auch solche Arbeitnehmer beschäftigt, die nur als bedingt arbeitsfähig gelten (z.B. ältere Arbeitnehmer) und relativ hohe Fehlzeiten aufweisen; diese werden dann bei rückläufiger Konjunktur als erste "abgebaut", was zu einer Verminderung des Krankenstandes beitragen kann.

- Bei einem Rückgang des wirtschaftlichen Wachstums und einer Verknappung des Arbeitsplatzangebots kann die Tendenz zum Abbau solcher Arbeitnehmer, die aufgrund gesundheitlicher Beeinträchtigungen leistungsgemindert sind, zu einer Verringerung des Krankenstandes führen (z.B. Zunahme der Erwerbsunfähigkeits- und Berufsunfähigkeits-Rentenneuzugängen).

- Bei verbesserter Auftragslage der Betriebe mit einer Ausweitung der Produktion werden verstärkt Akkordarbeit, Überstunden und Schwarzarbeit geleistet. Dies kann zu einer physischen Überlastung der Beschäftigten und damit zu einer Erhöhung des Krankenstandes führen.

- In Zeiten hoher Arbeitslosigkeit gehen aus Furcht vor dem Verlust des Arbeitsplatzes auch diejenigen zur Arbeit, die objektiv krank sind. Die Auswirkungen verschleppter Krankheiten führen dann unter Umständen zu einem höheren Krankenstand in der Hochkonjunktur.

Bei der Interpretation der Zusammenhänge ab 1980 muß berücksichtigt werden, daß es sich um eine extreme Zunahme der Arbeitslosenquote handelt, die u.U. zu einer Verstärkung der oben aufgeführten Auswirkungen auf den Krankenstand geführt hat; zudem darf nicht vergessen werden, daß in den letzten Jahren (etwa ab 1980) viele Betriebe verstärkt (individuelle) Vorruhestandsregelungen anbieten und ab 1984 das Gesetz zum Vorruhestand (s.S.121)in Kraft getreten ist, welches 58-jährigen und älteren Arbeitnehmern die Möglichkeit bietet, freiwillig aus dem Berufsleben auszuscheiden. Diese Regelungen werden vermutlich primär von solchen Arbeitnehmern in Anspruch genommen, die sich (subjektiv) krank bzw. überfordert fühlen; sie tragen somit ebenfalls zu einer Reduzierung des Krankenstandes bei.

c) Ein betriebsbezogenes Merkmal, das konstant relativ hohe Korrelationen mit Fehlzeiten aufweist, ist das Qualifikationsniveau von Arbeitnehmern. Je höher schulische Vorbildung und berufliche Ausbildung, desto niedriger das Niveau der Fehlzeiten (vgl. BELLINGER 1981; SALOWSKY 1981). Die Erklärungen für diese Ergebnisse machen weitere Schwächen des "faktorenanalytischen" Ansatzes deutlich. So werden mangels theoretischer Vorüberlegungen Interpretationen nach dem Gesichtspunkt der Plausibilität geleistet, z.B.: die Gruppe der ungelernten Arbeiter ist einem höheren Ausmaß an ergonomischen Risikofaktoren ausgesetzt; oft fließen allerdings auch massive Vorurteile in die Bewertung des Fehlzeitenverhaltens ein, z.B.: ungelernte Arbeiter sind nicht bereit, Verantwortung zu übernehmen und neigen zu "Drückebergerei". Kausalattributionen dieser Art gehen davon aus, daß Arbeitnehmer vor der "freien" Wahl stehen, am Arbeitsplatz zu erscheinen bzw. zu Hause zu bleiben, und führen zu einer "Personalisierung" des Problems, in dem sie von situativen Faktoren, die zumindest ebenso plausibel sind, ablenken (z.B. Krankheit, Transportprobleme, Verantwortung für die Familie) (vgl. BÜRKARDT u.a. 1982).

Eine generelle Schwierigkeit des Untersuchungsansatzes besteht darin, daß es sich bei vielen "unabhängigen" Variablen nicht um klar abgegrenzte Kategorien handelt; so wäre etwa bei der Variable "Dauer der Betriebszugehörigkeit" zu berücksichtigen, daß die Gruppe der ausländischen Arbeitnehmer zwar im Durchschnitt eine kürzere Betriebszugehörigkeit aufweist, sich aber auch hinsichtlich anderer wesentlicher Merkmale der Arbeitssituation (im Durchschnitt) von den anderen Arbeitnehmern unterscheidet (z.B. unklare Aufgabengebiete, höhere Belastung, geringere Integration in die Arbeitsgruppe). Erklärungen aufgrund bivariater Designs sind unter diesem Gesichtspunkt zumindest fraglich.

Bei Fehlzeiten, die als "Krankheit" legitimiert sind, entstehen zusätzliche Probleme dadurch, daß Gesundheit und Krankheit kaum streng voneinander getrennt werden können. Nach NEUBERGER (1974b) müßte man, "selbst, wenn man nur solche Erscheinungen als "Krankheit" gelten lassen würde, die sich durch auffällige anatomische Abweichungen oder physiologische Veränderungen vom Arzt anhand objektiver Untersuchungsmethoden feststellen lassen, trotzdem eine 'Norm' des eigentlich Gesunden annehmen, die es 'objektiv' nicht gibt" (S. 160 f.). "Neben den objektiven Befunden ist die subjektive Befindlichkeit eines Patienten ein wesentliches Definitionskriterium für Krankheit. Eine Zweiteilung in 'gesund' und 'krank' ist somit wenig sinnvoll, vielmehr muß davon ausgegangen werden, daß es sich um ein Kontinuum handelt, zwischen dessen Extrempunkten eine 'Grauzone' liegt, in welcher die subjektiven Einschätzungen des Befindens durch den Betroffenen eine wichtige Rolle spielen" (s. NEUBERGER 1974b, S. 161).

Die Betonung subjektiver Faktoren lenkt die Aufmerksamkeit auf organisationspsychologische Ansätze, in denen die Rolle motivationaler Prozesse beim Fehlzeitengeschehen betont wird. In den Mittelpunkt der Betrachtung rücken nun die Wahrnehmung der objektiven Merkmale der Arbeitssituation und deren psychologische Verarbeitung durch den Wahrnehmenden; die Beziehung zwischen den wahrgenommenen Merkmalen und dem Phänomen Fehlzeiten wird häufig über die "vermittelnde" Variable "Arbeitszufriedenheit" hergestellt. In vielen dieser Arbeiten wird von Anreiz-Beitrags-theoretischen Ansätzen ausgegangen, in denen im Rahmen austauschtheoretischer Grundannahmen postuliert wird, daß die gesamte Arbeitszufriedenheit, die einem Arbeitnehmer durch verschiedene Aspekte der Arbeitssituation vermittelt wird, nicht groß genug ist, die Bereitschaft zum Einsatz jener Extra-Energie zu erzeugen, die gelegentlich notwendig ist, um zur Arbeit zu gehen. Die Konsequenz daraus ist fallweises Fehlen, soweit dies unter Einhaltung sozialer Normen bzw. moralischer Verpflichtungen möglich ist (siehe NEUBERGER 1974b).

Inhaltliche Kritikpunkte an der Austauschtheorie (z.B. individualistische Orientierung; fehlende Möglichkeit, Kosten und Nutzen jederzeit exakt zu definieren) und die mangelnde empirische Bestätigung des Zusammenhangs zwischen Arbeitszufriedenheit und Fehlzeiten haben Zweifel an der Brauchbarkeit dieses Ansatzes aufkommen lassen. (Zudem liegen dem kognitiven oder subjektiven Modell unzureichende handlungstheoretische Konzeptionen zugrunde - z.B. rationales Entscheiden, klassisches/operantes Konditionieren, Triebreduktion). Allgemein kann festgestellt werden, daß Korrelationen zwischen Zufriedenheit und Fehlzeiten i.d.R. negativ sind, jedoch kaum über -.40 reichen, wobei der Durchschnitt bei Werten von -.25 liegt (vgl. BENNINGHAUS 1978; PORTER & STEERS 1973; NEUBERGER 1974b; v.ROSENSTIEL 1975; LOCKE 1976; NICHOLSON u.a. 1976). Diese Zusammenhänge werden noch schwächer, wenn man anstelle von aggregierten (Gruppen-)Daten die Ergebnisse von Einzelfallanalysen betrachtet (s. MOWDAY u.a. 1982).

Zieht man in Betracht, daß Fehlzeiten nur eine von vielen möglichen Reaktionen von Arbeitnehmern auf nicht zufriedenstellende Bedingungen am Arbeitsplatz sind und Fehlzeiten auch auf andere Gründe zurückgeführt werden können (z.B. Verkehrsunfall, schwerwiegende physische Erkrankungen), so sind bereits anhand derartiger Überlegungen keine hohen Korrelationen zu erwarten (s. NEUBERGER

1974b).

Es handelt sich beim Phänomen "Fehlzeiten" offensichtlich um komplexe Zusammenhänge, welche eine einfache anreiztheoretische Interpretation des Zusammenhangs
von Indikatoren für Fehlzeiten und Arbeitszufriedenheit nicht zulassen (siehe
ORENDI 1978).

In neueren Arbeiten zum Thema "Fehlzeiten" nehmen Arbeitsmotivation und Arbeitszufriedenheit zwar eine Mittlerfunktion zwischen Arbeitsbedingungen und
der Abwesenheit eines Arbeitnehmers ein; jedoch werden in zunehmendem Maße soziale (z.B. Gruppenkohäsion), individuelle (z.B. Ziele, Fähigkeiten) und organisatorische (z.B. Arbeitsbedingungen) Einflußfaktoren miteinbezogen (z.B. GIB-
SON 1966; NICHOLSON 1977; STEERS & RHODES 1978; FITZGIBBONS & MOCH 1980; JOHN &
NICHOLSON 1982; HINZE 1982).

Das Modell von STEERS und RHODES

Der wohl umfassendste motivationstheoretische Ansatz zur Untersuchung der wichtigsten Einflußvariablen auf das Fehlzeitenverhalten wurde von STEERS & RHODES
(1978) entwickelt (s. Abb. 16). Im Rahmen eines Modells wird versucht, eine
Vielfalt von Faktoren zu ordnen, welche die Entscheidungen und die Möglichkeiten am Arbeitsplatz zu erscheinen, beeinflussen. Diese Einflußfaktoren beinhalten sowohl personale als auch situative Variablen; die (wahrgenommene) Arbeitsumgebung interagiert mit Wertvorstellungen und Erwartungen der Arbeitnehmer und
bestimmt die Zufriedenheit mit der Arbeit. Die Arbeitszufriedenheit ist auf
additive Weise mit diversen externen Zwängen verknüpft zur Anwesenheitsmotivation (attendance motivation) eines Arbeitnehmers. Die Beziehung zwischen Anwesenheitsmotivation und tatsächlichem Erscheinen am Arbeitsplatz wird durch
die Möglichkeit (ability) zu erscheinen moderiert (z.B. Transportprobleme;
Krankheit des Partners). Der Prozeßhaftigkeit des Fehlzeitenverhaltens wird dadurch Rechnung getragen, daß eine Rückwirkung von den Konsequenzen der Anwesenheit auf die Wahrnehmung der Arbeitssituation, die Zwänge zu erscheinen und die
Anwesenheitsmotivation erfolgen kann.

STEERS u.a. gehen davon aus, daß (u.E. vermutlich auch intraindividuell) die
relative Bedeutung der einzelnen Faktoren interindividuell variiert: identische
Faktoren können einigen die Anwesenheit erleichtern, während sie für andere Arbeitnehmer (anwesenheits-)erschwerend sind, z.B. ein Arbeitnehmer mit hoher
(intrinsischer) Arbeitsmotivation erscheint bei der Arbeit, weil ihm dort eine
herausfordernde Tätigkeit erwartet; externe Zwänge spielen für ihn nur eine
untergeordnete Rolle. Ein anderer Arbeitnehmer ist mit seiner Tätigkeit sehr
unzufrieden, erscheint aber trotzdem, weil externe Umstände ihn dazu veranlassen - z.B. Verantwortung für seine Familie.

Das Modell von STEERS und RHODES geht über eine bloße Faktorensammlung hinaus,
indem es Erwartungs-Valenz-theoretische Annahmen zur Erklärung für das Zustandekommen von Arbeitszufriedenheit übernimmt. Dadurch sind komplexere Erklärungen menschlichen Verhaltens möglich, als dies durch anreiz-beitrags-theoreti-
sche Ansätze geleistet werden kann, in denen lediglich die Valenz bzw. die Be-
dürfnisstärke betrachtet wird. Denn im Gegensatz dazu werden auch die Möglichkeiten und Fähigkeiten einer Person, ihre Erwartungen und die Beziehungen zwischen Einsatz und Belohnungen thematisiert. Durch die Angliederung weiterer
Variablen ("Zwänge") wird der Komplexität sozialen Verhaltens weiter Rechnung
getragen. Problematisch im Modell bleibt, daß Absentismus als Funktion aus Arbeitszufriedenheit und externen Zwängen betrachtet wird, während "unfreiwil-

Abb. 16: Die wichtigsten Einflußvariablen auf das Fehlzeitenverhalten nach STEERS & RHODES (1978)

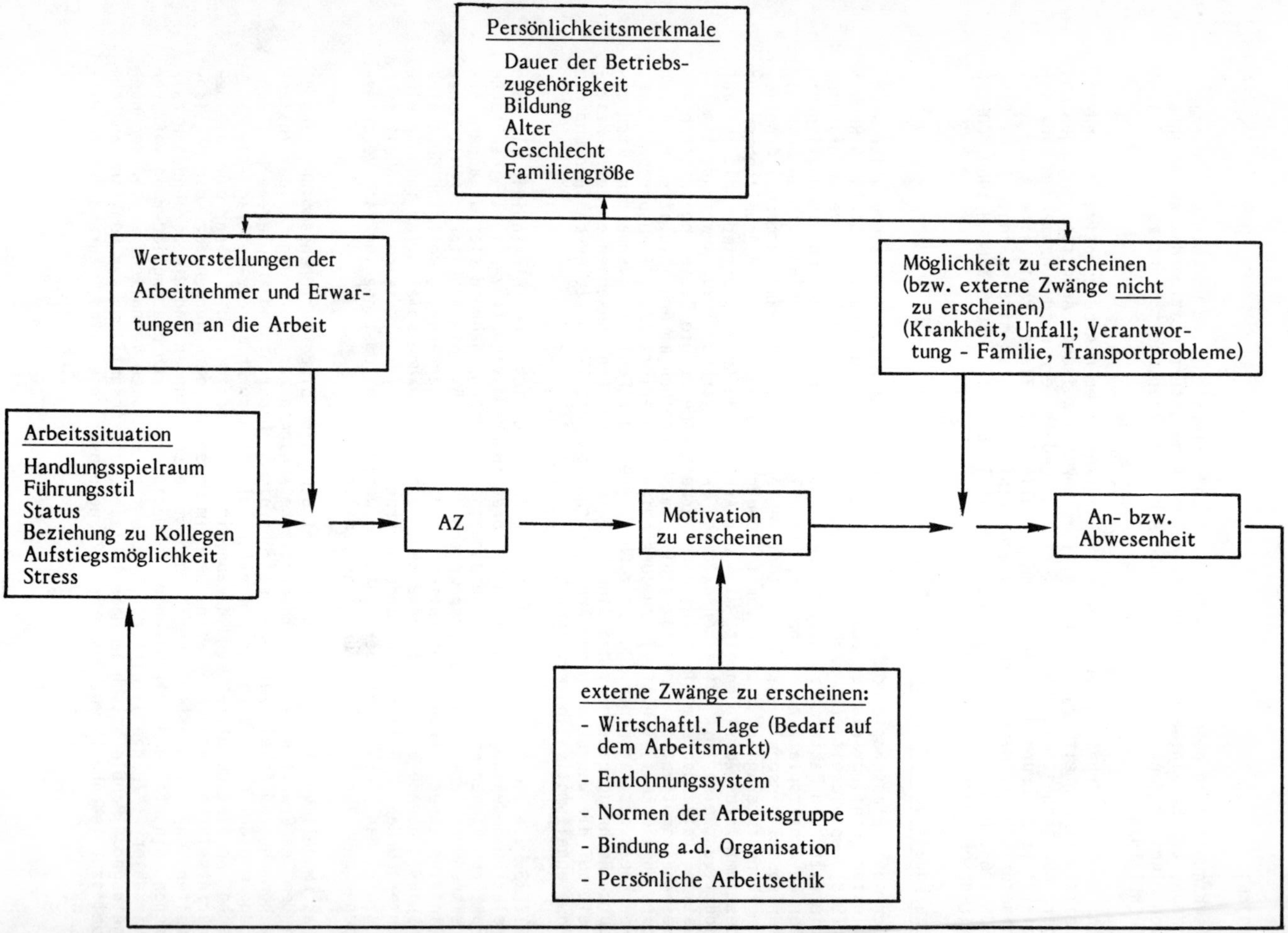

Persönlichkeitsmerkmale

Dauer der Betriebs-
zugehörigkeit
Bildung
Alter
Geschlecht
Familiengröße

Möglichkeit zu erscheinen
(bzw. externe Zwänge nicht
zu erscheinen)
(Krankheit, Unfall; Verantwortung – Familie, Transportprobleme)

An- bzw.
Abwesenheit

Motivation
zu erscheinen

externe Zwänge zu erscheinen:
- Wirtschaftl. Lage (Bedarf auf
  dem Arbeitsmarkt)
- Entlohnungssystem
- Normen der Arbeitsgruppe
- Bindung a.d. Organisation
- Persönliche Arbeitsethik

Wertvorstellungen der
Arbeitnehmer und Erwar-
tungen an die Arbeit

AZ

Arbeitssituation
Handlungsspielraum
Führungsstil
Status
Beziehung zu Kollegen
Aufstiegsmöglichkeit
Stress

lige" Fehlzeiten lediglich auf individuelle Merkmale zurückgeführt werden (wobei Dauer der Betriebszugehörigkeit auch als Merkmal der Arbeitssituation eingestuft werden könnte). Die Bedeutung der Arbeitssituation für die Entstehung von Krankheit und Unfällen kommt bei diesem Ansatz zu kurz; durch die Betonung der motivational begründeten ("freiwilligen") Fehlzeiten wird die Rolle von Krankheiten v.a. für längerfristige Fehlzeiten heruntergespielt. Es müßte v.a. geklärt werden, welche Beziehung zwischen Arbeitszufriedenheit und Zwängen besteht (z.B. additiv vs. multiplikativ), und wie der Zusammenhang zwischen Arbeitszufriedenheit und (Abwesenheits-)Motivation beschaffen ist. Zusätzlich weist das Schema von STEERS und RHODES die Schwächen aller individuellen Modelle auf: Fehlzeiten werden primär als individuelle Entscheidungen verstanden; Person und Situation werden im Modell gleich gewichtet. Es ist aber durchaus denkbar, daß die "externen Zwänge" wesentlich bedeutsamer für das Nicht-Erscheinen am Arbeitsplatz sind. Die Gleichgewichtung von Person und Situation führt daher u.U. zur "Personalisierung" eines sozialen Problems und damit zu einer Verengung des Blickfeldes in Richtung auf "motivational begründete" Fehlzeiten. Um dieser Kritik Rechnung zu tragen, wurde hier der Versuch unternommen, das STEERS-RHODES-Schema so umzuformulieren, daß eine differenziertere Berücksichtigung der Situation und eine alternative Sicht der Fehlzeiten möglich ist (siehe Abb. 17). Empirisch überprüft wurden bisher immer nur Teile des STEERS-RHODES- Modells.

Unabhängig von methodischen und konzeptionellen Schwächen dieser Untersuchungen kann (allgemein) festgestellt werden, daß die Gültigkeit des Modells von STEERS und RHODES durch die vorliegenden empirischen Ergebnisse bisher nur in sehr beschränktem Ausmaß bestätigt wird. Der Zusammenhang zwischen Arbeitszufriedenheit und Fehlzeiten, dem "Herzstück" des Ansatzes, wies, wenn überhaupt, nur sehr schwach in die prognostizierte Richtung (durchschnittliche Korrelation um .20).

Diese Befunde und die Ergebnisse neuerer Arbeiten (z.B. NEUBERGER & ALLERBECK 1978) lassen Zweifel an der Nützlichkeit des Konstrukts "Arbeitszufriedenheit" zur Erklärung von (Fehlzeiten-)Verhalten aufkommen; zusätzlich verstärkt werden diese Zweifel durch die in letzter Zeit immer kritischer vorgetragenen Argumente zur logischen Basis des Konzepts "Arbeitszufriedenheit" (vgl. dazu ausführlich: VOLPERT 1975; NORD 1977; NEUBERGER & ALLERBECK 1978; IPSEN 1978; MEYER 1982; NEUBERGER 1985).

Es wird darauf hingewiesen, daß die meisten Erhebungsinstrumente und die methodischen Regeln zu ihrem Gebrauch erhebliche Mängel aufweisen (Arbeitszufriedenheit wird beispielsweise oft nur mit einem einzigen Item gemessen); obwohl Arbeitszufriedenheit die subjektive Bewertung der "objektiven" Situation bedeuten soll, wird in den meisten Fällen danach gefragt, wie zufrieden jemand mit verschiedenen Aspekten der Arbeitssituation ist. Arbeitszufriedenheit wird damit primär als Einstellung zur Arbeit verstanden; wobei die affektive häufig zu Lasten der kognitiven und konativen Komponente betont wird (vgl. MEYER 1982).

Sieht man von dem Problem ab, daß neben der gemessenen Einstellung (hier Arbeitszufriedenheit) sich auch weitere nicht erfaßte Einstellungen auf ein bestimmtes Verhalten (hier Fehlzeiten) auswirken können, so stellt sich die generelle Frage, in welcher Form überhaupt ein Zusammenhang zwischen Einstellungen und Verhalten angenommen werden kann. Die einfache Annahme, daß Verhalten total durch Einstellungen determiniert sei, ist inzwischen weitgehend aufgegeben worden; mittlerweile wird davon ausgegangen, daß ein "Set" von Variablen gefunden werden muß, welches gemeinsam mit den Einstellungen Prognosen des Verhaltens

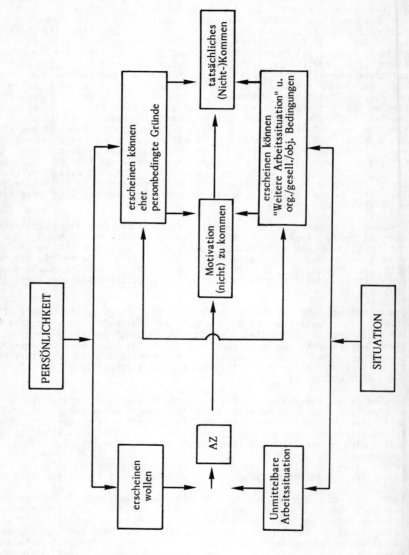

Abb. 17: Umformulierung des STEERS-RHODES-SCHEMAS

gestattet, wobei den situativen Bedingungen eine wichtige Rolle eingeräumt wird
(s. PETERMANN 1980). Allerdings führt gerade die Einengung der Arbeitszufrie-
denheits-Konzepte auf die Dimension der affektiven Werthaltungen zu Schwierigkeiten bei der Vorhersage von Handlungen, die komplexe Strukturen aufweisen (s.
MEYER 1982). Unter diesem Aspekt muß die Nützlichkeit des Konstrukts Arbeitszufriedenheit für die Vorhersage von Verhalten als stark eingeschränkt betrachtet
werden.

Zusammenfassung und Schlußfolgerung

Es ist auffällig (oder beunruhigend) zu sehen, wie selbstverständlich Fehlzeiten etwa bei Autoren, die nach Zusammenhängen zwischen Fehlzeiten und Arbeitszufriedenheit suchen, als individuelles oder gar "motivationales" Problem eti-
kettiert werden. Warum haben Fehlzeiten eine solche Bedeutung? Nur wegen der
Kosten?

Arbeitsteilige Produktion erfordert, daß alle erscheinen. Wirklich alle? Muß
bei größeren Kollektiven nicht von vornherein mit der Möglichkeit des Ausfalls
eines Teils der Mitglieder gerechnet werden, der sich als relativ stabiler
Durchschnittswert ermitteln läßt (3-6%)? Es ist dann Sache der Organisation,
für die "normalen" Schwankungen der Belegschaft - etwa im Rahmen der Personalbedarfsplanung - für Aushilfen zu sorgen. Weil es aber einen großen Unterschied
ausmacht, ob 3 % oder 6 % der Belegschaft fehlen wird "Krankheit", die ja nicht
objektiv zu definieren ist, sozial gedeutet.

Wenn mehr als der "normale" Satz an Arbeitnehmern fehlt, so ergibt sich die
Frage, ob dies tatsächlich ein individuelles Problem ist. Einerseits durchaus;
es ist aber auch ein individuelles Problem, daß es in der Bundesrepublik mehr
Autotote (oder auch mehr Selbstmörder) gibt, als in anderen Nationen!

Man muß also unmittelbar auch danach fragen, ob nicht den Betrieb ein Anteil
der "Schuld" an der Fehlzeiten-Quote trifft (v.a. wenn diese höher ist als der
Durchschnitt). Eigentlich ist bei einer solchen Durchschnitts-Betrachtung nur
der Betrieb bzw. die Situation zu analysieren, persönliches Nachfragen kann man
sich sparen.

Das Erscheinen am Arbeitsplatz ist nur eine notwendige, aber noch keine hinreichende Bedingung für "Leistung". Diese hängt von vielen anderen Faktoren ab.
Die Arbeitnehmer so zu disziplinieren, daß sie täglich und verläßlich bei der
Arbeit erscheinen, ist eine sozio-kulturelle Leistung (siehe die anderen Bedingungen in Entwicklungsländern), die u.a. den Zwangs- und Herrschaftscharakter
des Betriebs offenlegt. Denn hier muß auch die Norm der Gleichbehandlung durchgesetzt werden: Wenn die einen zur (offensichtlich als Bestrafung erlebten) Arbeit kommen müssen, dann soll es den anderen nicht besser gehen. Geteiltes Leid
ist allgemeines Leid und damit als solches nicht mehr spürbar. Das Problem
existiert als Zwangsproblem nur solange, als Arbeit als Last und Strafe erlebt
wird. Wenn Arbeit Privileg und Belohnung wäre, würde das Fehlzeiten-"Problem"
nicht bestehen.

Fehlzeiten sind (im Normalfall) u.U. lediglich ein Organisationsproblem: Würde
man jedem (zusätzlich zum Urlaub) einen bestimmten Fehlzeiten-Prozent-Satz automatisch zugestehen, dann könnte man nur diejenigen "verfolgen" (bestrafen,
unterstützen, motivieren usw.), die diesen Richtsatz überschreiten (z.B. durch
besondere ärztliche Behandlung, Auflagen, Prämienverweigerung). Das müßte allerdings nicht in 1-Jahresperioden geschehen, sondern über längere Zeiträume

vereinbart werden. Wenn eine Person die "Solidargemeinschaft" über Gebühr beansprucht, dann darf das nicht automatisch zur "Bestrafung" führen, da dies eine exzessive Individualisierung evtl. unverschuldeter Mängel, Bedürfnisse usw. darstellen würde. Eine formale Kontrolle der Fehlzeiten muß deshalb uneffizient bzw. ungerecht bleiben. In überschaubaren Kollektiven wäre es möglich, dem Kollektiv die Möglichkeit zu überlassen, die Fehlzeiten ihrer Mitglieder nach deren Bedürfnissen, Fähigkeiten usw. zu organisieren (s.a. Kleinbetriebe und deren Fehlzeiten-Quote!).

Fehlzeiten können aber auch als individuelle (!) Strategie gesehen werden, sich Freiheiten (heraus-) zu nehmen. Fehlzeiten sind ein Kampfmittel im "alltäglichen Arbeitskampf" (s. HOFFMANN 1981). Sie geben dem einzelnen Disposition über seine Zeit zurück.

Angesichts der Komplexität des Problems bei der Konzeption, Messung und Analyse der Ursachen von Fehlzeiten erscheint es sinnvoll, den Erklärungsanspruch an eine "Theorie der Fehlzeiten" zu reduzieren. Es wäre u.U. erfolgversprechender, mit Hilfe von Modellen geringerer Reichweite spezifische Bedingungen zu untersuchen (z.B. eine Analyse der Auswirkungen des Arbeitsinhalts auf den Krankenstand - vgl. HACKER 1980). Dabei müßte v.a. von der deskriptiven Ebene abgegangen werden; im Rahmen differenzierter Konzepte (z.B. attributionstheoretische Erklärungen für Fehlzeitenverhalten - vgl. JOHNS u.a. 1982) sollten alternative Vorgehensweisen (z.B. Einzelfallanalysen im Zeitverlauf, Konstruktion von Risikoprofilen) erprobt werden. Die bisher primär quantitative Vorgehensweise v.a. bei der Ursachenforschung müßte mit qualitativen Methoden (z.B. Tagebuch-Methode) kombiniert werden. Auf diese Weise könnte die bisher vorherrschende Behandlung des Problems von "oben" aus der Sicht des Managements durch die Perspektive von "unten" ergänzt werden.

3.5.3.4. Der Personalbestand (Fluktuation)

Die künftige Entwicklung des Personalbestands wird i.d.R. auf der Basis des gegenwärtigen Bestands sowohl in qualitativer wie auch in quantitativer Hinsicht prognostiziert. Die Feststellung des gegenwärtigen Personalbestands ist der einfachste Schritt im Prozeß der Bedarfsermittlung.

Der quantitative Personalbestand drückt aus, wieviel Stunden die vorhandenen Mitarbeiter dem Unternehmen zur Verfügung stehen und wieviel Zeit sie zur Erledigung ihrer Arbeit benötigen (s. REMER 1978, S. 277). Der festgestellte Personalbestand wird sich innerhalb des vorgesehenen Planungszeitraums durch Abgänge und Zugänge verändern. Veränderungen, die auf Abgänge zurückgeführt werden, können nur annäherungsweise etwa anhand von Erfahrungswerten aus der Vergangenheit bestimmt werden.

Die auf S. 19f. aufgeführten Fluktuations-Ereignisse beinhalten nur solche Vorkommnisse, die auf einem Wechsel von Arbeitnehmern zwischen einzelnen Betrieben und zwischen Betrieb und Arbeitslosigkeit, Rentnerdasein usw. beruhen. Geht man davon aus, daß nicht jeder Arbeitnehmer alle Tätigkeiten im Anforderungsprofil eines Betriebes ausführen kann, so müssen auch innerbetriebliche Wechsel des Arbeitsplatzes berücksichtigt werden, wenn sie zu Veränderungen im Personalbestand einheitlicher Tätigkeitsgruppen führen. Berücksichtigt man weiter, daß ein Wechsel des Arbeitsplatzes auf freiwilliger oder erzwungener Basis zustande kommen kann, so ist es nicht verwunderlich, daß in der Literatur kaum einheitliche und umfassende Definitionen der Bewegungsvorgänge des Personalbestandes zu finden sind. Der Begriff "Fluktuation" wird meist nur dann verwendet, wenn es sich um die freiwillige Auflösung der Organisationsmitgliedschaft durch den Arbeitnehmer handelt (vgl. MARR 1975). Auf die besondere Problematik, die sich durch das "freiwillige" Ausscheiden von Mitarbeitern aus dem Betrieb ergibt, wird noch einzugehen sein.

Einen (sehr groben) Eindruck vom quantitativen Ausmaß der jährlichen Fluktuationsbewegungen in der Bundesrepublik Deutschland vermittelt ein Zahlenbeispiel von REYHER und BACH (1980) für das Jahr 1976 (s. Abb. 18). Trotz großer methodischer Bedenken gegen ein derart hochaggrigiertes Datenniveau lassen sich daraus einige allgemeine Schlußfolgerungen ableiten. Hinter einem gleichbleibenden Erwerbspersonenbestand von ca. 25 Millionen Arbeitsplätzen verbergen sich beträchtliche Bewegungen. Insgesamt wurden für das Jahr 1976 3,9 Millionen Zugänge zum Erwerbspersonenpotential registriert; diese setzten sich primär aus Zugängen aus dem schulischen Ausbildungssystem, aus der Gruppe der nicht erwerbstätigen Personen (z.B. Frauen) und Ausländern zusammen. Dem steht eine gleich große Zahl von Abgängen aus der Erwerbstätigkeit gegenüber, die v.a. durch Invaliditäts-Fälle, Abgänge in den Ruhestand, Ausscheiden von Frauen aus dem Erwerbsleben und in geringerem Maß durch die Rückkehr ins Bildungssystem determiniert wurde. Die Zahl der Einstellungsvorgänge im Rahmen zwischenbetrieblicher Arbeitsplatzwechsel betrug 2,2 Millionen. Dies bedeutet, daß im Jahr 1976 ca. 6 Millionen Neubesetzungen von Arbeitsplätzen stattgefunden hatten.

Durch innerbetriebliche Umsetzungen wurden im Untersuchungszeitraum 4,9 Millionen Arbeitsplätze besetzt, was zu einer identischen Anzahl von frei gewordenen Stellen führte. REYHER und BACH (1980, S. 503) weisen darauf hin, daß nach repräsentativen Betriebsbefragungen jeder zweite neu zu besetzende Arbeitsplatz durch innerbetriebliche Umgruppierungen besetzt wird. Geht man von dieser Größe aus, so bedeutet dies, daß sich die Gesamtzahl der in einem Jahr neu besetzten Arbeitsplätze in der Gesamtwirtschaft auf ca. 11 Millionen beläuft.

Messung der Fluktuation

Zum Zweck der Personalplanung werden Informationen über Arten, Umfang, Ursachen und Kosten des Arbeitsplatzwechsels benötigt. Um entsprechende Zahlenangaben erhalten zu können, sind geeignete statistische Methoden und Berechnungsverfahren nötig. Allerdings drückt sich auch hier (ähnlich wie beim Fehlzeiten-Problem) die Mannigfaltigkeit der Definitionen des Begriffs Arbeitsplatzwechsel in einer Vielfalt von Verfahren zu seiner Messung aus.

Nach STEGEMANN (1965, S. 47) lassen sich die in der Fachliteratur erörterten und in der betrieblichen Praxis eingesetzten Verfahren zur Ermittlung des Umfangs und der Arten des Arbeitsplatzwechsels auf zwei verschiedene Grundmethoden zurückführen:

a) die Berechnung von Verhältniszahlen, die zur Kennzeichnung der Arbeitsplatzwechselhäufigkeit oder des Stabilitätsgrads einer Belegschaft geeignet sind;

b) die Aufstellung von Häufigkeitsverteilungen über die Dauer der Betriebszugehörigkeit (Beschäftigungsdauer) der Belegschaftsangehörigen und die

Abb. 18: Gesamtwirtschaftliche Fluktuation 1976 (aus: REYHER & BACH 1980, S. 504)

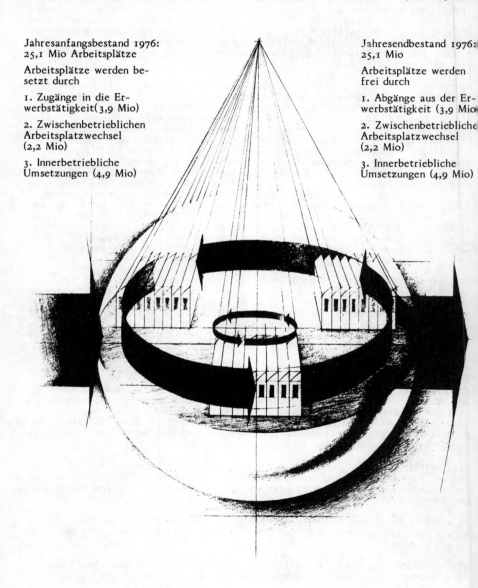

Jahresanfangsbestand 1976:
25,1 Mio Arbeitsplätze

Arbeitsplätze werden besetzt durch

1. Zugänge in die Erwerbstätigkeit(3,9 Mio)

2. Zwischenbetrieblichen Arbeitsplatzwechsel (2,2 Mio)

3. Innerbetriebliche Umsetzungen (4,9 Mio)

Jahresendbestand 1976: 25,1 Mio

Arbeitsplätze werden frei durch

1. Abgänge aus der Erwerbstätigkeit (3,9 Mio)

2. Zwischenbetriebliche Arbeitsplatzwechsel (2,2 Mio)

3. Innerbetriebliche Umsetzungen (4,9 Mio)

Konstruktion von Belegschaftsabgangskennziffern (Verbleibendenkoeffizienten)..

Wird der Arbeitsplatzwechsel in Prozent-Raten bestimmt, so sind die Ergebnisse von der Wahl der im Nenner und Zähler berücksichtigten Größen sowie von der Dauer und der Lage des Beobachtungsintervalls i abhängig.

Im folgenden sollen exemplarisch einige Maße zur Erfassung des Arbeitsplatzwechsels dargestellt und kritisch kommentiert werden (s. zusammenfassend: MOWDAY u.a. 1982; MOBLEY 1982; PRICE 1977; STEGEMANN 1965):

zu a): Bei der Berechnung von Kennziffern für die Häufigkeit des Arbeitsplatzwechsels ist die "Umschlagshäufigkeit" von besonderer Bedeutung (die Nähe dieses Begriffes zu Warenumschlag und Lagerhaltung gibt zu denken). Dabei wird die Zahl der in einer Periode erfolgten Abgänge zum durchschnittlichen Personalbestand dieser Periode in Beziehung gesetzt:

$$\text{Fluktuationsquote (BDA)} = \frac{\text{Anzahl der Abgänge in i}}{\substack{\text{durchschn. Bestand in i} \\ \text{(Anfangsbestand - Endbestand)}}} \times 100$$

BDA = Bundesverband der Deutschen Arbeitgeberverbände

Diese Formel (BDA-Formel) gibt an, wie oft während der Periode i der durchschnittliche Personalbestand umgesetzt wurde. Diese Formel ist nicht unumstritten. Ihr Mangel wird besonders deutlich, wenn man vom Fall einer totalen Betriebsauflösung ausgeht (Beispiel aus: SIEGERT 1967, S. 64 f.):

Ein Unternehmen habe am Anfang einer Periode einen Personalbestand von 500 Arbeitskräften. Bis zum Zeitpunkt der Betriebsauflösung werden weitere 100 eingestellt, so daß schließlich 600 Personen entlassen werden.

Nach der BDA-Formel ist wie folgt zu rechnen:

$$\frac{500 + 100}{250} \times 100 = \frac{600}{250} \times 100 = 240 \%$$

Der durchschnittliche Personalbestand (250) errechnet sich dabei aus dem Anfangsbestand von 500 und dem Endbestand von 0. Bei verfeinerter Durchschnittsbildung könnte ein anderes Ergebnis herauskommen, das aber immer kleiner als 600 sein muß. Interpretiert man das Ergebnis als 240%ige Personalminderung, so wird das Versagen dieser Formel in diesem Fall offensichtlich. Auch die Umschlagshäufigkeit von 2,4 an sich hat wenig Aussagekraft (eine jährliche "Fluktuations"-Rate von 100% kann bedeuten, daß die Hälfte aller Arbeitnehmer 2x, ein Viertel der Arbeitnehmer 4x usw. den Betrieb gewechselt hat). Nimmt ein Betrieb während der Beobachtungsperiode i viele Neueinstellungen vor und setzt sich ein Teil der fluktuierenden Arbeitnehmer aus den in i erst eingestellten Arbeitnehmern zusammen, so kann der Anfangsbestand nicht mehr als repräsentativ für die durchschnittliche Belegschaftszahl angesehen werden (vgl. STEGEMANN 1965, S. 61).

Aus diesen Überlegungen heraus schlägt SCHLÜTER (1958) vor, den Wechsel des Personals ähnlich wie den Umschlag eines Warenlagers zu erfassen:

$$\text{Schlüter-Formel:} \quad \frac{\text{Anzahl der Abgänge während i}}{\text{Pers.Best. am Anfang von i + Zugänge während der Periode}} \times 100$$

Für das oben verwendete Beispiel ergibt sich nach der Schlüter-Formel folgende Rechnung:

$$\frac{600 \times 100}{500 + 100} = 100 \%$$

Dieses Ergebnis entspricht dem Tatbestand, daß die Belegschaft des Unternehmens zu hundert Prozent entlassen wurde. Allerdings ist auch die Verwendung dieser Formel nicht ganz unproblematisch. Die Zahl 600 stimmt nur dann, wenn sowohl von den 500 vorhandenen wie den 100 Neueingestellten KEINER den Betrieb vor der Auflösung verlassen hat und ersetzt wurde. STEGEMANN (1965) macht in seiner differenzierten Analyse des Phänomens "Arbeitsplatzwechsel" darauf aufmerksam, daß eine mit Hilfe der Schlüter-Formel berechnete Arbeitsplatzwechselziffer - v.a. bei längeren Beobachtungsperioden - "in ihrer Höhe stark variieren (kann) in Abhängigkeit von dem Beitrag, den die Neueingestellten zu der Zahl der in der gleichen Berichtsperiode Ausscheidenden liefern. Als Bezugsgröße, die den durchschnittlichen Belegschaftsstand darstellen soll, wird sich in diesem Falle sehr oft eine Zahl ergeben, welche die in dem betreffenden Beobachtungszeitraum jemals erreichte Höchstzahl der Belegschaft mehr oder weniger übersteigt. Dies wird um so stärker der Fall sein, je näher das Eintrittsdatum der Mehrzahl der Neueingestellten zum Anfangszeitpunkt der Berichtsperiode liegt, d.h. je länger die "neuen" Belegschaftsangehörigen unter Beobachtung stehen; denn desto größer wird in der Regel die Zahl der aus dem Kreis der "Neuen" in der Berichtsperiode bereits wieder Ausscheidenden sein..."(S. 61f.); dies ist v.a. deshalb der Fall, weil - s.u. - die "Neuen" viel schneller wieder ausscheiden als die Stammbelegschaft. Im Grunde werden im Nenner alle Arbeitnehmer erfaßt, die in i im Betrieb gearbeitet haben; die in i durchschnittlich vorhandenen Arbeitsplätze, die einem möglichen Arbeitsplatzwechsel ausgesetzt waren, kommen hier nicht zum Ausdruck. Unter Kosten-Aspekten ist aber v.a. die (relative) Häufigkeit der stattgefundenen Wechsel in Bezug auf die durchschnittlich vorhandenen Arbeitsplätze wichtig.

Betrachtet man das Fluktuations-Problem unter dem Aspekt der "Stabilität" einer Belegschaft, so ist es von Interesse zu ermitteln, wie groß der Anteil der Belegschaft ist, der direkt vom "Umschlagsprozeß" betroffen ist. Die Begrenztheit der Schlüter-Formel kommt anhand eines Zahlenbeispiels von STEGEMANN (1965, S. 79) zum Ausdruck: Der Anfangsbestand einer Belegschaft betrage 1.500 Arbeitnehmer; 3000 Abgänge und ebensoviel Neueinstellungen sollen im Berichtszeitraum stattgefunden haben. Nach der Schlüter-Formel ergibt sich eine Arbeitsplatzwechselziffer von 66,7%. Tatsächlich sind jedoch - bei der Annahme von durchschnittlich 1.500 Arbeitsplätzen - sämtliche Arbeitsplätze während der Berichtszeit im Mittel zweimal neu besetzt worden, was nach der BDA-Formel einer Arbeitsplatzwechselziffer von 200 % gleichkommt. Dem (durchschnittlichen) zweimaligen "Umschlag" der gesamten Belegschaft entsprechend, sind auch effektiv Arbeitsplatzwechselkosten entstanden.

Zusammenfassend kann gesagt werden, daß es kaum präzise Definitionen des Phänomens "Arbeitsplatzwechsel" gibt und trotz häufiger Messungen oft nur schwer
klare Zusammenhänge zwischen verwendeter Meßmethode und dem Zweck der Messung
auszumachen sind. Es entsteht oft der Eindruck, daß nur solche Daten gemessen
werden, die gerade zur Verfügung stehen. Im Grunde handelt es sich auch hier
(wie beim Fehlzeitenproblem) häufig um "measures in search of meaning". So ist
es auch beim Fluktuationsproblem zwecklos, die "richtige" Definition proklamieren zu wollen, ohne die zugrunde liegenden Verwendungsabsichten, theoretischen Annahmen und Metaprinzipien deutlich zu machen.

zu b) Die Variable "Dauer der Betriebszugehörigkeit", die relativ konsistent
mit Arbeitsplatzwechsel korreliert, wird in den oben diskutierten Formeln nur
ungenügend berücksichtigt. Deshalb werden die mit diesen Verfahren ermittelten
Ergebnisse durch zusätzliche Maße ergänzt, bei denen Eintrittszeitpunkt und
"Fluktuationszeitpunkt" Berücksichtigung finden. Beispiele für derartige Kennziffern sind die "Überlebensrate" und die "Abwanderungsrate" (MOWDAY u.a.1982):

"Überlebensrate":
$$\frac{\text{Zugänge, die in i bleiben}}{\text{Anzahl der Zugänge in i}}$$

"Abwanderungsrate":
$$\frac{\text{Zugänge, die in i ausscheiden}}{\text{Anzahl der Zugänge in i}}$$

Die Größen, die mit Hilfe dieser beiden Formeln ermittelt werden, stehen zueinander in einer komplementären Beziehung. Der Grundgedanke besteht darin, daß
Gruppen von Angestellten (Kohorten), die zu einem bestimmten Zeitpunkt in die
Organisation eintreten, während der Dauer ihrer Zugehörigkeit zur Organisation
verfolgt werden. Beispiele für die Berechnung von "Überlebens-" bzw. "Abwande-
rungs-Raten" werden in Tab. 3 gegeben.

In diesem Beispiel handelt es sich um 500 Ingenieure, die im Verlauf des Jahres
1978 eingestellt worden sind. Wenn während der ersten 6 Monate 100 die Organisation wieder verlassen, beträgt die "Abwanderungs"-Rate 20 % (100 : 500). Wenn
während des 7. und 12. Monats seit Beginn der Neueinstellung weitere 70 kündigen, beträgt die "Abwanderungs"-Rate für dieses Intervall 14 % (70 : 500). Die
"Überlebens"-Rate am Ende des ersten Jahr beläuft sich dann auf 66 % (330:500).
Im vorliegenden Beispiel beträgt die Abwanderungsrate 1981 für die Kohorte der
im Jahr 1978 neu eingestellten Ingenieure 52 %. MOBLEY (1982) zitiert einen Bericht der U.S. Civil Service Commission aus dem Jahr 1977, aus welchem hervor-
geht, daß in allen untersuchten Kohorten von Neu-Eingestellten zwischen zwei
Drittel und drei Viertel aller Arbeitsplatzwechsel während der ersten drei Jahre stattfinden; davon allein die Hälfte im ersten Jahr. TÜRK (1978) berichtet
ähnliche Ergebnisse: eine Zusammenhangsanalyse zwischen Lebensalter, Beschäftigungsdauer und Arbeitsplatzwechsel ergab, daß in den ersten sechs Monaten
nach der Einstellung bereits 60 % der 20-25jährigen den Betrieb wieder verlassen hatten.

Der Vorteil der "Überlebens"- und "Abwanderungs"-Rate besteht zum einen darin,
daß ihre Bedeutung (im Gegensatz zu den weiter oben besprochenen Formeln) relativ klar ist. So läßt etwa eine Überlebensrate von 50 % für ein Jahr nur eine
einzige Interpretation zu: die Hälfte der Kohorte aller neuer Mitglieder bleiben am Ende des ersten Jahres ihrer Mitgliedschaft in der Organisation. Ein
weiterer Vorteil besteht darin, daß die "Dauer der Betriebszugehörigkeit" be-

Tab. 3: Beispiel für die Berechnungen von "Überlebens-" und "Abwanderungs-" Raten
(aus: MOBLEY 1982, S. 40)

(N = 500 Neueinstellungen im Jahr 1978)

Dauer der Be-triebszugehörig-keit in Monaten	Abgänge unter-teilt nach Dauer der Betr.Zugeh.		Verbliebene n. Dauer der Betr. Zugeh.	Interne Ab-wanderungs-Rate je Periode	Kumulative Überlebens Rate
6 Mon. oder weniger	100		400	20.0	80.0
7 - 12	70	(1979)	330	14.0	66.0
13 - 18	40		290	8.0	58.0
19 - 24	30	(1980)	260	6.0	52.0
25 - 30	15		245	3.0	49.0
31 - 36	10	(1981)	235	2.0	47.0

rücksichtigt wird, da nur die Arbeitnehmer einbezogen werden, die während einer bestimmten Periode eingestellt werden.

Probleme bei der Verwendung dieser Methode ergeben sich u.U. durch den (im Vergleich zu den oben beschriebenen Verfahren) höheren Rechenaufwand, durch die ausschließliche Betrachtung "neuer" Arbeitnehmer (sehr wichtig, weil es für einen Betrieb sehr alarmierend ist, wenn die "Stammbelegschaft" abwandert) und durch die Notwendigkeit zur Einbeziehung von zwei Zeitperioden. Zudem besteht bei der Betrachtung langer Perioden die Gefahr der Unübersichtlichkeit der Kohorten. Eine Voraussetzung zur Berechnung von Kohorten ist eine ausreichende "Besetzung" der Gruppen (manche Autoren - z.B. SILCOCK 1954 - empfehlen eine Kohortengröße von 100 pro Monat); die Voraussetzung dazu ist allerdings nur in sehr großen Organisationen gegeben. VAN DER MERWE & MILLER (1973) machen darauf aufmerksam, daß zur Berechnung von Kohorten sehr lange Zeiträume erforderlich sind. Zunächst wird ein Zeitraum (meist mehrere Monate) benötigt, um die Kohorte zu definieren; dann muß eine weitere Periode vergehen, damit die entsprechenden Raten errechnet werden können; ein zusätzlicher Zeitaufwand kann dann entstehen, wenn die Kohorte so lange "verfolgt" werden soll, bis ihr letztes Mitglied aus dem Betrieb ausgeschieden ist.

Korrelate der Fluktuation

Die Kategorisierungen von <u>Determinanten</u> des Arbeitsplatzwechsels werden häufig aus den Statistiken der <u>Organisationen</u> übernommen; dabei beeinflußt eine Vielzahl von Faktoren die administrative Aufnahme von Fluktuationsgründen. LEFKO-VITZ & KATZ (1969) berichten über signifikante Unterschiede zwischen den offiziell der Firma bekannt gegebenen und den auf nachträgliches Befragen berichteten Angaben über die Ursachen von Arbeitsplatzwechseln. Viele Aufstellungen sind bivariat, d.h. sie stellen die (Höhe der) Beziehung zwischen Fluktuation und <u>einer</u> "Einfluß"-Größe dar. Um die teilweise widersprüchlichen Ergebnisse <u>bivariater Analysen</u> (s. Tab. 4) zu lösen, müßte die relative Bedeutung <u>mehrerer</u> Variablen, die mit einem Arbeitsplatzwechsel in Beziehung stehen (können) untersucht werden.

Durch den (bloßen) Einsatz multivariater Verfahren kann zwar der Anteil an (erklärter) Varianz erhöht werden (dabei muß beachtet werden, daß die einzelnen Variablen interkorrelieren: z.B. Arbeiter - schlechte Arbeitsbedingungen - niedere Ausbildung - Schichtarbeit); ohne konzeptionelle Basis tragen die auf diese Weise gewonnenen Ergebnisse nicht viel zum Verständnis des <u>Prozesses</u> bei, dem ein Arbeitsplatzwechsel unterliegt. Einzelne Versuche, ein <u>Prozeß-Modell</u> für Fluktuation zu konzipieren, liegen zwar vor (z.B. BLUEDORN 1982; STEERS u.a. 1981; MOBLEY u.a. 1979; PRICE 1977), geleistet wird jedoch häufig nur die Zusammenfassung "fragmentarischer" Ansätze zu einer Faktorensammlung, welche in der Art einer (Fluktuations-) Landkarte eine Landschaft aus vielen Kästchen mit Pfeilen dazwischen darstellt und über eine heuristische Bedeutung nicht hinauskommt. Der theoretische Hintergrund (Erklärung der Pfeile und der ausgewählten Kästchen) bleibt eher an der Oberfläche. Fluktuation wird meist als <u>individuelle</u> Entscheidung bzw. Handlung verstanden, die nach dem Prinzip der <u>Nutzenkalkulation</u> erfolgt. Allerdings stellt Fluktuation nur <u>eine</u> der möglichen Reaktionen (!) auf belastende Arbeitsbedingungen oder verlockende Angebote dar.

Im folgenden soll der Versuch unternommen werden ein Modell zu entwickeln, das den Prozeß erklärt, der zur <u>freiwilligen</u> Entscheidung eines Arbeitnehmers führt, eine Organisation zu verlassen. Ausgangspunkt der Überlegungen ist (in Anlehnung an LAZARUS 1966) ein Grundmuster (s. Abb. 19), in welchem kognitive, emotionale und aktionale Faktoren berücksichtigt werden:

Abb. 19: Grundmuster (in Anlehnung an LAZARUS 1966)

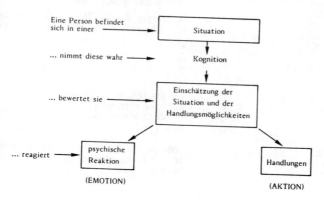

Tab. 4: DETERMINANTEN DER FLUKTUATION (aus: TÜRK 1978, S. 45 f.)

Determinanten der Fluktuation	Auswirkungen auf Fluktuation
1. Personalabhängige Determinanten	
a) Dienstalter	Fluktuationsrate sinkt mit steigendem Dienstalter
b) Lebensalter	Fluktuationsrate sinkt mit steigendem Lebensalter
c) Geschlecht	weibliches Personal kündigt häufiger als männliches; wechselt aber seltener den Betrieb
d) Familienstand	ledige Männer haben eine höhere Fluktuationsrate als verheiratete
	ledige Frauen haben eine geringere Fluktuationsrate als verheiratete
e) Wohnverhältnisse	fester Wohnsitz und günstige Verkehrsverbindungen führen zu einer geringeren Fluktuationsrate
f) Ausbildung	tendenziell: je höher die Ausbildung, desto höher die Fluktuationsrate
g) Berufsstatus	Arbeiter haben eine höhere Fluktuationsrate als Angestellte
	ungelernte Arbeiter haben eine höhere Fluktuationsrate als gelernte
	technische Angestellte haben eine höhere Fluktuationsrate als kaufmännische
2. Betriebsabhängige Determinanten	
a) Standort	tendenziell: in Großstädten und Ballungsgebieten ist die Fluktuationsrate höher als in Kleinstädten und auf dem Land
b) Betriebsgröße	tendenziell: Großbetriebe weisen eine höhere Fluktuationsrate auf als Kleinbetriebe

Determinanten der Fluktuation	Auswirkungen auf Fluktuation
c) Branche	tendenziell: abnehmende Fluktuations-rate: Baugewerbe; Dienstleistungsge-werbe; Landwirtschaft; Handel; Geld- und Versicherungswesen; Bergbau; öffentlicher Dienst
d) sozial-ökonomische Bedingungen	Fluktuationsrate sinkt mit verbesser-ten Aus- und Weiterbildungsmöglich-keiten im Betrieb
	Fluktuationsrate sinkt mit steigenden Aufstiegschancen
	Fluktuationsrate sinkt mit verbessertem "Betriebsklima"
	nur schwache Beziehungen zwi-schen Höhe des Arbeitsentgelts und Fluktuationsrate; nur schwache Bezie-hungen zwischen Höhe der Sozialleis-tungen und Fluktuationsrate
e) technisch-organisa-torische Bedingungen	belastende Produktionstechnik und Ar-beitsumgebung erhöhen Fluktuations-rate
	Schichtarbeitsbetriebe haben höhere Fluktuationsrate als andere
3. Außerbetriebliche Determinanten	
a) Jahreszeit	im Frühjahr und Herbst die höchsten Fluktuationsraten
b) allgemeine Konjunktur	im Konjunkturhoch höhere Fluktua-tionsrate als im Konjunkturtief
c) Arbeitsmarkt	je höher Arbeitslosenzahl, desto nied-riger die Fluktuationsrate
d) staatliche Aktivität	staatliche Mobilitätsförderung kann auf Fluktuationsrate erhöhend wirken

Die Einschätzung der Situation und der Handlungsmöglichkeiten hängt ab von den (subjektiven) Zielen einer Person (z.B. Karriere, Arbeitsinhalt, Entlohnung, Kontaktbedürfnisse), den objektiven Gegebenheiten (Aufstiegschancen, Kohäsion der Arbeitsgruppe, tatsächliche Entlohnung usw.) und der Lebenssituation einer Person (z.B. familiäre Bindung, Zugehörigkeit zu anderen Organisationen usw. (s. Abb. 20).

Abb. 20: Determinanten des Einschätzungs-Verhaltens

Um die Analyse von Handlungsmöglichkeiten berücksichtigen zu können, wird auf das Handlungsmodell von MILLER, GALANTER u. PRIBRAM (1973, S. 34 f.) zurückgegriffen (s. Abb. 21):

Abb. 21: Das TOTE-Schema (aus: MILLER u.a. 1973, S. 34)

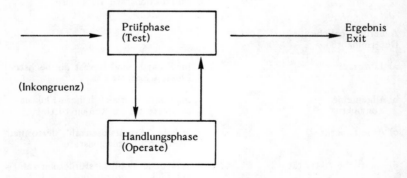

Diese sogenannte TOTE-Einheit (Test-Operation-Test-Exit) wird erweitert um eine
Phase der Konstruktion bzw. Bereitstellung von Handlungsplänen (s. Abb. 22):

Abb. 22:   Erweiterte TOTE-Einheit

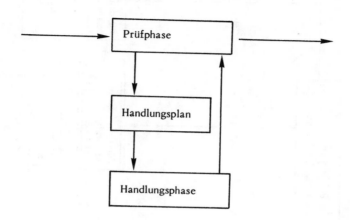

Verbindet man das Grundmuster, welches den Ausgangspunkt dieser Überlegungen
bildet mit dem TOTE-Handlungsschema, dann ergibt sich im Hinblick auf das Fluk-
tuationsgeschehen folgendes Modell (s. Abb. 23).

Im Mittelpunkt dieses Modells stehen nicht die verborgenen Triebe oder Bedürfnisse eines Arbeitnehmers als Ursachen für das "freiwillige" Verlassen der Organisation, sondern die in einer bestimmten Situation ablaufenden Bewertungs-
vorgänge. Dazu gehören Wahrnehmungs-, Denk-, Lern-, Erinnerungsprozesse usw...

Ausgangspunkt der Überlegungen ist die objektive Situation einer Person sowohl
innerhalb (2) - die in Klammern abgedruckten Ziffern entsprechen den Bezeichnungen der Kästchen in Abbildung 23 - als auch außerhalb (3) der Organisation
(wenn hier von der "objektiven" Situation die Rede ist, wird offenbar unterstellt, daß es diese Objektivität außerhalb der Person "an sich" gibt. Eine objektive Situation als solche kann es aber nicht geben, d.h. sie ist - im
KANTschen Sinne - nicht erkennbar. Objektiv sind deshalb physikalische und
soziale Merkmale, die unabhängig von den handelnden Menschen von "außenstehen-
den" Beobachtern mit einem relativ hohen Grad an interindividueller Übereinstimmung kategorisiert werden können). Die objektive Situation stellt somit die
Umgebung dar, wie sie unabhängig von der Wahrnehmung der betreffenden Person
existiert. Die subjektive Umgebung (4) besteht aus der Wahrnehmung der objektiven Situation durch den betreffenden Arbeitnehmer. Sie beinhaltet u.a. die unterschiedlichen Möglichkeiten der Bedürfnisbefriedigung und die Anforderungen,
die an den Arbeitnehmer gestellt werden (innerhalb und außerhalb der Organisation). Von der in einer "objektiven und sozialen" Situation stehenden Person
werden Ausschnitte daraus wahrgenommen und zu einem subjektiven Bild zusammen-
gefügt. In einem zweiten (nur analytisch zu trennenden) Schritt werden die Ele-

Abb. 23: Prozeßmodell zur Erklärung von "freiwilliger" Fluktuation

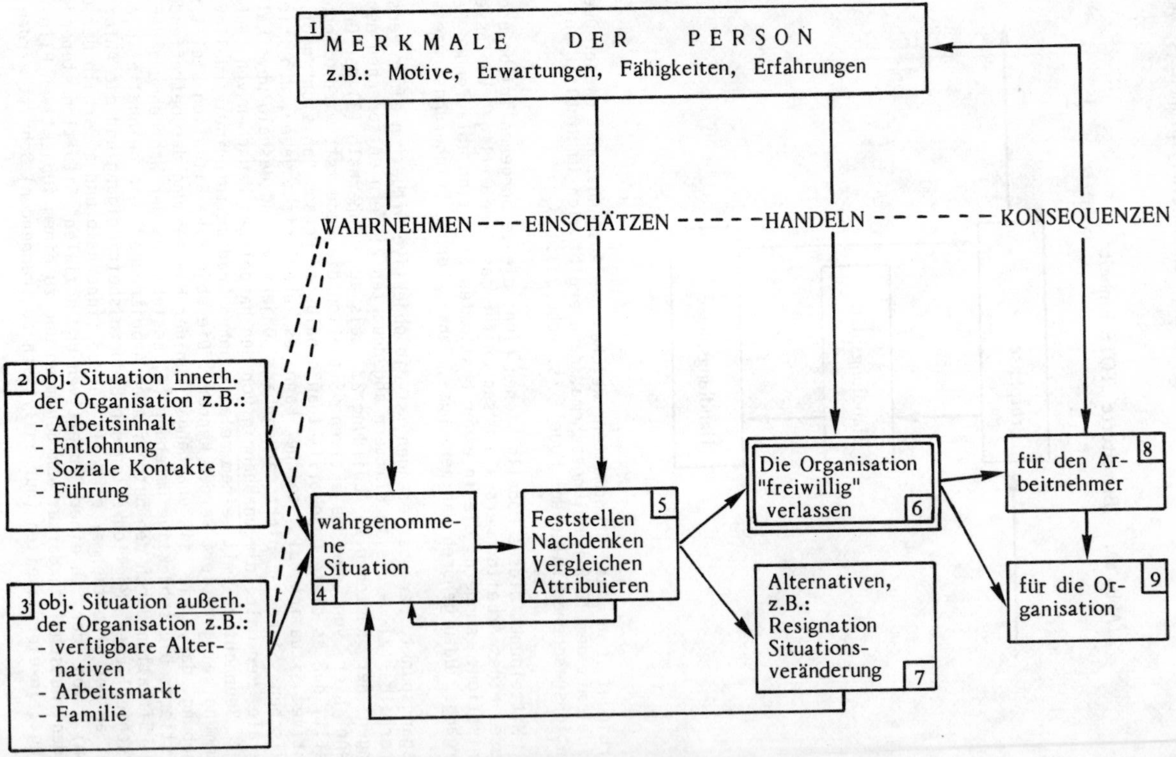

1 | M E R K M A L E   D E R   P E R S O N
z.B.: Motive, Erwartungen, Fähigkeiten, Erfahrungen

WAHRNEHMEN – – – EINSCHÄTZEN – – – – – HANDELN – – – – KONSEQUENZEN

2 | obj. Situation innerh. der Organisation z.B.:
- Arbeitsinhalt
- Entlohnung
- Soziale Kontakte
- Führung

3 | obj. Situation außerh. der Organisation z.B.:
- verfügbare Alternativen
- Arbeitsmarkt
- Familie

4 | wahrgenommene Situation

5 | Feststellen
Nachdenken
Vergleichen
Attribuieren

6 | Die Organisation "freiwillig" verlassen

7 | Alternativen, z.B.:
Resignation
Situationsveränderung

8 | für den Arbeitnehmer

9 | für die Organisation

mente der wahrgenommenen Situation sowie ihre Interrelationen gedeutet, interpretiert, attribuiert usw. (5). Dabei entscheiden v.a. Motive, Erwartungen, Erfahrungen oder soziale Norm- oder Rollenverteilungen

- welche Aspekte der objektiven in wichtige Merkmale der subjektiven Situation umgesetzt werden und

- wie die wahrgenommenen Merkmale eingeschätzt, bewertet usw. werden (1).

Die Einschätzung der Situation hängt nicht nur von den (subjektiven) Merkmalen
der Situation ab, sondern auch davon, wie die betreffende Person ihre Fähigkeiten zur Bewältigung der Anforderungen der Situation einschätzt. Nach erfolgter
(Neu-)Einschätzung der (eigenen) Möglichkeiten erfolgt eine Neu-Einschätzung
der Situation bzw. Neu-Wahrnehmung der Situation. Diese kognitiven Einschät-
zungsprozesse sind meistens bewußt, müssen es aber nicht sein. Sie werden im
Rahmen einer bestimmten Person-Umwelt-Transaktion ständig wiederholt bis eine
(Handlungs-)Alternative gefunden wird (z.B. freiwilliges Verlassen einer Organisation (6) oder Versuch sich an die Gegebenheiten in der Organisation anzupassen (7). An einem (vereinfachenden) Fall-Beispiel sollen die Zusammenhänge
dieses Fluktuationsmodells dargestellt werden:

Herr A sei ca. 30 Jahre alt und kaufmännischer Angestellter eines mittelgroßen
Versicherungsunternehmens in einer süddeutschen Großstadt. Im Vergleich zu anderen Versicherungen ist die Bezahlung eher niedrig; das Büro, in welchem Herr
A arbeitet, befindet sich im ersten Stock eines Gebäudes, welches direkt an einer Hauptverkehrsstraße liegt; Folge davon ist ein permanent hoher Lärmpegel.
Herr A ist sehr ehrgeizig und macht sich Hoffnungen auf die Stelle des Leiters
der Buchhaltung, deren jetziger Inhaber in wenigen Monaten in den Ruhestand
geht. Aus diesem Grund leistet Herr A häufig Überstunden und verbringt auch
manchen Samstag-Vormittag im Büro, um "liegengebliebene" Arbeiten zu erledigen
(Herr A ist ledig). Spricht Herr A mit Freunden über seine Tätigkeit, so ant-
wortet er auf entsprechende Fragen, daß seine Bezahlung nicht schlecht sei und
daß ihm seine Arbeit viel Spaß mache. Als nach einigen Monaten die inzwischen
frei gewordene Position des Abteilungsleiters mit einem "externen" Bewerber besetzt wird, ist Herr A zunächst wie "vor den Kopf gestoßen". Er empfindet diese
Entscheidung als sehr ungerecht und beginnt seine Firma mit anderen Augen zu
sehen; er fühlt sich unterbezahlt, ausgenutzt usw. Die Stellenanzeigen in der
Wochenendausgabe seiner Tageszeitung liest er aufmerksamer als vor diesem Ereignis und stellt dabei fest, daß tüchtige Buchhalter durchaus gesucht sind.
Anfänglich zögert Herr A, sich bei einer anderen Firma zu bewerben; er befürchtet den Verlust von Freunden, die Trennung von seinen Angehörigen usw. Zudem
werden die meisten Alternativen im nördlichen und westlichen Teil der Bundesrepublik angeboten und Herr A hat Angst, daß er mit der Mentalität der Bewohner
nicht zurecht kommen könnte; außerdem ist Herr A begeisterter Skifahrer und
möchte nicht zu weit von einem Wintersportgebiet entfernt wohnen. Herr A ver-
richtet weiter seine Tätigkeit in dieser Firma; macht allerdings weniger Überstunden und legt sich gelegentlich mit dem neuen Abteilungsleiter, der noch
nicht über viel Erfahrungen mit dem Versicherungsgeschäft verfügt, an. Als bei
einem Konkurrenzunternehmen in derselben Stadt eine leitende Stelle in der
Buchhaltung ausgeschrieben wird, bewirbt sich Herr A dort, wird akzeptiert und
verläßt seine bisherige Firma zum nächstmöglichen Termin.

Dieses anschauliche Fall-Beispiel täuscht allerdings über die Meßprobleme im
angegebenen Fluktuationsmodell hinweg. So suggeriert etwa die Gegenüberstellung
von "Person" und "Situation" zwei unabhängige Gegenstandsbereiche, die aufein-

ander einwirken. In der Realität aber ist eine Person "ohne Situation" nicht vorstellbar; weder Person noch Situation allein können größere Varianzanteile menschlichen Verhaltens erklären, sondern nur die Interaktion zwischen Person und Situation. Die Messung jeweiliger Interaktionen müssen auf den im theoretischen Orientierungs-Modell enthaltenen Kausalhypothesen beruhen; sie erfordern zudem Forschungsstrategien, die von den häufig verwendeten Querschnittsanalysen zum Teil erheblich abweichen. So müßten beispielsweise Längsschnittanalysen durchgeführt werden, die - soweit dies durch den Einsatz moderner Methoden der hypothetischen Kausalanalyse überhaupt möglich ist - geeigneter sein können, Wirkungshypothesen durch Feldforschungsuntersuchungen zu bestätigen oder zu widerlegen. Zudem darf nicht übersehen werden, daß das oben genannte Modell individualistisch ist und Probleme von Kollektiven (z.B. Organisationen), die mit aggregierten Daten umgehen müssen, vernachlässigt werden.

Die Folgen von Arbeitsplatzwechseln

Obwohl allgemein Einigkeit darüber besteht, daß Fluktuation nicht generell negativ zu bewerten ist, wurden die Auswirkungen von Arbeitsplatzwechseln auf die Organisation bzw. die Arbeitnehmer bisher kaum systematisch erforscht. Das Interesse galt v.a. den im Zusammenhang mit Fluktuation entstehenden Kosten. Vermutlich wurde aus diesem Grund überwiegend eine negative Korrelation zwischen Fluktuation und betrieblicher Effizienz unterstellt. Nachfolgend sollen die negativen und positiven Konsequenzen von Arbeitsplatzwechseln für die Organisation, die Arbeitsgruppe und den abgehenden Arbeitnehmer diskutiert werden (vgl. MOBLEY 1982; MOWDAY u.a. 1982; STAW 1980).

Negative Konsequenzen für die Organisation

Es wurde bereits darauf hingewiesen, daß die am häufigsten untersuchte negative Folge eines Arbeitsplatzwechsels, die aus diesem Anlaß entstehenden Kosten sind (s. ausführlich dazu STREIM 1982). Dazu zählen sämtliche, durch den Abgang eines Arbeitnehmers verursachten und mit der Einstellung und der Einführung eines neuen Mitarbeiters verbundenen Ausgaben (eine - nicht vollständige - Aufstellung zeigt Tab. 5). Bei derartigen Betrachtungen sind die unmittelbaren Kosten (z.B. Inserate) relativ einfach zu erfassen. Beachtet man aber bei der Berechnung dieser Ausgaben zusätzlich situative Variablen (z.B. Lage auf dem Arbeitsmarkt, Anzahl und Qualifikation möglicher Bewerber, Erfolgsquote), so erweist sich eine exakte Prognose der Kosten bereits als wesentlich schwieriger. Noch komplizierter gestaltet sich die Kalkulation der mittelbaren Ausgaben (z.B. demoralisierende Wirkung auf die in der Organisation verbliebenen Mitarbeiter; Imageverlust der Unternehmung; verminderte Leistung vor der Kündigung). Häufig wird bei der Berechnung der Fluktuationskosten auch nicht berücksichtigt, daß nach der "Primär"-Fluktuation eines Mitarbeiters oft nicht ein dauernder Nachfolger gefunden werden kann und der "Ersatzmann" u.U. schnell wieder fluktuiert. Eine Fluktuationsanalyse von HINZE und NIEDER (1980) bei der Firma Vorwerk ergab eine positive Korrelation zwischen den Zahlen der Einstellungen und der Austritte, wobei die Austritte zeitlich den Einstellungen folgten. Bei den Werten für die einzelnen Abteilungen stellten die Autoren für eine Abteilung ein besonders drastisches Ergebnis fest: Zur Steigerung des Personals um ca.20% (von 908 Jahresanfang auf 1089 Jahresende; N = 181) waren insgesamt 608 (!)Einstellungen notwendig, da insgesamt 471 Personen den Betrieb verließen. Die Probleme, die zu Fluktuation führten, lagen primär im Bereich der Personalplanung, der Personalauswahl und in der Arbeitssituation selbst.

Tab. 5 : Analyse der Fluktuationskosten (aus: STREIM 1982, S. 139)

| ... eines qualifizierten Facharbeiters (Marktwert 30 000 DM) | ... einer Führungskraft (Marktwert 120 000 DM) |

... eines qualifizierten Facharbeiters (Marktwert 30 000 DM)

ANWERBUNGSKOSTEN	in Mark
Kosten für Vorbereitung der Werbung Aufwand 1 Stunde a 40 Mark	40,--
Anteilige Annoncenkosten	250,--

AUSWAHL- und EINSTELLUNGSKOSTEN

(Es wurde berücksichtigt, daß pro Eingestelltem 2,5 abgelehnte Bewerber zum Teil auch Kosten verursachten) Einstellungsgespräche mit Personalleiter, Betriebsleiter bzw. Meister 2,5 Stunden a 40 Mark	100,--
Kosten "Einführungsbuch"	5,--
Ärztliche Untersuchung	60,--
Kommunikationskosten	5,--
Organisationszeit im Lohnbüro, Arbeitsschutz, Betriebsrat, Schlüsseldienst 2 Stunden a 40 Mark	80,--
Bezahlter Arbeitslohn am ersten Tag plus Sozialkosten und Gemeinkosten	240,--

ANLERNKOSTEN

Lehrgang 5 Tage "Programmgesteuerte Drehbank" beim Hersteller	900,--
Bezahlter Arbeitslohn, einschließlich Sozialkosten und Gemeinkosten für 5 Tage	1200,--

ÜBERNAHME PRIVATER AUFWENDUNG ---

EINARBEITUNGSKOSTEN

Minderleistungen Zeit: 2 Monate. Durchschnittliche Minderleistung: 50 Prozent. Studensatz der Maschine (Vollkostenrechnung): 130 Mark Höhere Reparaturkosten	22271,-- 1000,--

| MINDERLEISTUNG DES ALTEN MITARBEITERS VOR; WÄHREND UND NACH DER FLUKTUATIONSENTSCHEIDUNG. 4 Monate bei 10 Prozent geringerer Leistung Stundensatz von 130 DM | 8320,-- |

ENTLASSUNGSKOSTEN DES MITARBEITERS

Organisationsaufwand 2 Stunden a 40 Mark	80,--

| GESAMTKOSTEN | 34551,-- |

KOSTEN IN MILLIONENHÖHE

bei Unternehmen mit soviel Beschäftigten	und einer durchschnittlichen Abgangsquote von Prozent	kostete die jährliche Fluktuation soviel Mark
100	27	594.000
500	21	2.310.000
1000	19	4.180.000
5000	17	18.700.000
10000	15	33.000.000

... einer Führungskraft (Marktwert 120 000 DM)

ANWERBUNGSKOSTEN	in Mark
Kosten für Vorbereitung der Werbung (Werbestrategie, Positionsbeschreibung Kontakt mit Personalberatern) 20 Stunden a 100 Mark	2000,--
Insertionskosten (Doppelanzeige in FAZ und Welt)	10000,--
Honorar Unternehmensberater plus Nebenkosten (damit sind auch alle externen Kosten für Auswahl, Fahrtkosten, Spesenkosten und Tests abgedeckt)	25000,--

AUSWAHL UND EINSTELLUNGSKOSTEN

Interner Aufwand für Einstellungs-Interviews, Aufwand für Referenzeinholung (es wurden vier Bewerber vorgestellt und einer davon eingestellt). Gespräche mit Beratern 25 Stunden a 100 Mark 5 Stunden a 40 Mark	2700,--
Spesen und Kommunikationskosten	1500,--
Aufwand bei Einstellung, Vorstellung usw. 10 Stunden a 100 Mark 10 Stunden a 40 Mark	1400,--

TRENNUNGSENTSCHÄDIGUNG

6 Monate a 500 Mark	3000,--
24 Familienheimfahrten a 100 Mark	2400,--
Hotelkosten für 6 Monate a 400 Mark	2400,--
Umzugs- und Maklerkosten	7000,--

EINARBEITUNGSKOSTEN

Die Einarbeitungszeit wird mit einem Jahr eingeschätzt. In dieser Zeit kann dann mit einer 50prozentigen Arbeitsleistung gerechnet werden. Das bedeutet 12 x 10000 Mark (angenommenes Monatsgehalt) plus 100 Prozent Gemeinkosten plus Sozialkosten dividiert durch zwei	120000,--

KOSTEN DER MINDERLEISTUNG VOR, WÄHREND UND NACH DER FLUKTUATIONSENTSCHEIDUNG DES ALTEN MITARBEITERS	
Es wurde angenommen, daß diese Phase 12 Monate dauert, davon 6 Monate bis zur "offiziellen" Kündigung. In dieser Zeit soll nach unserer Schätzung die Arbeitsleistung des Mitarbeiters um 20 Prozent sinken 6 x 10000 Mark plus 100 Prozent Gemeinkosten bzw. Sozialaufwand geteilt durch 5	24000,--
Bei Kündigung erfolgt sofort Freistellung von der Arbeit bei Weiterzahlung der Bezüge für 6 Monate. 10000 x 6 (Sozialkosten und Gemeinkosten wurden nicht einbezogen	60000,--

ENTLASSUNGSKOSTEN

Organisationsaufwand 10 Stunden a 40 Mark	400,--

| GESAMTKOSTEN | 261800,-- |

Eine Hilfestellung bei der Ermittlung dieser Kosten könnten die verschiedenen
Ansätze zur Berechnung des "Humanvermögens" einer Organisation leisten (siehe
Kapitel 3.8.6.2). Allerdings befindet sich die Entwicklung derartiger "Sozialbilanzen" noch im Anfangsstadium (vgl. DIERKES 1974; MIRVIS & MACY 1976; ASCHOFF
1978; KRACKE 1982; SCHMIDT 1982), so daß eine valide Schätzung dieser Kosten
derzeit nur begrenzt möglich scheint.

Als weitere Folge von Fluktuation (die allerdings nicht zwangsläufig als negativ zu bewerten ist) werden in der Literatur (z.B. PRICE 1977) Veränderungen
der Organisationsstruktur diskutiert. Es wird dabei von der Annahme ausgegangen, daß hohe Fluktuationsquoten (v.a. im Führungsbereich) zu stärkerer Zentra-
lisierung von Entscheidungen und zu einem höheren Formalisierungsgrad der Ablauforganisation führen (können), während sich Organisationen mit relativ "stabilen" Belegschaften auf das (informelle) Verständnis zwischen ihren Arbeitnehmern (z.B. beim Arbeitsablauf) verlassen können und sich deshalb nicht auf eine
rigide Reglementierung zurückziehen müssen. Durch die oben beschriebenen Struk-
turierungsmaßnahmen wird die Bedeutung der Führungsspitze im Unternehmen erhöht; dies kann beim Wechsel in der Führungsspitze schwerwiegende Störungen des
Organisationsablaufs nach sich ziehen. Hohe Fluktuationsraten können die Integration neuer Mitarbeiter und die Entwicklung sozialer Kontakte am Arbeitsplatz
erschweren. Der Verlust von (geschätzten) Kollegen kann in einer Arbeitsgruppe
mit (ursprünglich) hoher Kohäsion zu "Auflösungserscheinungen" und zu einem
generellen Nachlassen des sozialen Engagements in der Organisation beitragen.

Positive Konsequenzen für die Organisation

Zu den am häufigsten diskutierten Vorteilen des Personalwechsels für die Organisation zählt die innovative Wirkung neuer Mitarbeiter. Die externe Besetzung
vakanter Positionen ist v.a. für Organisationen mit geringen (Personal-)Zuwäch-
sen eine der wenigen Möglichkeiten, "frisches Blut" zu erhalten. Neue Belegschaftsmitglieder stellen die in einer Organisation gängigen Praktiken, Verfahren und Richtlinien eher in Frage als "altgediente". Gedämpft wird dieser Vorteil u.U. durch den Verlust der Qualifikation der abgehenden Mitarbeiter.
Trifft der v.a. in älteren Arbeiten gefundene Zusammenhang zu, daß häufig die
Hoch-Qualifizierten ein Unternehmen eher freiwillig verlassen (siehe zusammenfassend: SCHUH 1967; MUCHINSKY & TUTTLE 1979), so würde zumindest ein Teil der
innovativen Effekte durch den Verlust von qualifizierten Arbeitnehmern ausgeglichen. Allerdings wurden im Rahmen neuerer Untersuchungen eher inkonsistente
Ergebnisse im Hinblick auf die Qualifikation der abgehenden Arbeitnehmer gefunden (siehe: JACKOFSKY & PETERS 1983); DREHER (1982) stellte im Rahmen einer
Längsschnittanalyse der Fluktuation von 7.000 Beschäftigten einer amerikanischen Ölgesellschaft durchgängig negative Korrelationen zwischen Fähigkeiten
und Arbeitsplatzwechsel fest.

In Organisationen, welche generell die interne Besetzung von Stellen bevorzugen, wird die innovative Wirkung bei der Besetzung von vakanten Positionen vermutlich geringer sein; allerdings werden die internen Aufstiegsmöglichkeiten
und als Folge die Motivation der Mitarbeiter dadurch vergrößert.

In Betrieben, die vor der Notwendigkeit eines Personalabbaus stehen, wird das
Nichtersetzen der "natürlichen" Fluktuation als Alternative bzw. Ergänzung zur
direkten Personal-"Freistellung" eingesetzt; auf diese Weise können soziale
Härten vermieden bzw. gemildert und mögliche Konflikte verhindert werden (siehe Kapitel 3.6.). Sieht ein Arbeitnehmer, der mit seiner Tätigkeit unzufrieden
ist, keine Möglichkeit, seine Absicht zu kündigen in die Tat umzusetzen (z.B.

Lage auf dem Arbeitsmarkt, familiäre Bindungen), so kann dies dazu führen, daß alternative Konsequenzen, seinem Unmut Ausdruck zu verleihen, in Anspruch genommen werden (z.B. "innere Kündigung", Fehlzeiten, Sabotage, verminderte Leistung); dies führt u.U. zu hohen Kosten, die im Falle eines erfolgten Wechsels vermieden werden.

Negative Konsequenzen für den (wechselnden) Arbeitnehmer

Entschließt sich ein Arbeitnehmer ("freiwillig") zu einem Wechsel seines Arbeitsplatzes, so wird er i.d.R. erwarten, daß die positiven Konsequenzen, die aus diesem Wechsel resultieren, überwiegen. Allerdings können hohe Erwartungen auch als Ergebnis von Rationalisierungen der Fluktuationsentscheidung interpretiert werden (siehe MOBLEY 1982). Begünstigt wird die "Flucht" in diesen Abwehrmechanismus durch die oft ungenauen und unvollständigen Informationen über die neue Organisation und die neue Tätigkeit. Die Folge überhöhter Erwartungen ist häufig eine Desillusionierung und die Entstehung negativer Einstellungen zur neuen Arbeitsumgebung.

Aber auch die Erwartungen, die von Seiten der neuen Organisation an einen Arbeitnehmer gerichtet werden, können die Ursache für Belastungen (z.B. Angst vor Versagen) und für das Entstehen negativer Gefühle gegenüber der neuen Umgebung sein. Ist der Wechsel des Arbeitsplatzes mit dem Umzug in eine andere geografische Umgebung verbunden, so ergeben sich nicht nur für den Arbeitnehmer selbst, sondern auch für seine Familie eine Reihe von Belastungen. Die soziale Integration, die Berufstätigkeit des Partners, die Schul- und Ausbildungssituation der Kinder, die organisatorischen und finanziellen Aspekte des Wohnungswechsels sind einige der Themenbereiche, die in diesem Zusammenhang immer wieder genannt werden (siehe die empirische Untersuchung von NEUBERGER, HUYER, KOMPA und WIMMER 1982, über die Auswirkungen häufiger Versetzungen auf Offiziere der Bundeswehr und ihre Familien).

Positive Konsequenzen für den (wechselnden) Arbeitnehmer

Für den Arbeitnehmer braucht ein Wechsel des Arbeitsplatzes nicht unbedingt negativ bewertet zu werden. Er bedeutet u.U. die Meidung untragbarer Verhältnisse und sozialer Beziehungen in der alten Organisation. Häufig ist ein Wechsel mit einem höheren Einkommen und verbesserten Aufstiegschancen verbunden. Eine neue Aufgabe kann durch Herausforderung aktiv halten, neue Erfahrungen und Kontakte vermitteln, Impulse zur Veränderung der eigenen Ansichten, Fähigkeiten und Haltungen geben usw. Wenn jemand ein "sinkendes Schiff" rechtzeitig verlassen hat, führt dies i.d.R. zu höherer Arbeitsplatzsicherheit.

Positive und negative Konsequenzen für die in der Organisation verbleibenden Arbeitnehmer

Werden freie Stellen vorwiegend intern besetzt, so eröffnet der Weggang eines Mitarbeiters Aufstiegschancen für die in der Organisation verbliebenen Arbeitnehmer. Die Kündigung eines Kollegen ist für die Verbleibenden ein erklärungsbedürftiges Phänomen. Es müssen plausible Gründe für den Wechsel eines Kollegen, aber auch für den eigenen Nicht-Wechsel gefunden werden. "Verbessert" sich ein ehemaliger Kollege durch seinen Wechsel (z.B. mehr Einkommen, höhere Position), so muß das eigene Verbleiben in der Organisation (und damit das Auslassen dieser Chancen) vor sich selbst gerechtfertigt werden. Wird die auf diese Weise entstandene kognitive Dissonanz zugunsten der Organisation reduziert (z.B. durch intrapsychische Aufwertung der organisatorischen Realität), so führt dies zu erhöhter Zufriedenheit und größerer Identifikation mit der Organisation. Häufig wird durch das oben beschriebene kognitive Ungleichgewicht die derzeitige Tätigkeit überdacht und ein Suchprozeß nach Alternativen in Gang gesetzt. Vergleiche zwischen den Informationen über die eigene und andere Organisationen ergeben u.U. eine Revidierung des Phänomens "Kirschen in Nachbars Garten" und tragen ebenso zu einer positiveren Einstellung zur eigenen Organisation bei.

Negative Folgen für die in der Organisation verbliebenen Arbeitnehmer können sich einmal aus einer (kurzfristig) höheren Arbeitsbelastung während der Phase der Neubesetzung der Stelle und der Einarbeitung eines neuen Kollegen ergeben. Bei einer internen Ausschreibung der vakanten Position kann es bei der Bewerbung mehrerer Mitglieder der Organisation zu Unruhe und Konflikten in der Organisation (z.B. Intrigen, offener Streit) und schließlich zu Enttäuschungen, u.U. sogar zu Kündigungen kommen. Bei einer Besetzung der Stelle von "außen" besteht die Gefahr, daß sich "alte" Mitarbeiter übergangen fühlen, die Integration des "Neuen" erschweren oder/und für ein negatives Arbeitsklima in der Organisation sorgen.

Schlußfolgerung

Auch bei der Fluktuation ist der Arbeitnehmer-Standpunkt zu reflektieren. Fluktuation, wenn sie nicht "freiwillig" erfolgte, war in Wirklichkeit "Kündigung" (Verlust des Arbeitsplatzes, Arbeitslosigkeit); Fluktuation ist deshalb häufig ein bloßer Euphemismus. Die freie Wahl des Arbeitsplatzes bzw. des Berufs ist zwar ein verfassungsmäßig garantiertes Recht; die Frage ist allerdings, ob es auch ein "Recht auf Arbeit" (zumal in einer bestimmten Organisation) gibt. Wenn ein Arbeitnehmer nicht zu einer anderen Arbeitsstelle "fluktuiert", dann heißt Fluktuation entweder Ruhestand oder Arbeitslosigkeit; beides ist in einer Arbeitsgesellschaft mit gravierenden sozialen Konsequenzen verbunden.

Interessant wäre in diesem Zusammenhang eine Diskussion der Frage, was eigentlich "freiwillige" Fluktuation bedeutet in einer Gesellschaft, in der fast alle Arbeitnehmer lohnabhängig sind: Sie müssen wieder in ein neues Arbeitsverhältnis kommen. Freiwillig kann im Grunde ein Arbeitnehmer nur dann gehen, wenn

- er sehr begehrt ist und/oder sofort wieder (bessere) Arbeit findet,

- der Leidensdruck in einem bestimmten Arbeitsverhältnis so groß geworden ist, daß er auch Arbeitslosigkeit in Kauf nimmt (zumindest vorübergehend),

- er innerlich von der Arbeitsgesellschaft Abschied genommen hat und wegen der für ihn ausreichenden sozialen Absicherung ein Leben als Arbeitsloser, Schwarzarbeiter, Hausmann (-frau) usw. vorzieht.

Die Arbeitgeber sind überraschenderweise sehr ambivalent gegenüber der Fluktuation. In Zeiten der Hochkonjunktur wird sie als überhöht angeprangert (siehe z.B. die dann aufflackernde Diskussion über generelle Abwerbeverbote); in rezessiven Phasen wird sie oft genug "künstlich" forciert (z.B. Prämien für Ausscheidende). Die personalwirtschaftliche Literatur stellt es als das größte Problem hin, die Gründe für die arbeitnehmer bedingte Fluktuation herauszufinden; mindestens genauso bedeutsam wäre es, die arbeitgeber-bedingte Fluktuation zu untersuchen (s. dazu auf S.131f.den Abschnitt über "Kündigung"). Die Fluktuation in die Arbeitslosigkeit ist ein Problem, das zunehmend an Bedeutung gewinnt. Ähnlich wie bei den Fehlzeiten ("Blaumachen") wird vielfach unterstellt, daß manche/viele Arbeitnehmer "freiwillig" in die Arbeitslosigkeit wechseln, weil sie nur die guten Sozialleistungen abschöpfen wollen und ansonsten gar nicht arbeitswillig sind, auch wenn sie vermittelt werden könnten. Insofern entsteht ein Druck auf die Arbeitslosen, sich baldmöglichst für irgendeine Arbeit wieder bereitzustellen, um nicht als "Schmarotzer", "Drückeberger" oder "Sozialparasit" abgestempelt zu werden, der sich von der Gemeinschaft der hart Arbeitenden "aushalten" läßt.

Bei der Fluktuation (als "Kündigung") ist auch zu bedenken, daß es neben der zwischenbetrieblichen Fluktuation sehr häufig auch (z.B. "aus dringender betrieblicher Notwendigkeit") zu Umsetzungen innerhalb des Betriebs kommen kann (z.B. "Änderungskündigung") oder zu Versetzungen zu anderen Werken bzw. Teilen desselben Unternehmens, die fast alle Merkmale der zwischenbetrieblichen Fluktuation haben. Interessant wäre es, anhand eines Firmenbeispiels die enorme Vielzahl der innerbetrieblichen Personalbewegungen darzustellen. Damit würde auch die Willkür sichtbar, mit der man sich in der personalwirtschaftlichen Literatur i.d.R. auf die zwischenbetriebliche Fluktuation beschränkt. Vielleicht ist die innerbetriebliche für die Organisation oder die Arbeitnehmer sogar bedeutsamer. Auf dem Hintergrund der Problematik der Arbeitsplatzsicherheit wäre auch darüber nachzudennken, wie der Arbeitnehmer davor geschützt werden kann, einfach zum Opfer der Arbeitgeber-Bestandsüberlegungen gemacht zu werden (beispielsweise durch "Auswahl-Richtlinien" usw.).

3.5.3.5. Die Ermittlung des Netto-Personalbedarfs

Die Gegenüberstellung des gesamten zum Planungshorizont (t_x) festgestellten Bruttopersonalbedarfs und den um die erwarteten Veränderungen korrigierten Personalbestand ergibt den Nettopersonalbedarf:

$$\begin{array}{r} \text{gesamter Personalbedarf in } t_x \\ ./.\quad \text{gesamter Personalbestand in } t_x \\ \hline \text{Netto-Personalbedarf in } t_x \end{array}$$

Auf der bildlichen Gegenüberstellung von Personalbedarf und -bestand (siehe Abb. 24) sind die Zeiträume zu erkennen, in denen Bedarf und Bestand nicht übereinstimmen: Personalunterdeckung (= ungedeckter Personalbedarf) und -überdeckung (= Personalüberschuß) sind deutlich erkennbar.

Abb. 24: Personalbedarf und Personalbestand in der Gegenüberstellung
(aus: RKW-Hdb. 1978, II, S. 43 und nach WENZEL 1976)

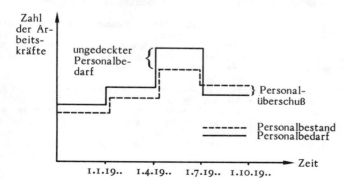

Die Höhe des Unterschieds zwischen Personalbedarf und -bestand und seine voraussichtliche Dauer bestimmen die weiteren betrieblichen und personellen Maßnahmen. Muß mit einem ungedeckten Personalbedarf gerechnet werden, so müssen Personalbeschaffungsmaßnahmen (z.B. Überstunden, Aushilfskräfte, Neu-Einstellungen auf Dauer) in Gang gesetzt werden; bei einem zu erwartenden Personalüberschuß muß nach Lösungen zur Reduzierung des Überhangs gesucht werden. Beschäftigungspolitisch ist es wichtig, ob und in welchem Umfang eine personelle Unterdeckung grundsätzlich bei der Bedarfsmessung eingeplant wird. Daraus ergibt sich u.U. die Notwendigkeit zur dauernden Mehrarbeit (z.B. durch Überstunden) auch bei normaler Auslastung, die u.a. zu gesundheitlichen Problemen der betroffenen Arbeitnehmer führen kann. Die geplante Unterdeckung wird meist verbunden mit der Schaffung einer mobilen Einsatzreserve aus ungelernten, Teilzeitarbeitskräften, Arbeitnehmern mit befristeten Arbeitsverträgen oder Leiharbeitnehmern, die bei Bedarf relativ schnell und problemlos abgebaut werden kann.

Im folgenden Kapitel soll der Problembereich des "Personalabbaus" ausführlich behandelt werden (dem Thema "Personalbeschaffung" ist ein eigener Band in dieser Reihe gewidmet - siehe KOMPA 1984).

3.6. Personalanpassung

In keinem anderen Bereich der Personalplanung prallen die unterschiedlichen Interessenlagen von Arbeitgebern und Arbeitnehmern so stark aufeinander wie bei der Personalabbauplanung. Konflikte, die sich aus dem Ziel nach Rentabilitätsstreben der Unternehmer und dem Arbeitsplatzziel der Arbeitnehmer ergeben, werden in der Standardliteratur zur Personalwirtschaftslehre kaum angesprochen. So gehen etwa Arbeitgeber (z.B. THIENEMANN 1983) häufig davon aus, daß sich das Interesse der Unternehmung grundsätzlich auf die "Erhaltung und Stärkung ihrer Leistungsfähigkeit und nicht vorrangig auf die Einstellung zusätzlicher Arbeitskräfte" richtet (S. 877). Unter diesem Aspekt stellt eine möglichst große personelle Flexibilität, die allerdings unter den derzeit geltenden gesetzlichen Regelungen nicht in dem von Unternehmern gewünschten Ausmaß gegeben ist, ein wesentliches Ziel betrieblicher Personalpolitik dar.

Die (abhängig) Beschäftigten sind primär an der Erhaltung bzw. Sicherung ihres Arbeitsverhältnisses interessiert. Zur Sicherung dieses Interesses stehen eine Reihe von Schutz-Gesetzen zur Verfügung, die u.a. mit Hilfe von Betriebsrat, Gewerkschaften und Arbeitsgerichten in Anspruch genommen werden können.

Für die Gesellschaft (bzw. den Staat) bedeutet die Eindämmung der Arbeitslosigkeit aus sozial-politischen und aus Kosten-Gründen ein wichtiges Anliegen. Erschwert wird die Erfüllung dieser Aufgabe u.a. auch durch die Egoismen der Arbeitgeber, der Arbeitbesitzer und in vielen Fällen auch der Betriebsräte (z.B. Besitzstanddenken bei Abbau von Überstunden).

Die Gewerkschaften sind grundsätzlich an einer möglichst geringen Zahl von Arbeitslosen interessiert; zum einen aus dem Gefühl der Verantwortung für ihre Mitglieder, zum anderen aber auch um ihre Verhandlungsmacht gegenüber den Arbeitgebern zu stärken. Während die Nicht-Berücksichtigung (potentieller) Interessenkonflikte bei Autoren, die eher dem faktoriellen Ansatz sensu Gutenberg bzw. der Strukturlehre der klassischen Organisationstheorie nahestehen (z.B.

KOSSBIEL 1975) nur folgerichtig ist, so verwundert doch die "Unterbelichtung" dieses Aspekts in Lehrbüchern, die auf einem verhaltenswissenschaftlichen Paradigma basieren (z.B. BISANI 1980; TÜRK 1978). Häufig wird nicht nur die Diskussion potentieller Konflikte, sondern auch die gesamte Problematik des Personalabbaus vernachlässigt bzw. als nicht "auszuschließender Sonderfall" (GAUGLER 1975; STOPP 1975) behandelt. Eine Erklärung für diesen "blinden Fleck" (ORTMANN 1978) in der Personalwirtschafts-Literatur ist u.U. darin zu sehen, daß in der Phase der Hochkonjunktur das Problem primär in der Beschaffung von Personal angesichts eines "leergefegten Arbeitsmarkts" bestand und erst in letzter Zeit die Aufmerksamkeit, ausgelöst v.a. durch spektakuläre Massenentlassungen, auf die Problematik des Personalabbaus gerichtet wurde.

Dies ist umso bedauerlicher, als sich die wirtschaftlichen und arbeitsmarktpolitischen Rahmenbedingungen in den letzten Jahren erheblich verändert haben und die jüngsten Prognosen zur Entwicklung der Wirtschaft und der Arbeitslosigkeit eher eine Verschlimmerung des Problems befürchten lassen. Folgende Gründe werden in verschiedenen Veröffentlichungen hierfür verantwortlich gemacht (z.B. HENTZE 1977; RKW-Hdb. 1978, Bd. IV; OSSIG 1982; KADOR 1982; PFÜTZNER 1982):

- Verlangsamung des Wirtschaftswachstums
- Arbeitssparender technischer Wandel
- Stagnation im Dienstleistungsbereich
- Konzentrationsprozeß der Wirtschaft
- Konjunkturelle bzw. saisonale Schwankungen
- Zunahme des Arbeitskräfteangebots
(RKW-Hdb. 1978, Bd. IV, S. 9-10).

Auf eine ausführliche Beschreibung jedes einzelnen dieser Parameter wird hier verzichtet. Es soll jedoch der 2. Aspekt (arbeitssparender technischer Wandel) herausgegriffen und am Beispiel der Mikroelektronik erörtert werden.

3.6.1. Beispiel Mikroelektronik: Gründe für den Personalabbau

Auf die Rolle der Mikroelektronik soll eingegangen werden, weil sich die Argumentation auf diese Schlüsseltechnologie konzentriert und ihr die stärksten quantitativen (und qualitativen) Beschäftigungsänderungen angelastet werden. Vor allem von Seiten der Arbeitnehmer und der Gewerkschaften wird befürchtet, daß es neben der "konjunkturellen" und der "strukturellen" zu einer "technologischen" Arbeitslosigkeit kommen kann, was im Schlagwort vom "Jobkiller" zum Ausdruck kommt. Die "Janusköpfigkeit" dieser technischen Entwicklung wird deutlich, wenn man etwa die Argumente der Hersteller und Anwender dieser neuen Techniken verfolgt. Hier wird argumentiert, daß die Mikroelektronik für die Arbeitsplatzsicherung unentbehrlich sei und diese eher als "Jobknüller" zu verstehen sei.

Beschäftigungswirkungen neuer Technologien werden meist dadurch ermittelt, daß Veränderungen von Beschäftigungsstrukturen untersucht werden. In Tab. 6 sind einige Zahlen zusammengefaßt, die in den vergangenen Jahren über quantitative Beschäftigungswirkungen durch den Einsatz von Mikroelektronik angeführt wurden. Dabei ist zu beachten, daß sich die Daten im wesentlichen auf die Hersteller von Geräten beschränken. Bei den angeführten Beispielen hatte die Umstellung von Mechanik auf Elektronik Auswirkungen auf den Beschäftigungsstand, wobei Arbeitsplatzverluste durch neue Technik überwogen. In einigen Fällen war allerdings auch eine Zunahme bzw. eine konstante Beschäftigung zu erkennen.

Tab. 6: Fallbeispiele quantitativer Beschäftigungsveränderungen bei Einsatz von Mikroelektronik (aus: DOSTAL 1983, S. 4)

Zeitraum	Branche	Beschäftigungsveränderung
1960-1975	Uhren	- 40 %
1960-1975	Uhren	- 50 %
1960-1975	Uhren	- 60 %
1960-1975	Uhren	- 70 %
1971-1978	Uhren	+ 25 %
1969-1978	Büromaschinen	- 40 %
1969-1978	Büromaschinen	- 35 %
1969-1978	Büromaschinen	- 20 %
1969-1978	Büromaschinen	- 18 %
1969-1978	Büromaschinen	- 10 %
1970-1974	Büromaschinen	- 1400 Personen
1975-1977	Büromaschinen	- 3480 Personen
1970-1979	Büromaschinen	- 1800 Personen
1970-1975	Büromaschinen	- 19 000 Personen
1974-1977	Büromaschinen	- 3800 Personen (= - 90 %)
1975-1978	Büromaschinen	- 2000 Personen (= - 65 %)
1975-1978	Büromaschinen	- 5000 Personen (= - 33 %)
1974-1979	Bank	- 1427 Personen
1975-1977	Bank	- 957 Personen
1969-1975	Bank	- 3500 Personen
1975	Fernschreiber	- 35 %
1977	Fernschreiber	- 1000 Personen (= - 20 %)
1974-1976	Setzmaschinen	- 250 Personen
1974-1976	Setzmaschinen	"Personalzunahme"
Ende 1976	Druckerei	- 300 Personen
?	Betriebsdatenerfassung	keine Veränderung
?	Bibliothek	- 26 Personen
1971-1976	Elektronik	- 13 % NL. + 14 % Ausland
1970-1977	Elektronik	- 11 % D. + 43 % Ausland
1970-1977	Elektronik	- 18 % D. + 67 % Ausland
1970-1978	Meßgeräte	- 60 Personen
1970-1977	Registrierkassen	- 4600 Personen

Da aber nach den Angaben des Instituts für Arbeitsmarkt- und Berufsforschung (1983, 4, S. 4) ein Beschäftigungseinbruch in diesen Branchen insgesamt global nicht erkennbar ist, muß es andere Unternehmen gegeben haben, die diese negativen Auswirkungen durch entsprechendes Wachstum ausgeglichen haben. Zudem sind die Anteile der Beschäftigungseinbußen u.a. deshalb so hoch, weil teilweise sehr große Zeiträume betrachtet wurden und somit auch alle früheren technischen und nichttechnischen Auswirkungen in den Daten enthalten sind. Allerdings muß auch beachtet werden, daß sich diese Studien auf eine Zeit des wirtschaftlichen Wachstums beziehen, so daß keine Entlassungen vorgenommen werden mußten, weil bei gleichbleibendem Mitarbeiterbestand relativ mehr Aufgaben auszuführen waren. Bei stagnierender wirtschaftlicher Entwicklung kann nicht mehr auf diese Weise kompensiert werden: Die Folge ist Personalabbau.

Statistische Daten über veränderte Produktionstechniken einerseits und Personalbestand andererseits stellen lediglich Randgrößen eines komplexen Beziehungsgeflechts dar. Kausale Schlüsse lassen sich daraus kaum ableiten (etwa der Form, daß eine einfache Wirkungskette von der technischen Änderung bis zur Arbeitslosigkeit existiert). Vielmehr müssen weitere Aspekte bei derartigen Betrachtungen berücksichtigt werden (Vertrieb, organisatorische Einbindung, Änderung von Markt- und Absatzstrategien im Unternehmen, veränderte Anforderungen, die durch die neue Technik an die Arbeitskräfte gestellt werden usw.,Wachstum der Volkswirtschaft; Entwicklung der Produktivität).

In einer "Breitenuntersuchung" wurden am Institut für Arbeitsmarkt- und Berufsforschung (s.z.B. ULRICH 1980) über mehrere Jahre in unterschiedlichen Industrie- und Wirtschaftszweigen Daten über technische Änderungen und ihre Beschäftigungswirkungen erhoben (siehe Tab. 7). Die Abgrenzung von "Elektronik"-Wirkungen erwies sich als problematisch, da nicht immer entschieden werden konnte, ob Veränderungen primär auf den Einsatz von "Elektronik" oder auch auf andere Ursachen zurückgeführt werden konnten. Wie aus Tab. 7 zu ersehen ist, wurde einer weiten Definition von "Elektronik" der Vorzug gegeben. Ein großer Teil der Änderungen ist auf den Einsatz von EDV zurückzuführen (Tab. 7, Spalte 1: 180 Fälle von 428); in der metallverarbeitenden Industrie gewinnt die NC/ CNC-Technik zunehmend an Bedeutung (1973: 29 Fälle; 1979: 79 Fälle). In der Druckindustrie nimmt der "Fotosatz" (35 Fälle) die erste Stelle ein, während im Handel der Einsatz von Datenkassen und Buchungsterminals überwiegt (17 Fälle). Die Veränderungen des Personalbestands beim EDV-Einsatz in der Metallindustrie lassen auf eine arbeitssparende Wirkung der EDV schließen (interne Beschäftigungsbilanz - 88 Personen (40-128), externe Beschäftigungsbilanz - 60 Personen (131-191), fiktive Einsparungen 810 Personen (fiktive Einsparungen beziehen sich auf Arbeitskräfte, die zusätzlich zu den vorhandenen benötigt worden wären, wenn man technische Umstellungen nicht durchgeführt und die neue Produktion mit den alten Anlagen erreicht hätte). Allerdings zeigen die Einsparungseffekte im Zeitverlauf eine abnehmende Tendenz. Während 1973 bei jedem Einsatzfall 0,6 Personen intern und 0,8 Personen extern eingespart und 6,4 Personen fiktiv freigesetzt werden konnten, betrugen die Werte für 1979 nur noch 0,3 intern, 0,05 extern und 3,7 fiktiv. Die Auswirkungen auf den Personalbedarf durch den Einsatz von EDV sind heute offensichtlich geringer, als dies noch vor 10 Jahren der Fall war.

Die restlichen Daten in Tab. 7 sprechen für sich und sollen hier nicht im einzelnen kommentiert werden. Zusammenfassend sollen (in Anlehnung an MatAB 4/1983) einige Ergebnisse geschildert werden, die für den Einsatz von Mikroelektronik typisch sind.

Tab. 7: Quantitative Beschäftigungswirkungen des Einsatzes von Elektronik
(aus: DOSTAL 1982, S. 164)

Wirtschafts-zweig Jahr	Anzahl der Elektronik-Fälle		Einstel-lungen	Umsetzungen in den/aus dem Bereich der Änderung		Austritte	fiktiv ein-gesparte Ar beitskräfte
Metall	insgesamt	148	242	104	333	155	1264
1973	darunter EDV	76	55	20	67	113	490
	darunter NC	29	35	39	42	32	231
Druck	insgesamt	78	33	110	90	67	226
1975	darunter EDV	20	5	1	7	9	42
	darunter Fotos.	35	11	85	78	55	141
Handel	insgesamt	30	13	-	51	11	96
1977	darunter EDV	11	6	-	12	-	4
	darunter Daten-kassen, Buchungs-terminals	17	7	-	39	11	86
Metall	insgesamt	172	253	187	177	346	892
1979	darunter EDV	73	65	19	42	69	274
	darunter NC/CNC	79	103	32	86	32	283
	darunter Prüfelektronik	12	3	-	1	10	56
insgesamt		428	541	401	651	579	2478

Interne Personalbilanz (Umsetzungen in/aus dem Bereich): - 250 Personen
Externe Personalbilanz (Einstellungen/Austritte): - 38 Personen

- In 12 Fällen wurden Prüfautomaten und Prüfrechner für die Fertigungskontrolle eingesetzt. Einige davon wurden wieder zur Prüfung von mikroelektronischen Bauteilen verwendet, andere wurden für die NC-Fertigung verwendet. Die Beschäftigungswirkungen betrugen 0,6 externe und 0,1 interne Beschäftigungsverluste, 4,7 Personen konnten pro Fall fiktiv eingespart werden.

- Produktänderungen (integrierte Schaltkreise statt diskreter Transistoren) führten zu 160 Freisetzungen.

- Produktänderungen bei der Herstellung elektronischer Bauteile im weitesten Sinne führten in 6 Fällen zu ingesamt 79 Neueinstellungen, 134 Umsetzungen in den Bereichen der Änderungen, 47 Umsetzungen aus dem Bereich der Änderungen, 75 Austritten und 118 fiktiven Einsparungen. Die interne Beschäftigungsbilanz ist in diesem Beispiel mit 14,4 Personen pro Fall positiv, die externe Beschäftigungsbilanz ist in etwa ausgeglichen. Pro Fall wurden ca. 20 Arbeitnehmer fiktiv eingespart.

Derartige Einzelergebnisse lassen allerdings noch keine Schlußfolgerungen auf die Entwicklung einzelner Wirtschaftszweige zu. Hier kann lediglich exempla-

risch gezeigt werden, wie eine neue Technik vordringt und wie gering die tatsächlichen Auswirkungen auf das technische Umfeld und auf den Personalbedarf
sind. Dabei muß beachtet werden, daß das Aufstellen einer neuen Maschine nicht
genügt; es muß vielmehr auch die entsprechende "Infrastruktur" (v.a. Regelung
der Organisation der Arbeit <u>vor</u> und <u>nach</u> der Neuaufstellung und Schulung der
Mitarbeiter) bereitgestellt werden. Die hohen Werte für die fiktiven Einsparungen lassen auf ein starkes Wachstum für diese Bereiche schließen. Die positive
interne Beschäftigungsbilanz bei den Veränderungen in der Elektronikproduktion
im engeren Sinne läßt einen "Saugeffekt" vermuten, den die Elektronikabteilung
auf andere Abteilungen ausübt.

Im Grunde können anhand der Zahl möglicher Mikroelektronikanwendungen nur vage
Vermutungen über die damit verbundenen Auswirkungen im technischen Umfeld und
die quantitativen Beschäftigungswirkungen aussagen; bei Prognosen über die Entwicklung bzw. die Verbreitung neuer Techniken wird meist eine vollständige
Technikakzeptanz impliziert und die entsprechenden Schätzungen fallen häufig zu
optimistisch aus. Allgemein kann davon ausgegangen werden, daß durch die Weiterentwicklung der Elektronik sowohl eine Steigerung der Leistungsfähigkeit,
als auch eine Verbilligung elektronischer Produkte erwartet werden kann. Dadurch entstehen erhebliche Substitutionspotentiale, die vermutlich auch genutzt
werden.

3.6.2. Maßnahmen der Personalanpassung

Bevor konkrete Maßnahmen ergriffen werden, um den Personalbestand zu verringern, muß eine Reihe anderer Kriterien beachtet werden (nach RKW-Hdb. 1978, Bd.
4, S. 26 f.):

- <u>Anlaß</u> und zeitliche <u>Dauer</u> des eine Personalanpassung verursachenden Vor-
  gangs (z.B. Rationalisierungsmaßnahme, Betriebsstillegung).

- <u>Ausmaß</u> der Personalanpassung hinsichtlich Anzahl, Art und Struktur der betroffenen Arbeitnehmer.

- <u>Zeitlicher Horizont</u> der Personalanpassung (z.B. einmaliger Einschnitt, län-
  gerdauernde Maßnahmen) und <u>Fristigkeit der Wirkungen</u>.

- <u>Kosten</u> der Personalanpassung (z.B. Berücksichtigung von Kurzarbeitergeld, In-
  vestitionszuschüssen, Abfindungen) und Kosten für eine evtl. Wiederbeschaf-
  fung von Arbeitskräften in der nötigen Anzahl und mit der gleichen Qualifikation.

- Unter dem Gesichtspunkt der Kosten müssen auch die Auswirkungen von Personalanpassungsmaßnahmen auf das <u>Image der Firma</u> gesehen werden (bei Kunden, auf
  dem Arbeitsmarkt usw.).

- Das <u>Fluktuationsverhalten</u> von Arbeitnehmern. Jüngere und qualifizierte Arbeitnehmer neigen eher dazu, sich bei einer anderen Firma einen (sicheren)
  Arbeitsplatz zu suchen; weniger qualifizierte und ältere Arbeitnehmer zeigen
  dagegen weniger Bereitschaft zum Wechsel in eine andere Firma (Konsequenzen
  für die Belegschaftsstruktur).

- <u>Begründbarkeit und Durchsetzbarkeit</u> der Personalanpassungsmaßnahmen gegenüber
  der Belegschaft und der Öffentlichkeit (z.B. Betriebsrat, Vertrauensleute,
  Politiker).

Anhand des oben aufgeführten Beispiels wird deutlich, daß im Rahmen von Personalanpassung an veränderte inner- und außerbetriebliche Bedingungen eine Vielzahl unterschiedlicher Maßnahmen in Frage kommt (s. Abb. 25).

Der Vielfalt existierender Maßnahmen steht eine beinahe ebenso große Zahl von
Bezeichnungen zum Phänomen "Personalanpassung" gegenüber (z.B. Personalabbau,
Personalkürzung, Personalreduzierung, negativer Beschäftigungsvorgang, Personalfreisetzung, Outplacement, Personaleinsparung, Personalentlassung). Eine zufriedenstellende Klassifikation dieser Begriffe ist m.E. kaum möglich, da sie
sich größtenteils stark überlappen und häufig nur euphemistische Umschreibungen
der sozial negativ bewerteten Tatsache der "Entlassung von Mitarbeitern" darstellen.

Im folgenden sollen die wesentlichsten Maßnahmen zur Personalanpassung dargestellt und diskutiert werden, bevor auf die Bedeutung von "Planung" für den
Einsatz unterschiedlicher Anpassungsmaßnahmen eingegangen wird (das Gliederungsschema des ersten Abschnitts entspricht weitgehend dem, welches häufig in
den einschlägigen Büchern zu dieser Fragestellung verwendet wird, z.B. WSI Pro-
jektgruppe 1977; RKW 1978; INHOFFEN 1979; HUNOLD 1982).

3.6.2.1. Vorbeugende Maßnahmen (Arbeitszeitverkürzung bzw. -flexibilisierung, Job Sharing)

Bevor konkrete Personaleinschränkungen erwogen werden, kann geprüft werden, ob
eine flexible Personalreserve vorhanden ist, die relativ leicht abgebaut werden
kann (z.B. Leiharbeitnehmer, Einsatz von Fremdfirmen, "freie" Mitarbeiter). Zusätzlich kann man versuchen, den Personalbestand unter Beibehaltung der bisherigen Arbeitszeit durch eine Reihe flankierender Maßnahmen aufrecht zu erhalten. Im Bereich der Investitions- und Produktionsplanung kommen hierfür v.a.
(nach RKW-Hdb. 1978, Bd. IV, S. 32) in Frage:

- Erweiterte Lagerhaltung
- Rücknahme von Fremdaufträgen
- Vorziehen von Reparatur- und Erneuerungsarbeiten
- Produktdiversifizierung
- Aufschub von Rationalisierungsinvestitionen

Durch die verstärkte Produktion auf Lager (siehe z.B. Kfz-Industrie) können
kurzfristig, auf beschäftigungspolitisch wirksame Art Absatzrückgänge aufgefan-
gen werden. Die Effizienz dieser Maßnahme hängt nicht zuletzt von der Beschaf-
fenheit der Produkte (z.B. Haltbarkeit) und den entstehenden Lagerkosten ab.

Die Rücknahme von Fremdaufträgen basiert auf der Voraussetzung, daß die technischen und personellen Möglichkeiten zur Herstellung des Produkts im eigenen Betrieb gegeben sind (z.B. Know-how; maschinelle Ausstattung). Aus gesamtgesell-
schaftlicher Perspektive muß jedoch bedacht werden, daß bei dieser Strategie
das Beschäftigungsrisiko auf andere Belegschaften überwälzt wird und zu Arbeitslosigkeit führt, wenn der bisherige Auftragnehmer nicht auf andere Produkte bzw. Auftraggeber ausweichen kann (s. MENDIUS 1980).

Beim Vorziehen von Reparatur- und Erneuerungsarbeiten handelt es sich um Maßnahmen, die zwar schnell angewendet werden können, meist aber nur einen begrenzten Beschäftigungseffekt nach sich ziehen, da entsprechende Tätigkeiten

Abb. 25: Überblick über beschäftigungspolitische Reaktionsmöglichkeiten bei geplantem Personalabbau (nach RKW-Hdb. 1978, Bd. IV, S. 32)

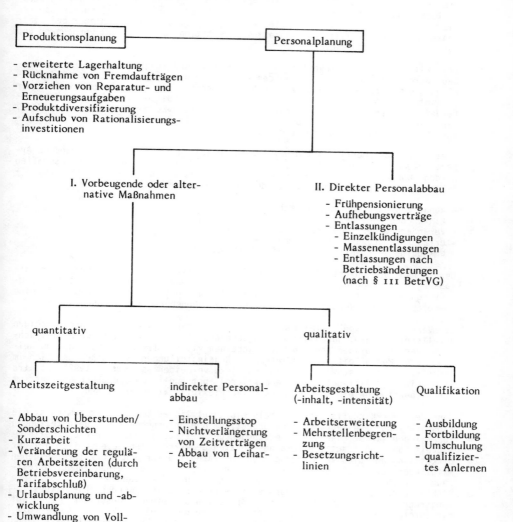

häufig nur von (externen) Spezialisten durchgeführt werden können und Erneuerungsarbeiten in Krisenzeiten eher zurückhaltend in Angriff genommen werden.

Die Erweiterung des Produktionsprogramms durch Produktdiversifizierung (z.B.
Auflockerung einer produktiven Monokultur: Zusätzliche Herstellung von Speise-
eis zu Tiefkühlkost) ist nur selten kurzfristig einsetzbar, kann aber bei einer
entsprechenden Planung von Absatz, Investition und Personal vorbeugend und
nachhaltig wirksam sein.

Bei Rationalisierungsinvestitionen muß mittel- und langfristig mit Personalabbau gerechnet werden. Im Rahmen der Personalentwicklungs- und Personaleinsatzplanung muß rechtzeitig die weitere Verwendbarkeit der betroffenen Arbeitnehmer
geplant werden. Um soziale Härten zu vermeiden, sollte unter Beachtung bestehender Regelungen (z.B. Rationalisierungsschutz-Abkommen), so geplant werden,
daß sie flexibel gehandhabt und konkrete Maßnahmen jederzeit gestoppt, ge-
streckt oder geändert werden können.

Ziel von Maßnahmen im Rahmen der Arbeitszeitplanung ist es, das vorhandene Arbeitsvolumen so zu verteilen, daß Arbeitsplätze erhalten bzw. neue geschaffen
werden können. Im Zusammenhang der Arbeitszeitplanung als Alternative zum direkten Personalabbau kommen folgende Maßnahmen in Betracht:

- Abbau von Überstunden bzw. Mehrarbeit
- Einführung von Kurzarbeit
- Veränderung der regulären Arbeitszeiten
- Urlaubsplanung und -abwicklung
- Umwandlung von Voll- in Teilzeitarbeitsplätze

Der Abbau von Überstunden kann relativ kurzfristig eingesetzt werden, um Entlassungen zu umgehen bzw. zu verzögern. Für die Unternehmung bringt die Reduzierung von Überstunden einen zusätzlichen Vorteil dadurch, daß damit eine
überproportionale Reduzierung der Lohn- und Lohnnebenkosten verbunden ist.

Die Verringerung von zu leistenden Überstunden kann einmal durch unregelmäßigen
Arbeitsanfall bzw. durch die Termingebundenheit einzelner Aufträge beeinträchtigt werden; auf der anderen Seite scheinen viele Unternehmen zu einer Ausweitung von Mehrarbeit zu tendieren, um Neueinstellungen (von denen man sich im
Bedarfsfall nur schwer trennen kann) zu vermeiden (s. HUNOLD 1982). Es wird
also eine (sozial-politisch bedenkliche) personelle Unterdeckung geplant, um
durch Überstunden eine höhere personelle Flexibilität zu erreichen.

Von den Gewerkschaften wird deshalb ein gesetzliches Verbot oder zumindest die
Einschränkung von Mehrarbeit gefordert, um die Unternehmer zu Neueinstellungen
zu zwingen (in Belgien sind Überstunden generell verboten, wenn die Arbeitslosigkeit über 4% liegt). Allerdings geraten Gewerkschaften gelegentlich bei der
Diskussion um die Verminderung von Mehrarbeit unter den Druck ihrer eigenen
Mitglieder bzw. von Betriebsräten, wenn Mitarbeiter über einen längeren Zeitraum hinweg über generelle Sonderschichten und Überstunden hohe zusätzliche
Einkünfte erzielt haben, die dann entsprechend reduziert werden. Die Mitbestimmungsrechte des Betriebsrats beim Abbau von Überstunden beschränken sich auf
ein Informations- und Beratungsrecht im Rahmen des § 92 BetrVG. Das Ausmaß bzw.
evtl. Beschränkungen von Überstunden werden vor allem in der Arbeitszeitordnung
(AZO) geregelt.

Kurzarbeit

Während die Verringerung von Überstunden die Rückkehr zur "normalen Arbeitszeit" bedeutet, stellt Kurzarbeit eine Abkehr vom Normalzustand dar. Kurzarbeit ist die vorübergehende Herabsetzung der betriebsüblichen regelmäßigen Arbeitszeit (SCHAUB 1983, S. 212). Sie gilt als effizienteste Maßnahme zur Bekämpfung temporärer Beschäftigungseinbrüche. Die Anwendung dieses Instruments wird durch die betrieblichen Voraussetzungen zur Gewährung (§ 64 AFG), die Begrenzung der Bezugszeit (§ 67 AFG) und das Mitbestimmungsrecht des Betriebsrats (§ 87 Abs. 1 Satz 3 BetrVG) eingeschränkt. Auf die teilweise sehr komplizierten Voraussetzungen für die Gewährung bzw. die Berechnung von Kurzarbeitergeld soll hier nicht näher eingegangen werden (siehe dazu ausführlich HUNOLD 1982, S. 11 ff; Bundesanstalt für Arbeit, Merkblatt für Kurzarbeitergeld). Allgemein sei darauf hingewiesen, daß das Unternehmen alles wirtschaftlich Zumutbare zur Vermeidung des Arbeitsausfalls getan haben muß (z.B. auf Lager produziert); zudem muß erwartet werden können, daß nach Beendigung der Kurzarbeit die Arbeitnehmer weiterhin in der Unternehmung beschäftigt bleiben. Bei Erfüllung dieser Voraussetzungen zahlt die Bundesanstalt für Arbeit 6 Monate Kurzarbeitergeld an die Unternehmung oder direkt an den Arbeitnehmer (eine Verlängerung auf 12 Monate ist per Rechtsverordnung möglich, wenn außergewöhnliche Verhältnisse in bestimmten Wirtschaftszweigen oder Bezirken vorliegen, eine Verlängerung auf 24 Monate, wenn diese Verhältnisse für den gesamten Arbeitsmarkt gelten). Die Höhe des Betrages hängt vom letzten Arbeitsentgelt, von der Zahl der ausgefallenen Arbeitsstunden und dem Familienstand ab. Nach § 68 AFG beträgt er 68 % des um die gesetzlichen Abzüge verminderten Arbeitsentgelts, das der Arbeitnehmer ohne einen Arbeitsausfall in der Stunde verdienen würde. Durch das Arbeitsförderungskonsolidierungsgesetz (AFKG) wurden diese Bestimmungen mit Wirkung vom 1. Januar 1982 weiter verschärft. Wesentlich dabei ist, daß durch die Neufassung des § 64 AFG ein Anspruch nur dann besteht, wenn während des gesamten Kurzarbeitszeitraums mindestens ein Drittel der Belegschaft kurzarbeitet und die ausfallende Arbeitszeit (wie bisher) für den einzelnen Arbeitnehmer mehr als 10 % und (neu) insgesamt mehr als 3 % der gesamten Arbeitszeit des Betriebes beträgt (siehe HANEL 1982). Zudem setzt der Anspruch auf Kurzarbeitergeld nach § 65 Abs. 2a AFG voraus, daß der einzelne Arbeitnehmer tatsächlich ein verringertes Arbeitsentgelt bezieht und nicht während der Kurzarbeitsperiode etwa aufgrund von Mehrarbeit keine Verdiensteinbuße erleidet (s. HANEL 1982, S. 130).

Bei der Einführung von Kurzarbeit ist zu beachten, daß diese der Mitbestimmung des Betriebsrates (siehe oben) unterliegt. Der Arbeigeber muß die Zustimmung des Betriebsrates einholen und dort wo sie verweigert wird, gem. § 87 Abs. 2 BetrVG die Entscheidung der Einigungsstelle herbeiführen. Besteht kein Betriebsrat, so kann die Kurzarbeit ohne Rücksicht auf die Mitbestimmungsrechte durchgeführt werden. Vereinbaren der Arbeitgeber und der Betriebsrat die Einführung von Kurzarbeit, so müssen die Belange des Betriebes und der betroffenen Arbeitnehmer angemessen berücksichtigt werden. Dies geschieht häufig in Form einer Betriebsvereinbarung, in welcher zum einen die jeweiligen tarifvertraglichen Bestimmungen beachtet werden müssen (z.B. über Ankündigungsfristen, Mengen- und Zeitquoten für die betroffenen Arbeitnehmer, Entgelte usw.), zum anderen aber auch aufgeführt werden sollte:

- die Gründe, die zur Einführung der Kurzarbeit führen
- den Zeitraum, für den die Kurzarbeit vorgesehen ist
- die Betroffenen (Werk/Betrieb/Abteilung)
- den Hinweis auf gesonderte Regelung der Notdienste

- den Hinweis auf die erfolgte Anmeldung der Kurzarbeit beim Arbeitsamt
- den Hinweis auf gesonderte Information über Auswirkungen der Kurzarbeit
  (nach RKW-Hdb. IV, S. 42).

Trotz einer generellen Akzeptanz von Kurzarbeit als alternativer Methode zu direktem Personalabbau wird ihre praktische Anwendung ambivalent beurteilt. Für ihre Anwendung sprechen die kurzfristige Realisierbarkeit, die relativ einfache Umsetzbarkeit, ihre Kostengünstigkeit für die Unternehmung, die Aufrechterhaltung des Belegschaftsbestandes und die Zumutbarkeit gegenüber den Betroffenen (s. RKW-Hdb. IV, S. 43). Kritisch wird angemerkt, daß Kurzarbeit gelegentlich dazu mißbraucht wird, daß Entlassungen vorbereitet werden, technisch bedingte Produktionspausen "überbrückt" werden und häufig Kurzarbeitsphasen auf Zeiträume mit hohem Fertigungsanfall folgen (s. HILDEBRANDT 1977). Von gewerkschaftlicher Seite (z.B. WSI-Projektgruppe 1977) wird darauf aufmerksam gemacht, daß durch relativ problemlose Genehmigungsverfahren durch die Arbeitsverwaltung (mittlerweile allerdings durch AFKG verschärft) Kurzarbeit eine versteckte Lohnsubventionierung darstellen kann und Produktivitätszuwächse, die sich aus einer Arbeitszeitverkürzung ergeben, voll dem Unternehmen zugeschlagen werden und dabei die betroffenen Arbeitnehmer keine Berücksichtigung finden.

Dem Unternehmen können aus der Einführung der Kurzarbeit Nachteile dadurch entstehen, daß qualifizierte Mitarbeiter abwandern und sich auf diese Weise eine ungünstige Verschiebung der Qualifikations- und Altersstruktur ergibt und sich die Unternehmung in der Öffentlichkeit als krisenanfällig darstellt.

Urlaubsplanung und -abwicklung

Durch Vereinbarungen mit dem Betriebsrat können nach § 87 Abs. 1 Ziff. 5 BetrVG im Rahmen von Urlaubsregelungen Maßnahmen geplant werden, die sich (auf kurze Sicht) beschäftigungserhaltend auswirken können. Es handelt sich dabei v.a. um:

- die zeitliche Verlegung des üblichen Werksurlaubs bzw. seine Ausdehnung
- das Vorziehen von Urlaubsansprüchen
- das Einplanen von geschlossenen Betriebsferien für den Zeitraum um Feiertage (z.B. Weihnachten, Ostern)
- die Gewährung von unbezahltem Urlaub (hier handelt es sich eher um eine spezielle Form der Arbeitszeitverkürzung)
  (s. RKW-Hdb. 1978, Bd. IV, S.44).

Die Wirksamkeit dieser Maßnahmen als Alternative zum (direkten) Personalabbau wird einmal durch Begrenztheit des jährlichen Anspruchs auf Erholungsurlaub eingeschränkt - Resturlaub aus den vergangenen Jahren kann zwar mit einbezogen werden; ein Vorgriff auf die neue Periode ist rechtlich allerdings unzulässig (s. HUNOLD 1982, S. 19). Zum anderen wird ein flexibler Einsatz dieser Maßnahmen dadurch beeinträchtigt, daß gegen Jahresende ein Großteil des Urlaubsanspruchs schon aufgebraucht ist. Zudem darf nicht übersehen werden, daß die meisten dieser Maßnahmen "Zwangscharakter" haben und v.a. dann, wenn sie kurzfristig eingesetzt werden zu starken Belastungen für die Arbeitnehmer führen können (z.B. Urlaub des Vaters während der Schulzeit der Kinder; unterschiedliche "Lage" der Urlaubszeit von berufstätigen Partnern). Bei der Abwägung der eingesparten Personalkosten muß beachtet werden, daß auch während eines Werksurlaubs Erhaltungskosten anfallen und "Zwangsferien" eine negative Wirkung auf das Image der Firma in der Öffentlichkeit (und damit auf Kunden, potentielle Arbeitnehmer usw.) haben können.

Arbeitszeitverkürzung bzw. -flexibilisierung

Betrachtet man die neueren Veröffentlichungen sowohl in der wissenschaftlichen als auch in der tagespolitischen Literatur zu diesem Themenbereich, so fällt neben dem großen Umfang an einschlägigen Publikationen v.a. das geringe analytische Niveau der meisten Beiträge auf. Viele Autoren beschränken sich auf eine reine Deskription praktizierter Arbeitszeitsysteme und auf eine Auflistung von Pro- und Contra-Argumenten zu den einzelnen Maßnahmen aus der Sicht unterschiedlicher Interessenstandpunkte (z.B. TERIET 1982; SCHUHMACHER 1983). In Übereinstimmung mit HOFF (1983) kann festgestellt werden, daß eine grundlegende Analyse von Entstehung, Gestaltung und Entwicklungstrends gegenwärtiger Arbeitszeitsysteme bisher nicht vorliegt (ansatzweise wird dies in den Arbeiten des von OFFE, HINRICHS & WIESENTHAL (1982) herausgegebenen Bandes "Arbeitszeitpolitik" und in der Dissertation von HOFF (1983) geleistet).

Um eine Vorstellung von der verwirrenden Vielfalt aktuell diskutierter Konzepte zur Arbeitszeitverkürzung bzw. -flexibilisierung zu vermitteln, sollen (in Anlehnung an TERIET 1982, S. 116 f. und dem Bundesarbeitgeberverband Chemie 1983) die in der Bundesrepublik derzeit praktizierten alternativen Arbeitszeitmuster zusammengefaßt werden (s. Tab. 8).

Will man über die bloße Aufzählung verschiedener Arbeitszeitmodelle hinausgehen mit dem Ziel einen kategorialen Rahmen bzw. eine Typologie arbeitszeitpolitischer Regelungen zu erstellen, so muß zunächst eine Entscheidung darüber getroffen werden, was man überhaupt mit der Einteilung beabsichtigt und dann erst kann man festlegen, welche bzw. wieviele Kategorien benötigt werden, um alle interessierenden Arbeitszeitsysteme einordnen zu können. Dabei sollte das Klassifikationssystem so eindeutig und umfassend definiert sein, daß jedes Arbeitszeitsystem in nur eine Kategorie eingeordnet werden kann. Eine derartige Typologie existiert derzeit noch nicht. Dagegen liegen einige Vorschläge für arbeitszeitrelevante Dimensionen vor (z.B. HINRICHS u.a. 1982; HOFF 1983). Danach hat die Arbeitszeit immer eine chronometrische (Dauer der Arbeitszeit) und eine chronologische (Reihenfolge innerhalb eines bestimmten Zeitraums) Dimension. Vor allem hinsichtlich der Arbeitszeitdauer muß zusätzlich ein Referenzzeitraum (s. HOFF 1983) angegeben werden (z.B. 8 Stunden pro Tag). Der Tag und die Woche bilden die wichtigsten Referenzzeiträume. Der Monat hat (s. HOFF 1983) nur sekundäre Bedeutung, wird aber v.a. im Rahmen flexibler Arbeitszeitsysteme immer wichtiger (z.B. die monatliche Zeitabrechnung in Gleitsystemen). Die praktische Bedeutung der jährlichen Arbeitszeit ist bisher eher gering. Die Lebensarbeitszeit wird durch den Zeitpunkt des Berufseintritts von Unterbrechungen der Berufstätigkeit und vom Zeitpunkt des Ausscheidens aus dem Berufsleben bestimmt.

Aufgrund unterschiedlicher Ausbildungszeiten, Unterbrechungen usw. ist sie interindividuell nur schwer vergleichbar; zusätzlich entsteht eine Schwierigkeit dadurch, daß eine Verkürzung der Lebensarbeitszeit im Rahmen einer vorzeitigen Ruhestandsregelung einmal als Arbeitszeitverkürzung zum anderen aber auch als Ausgliederungsstrategie, durch welche die Arbeitszeiten der Erwerbstätigen nicht notwendigerweise berührt werden, verstanden wird (s. HOFF 1983, S. 11).

HINRICHS u.a. (1982, S. 15 f.) führen als weitere Dimension den institutionellen Ort oder die Ebene der Regelung ein. Neben der Ebene des Einzelarbeitsvertrags, wird zwischen der betrieblichen (Betriebsvereinbarung), dem Tarifvertragssystem und der staatlichen Ebene (Gesetze, Verordnungen) unterschieden. Jede Verhandlungsebene läßt unterschiedliche Regelungen zu Themen, Beteiligten und deren Interessen bzw. Durchsetzungschancen sowie Reichweite und Flexibilität zu.

Tab. 8: Maßnahmen zur Arbeitszeitverkürzung bzw. -flexibilisierung (nach TERIET 1982)

Ansatzpunkte	Beispiele (ggf. mit Kurzbeschreibung)
Pausen- bzw. Schichtzeitregelung	- Erhöhung der persönlichen Verteilzeiten bzw. der Erholungszeiten - bezahlte Kurzpausen (z.B. 5 Minuten pro Stunde) - Schichtfreizeit(en)
Wahlmöglichkeiten für Zuschläge	- Zuschläge für Mehrarbeit können in Freizeit umgewandelt werden - Cafeteria-System (im Rahmen dieses Systems für AT-Angestellte können für besondere Belastungen anstelle sonstiger Vergütungen (z.B. höhere Bezahlung, größerer Dienstwagen) eine Verlängerung des Jahresurlaubs bzw. längere Bildungsaktivitäten in Anspruch genommen werden)
tägliche Arbeitszeit	- Plus-Minus-System (auf freiwilliger Basis beruhendes System eines kurzfristigen Zeitguthabens- und schuldenausgleichs) - Gleitende Arbeitszeit (freie Wahl von Beginn und Ende der täglichen Arbeitszeit im Rahmen bestimmter Bandbreiten, z.B. zwischen 7.00 Uhr und 9.00 Uhr Arbeitsbeginn, zwischen 15.30 Uhr und 18.30 Uhr Arbeitsende) - Arbeitszeit à la carte (von der Normalarbeitszeit abweichende Verteilung der täglichen Arbeitszeit; z.B. 4 x 10 Stunden pro Woche oder 4 x 9 Stunden plus 1 x 4 Stunden pro Woche) - Schichtarbeit (gegenüber der normalen Tagesarbeitszeit versetzte Arbeitszeit, um die Betriebszeiten über 8 Stunden hinaus zu erhöhen, zum Teil auf 24 Stunden täglich. Häufig als 8-Stunden-Schicht; zum Teil mit verlängerter Arbeitszeitdauer, z.B. als 12-Stunden-Schicht) - Gesetzliche Regelungen (Höchstarbeitszeit - z.B. für LKW-Fahrer; Nachtarbeitsverbot für Jugendliche und werdende Mütter)
Wochenarbeitszeit	- Verkürzung der wöchentlichen Arbeitszeit (im Rahmen von Einzelabmachungen, z.B. 35-Stunden-Woche für Arbeitnehmer ab dem 55. Lebensjahr) - Job Sharing (Zwei oder mehr Mitarbeiter teilen sich innerhalb einer vorgegebenen Gesamtarbeitszeit ihre Arbeitszeit selbst ein)

Monatsarbeitszeit	- Kapazitätsorientierte variable Arbeitszeit (KAPOVAZ) (die monatliche Normalarbeitszeit ist nach Arbeitsanfall variabel einteilbar; kurzfristige Verteilung der Arbeitszeit erfolgt in der Regel durch den Arbeitgeber) - individuelle Arbeitszeit (auf der Basis von Monatsarbeitszeitverträgen mit Wahlmöglichkeiten) - Optionspaket (kürzere Wochenarbeitszeit, Teilzeit, Job Sharing, Sabbatmonat(e))
Jahresarbeitszeit	- Jahresarbeitszeitvertrag mit Optionen (z.B. 80 %, 40 %, Saisonarbeit mit Fixierung der jährlichen Arbeitszeit auf bestimmte Monate oder Jahreszeiten)
Lebensarbeitszeit	- zusätzliches (Haupt-)Schuljahr - Sabbatical (Langzeiturlaub- bzw. Sonderurlaub für mehrere Monate, z.B. zur Weiterbildung - gleitender Ruhestand (Verringerte Arbeitszeit für ältere Mitarbeiter) - vorzeitige Pensionierungen (z.B. flexible Altersgrenze: Versicherte, die insgesamt 35 anrechnungsfähige Versicherungsjahre zurückgelegt haben, können von der Vollendung des 63. Lebensjahres an Altersruhegeld beantragen; vorgezogenes Ruhegeld für Arbeitslose; Vorruhestandsregelung

Als dritte (mögliche) Dimension zur Klassifikation von Arbeitszeitsystemen schlagen HINRICHS u.a. (1982) die Adressaten der Regelung vor. Objekt von arbeitszeitbezogenen Regelungen können einmal die Arbeitnehmer, zum anderen die Betriebe selbst sein. Die Autoren gehen davon aus (S. 16), daß sich betriebsbezogene Regelungen primär auf die Lage, Dauer und Unterbrechungen der Betriebszeiten bzw. auf Arbeitszeiten an bestimmten Arbeitsplätzen richten, während arbeitskraftbezogene Regelungen entweder die Dauer der Arbeitszeit innerhalb bestimmter Zeitabschnitte (Referenzzeiten) oder die Lage innerhalb solcher Zeitabschnitte (Nacht-, Sonn-, Feiertage) erfassen.

Kombiniert man die drei Regelungsebenen mit den beiden Zeit-Dimensionen und den beiden Adressaten-Kategorien so entsteht ein 12-Felder-Schema (s. Abb. 26), in welches sich jeweilige Arbeitszeitsysteme relativ trennscharf einordnen lassen. Allerdings weisen HINRICHS u.a. selbst darauf hin, daß nicht alle Regelungen eindeutig nur einem Feld zugeordnet werden können. So besitzt etwa eine Tarifvereinbarung über die Einführung von Schichtarbeit, in welcher gleichzeitig die Schichtarbeitszeiten verkürzt werden, eine chronologische und eine chronometrische Dimension.

Abb. 26 : Systematisierung der Verfahren, Adressaten und Gegenstände arbeitszeitpolitischer Regelungen (mit Beispielen) (aus: HINRICHS u.a. 1982, S. 17)

Gegenstände		Regelungsverfahren	Adressaten	
			ansetzend auf der Angebotsseite des Arbeitsmarktes (arbeitskraftbezogene)	ansetzend auf der Nachfrageseite des Arbeitsmarktes (betriebsbezogene)
chronometrische Regelungen		Betriebsvereinbarung	BV über Kurzarbeit, Überstunden, gleitender Ruhestand für Schichtarbeiter	BV über Teilzeitarbeit, bezahlte Erholungszeiten an bestimmten Arbeitsplätzen (z.B. für Akkordarbeiter)
		Tarifvertrag	TV über Wochenarbeitszeit, Urlaub gleitender Ruhestand, Arbeitsbereitschaften, Sonderurlaub oder andere Formen zusätzlicher Freizeit für bestimmte Arbeitskräfte (z.B. Schichtarbeiter) Verkürzung der Lebensarbeitszeit (z.B. durch "Tarifrente")	Festlegung von Höchstarbeitszeiten an bestimmten Arbeitsplätzen (z.B. bei Bildschirmarbeit)
		Gesetz	Höchstarbeitszeiten nach AZO und JASchG; Bundesurlaubsgesetz; Sonderurlaub für Schwerbehinderte (SchwbG); (flexible) Altersgrenzen für den Rentenbezug (RVO)	Kurzarbeitsregelungen nach AFG und KSchG. Höchstarbeitszeiten für "gefährliche Arbeiten"
chronologische Regelungen		Betriebsvereinbarung	BV über Gleitzeit, Aufstellung von Schicht- oder Einsatzplänen	BV über Beginn und Ende der Arbeitszeit, Pausenlage, Betriebsurlaub
		Tarifvertrag	TV über 5-Tage-Woche; Regelung der qualifizierten Gleitzeit (§ 7 AZO)	TV über Pausenregelungen, Mindesttaktzeiten für Akkordarbeiter
		Gesetz	Mutterschutzgesetz, Pausenregelungen nach AZO und JASchG, Nachtarbeitsverbot für Arbeiterinnen, Mindestaltersgrenzen für bestimmte Tätigkeiten (z.B. Pflegeberufe, Polizei, Bildungsurlaubsgesetze)	Nachtbackverbot, Ladenschlußgesetz, Befreiungen für Betriebsräte und Betriebsversammlungen nach BetrVG, Sonn- und Feiertagsarbeit (GewO)

Eigentlich müßte bei allen Klassifikationsversuchen ausgeführt werden, was erklärt oder vorausgesagt werden soll (z.B. Kosten für die Arbeitgeber bzw. Arbeitnehmer; Auswirkungen auf die Familie oder das soziale Umfeld; Stellung und Einfluß der Gewerkschaften, des Betriebsrats usw.). Leider werden die hinter den verschiedenen Kategorien stehenden Annahmen, Hypothesen oder Theorien (falls diese überhaupt vorhanden sind) nicht näher ausgeführt. Vermutlichh u.a. deshalb, weil es die Theorie zur Arbeitszeit nicht gibt (und wahrscheinlich auch nie geben wird), da die Anzahl der Variablen, die im Rahmen des Arbeitszeitgeschehens eine Rolle spielen so groß und deren Interaktion so komplex ist, daß sie von einer einzigen Theorie nur schwer in "den Griff" zu bekommen ist. Es wäre m.E. nützlicher, wenn man einen spezifischen Themenbereich (Belastungen für die Arbeitnehmer, Kostenstruktur, Organisationsstruktur, Personalabbau) und die Konsequenzen jeweiliger Arbeitszeitsysteme für diese Bereiche und die dabei betroffenen Interessengruppen aufzeigen würde.

Im folgenden soll exemplarisch versucht werden, die Konsequenzen von Arbeitszeitflexibilisierung (am Beispiel von Job Sharing) und Verkürzung der Lebensarbeitszeit (am Beispiel des vorgezogenen Ruhestands) für die Personalabbauplanung und die davon betroffenen Interessengruppen darzustellen.

Job Sharing

Job Sharing wurde deshalb als Beispiel für flexible Arbeitszeitsysteme gewählt, weil es zumindest theoretisch viele Gestaltungsmöglichkeiten der Arbeitszeit, sowohl auf der chronologischen als auch auf der chronometrischen Ebene bietet (siehe Abb. 27).

Abb. 27: Dimensionen und Modelle der Arbeitszeitflexibilisierung
(aus: HEYMANN u.a. 1982, S. 76)

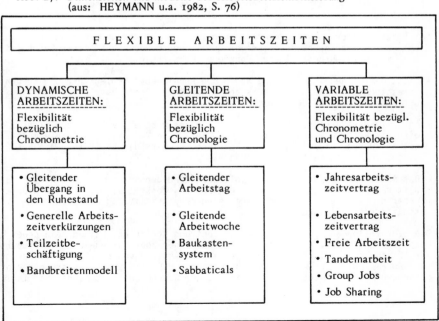

Begriff und Modelle

Job Sharing basiert auf der Grundidee, daß zwei oder mehrere Arbeitnehmer im Rahmen einer Solidargemeinschaft die Arbeitsleistung für einen Vollarbeitsplatz unter sich aufteilen, wobei das Innenverhältnis der Solidargemeinschaft weitgehend von ihr selbst bestimmt wird.

Obwohl in der betrieblichen Praxis (v.a. in den USA) eine Vielzahl unterschiedlicher Regelungen zum Job Sharing anzutreffen sind (siehe SCHÜREN 1983), werden in der Bundesrepublik gegenwärtig v.a. drei Modelle zum Job Sharing diskutiert:

- der Modellvertrag des Arbeitsrings Chemie (s. GOOS 1980)
- der Entwurf der CDU-Frauenvereinigung (s. o.V. 1981)
- das Modell des Wissenschaftszentrums Berlin (s. HOFF 1981)

Da eine Übertragbarkeit von amerikanischen Job Sharing Modellen wegen völlig anderer arbeitsrechtlicher, tarifvertraglicher und sozialpolitischer Voraussetzungen auf die Gegebenheiten in der Bundesrepublik nicht möglich war, entwickelte der Arbeitsring Chemie einen Modellarbeitsvertrag für bundesrepublikanische Verhältnisse. Schon in der Präambel des Modellvertrags wird geregelt "jeweils zwei Arbeitnehmern die Möglichkeit zu geben, sich einen Vollarbeitsplatz zu teilen. Unabdingbare Voraussetzung hierfür ist, daß die ganztägige Besetzung des jeweiligen Arbeitsplatzes jederzeit durch die Arbeitnehmer sichergestellt werden kann". Ausdrücklich ist hier auch das Bestehen dieser Verpflichtung festgelegt für den Fall, daß einer der Beteiligten "wegen Urlaubs, Krankheit und anderen Gründen zeitweilig nicht arbeitet". Kann die ganztägige Besetzung des Arbeitsplatzes nicht gewährleistet werden, so berechtigt dies den Arbeitgeber zur "Kündigung des Arbeitsverhältnisses wegen einer Leistungsstörung, die aus der Sphäre der Arbeitnehmer kommt". Können sich die "Job Sharer" nicht über die Aufteilung der Arbeitszeit einigen, so hat der Arbeitgeber das Recht diese verbindlich zu regeln.

Der Vorschlag der CSU-Frauenvereinigung basiert auf dem oben genannten Entwurf. Nicht zuletzt aufgrund der massiven Kritik von gewerkschaftlicher Seite (siehe z.B. o.V. 1982) wurden folgende Punkte berücksichtigt:

- Statt der eindeutigen Setzung durch den Arbeitgeber schlägt die CDU Frauenvereinigung eine Absprache zwischen allen Beteiligten über die Aufteilung der Arbeitszeit und der -aufgaben vor.

- Anstelle der Verpflichtung den Ausfall eines Partners voll auszugleichen, wird ein Recht der Arbeitnehmer formuliert, die Vertretung untereinander selbst zu regeln; erfolgt keine Regelung, so wird die Vertretung wie bei einem "Vollzeitarbeitsplatz" gehandhabt.

- Das Ausscheiden eines Partners soll kein Kündigungsgrund mehr sein; die Weiterbeschäftigungspflicht wird dahingehend konkretisiert, daß der Arbeitgeber dem verbleibenden Job Sharer eine arbeitszeitmäßig akzeptable Beschäftigungsmöglichkeit anbieten soll.

Die Vorstellungen des Wissenschaftszentrums Berlin beinhalten kein neues Arbeitsvertragsmodell, sondern den Entwurf einer Job-Sharing-Rahmenvereinbarung zur Einfügung in Tarifverträge bzw. als Gegenstand von Betriebsvereinbarungen (s. HOFF 1981). Es wird davon ausgegangen, daß bei der Realisierung der oben genannten Modellentwürfe eine Mitwirkung der Gewerkschaften unabdingbar ist.

Während in den Vertragsentwürfen der CDU-Frauenvereinigung und des Arbeitsrings Chemie die tarifvertragliche Ebene völlig ausgeklammert und nur auf Einzelarbeitsverträge zwischen Arbeitgeber und Arbeitnehmer abgestellt wird, geht HOFF davon aus, daß eine weite Verbreitung von Job Sharing nur auf der Basis von tarifrechtlichen Rahmenvereinbarungen möglich sei. Auf der Ebene der Tarifparteien sollten allgemeine Rahmenregelungen zu folgenden Punkten getroffen werden, die dann auf der betrieblichen Ebene durch den Betriebsrat und den Unternehmer (in Form einer BV) konkretisiert und ausgefüllt werden sollen:

- Unabhängige Arbeitszeitregelungen der Job Sharer mittels eines Arbeitsplanes;
- Arbeitszeitanteile, die Sozialversicherungsschutz gewährleisten (wöchentliche Mindestarbeitszeit 20 Stunden);
- Verpflichtung des Arbeitgebers zur Vertretungsregelung;
- Bevorzugte Weiterbeschäftigung von Job Sharern beim Ausscheiden eines Partners.

HOFF weist selbst darauf hin, daß es sich hier um eine Modellkonstruktion handelt, deren Wirkungen weder präzise berechenbar noch einschätzbar sind. Er schlägt deshalb vor, mit staatlicher Unterstützung Modellversuche zu fördern, um so zu tarifvertraglichen und gesetzlichen Regelungen zu kommen. So sinnvoll und notwendig absichernde Klauseln sind, um individuelle Arbeitszeitwünsche gegen betriebliche Interessen durchzusetzen, so muß auf der anderen Seite auch bedacht werden, daß eine Beschneidung der betrieblichen Autonomie in der Personalplanung zur Verringerung der Bereitschaft (v.a. unter der gegenwärtigen Situation auf dem Arbeitsmarkt) führen wird, alternative Arbeitszeitsysteme zu akzeptieren bzw. auszudehnen.

Die Bedeutung von Job Sharing

Eine Bewertung der bisherigen Erfahrungen mit dem Job Sharing stößt v.a. deshalb auf Schwierigkeiten, weil dazu keine systematischen Übersichten vorliegen; selbst für das "Herkunftsland" USA sind nur Einzelfälle und Demonstrationsprojekte dokumentiert, die keine allgemeinen Schlußfolgerungen zulassen (s.z.B. SCHÜREN 1983). Angloamerikanische Veröffentlichungen zum Job Sharing (z.B. MEIER 1979; OLMSTED 1979) stimmen darin überein, daß Job Sharing (potentiell) beschäftigungspolitisch bedeutsam ist. Nach HOFF (1981) müssen für eine korrekte Einschätzung amerikanischer Erfahrungen drei Grundtypen in denen Job Sharing eingeführt worden ist, unterschieden werden (nach HOFF 1981, S. 9 f.):

- Die meisten Job-Sharing-Arbeitsplätze entstanden auf Initiative von bereits (vollzeitig) Beschäftigten, die eine individuelle Verkürzung ihrer Arbeitszeit wünschten und ihre Arbeitgeber dazu bewegen konnten, ihnen diese Art der Teilzeitarbeit zuzugestehen. Die Betriebe gingen auf derartige Initiativen vor allem deshalb ein, um so langjährige, gut eingearbeitete Beschäftigte halten zu können. In wenigen Einzelfällen wurden Teilzeitpräferenzen von Arbeitskräften indirekt dadurch wirksam, daß Betriebe aufgrund von Schwierigkeiten, für bestimmte Arbeitsplätze Vollzeitbeschäftigte zu finden, diese im Job-Sharing teilten. Von sich aus wurden die Betriebe - trotz nur geringer technischer Hindernisse bei der Arbeitsplatzteilung - kaum jemals initiativ.

- Die zweite große Hauptursache für das Entstehen von Job-Sharing-Arbeitsverhältnissen war die Notwendigkeit, in einem Betrieb bzw. in einer Verwaltung entweder infolge nachlassender Nachfrage oder Budgetkürzungen das

Arbeitsvolumen einzuschränken. In solchen Situationen wurde zuweilen das
freiwillige Job-Sharing eines Teils der Beschäftigten Entlassungen vorgezogen.

- Die ersten autonom aufgeteilten Arbeitsplätze wurden im Rahmen von staatlich geförderten Demonstrationsprojekten eingeführt, die die Möglichkeit
  von Karriereteilzeitarbeit v.a. für hochqualifizierte weibliche Arbeitskräfte nachweisen sollten.

Neben diesen beschäftigungspolitischen Auswirkungen müßten nach HOFF (1981,
S. 8) auch folgende individuelle und gesellschaftliche Wohlfahrtsgewinne
berücksichtigt werden:

- die Vergrößerung der individuellen Freiheit und des Mitspracherechts des
  einzelnen bei der Gestaltung seines Lebens,

- die Erleichterung der individuellen Vereinbarung von Erwerbs- und Nicht-Er-
  werbs-Arbeit in den verschiedenen Lebensphasen,

- die Entlastung der Infrastruktur durch Entzerrung von Verkehrs- und Kommu-
  nikationsströmen und dadurch entstehende Einsparungen des Staates.

Da es hier v.a. um die Relevanz von Job Sharing als Alternative zum Personalabbau geht, soll im folgenden diese Fragestellung vertieft werden. Dabei soll zunächst anhand eines praktischen Beispiels Erfahrungen mit dem Job Sharing als
Abbau-Alternative berichtet werden:

Der Fall: Fluggesellschaften (nach: "New Ways to Work", in: SCHÜREN 1983,
          S. 222 f.)

Die beiden großen amerikanischen Fluggesellschaften "United Airlines" und "Pan
American World Airlines" mußten durch Flugpreiserhöhungen, die aufgrund gestiegener Treibstoffkosten notwendig geworden waren und durch eine allgemeine Stagnation der Volkswirtschaft, einen deutlichen Rückgang des Passagier-Flugauf-
kommens hinnehmen. Als eine Konsequenz daraus ergab sich die Notwendigkeit einen Teil des Flugbegleitpersonals zu entlassen. Um das quantitative Ausmaß der
Entlassungen möglichst gering zu halten, boten beide Gesellschaften auf Initiative der Gewerkschaften Job Sharing Programme an. Während die Gewerkschaft, in
welcher die Flugbegleiter der nationalen Flugrouten organisiert sind, ihr Job
Sharing Programm als Alternative zum Personalabbau offerierte, hatte die Gewerkschaft der "internationalen Flugbegleiter" seit Jahren versucht, Job Sharing als generelle Option für die Arbeitnehmer durchzusetzen und war erst dann
damit erfolgreich, als Entlassungen drohten.

1. Die Job Sharing Regelung der United Airlines begann im April 1980 und sollte
ursprünglich bis zum Juli 1980 dauern, wurde aber bis zum April 1981 verlän-
gert. Bei diesem Modell regelten je zwei Job Sharer die Verteilung ihrer Arbeitszeiten entweder anhand der monatlichen Referenzzeit oder von "Flug zu
Flug" selbst. Eine Bedingung des Managements war, daß die Zusammensetzung der
Job Sharing Gruppen während der Pilot-Phase nicht verändert werden durfte. Die
Teilnahme wurde auf solche Arbeitnehmer beschränkt, die seit mindestens 7 Jahren dem Unternehmen angehörten (später wurde diese Zahl auf 4 Jahre gesenkt).
Die Bezahlung in einer Job Sharing Gruppe richtete sich immer nach der Gehalts-
stufe des älteren Teilnehmers. Der Urlaubsanspruch wurde für alle Teilnehmer

unabhängig von der tatsächlich geleisteten Arbeitszeit - halbiert. Die Beiträge für Kranken- und Lebensversicherungen wurden in der gleichen Höhe wie für Vollzeitarbeitskräfte gewährt. Alle Flugvergünstigungen wurden aufrechterhalten. Insgesamt nahmen 508 Arbeitnehmer an diesem Projekt teil; das Ergebnis war, daß von insgesamt 1175 vorgesehenen Entlassungen 365 nicht realisiert werden mußten.

2. Der Versuch der PAN AM dauerte von November bis April 1981. Dabei konnten die Teilnehmer zwischen drei Arbeits-Zeit-Alternativen wählen:
1. Ein Monat volle Arbeitszeit - ein Monat Freizeit
2. Zwei Monate volle Arbeitszeit - zwei Monate Freizeit
3. Drei Monate volle Arbeitszeit - drei Monate Freizeit.
Die Bezahlung der Job Sharer richtete sich nach der bisherigen Gehaltsstufe. Der Urlaubsanspruch wurde auf der Basis der geleisteten Flugstunden errechnet. Kranken- und Lebensversicherungsbeiträge wurden in gleicher Höhe wie für Vollzeitarbeitskräfte gewährt. Die Teilnahme blieb solchen Arbeitnehmern vorbehalten, die eine mindestens 5-jährige Betriebszugehörigkeit vorweisen konnten. Insgesamt nahmen 116 Arbeitnehmer an diesem Versuch teil, was zur Folge hatte, daß von 1100 geplanten Kündigungen 58 nicht ausgesprochen werden mußten.

Alle Flugbegleiter, die an Job Sharing Programmen teilnahmen, waren mit diesen Regelungen sehr zufrieden. Einige Flugbegleiter der United Airlines, die nicht an einem Job Sharing Programm beteiligt waren, reklamierten die Vorteile, die jüngeren Kollegen bei der Vergabe von Flugrouten und bei der Bezahlung durch die Ausrichtung auf den Status des älteren Partners verzeichnen konnten.

Die Firmenleitung der United Airlines war mit diesem Versuch zufrieden und wies v.a. auf folgende Vorteile hin:

- Verringerung von Fehlzeiten
- Erhaltung von qualifizierten Flugbegleitern
- eine gleichmäßige Verteilung von Personalkürzungen
- Demonstration für die Belegschaft, daß sich das Unternehmen um
  die Belange seiner Beschäftigten kümmert.

PAN AM Flugbegleiter der Niederlassung in San Francisco sprachen sich überwiegend für eine Fortsetzung des Versuchs aus und versuchten, die Entscheidung der Firmenleitung, den Versuch am 1. Mai zu beenden, rückgängig zu machen. Die Firmenleitung der PAN AM wollte nicht gern (nach Auskunft der "New Ways to Work") über das Für und Wider dieses Versuchs diskutieren. Sie wies jedoch auf den erhöhten Verwaltungsaufwand bei der Berechnung der Bezüge hin (die Datenerhebung mußte "vor Ort" erfolgen; die Angaben mußten dann an ein Computercenter an der Ostküste übermittelt werden). Die Entscheidung das Pilot-Projekt nicht fortzuführen, wurde mit einer höheren Anzahl von Flug-Buchungen in den Sommermonaten begründet.

Lassen sich auch, wie bereits angedeutet, amerikanische Modelle zum Job Sharing kaum auf bundesrepublikanische Verhältnisse übertragen, so können doch aus dem oben beschriebenen Fall einige Fragen herausgefiltert werden, die bei der Beurteilung solcher Maßnahmen als Alternative zum Personalabbau beachtet werden müssen:

- Können die in Frage kommenden Arbeitsplätze im Rahmen eines Job Sharing Modells überhaupt geteilt werden?

- Welche Kosten (und in welcher Höhe) entstehen durch die Einführung von Job Sharing?

- Hat die Einführung von Job Sharing überhaupt einen Beschäftigungseffekt?

- Welche Konsequenzen hat die Einführung von Job Sharing für die direkt und indirekt betroffenen Arbeitnehmer?

Auf diese 4 Aspekte soll im folgenden differenziert eingegangen werden.

Die Teilbarkeit von Arbeitsplätzen

In diesem Punkt wird Teil(zeit)arbeit primär allgemein behandelt und jeweils exemplarisch Beziehungen zum Job Sharing aufgezeigt. Die Aufteilung eines Vollzeitarbeitsplatzes kann unter zeitlichen und/oder funktionalen Gesichtspunkten erfolgen. In der Praxis ist jedoch die rein zeitliche Aufteilung der Arbeit bei gleichartigen Tätigkeiten von Job Sharing Partnern weit häufiger anzutreffen. Charakteristische Merkmale von teilbaren Arbeitsplätzen sind nach einer vom Ministerium für Soziales, Gesundheit und Sport in Rheinland-Pfalz in Auftrag gegebene Studie (zit. nach FÜRSTENBERG 1982, S. 271 f.), deren Ergebnisse 1978 veröffentlicht wurden: Schichtarbeit, Fließbandarbeit, Akkord, vorgegebenes Arbeitstempo und überwiegend gleichförmige Tätigkeiten. Bei nicht teilbaren Arbeitsplätzen handelt es sich um Einzelarbeitsplätze ohne Schicht-, Fließband- und Akkordarbeit. Das Arbeitstempo ist nicht vorgegeben und die Einzeltätigkeiten unterscheiden sich stark voneinander, außerdem sind Anlern- und Einarbeitungszeit relativ hoch. Im Durchschnitt wird eine qualifiziertere Ausbildung ausgewiesen als bei den teilbaren Arbeitsplätzen. Allerdings wird gerade in diesem, von der üblichen Teilzeitarbeit nicht erfasste, Bereich in den USA Job Sharing praktiziert. Nach FÜRSTENBERG (1982, S. 272) ist dies nur unter der Voraussetzung einer erheblichen organisatorischen Eigenleistung der Partner am Arbeitsplatz möglich. Dabei müssen sie i.d.R. von Vorgesetzten und Fachleuten unterstützt werden, die Hinweise auf eine auch aus der Sicht des Betriebs zweckmäßige Aufteilung von Funktionen, Vollmachten und Verantwortlichkeiten geben können und darüber hinaus deren Integration, insbesondere durch einen auch bei Personalwechsel ungestörten Kommunikationsfluß zu gewährleisten haben. Besonders wichtig ist es auch, daß die Partner beim Job Sharing gleiche Chancen des Anlernens und der Einarbeitung bei Veränderungen der Arbeitsstruktur erhalten.

Während Beispiele für Job Sharing im Bereich der Produktion bisher sehr selten sind, werden Job-Sharing-Arbeitsverträge in Verwaltungs- und Dienstleistungsunternehmen immer häufiger geschlossen. Nach der oben bereits zitierten Untersuchung des Ministeriums für Soziales, Gesundheit und Sport hat sich Teilzeitbeschäftigung bereits für Beratungskräfte, Sozialarbeiter, Krankenpflegepersonal, Sachbearbeiter, Richter, Ärzte, Lehrer und Bibliothekare bewährt. Im Bereich betrieblicher Angestelltenfunktionen ist eine Arbeitsteilung zum Zweck des Job Sharing in Planungs-, Entwicklungs- sowie in Konstruktionsabteilungen und bei höher qualifizierten Stabsfunktionen des kaufmännischen Bereichs möglich, wenn dadurch keine Informations- und Kommunikationsverluste entstehen und die Erledigung von Einzelaufgaben nicht an zu kurze Fristen gebunden ist. Allerdings ist es ein Merkmal von dispositiven Tätigkeiten, daß sie in ihren Folgeschritten und weiteren Handlungs- und Entscheidungsnotwendigkeiten weniger vorhersehbar sind als rein administrative Aufgaben (s. HEIDER 1982, S. 158). Eine exakte Absprache zwischen zwei Job Sharing Partnern dürfte unter diesem Gesichtspunkt für solche Tätigkeiten mit Schwierigkeiten verbunden sind.

Die Übertragbarkeit von Job Sharing auf den Produktionsbereich wird häufig bezweifelt. Als Gründe hierfür werden in erster Linie technische und organisatorische Zwänge angeführt. Im einzelnen wird behauptet, daß (s. BULLINGER & WEBER 1982, S. 135 f.)

- eine relativ freie Arbeitszeitgestaltung im Produktionsbereich und eine genau determinierende Fertigungsplanung und -steuerung nicht miteinander zu vereinbaren sei,

- die Zusammenarbeit von Arbeitsgruppen durch unterschiedlichen Arbeitsbeginn und Arbeitsende gefährdet und deshalb die Arbeit innerhalb einer Gruppe nicht koordinierbar sei,

- durch unterschiedliche Anwesenheitszeiten der einzelnen Mitarbeiter eine reibungslose Versorgung mit Informationen, Material und sonstigen Leistungen der voneinander abhängigen Betriebsteile nicht mehr zu gewährleisten sei.

Der Einsatz von Job Sharing im Produktionsbereich erforderte je nach der Art des Organisationstyps bzw. der Art der Aufgabenerfüllung unterschiedliche Lösungen. BULLINGER & WEBER (1982) diskutierten ausführlich Prinziplösungen zur organisatorischen Anpassung an veränderte Arbeitszeitsysteme. Auf diese Diskussion soll hier nicht ausführlich eingegangen werden; zusammenfassend werden drei Lösungsansätze, die für Job Sharing Systeme in Frage kommen, referiert:

1. Absprache über Arbeitszeitbeginn und -ende innerhalb der Arbeitsgruppe: die Autoren unterscheiden zwischen der bilateralen Absprache von zwei Mitarbeitern, die v.a. zur Handhabung der variablen Arbeitszeit vorgeschlagen wird und der multilateralen Absprache, durch welche die Anpassung der Gruppe an die Bedürfnisse eines einzelnen Mitglieds geregelt wird; letztere wird etwa bei Arbeitssystemen mit einem geringen Entkoppelungsgrad wie z.B. Fließsystem im Zwangsablauf praktiziert.

2. Die Einrichtung des Arbeitsplatzwechsels: Bei dieser Lösung wird das Gruppenmitglied, welches mit der Arbeit beginnt, den Arbeitsplatz mit dem größten Fertigungsrückstand besetzen usw. Voraussetzung für das Funktionieren dieses Modells ist es, daß jeder Arbeitnehmer in der Gruppe in der Lage ist, jede Tätigkeit, die in der Gruppe anfällt, auszuführen.

3. Die Übernahme dispositiver Tätigkeiten durch die Arbeitnehmer: Je nach Organisationstyp und technisch-organisatorischen Randbedingungen können die am frühesten anwesenden Arbeitnehmer dispositive Tätigkeiten (z.B. Materialbereitstellung, Betriebsmittelwartung und -bereitstellung) so lange ausführen, bis die Funktionsfähigkeit der Arbeitsgruppe gewährleistet ist. Voraussetzung hierfür sind Personalentwicklungsmaßnahmen.

Auf ein weiteres Problem macht FÜRSTENBERG (1982, S. 272) aufmerksam. Neben den arbeitstechnischen Erfordernissen erscheint die zweckmäßige Eingliederung der Arbeitsplatzpartner in die jeweilige Sozialstruktur des Arbeitsbereichs von besonderer Bedeutung. Durch die Zunahme der Zahl von Interaktionspartnern kommt es zu einer quantitativen und qualitativen Veränderung sozialer Beziehungen. Erfolgreiches Job Sharing hängt somit nicht nur vom guten Willen des Arbeitsplatzpartners, sondern auch vom Verständnis von Kollegen und Vorgesetzten ab. Als Lösung empfiehlt FÜRSTENBERG die Einführung von Job Sharing zumindest an eine Vorinformation, bzw. sogar an die Zustimmung der im engeren Arbeitsbereich

Tätigen zu binden. In diesem Zusammenhang müßte v.a. geklärt werden, welche Zuständigkeiten und Verantwortlichkeiten die Job Sharing Partner gegenüber anderen Personen haben werden.

Interessant ist auch die Frage, warum Unternehmen Teilarbeitsplätze (als Voraussetzungen zum Job Sharing) einrichten. Im Rahmen einer explorativen Untersuchung über die Möglichkeiten und Grenzen der öffentlichen Förderung von Teilzeitarbeit kommen WEITZEL & HOFF (1981) u.a. zu folgenden Ergebnissen: Unternehmen stellen Teilzeitarbeitsplätze in erster Linie dann zur Verfügung, wenn sie von (internen) Arbeitnehmern darum gebeten werden; erst an zweiter Stelle werden solche Stellen am Arbeitsmarkt (extern) angeboten. Meist sind es "verdiente Mitarbeiter", die in den Vorzug einer geteilten Stelle gelangen. Auch FRIEDRICH & SPITZNAGEL (1982, S. 78) vermuten, daß sich Job Sharing primär auf dem innerbetrieblichen Arbeitsmarkt abspielen würde, da dort die Team-Bildung am einfachsten ist.

(Betriebswirtschaftliche) Konsequenzen der Teilzeitarbeit

Ein wichtiger Aspekt bei der Beurteilung von Job Sharing als Alternative zum Personalabbau ist der Handlungs- und Gestaltungsspielraum, den betriebliche Kosten- und Ertrags-Kalküle zulassen. Da eine ausführliche Diskussion der Personalkosten unter Gliederungspunkt 3.8. dieses Buches erfolgt, werden an dieser Stelle v.a. die Ergebnisse empirischer Untersuchungen zu diesem Thema dargestellt und diskutiert.

Bevor auf einzelne Ergebnisse beider Untersuchungen näher eingegangen wird, muß darauf hingewiesen werden, daß es sich bei den untersuchten Arbeitsplätzen ausschließlich um Teilzeitarbeit im herkömmlichen Sinn handelt; Schlußfolgerungen auf Job Sharing müssen deshalb mit Vorsicht gezogen werden. Diese Beispiele wurden deshalb ausgewählt, weil zum einen kaum aussagefähige empirische Ergebnisse über entsprechende Erfahrungen zum Job Sharing vorliegen; zum anderen ist ein großer Teil der (zusätzlich) anfallenden Kosten beim Job Sharing und bei der Teilzeitarbeit identisch (z.B. Kosten für Verwaltung; Vermögensbildung; Einarbeitung; Ausbildung; Arbeitsvorbereitung; Verpflegung, Fahrtkostenzuschüsse). Im Gegensatz zur herkömmlichen Teilzeitarbeit fallen Kostenvorteile, die durch den Rückgang von Fehlzeiten entstehen, beim Job Sharing (je nach dem praktizierten Modell) stärker ins Gewicht.

Die Darstellung und die Interpretation der Ergebnisse beider Untersuchungen sind im wesentlichen den Veröffentlichungen von GAUGLER (1982a) und FRIEDRICH & SPITZNAGEL (1982) entnommen. Beide Studien kommen tendenziell zu ähnlichen Resultaten. Die Daten aus der Ifo/IAB Unternehmensbefragung für die Verarbeitende Industrie und den Handel sind in Tabelle 9 wiedergegeben. Die in dieser Tabelle ausgewiesenen Punktwerte ergeben sich durch die Kombination der Bewertungen positiv, indifferent, negativ sowie wichtig, weniger wichtig und unwichtig (siehe Fußnote zur Tab. 9). Die auf diese Weise ermittelten Skalen für die verschiedenen Aspekte der Teilzeitarbeit weisen Werte zwischen +300 und -300 auf. Ein negatives Vorzeichen deutet auf eine insgesamt negative Beurteilung von Teilzeitarbeit im Vergleich zu Vollzeitarbeit hin, während ein positives Vorzeichen bedeutet, daß Teilzeitarbeit hinsichtlich dieses Aspekts wie Vollzeitarbeit (bis 150 Punkte) oder sogar günstiger als Vollzeitarbeit (über 150 Punkte) eingeschätzt wird.

Es handelt sich dabei einmal um die Begleituntersuchung zu einem Modellprogramm des Landes Rheinland-Pfalz zur Förderung zusätzlicher sozialversicherungspflichtiger Teilzeitarbeitsplätze, welche von der Forschungsstelle für Betriebswirtschaft und Sozialpraxis e.V. München-Mannheim betreut wurden (siehe GAUGLER, GILLE & PAUL 1981). Im Rahmen dieses Projekts wurden knapp drei Dutzend Unternehmen mit ca. 200 Teilzeitbeschäftigten befragt. Diese Firmen gehörten unterschiedlichen Branchen an und ihre Größe variierte vom Kleinstbetrieb bis zum Großunternehmen. Die Teilzeitarbeitsplätze wurden nahezu ausschließlich von Frauen besetzt und umfaßten eine große Zahl unterschiedlicher Tätigkeiten, von denen die meisten im Bereich der Fertigung ausgeübt wurden und relativ geringe Qualifikationserfordernisse aufwiesen. Die Anforderungen an die Teilzeitarbeitskräfte im Dienstleistungsbereich verlangten ebenfalls mittleres bis geringeres Niveau. Die im Verwaltungsbereich untersuchten Arbeitnehmer benötigten dagegen mittlere bis hohe berufliche Qualifikationen zur Ausübung ihrer Tätigkeiten. Die befragten Frauen waren fast alle verheiratet und hatten Kinder.

Tab. 9: Vor- und Nachteile von Teilzeitarbeit gegenüber Vollzeitarbeit nach Einschätzung der Unternehmen (aus: FRIEDRICH u. SPITZNAGEL 1982, S. 75)

Aspekt / Bewertung	Bewertet nach dem Wichtigkeitsgrad[a] ergibt sich danach für den Aspekt... folgende Beurteilung:	
	Industrie[b]	Handel[c]
Flexibilität des Personaleinsatzes	+ 90	+ 219
Leistung je Arbeitsstunde	+ 135	+ 196
Personalzusatzkosten	- 40	+ 144
Zahl der Arbeitsunfälle	+ 113	
Kosten der Arbeitsplatzausstattung	- 97	+ 38
Verwaltungsaufwand	- 104	+ 63
Krankheits- und sonstige Fehlzeiten	+ 134	+ 161
Fluktuationsrate	+ 96	+ 112
Wünsche der Mitarbeiter	+ 113	+ 135
Regionales Arbeitsangebot	+ 131	+ 134
Betriebsklima	+ 68	+ 129
Führungskapazität der Vorgesetzten	+ 17	+ 104

[a] Positiv/wichtig + 300, gleich/wichtig + 250, positiv/weniger wichtig + 200, gleich/weniger wichtig + 150, positiv/unwichtig + 100, gleich/unwichtig + 50, negativ/unwichtig - 100, negativ/weniger wichtig - 200, negativ/wichtig - 300 Punkte.

[b] Verarbeitendes Gewerbe, einschließlich Bergbau, ohne eisenschaffende und chemische Industrie.

[c] Groß- und Einzelhandel

Die zweite große Untersuchung, deren Ergebnisse hier zitiert werden, basiert auf einer Repräsentativerhebung, die Ende 1977 im Verarbeitenden Gewerbe, im Bauhauptgewerbe und im Einzel- und Großhandel vom Ifo-Institut für Wirtschaftsforschung und dem Institut für Arbeitsmarkt- und Berufsforschung (IAB) der Bundesanstalt für Arbeit durchgeführt wurde. Im Rahmen dieser Studie sollten Unternehmer Teilzeitarbeit im Vergleich zu Vollzeitarbeit unter kosten- und ertragsrelevanten Gesichtspunkten beurteilen.

Die Unternehmen des Verarbeitenden Gewerbes beurteilten Teilzeitarbeit unter Kosten-Gesichtspunkten überwiegend negativ. Dies trifft sowohl für Personalnebenkosten, wie für Kosten des allgemeinen Verwaltungsaufwandes und der Arbeitsplatzausstattung zu. Allerdings ist diese Kosteneinschätzung nicht einhellig. Teilzeitbeschäftigung wird für eine beträchtliche Minderheit der Unternehmen für alle drei Kostenarten nicht ungünstiger beurteilt als Vollzeitarbeit, in einigen Fällen werden die Personalzusatzkosten eher günstiger eingeschätzt.

Die durchwegs positive Einstufung aller Kostenaspekte für Teilzeitarbeit (die aber oft nicht die kritische Grenze von 150 erreicht) im Handel ist nach FRIEDRICH & SPITZNAGEL vermutlich darauf zurückzuführen, daß im Handel viele Arbeitnehmer unterhalb der Sozialversicherungsgrenzen liegen.

Unter allen erhobenen ertrags-relevanten Aspekten (v.a. Leistung je Arbeitsstunde, Fehlzeiten, Fluktuation) wird Teilzeitarbeit weit überwiegend als gleich oder sogar positiv gekennzeichnet. Jedoch beurteilt eine Minderheit der Unternehmen Teilzeitarbeit unter dem Aspekt der Produktivität je geleisteter Arbeitsstunde relativ negativ. Bei der Übertragung der Ergebnisse für Fehlzeiten auf Job Sharing müßten je nach praktiziertem Modell noch deutlichere Kosten-Vorteile bei den Fehlzeiten je nach Job Sharing Vertragsmodell entstehen. Das Argument des höheren Koordinierungsaufwandes der Vorgesetzten war eher von untergeordneter Bedeutung; er wurde nicht ungünstiger eingeschätzt als bei Vollzeitarbeit. Die Ergebnisse des Modellversuchs (s. z.B. GAUGLER 1982a) bestätigen in ihrer Tendenz die der Ifo/IAB Untersuchung. Die meisten der 23 am Modellprogramm beteiligten Firmen fanden für den Großteil der relevanten Kostenaspekte keinen Unterschied zwischen Teilzeitarbeit und Vollzeitarbeit (siehe Tab. 10). Nur bei drei Kosten-Aspekten (Arbeitsvorbereitung, Flexibilität und Personalnebenkosten) zeigten sich deutlich Unterschiede zwischen den beiden Arbeitszeitsystemen. Besonders deutlich tritt der zusätzliche Ertrag durch die Teilzeitarbeit bei der höheren (Einsatz-)Flexibilität hervor. Analog zur erstgenannten Untersuchung stehen auch hier die Lohnnebenkosten an der ersten Stelle bei den zusätzlichen Belastungen durch die Teilzeitarbeit. Zusammenfassend kann gesagt werden, daß die Unterschiede zwischen Teil- und Vollzeitarbeit äußerst gering waren. In der von GAUGLER (1982a) zitierten Untersuchung lag der Zusatznutzen der Teilzeitarbeit über ihren Zusatzkosten.

Die nur unwesentliche Verteuerung von Teilzeitarbeit gegenüber der Vollzeitarbeit für den Arbeitgeber demonstriert HOFF (1981, S. 15 f.) am Beispiel der Sozialversicherung. Bei sozialversicherungspflichtigen Beschäftigten führen die hohen Höchstbemessungsgrenzen und die Regelung, daß Arbeitgeber und Arbeitnehmer die Sozialversicherungsbeiträge je zur Hälfte zu tragen haben, dazu, daß eine Mehrbelastung des Arbeitgebers bei Zweiteilung eines Arbeitsplatzes erst bei einem Gehalt von über DM 3.300,-- brutto monatlich auftritt und nur sehr gering ist: bei einem Gehalt von über DM 3.300,-- bis DM 4.000,-- liegt sie bei höchstens 1 %, bis DM 4.400,-- bei höchstens 1,5 % der Lohnsumme des geteilten Arbeitsplatzes. (Die Berechnung geht von folgenden Beitragssätzen aus: Arbeitslosenversicherung 3 %, Rentenversicherung 18,5 % (beides gesetzlich), Kranken-

Tab. 10: Beurteilung der Kosten- und Nutzenaspekte von Teilzeitarbeit für den Arbeitgeber (aus: GAUGLER 1982, S. 299)

	keine Unterschiede zwischen Teilzeit und Vollzeit beschäftigung	Zusatznutzen bei Teilzeitbeschäftigung	Zusatzkosten bei Teilzeitbeschäftigung	keine Angaben
Einarbeitg./Ausbildg.	15 Firmen	3 Firmen	5 Firmen	-
quantitative Leistung	12 Firmen	7 Firmen	4 Firmen	-
qualitative Leistung	17 Firmen	1 Firma	2 Firmen	3 Firmen
Fehlzeiten	15 Firmen	6 Firmen	1 Firma	1 Firma
Fluktuation	17 Firmen	4 Firmen	1 Firma	1 Firma
Flexibilität	7 Firmen	16 Firmen	-	-
Lohn/Gehalt	20 Firmen	-	2 Firmen	1 Firma
Personalnebenkosten	10 Firmen	1 Firma	11 Firmen	1 Firma
Arbeitsvorbereitung	10 Firmen	-	4 Firmen	9 Firmen
Qualitätskontrolle	12 Firmen	-	2 Firmen	9 Firmen
Investitionen	13 Firmen	4 Firmen	4 Firmen	2 Firmen
Raumbedarf	22 Firmen	-	-	1 Firma
Verwaltung	18 Firmen	2 Firmen	2 Firmen	1 Firma

versicherung 12 % (Durchschnittswert). Außerdem wird vorausgesetzt, daß die
Job-Sharing-Partner sozialversicherungspflichtig beschäftigt sind.

Die folgende Tabelle 11 gibt Auskunft über die Mehrbelastung des Arbeitgebers
mit Beiträgen zur Sozialversicherung als Folge der Aufteilung eines Arbeitsplatzes auf zwei Arbeitskräfte. In den Gehaltsregionen, die für Job Sharing
praktisch relevant sind, existiert nur eine geringe sozialversicherungsbedingte
Mehrbelastung des Arbeitgebers.

Konsequenzen für die (direkt und/oder indirekt) betroffenen Arbeitnehmer

Die Verfechter variabler Arbeitszeitregelungen argumentieren zum einen mit der
beschäftigungspolitischen Wirkung entsprechender Arbeitszeitsysteme, zum anderen wird der Beitrag herausgestellt, den variable Arbeitszeiten zur Humanisierung des Arbeitslebens leistete (s. z.B. GAUGLER 1983; TERIET 1976). Im Zusammenhang mit dem letzten Punkt wird davon ausgegangen, daß durch Job Sharing für
den einzelnen Arbeitnehmer "Zeitsouveränität" (TERIET 1977) zurückgewonnen werden kann; durch die Befreiung von den (zeitlichen) Zwängen der Arbeitsgesellschaft, die gekennzeichnet sind durch Prinzipien wie (s. WUNDERLI 1979, S. 78,
in Anlehnung an TERIET 1979)

- Uninformiertheit (Einheitlichkeit und Gleichförmigkeit von Zeitmustern)
- Gleichzeitigkeit (möglichst viele Arbeitnehmer sollen zur gleichen Zeit arbei-
- Pünktlichkeit   ten)
- Fremdbestimmtheit
- Tabuisierung ("Unantastbarkeit" von Zeitmustern)

kann den Bedürfnissen der Arbeitnehmer hinsichtlich Lage, Dauer und Verteilung
von Arbeitszeit und Freizeit eher entsprochen werden. Dabei geht es nicht nur

um die Art der Arbeitszeitgestaltung, sondern v.a. um die Gestaltungsmacht. Manche Autoren (z.B. GAUGLER 1983) versuchen das Machtproblem dadurch zu "umgehen", indem sie den Arbeitnehmer "im Rahmen der unabdingbaren Erfordernisse des Betriebes" einen Spielraum für die Arbeitsgestaltung einräumen, den die betroffenen Arbeitnehmer gemäß ihrer individuellen Bedürfnisse "möglichst weitgehend" selbständig nutzen können (zit. nach GAUGLER 1983, S. 859). Leider wird nicht gesagt, was unter "unabdingbaren Erfordernissen" und "möglichst weitgehender Nutzung" zu verstehen ist. Daß betriebliche Interessen bei der Gestaltung von Arbeitszeitsystemen berücksichtigt werden müssen, soll hier keinesfalls bestritten werden; es müßte jedoch der Versuch gemacht werden, diese beiden Postulate exakter zu fassen. Bei anderen Autoren, die im Rahmen eines Bedürfniskonzeptes argumentieren, besteht die Gefahr, daß von einem statischen Bedürfnisbegriff ausgegangen und übersehen wird, daß viele arbeitsrelevanten Bedürfnisse erlernt werden und sich je nach den individuellen Erfahrungen, gesellschaftlichen Werten und situativen Umständen verändern (s. BRUGGEMANN u.a. 1975). Sind aber Bedürfnisse Teil eines (dauernden) Lernvorgangs, der erst in der ständigen Auseinandersetzung mit der Praxis eine konkrete Bedeutung gewinnt, so müßten v.a. unter dem Aspekt der "Selbstentfaltung" eines Individuums zunächst die (zeitlichen) Handlungsspielräume geschaffen werden, die eine persönliche Entwicklung gestatten. Der umgekehrte Weg, die (zeitliche) Situation nach "den" Bedürfnissen konstruieren zu wollen, läuft Gefahr, zu einer Verfestigung des Status Quo beizutragen und Entwicklungschancen für Arbeitnehmer zu verbauen.

Tab. 11: Die Mehrbelastung von Arbeitgebern mit Beiträgen zur Sozialversicherung bei der Aufteilung von Arbeitsplätzen (aus: HOFF 1981, S. 17)

(1) Lohnsumme des geteilten Arbeitsplatzes (in DM)	(2) Mehrbelastung des Arbeitgebers (in DM)	(3) (2) in % von (1)
bis 3.300	-	-
3.400	6	0.18
3.500	12	0.34
3.600	18	0.50
3.700	24	0.65
3.800	30	0.79
3.900	36	0.92
4.000	42	1.05
4.100	48	1.17
4.200	54	1.29
4.300	60	1.40
4.400	66	1.50
4.500	82.75	1.84
4.600	99.50	2.16
4.700	116.25	2.47
4.800	133	2.77
4.900	149.75	3.06
5.000	167.50	3.35
.		
.		
.		
8.800	671	7.63
.		
.		
12.000	671	5.59

Eine Erweiterung der Handlungsspielräume durch Job Sharing ist v.a. durch die Kompatibilität von Arbeit mit anderen Lebensbereichen zu erwarten; so bildet etwa Job Sharing eine praktikable Möglichkeit, Arbeit und Kinderversorgung in Einklang zu bringen. Ein Beispiel für die Erfüllung nicht-arbeitsbezogener Bedürfnisse durch Job Sharing ist der allmähliche Ausstieg aus dem Berufsleben (s. ROSENSTIEL 1982, S. 285). Anstelle eines nach dem "Alles-oder-Nichts-Prinzip" verlaufenden Abschieds zum Pensionierungszeitpunkt werden die Arbeitszeiten des älter werdenden allmählich verkürzt. Handelt es sich bei dem Job Sharing Partner um einen jüngeren Kollegen, so wäre damit gleichzeitig ein Einarbeitungs- bzw. Trainingseffekt verbunden. Der individuelle Handlungsspielraum kann auf der betrieblichen Ebene durch Qualifizierungsprozesse vergrößert werden, die durch die verstärkte Notwendigkeit zur Kooperation und Kommunikation mit dem jeweiligen Job Sharing-Partner in Gang gesetzt werden (s. BERTHEL und KOCH 1982, S. 343). Neben der fachlichen Qualifikation kann durch die enge Zusammenarbeit im Job Sharing-(Paar) die soziale Kompetenz der Job Sharing-Partner verbessert werden.

Ein Nachteil des Job Sharing für die betroffenen Arbeitnehmer besteht darin, daß Einkommenseinbußen in Kauf genommen werden müssen. Dieser Einkommensverlust wird zwar durch die Steuerprogression nicht proportional zum Vollzeit-Einkommen erfolgen; er bedeutet aber für viele Arbeitnehmer, deren Grundlage zur Lebenssicherung eine Vollzeitbeschäftigung ist, eine drastische Verschlechterung ihrer finanziellen Situation. Vorteile aus dem Job Sharing wären unter diesem Gesichtspunkt nur für solche Arbeitnehmer zu erwarten, deren Einkommen erheblich über dem Durchschnitt liegt oder die sich durch eigenes Vermögen zusätzlich finanzieren können. Allerdings wird amerikanischen Untersuchungen zufolge (z.B. OLMSTED 1977, MEIER 1979), Job Sharing in ausgesprochenen Führungspositionen so gut wie gar nicht praktiziert. Dies ist einerseits auf die hohe intrinsische Motivation und damit verbunden, auf die ohnehin große Zahl freiwillig geleisteter "Überstunden" dieser Beschäftigungsgruppe zurückzuführen; andererseits stellt Job Sharing in vielen Organisationen ein Karrierehindernis dar und kommt somit zwangsläufig ab einem bestimmten hierarchischen Niveau kaum als Arbeitszeitalternative in Frage.

Im Zusammenhang mit den finanziellen Einbußen, die aus einem Job Sharing-Arbeitsverhältnis erwachsen können, muß auch beachtet werden, daß (nach HELD & KARG 1983, S. 469)

- Teilzeitbeschäftigte meist nur 15-20 % des 13. Monatsgehalts erhalten;

- bei weniger als 20 Stunden wöchentlicher Arbeitszeit bei Arbeitslosigkeit kein Arbeitslosengeld zusteht;

- bei weniger als 19 Stunden wöchentlicher Arbeitszeit kein Anspruch auf vermögenswirksame Leistungen besteht;

- bei weniger als 15 Stunden wöchentlicher Arbeitszeit kein Krankengeld zusteht und kein Rentenanspruch besteht;

- bei weniger als 10 Stunden wöchentlicher Arbeitszeit den Arbeitnehmern keine Lohnfortzahlung im Krankheitsfall zusteht;

- bei einer Arbeitszeit, die geringer als die Hälfte der tariflichen ist, der Anspruch auf Urlaubsgeld entfällt;

- kein Anspruch auf Überstundenzuschläge besteht, wenn über die arbeitsvertraglich vereinbarte Zeit hinaus gearbeitet wird; da Überstunden nach
herrschender Meinung erst vorliegen, wenn die tarifliche Regelarbeits-
zeit von derzeit 40 Wochenstunden überschritten wird.

Ein indirekter finanzieller Verlust entsteht den Arbeitnehmern dadurch, daß sie
für Produktivitätszuwächse, die durch kürzere Arbeitszeiten entstehen (z.B.
durch die kürzere Belastungsdauer wird eine höhere Leistung pro Arbeitsstunde
erzielt) keinen entsprechenden Lohnausgleich erhalten.

Der Produktivitätsvorsprung der Job Sharer kann zu Konkurrenz innerhalb einer
Belegschaft und zu einer "Spaltung der Arbeitnehmer" führen (andererseits sind
die Sharer nicht so gut ins informelle Kommunikationsnetz integriert und erfahren darum viele arbeits- und sozial-bezogene Informationen nicht).

Die Gewerkschaften lehnen Job Sharing pauschal ab, weil u.a. kollektive Arbeitszeitregelungen zugunsten individueller Vereinbarungen ersetzt werden und
der Verhandlungsgegenstand Arbeitszeit von der tariflichen auf die betriebliche
Ebene verlagert wird, was zwangsläufig zu einer Schwächung der Position des Arbeitnehmers führen muß (s. DGB 1982). Zudem werde die Kontrolle der Arbeitsbedingungen durch individualisierte Arbeitsverträge erschwert.

HOFF (1982, S. 204 f.) diskutiert die Einstellung der Gewerkschaften zu flexiblen Arbeitszeitregelungen und nennt einige Ansatzpunkte zur Beseitigung der von
den Gewerkschaften aufgeführten negativen Auswirkungen der Arbeitszeitflexibilisierung. HOFF wirft den Gewerkschaften vor, daß sie als "Vertreter der Arbeitsgesellschaft" tarifpolitisch Arbeitnehmer ignorieren, die flexible nicht-
standardisierte Arbeitszeiten wünschen. Der Autor nimmt an, daß die unattrak-
tiven und diskriminierenden Merkmale der Teilzeitarbeit (z.B. weitgehende Beschränkung auf weibliche Arbeitnehmer und statusniedere Positionen, ungenügende
soziale Absicherung) vermeidbar gewesen wären, wenn sich die Gewerkschaften
rechtzeitig um die zunehmende Differenzierung von Arbeitszeitbedingungen und
-präferenzen gekümmert hätten (vgl. WIESENTHAL u.a. 1983). Mittlerweile wird
"die Idee der flexiblen Arbeitszeitgestaltung mit Hilfe ihrer schlechten Realität diskreditiert" (HOFF 1982, S. 211).

Ansatzpunkte zur Beseitigung negativer Auswirkungen flexibler Arbeitszeitsysteme für die betroffenen Arbeitnehmer sieht HOFF einmal im Abschöpfen der Produktivitätszuwächse, die aus flexibleren Arbeitszeiten entstehen und durch die
Einführung tariflicher Zuschläge für bestimmte Arbeitszeitformen; zum anderen
durch Verbesserung der Arbeitsbedingungen durch Tarifierung flexibler Arbeitszeiten. Im Gegensatz zu den Gewerkschaften geht HOFF davon aus, daß differenzierte Regelungen im Arbeitszeitbereich durchaus tarifierbar sind (siehe analog
dazu den Lohnbereich, in welchem sehr differenzierte tarifliche Vereinbarungen
existieren) und daß es die primäre Aufgabe der Gewerkschaften wäre, die Wahl-
freiheit der Arbeitnehmer hinsichtlich des differenzierten Arbeitszeitangebots
sicherzustellen.

Gewerkschaftlich orientierte Autoren (die folgenden Ausführungen basieren v.a.
auf WIESENTHAL u.a. 1983) räumen ein, daß durch eine "rechtzeitige" Tarifierung
der Bedingungen flexibler Arbeitszeitsysteme zumindest die am schwersten wie-
genden Nachteile für die betroffenen Arbeitnehmer zu vermeiden gewesen wären.
Für dieses Versäumnis werden zum einen "organisationsstrukturelle Bedingungen
gewerkschaftlicher Tarifpolitik" (S. 588) verantwortlich gemacht, nämlich "die
unzureichende Repräsentation von Frauen und insbesondere weiblichen Teilzeitbe-

schäftigten auf allen Ebenen gewerkschaftlicher Interessenvertretung, die Dominanz der am leichtesten aggregierbaren (Lohn-)Interessen der Mitglieder sowie sozio-kulturelle Normalitätsvorstellungen, in denen Fragen und Probleme der Frauenerwerbstätigkeit bestenfalls am Rande artikuliert werden konnten (WIESENTHAL u.a. 1983, S. 588). Zum anderen wird die ablehnende Haltung der Gewerkschaften mit "organisationspolitischen Schwierigkeiten" und "strategischen Erfordernissen gewerkschaftlicher Politik" begründet. Während flexible Arbeitszeiten aus der Sicht einzelner betroffener Arbeitnehmer durchaus positiv beurteilt werden, können für die allgemeinen Bedingungen gewerkschaftlicher Interessenvertretung negative Folgen aus diesen Arbeitszeitsystemen entstehen, die dann u.U. indirekt allen Arbeitnehmern schaden würden. Diese Befürchtungen gründen sich zum einen darauf, daß sich durch einen größeren Anteil an Teilzeitbeschäftigten ungleiche Arbeitsbedingungen und -orientierungen ausbreiten, die der Vereinheitlichung von Zielen und Forderungen, sowie dem solidarischen Handeln zuwiderlaufen und so zu einer Schwächung der Gewerkschaftsorganisation beitragen. Zudem werden Teilzeitbeschäftigte durch eine häufig geringere Bindung an die Erwerbsrolle weniger Interesse an der Mitgliedschaft in einer Gewerkschaft zeigen. Zum anderen würde die Gestaltungsmacht der Gewerkschaften bei Tarifverträgen erhebliche Einbußen erleiden, wenn anstelle kollektiver Regelungen eine Vielzahl individueller Vereinbarungen träte. Ein drittes Argument der Gewerkschaften betrifft die Schwierigkeiten, auf die Strategien zur Wahrung und Verbesserung der Lage der Arbeitnehmer stoßen würden. Es wird argumentiert, daß durch die Zunahme individueller Vereinbarungen zur Arbeitszeit die Möglichkeit einer "Veränderung der Machtverhältnisse am Arbeitsmarkt durch solidarische Anstrengungen, die der Angebotsverknappung über den Hebel der kollektiven Arbeitszeitverkürzungen dienen soll" (WIESENTHAL u.a. 1983, S.588), beschnitten werden. Zudem wird befürchtet, daß es durch eine Leistungsintensivierung bei den Teilzeitbeschäftigten zu einem Übertragungseffekt auf die Vollzeitbeschäftigten kommt.

Aus den oben genannten Punkten plädieren die Gewerkschaften dafür, die Ausbreitung von Teilzeitarbeit zu verhindern bzw. Teilzeitarbeit ganz zu verbieten (wobei allerdings erkannt wird, daß eine Verbotsstrategie derzeit auf kaum zu überwindende Schwierigkeiten stoßen würde).

Ein Dilemma für die Gewerkschaften ergibt sich aus den Ergebnissen von Umfragen zur Arbeitszeitpräferenz von Arbeitnehmern (siehe zusammenfassend: LANDENBERGER 1983). Betrachtet man die Daten in Tab. 12 zur gewünschten Dauer und Lage der Teilzeitarbeit, so erkennt man, daß ein Großteil der befragten Arbeitnehmer Teilzeitstellen im Bereich von 25 und 30 Wochenstunden präferiert. Für jüngere verheiratete Frauen mit Kindern bedeutet eine Teilzeitarbeit von 20 Stunden pro Woche und weniger eine Möglichkeit die Anforderungen, die aus Familie und Beruf resultieren, besser zu vereinbaren. Hinsichtlich der Lage der (Teil-)Arbeitszeit wird eindeutig die Vormittagsarbeit bevorzugt. Die Wünsche von Arbeitnehmern zur Flexibilisierung der Dauer und Lage der Arbeitszeit geht aus einer im Jahr 1981 durchgeführten repräsentativen Erhebung (ENGFER u.a. 1983) hervor (s.Tab. 13). Diese Tabelle spricht für sich und soll hier nicht im einzelnen kommentiert werden.

Zur Akzeptanz von Job Sharing in der Bundesrepublik existiert (nach dem Informationsstand des Autors) nur eine Untersuchung (EMNID 1981). Im Oktober 1981 wurden 1004 repräsentativ ermittelte Bundesbürger ab 14 Jahren mit der Frage konfrontiert, ob sie schon einmal etwas über Job Sharing gehört hätten. Ein Drittel der Befragten bejahte diese Frage (bei den Berufstätigen betrug dieser Anteil 4/10). Besonders hoch war der Kenntnisstand in der Altersgruppe zwischen

Tab. 12: Verteilung der Wünsche auf Teilzeitvarianten - differenziert nach Dauer und Lage der Arbeitszeit (in % der Befragten) 1) (aus: LANDENBERGER 1983, S. 85)

Befragte	Dauer						Lage									Quelle
	20-unter 25 Std.2)			25 - 35 Std.			Vormittags			Nachmittags			Einige Tg/Wo			
	G3)	M3)	F3)	G	M	F	G	M	F	G	M	F	G	M	F	
Dt. abhängig beschäftigte Vollzeiterwerbstätige	3	1	9	16	12	8	4)	-	-	-	-	-	-	-	-	Mertens 1979:266
Dt. berufstätige Bevölkerung zw. 15 u. 60 Jhr.	6	0	18	7	1	18	14	5	30	3	1	8	12	11	12	Brinkmann 1981:Übersicht 1 + 2
Dt. abhängig Beschäftigte ab 14 Jahre	8	2	20	8	5	14	-	-	-	-	-	-	-	-	-	EMNID 1981a:89
Teilgruppe der Teilzeitinteressierten	4)	-	-	-	-	-	48	40	56	9	9	8	15	18	12	u. 92

1) Auf die Teilzeitdauer von unter 20 Std./W. entfallen durchgängig Nennungen in sehr geringer Höhe. Sie wird deshalb hier nicht aufgeführt. Die Stundenintervalle über 35 Std./W. werden hier ebenfalls vernachlässigt, weil sie zur Vollzeitarbeit zu rechnen sind; vgl. dazu Übersicht 8, S. 62.

2) Die Teilzeitdauer von 20 bis unter 25 Std./W. wird in den zitierten Studien als die "klassische" Halbtagsarbeit bezeichnet. (Es liegen keine Daten über die Teilzeitdauer von genau 20 Std./W. vor.)

3) G = Gesamt; M = Männer; F = Frauen

4) Zu diesen Ausprägungen liegen keine Daten vor.

Tab. 13: Verteilung der Wünsche aller Befragten in Bezug auf Flexibilisierung der Dauer und Lage der Arbeitszeit[1]
(aus: LANDENBERGER 1983, S. 98)

Vorgeschlagene Änderung der Arbeitszeit (Standardisierte Antwortvorgaben) [2]	Antwortverteilung (alle Befragten)
keine Veränderung der Arbeitszeit, weil rundum zufrieden	42,7 %
mehr Jahresurlaub	28,2 %
mehr Spielraum bei Arbeitsanfang und -ende	16,5 %
Zeitpunkt und Aufteilung des Urlaubs selbst bestimmen	16,3 %
mehr Arbeitspausen	10,7 %
nicht mehr samstags arbeiten	8,2 %
besser im voraus wissen, wann und wie lange arbeiten	6,9 %
weniger oder keine Überstunden	6,4 %
an weniger Tagen in der Woche, dafür an einzelnen Tagen länger arbeiten	6,1 %
keine Schichtarbeit mehr	5,9 %
nicht mehr sonn- und feiertags arbeiten	5,3 %

1) Quelle: ENGFER u.a. 1983, S. 41 (Tabelle 6); die Frage lautete: "Wenn
Sie einmal an Ihre Arbeitszeit im einzelnen denken, in welchen
Punkten wünschen Sie sich am dringendsten Änderungen an Ih-
ren gegenwärtigen Arbeitszeitregelungen?"
(Vier Antwortvorgaben wurden aufgrund geringer Prozentwerte
vernachlässigt)

2) Der Wortlaut der Antwortvorgaben ist hier stichwortartig wiedergegeben.

30 und 40 Jahren, bei Personen mit mittlerem Bildungsabschluß (48 %) und vor allem bei Befragten mit höherer Bildung (63 %). Nachdem der Begriff des Job Sharing kurz erklärt wurde, reagierten ca. 50 % der untersuchten Personen positiv (siehe Tab. 14), wobei kaum ein Unterschied zwischen den Berufstätigen und dem Gesamtdurchschnitt festzustellen war. Es zeigte sich zudem, daß die Aufgeschlossenheit um so größer war, je jünger die Probanden waren.

Von den Befragten, die das Job Sharing positiv beurteilt hatten (n = 479), gehen 60 % davon aus, daß dieses Modell auch für sie geeignet sei. Bei dieser Gruppe macht der Anteil der Frauen 64 %, der der Männer 55 %, der der Berufstätigen 67 % und der Nicht-Berufstätigen 53 % aus. Auch hier sinkt der Anteil mit zunehmendem Alter. Bei der Umrechnung dieser Ergebnisse auf die Gruppe aller Befragter ergibt sich, daß 29 % aller Probanden der Ansicht sind, daß Job Sharing auch für sie in Frage käme (Männer 25 %, Frauen 31 %, Berufstätige 33 %, Nichtberufstätige 24 %, Befragte mit Abitur/Universitätsbildung 50 %, Hausfrauen 30 %).

Bei der Interpretation dieser Ergebnisse muß berücksichtigt werden, daß Job Sharing in der Bundesrepublik bisher nur selten praktiziert wird und die damit verbundenen Vor- und Nachteile kaum bekannt sein dürften. Aussagekräftige Daten können erst dann erwartet werden, wenn konkrete branchenspezifische Modelle erprobt sind, deren vielfältige Aspekte in branchenspezifische Untersuchungen einbezogen werden können. Zudem haben hypothetische Fragesituationen vermutlich einen eher geringen "Beweiswert" bzw. Anregungsgehalt.

Tab. 14: Zur Akzeptanz von Job-Sharing (aus: EMNID-Info. 1981, Heft 9/10, S. 24

| | Beurteilung des "Job-Sharing": | | | |
	Finde ich gut %	Halte nichts davon %	Keine Angaben %	%
Total	48	49	3	100
Altersgruppen				
14 - 29 Jahre	66	31	2	100
30 - 39 Jahre	58	41	2	100
40 - 49 Jahre	36	59	4	100
50 - 59 Jahre	43	50	6	100
60 Jahre und älter	29	70	1	100
Berufstätigkeit				
Ja	49	47	4	100
Nein	46	52	2	100

In einer Befragung von ENGFER u.a. (1983) die im Herbst 1981 an ca. 1000 beschäftigten Arbeitnehmern im Alter von 18 bis 60 Jahren, die regelmäßig 19 und mehr Stunden pro Woche arbeiten, befürworteten über 50 % der Vollzeit-Arbeitnehmer die Möglichkeit, daß jeder seine regelmäßige Wochenarbeitszeit nach seinen eigenen Bedürfnissen mit dem Unternehmen vereinbaren könne. Nach ENGFER u.a. (1983) sagt diese Befürwortung noch nichts darüber aus, ob man selbst davon Gebrauch machen und die Arbeitszeit bzw. das Einkommen entsprechend verändern würde oder ob man diese Möglichkeit eher für _andere_ in Betracht zöge. Trotzdem zeigt das hohe Ausmaß der Befürwortung individueller Arbeitszeitregelungen, daß die Gewerkschaften mit ihren Bedenken gegen diese Arbeitszeitsysteme bei der Mehrheit der Arbeitnehmer wohl nicht "angekommen" sind (s. WIESENTHAL u.a. 1983, S. 586).

Das Beharren der Gewerkschaften auf einer kollektiv geregelten generellen Verkürzung der Arbeitszeit und die Ablehnung flexibler Formen der Arbeitszeitgestaltung wird erst anhand der Vorteile des Normalarbeitszeitstandards für die Arbeitnehmer deutlich. Nach ENGFER u.a. (1983, S. 589 f.) dienen Standardarbeitszeiten der Arbeitnehmern v.a.:

- als Schutz vor der Konkurrenz der Arbeitskraftanbieter untereinander (z.B. einzelne Arbeitnehmer oder Gruppen von Arbeitnehmern steigern ihr tägliches, wöchentliches usw. Arbeitszeitangebot konkurrenzstrategisch),

- als Sperrklinke zur Sicherung des jeweils Erreichten (z.B. die Notlage einzelner Arbeitnehmer kann nicht ausgenutzt werden),

- als Sicherung des Existenzminimums für Arbeitskräfte, die weder einen Mindestlohn noch ein Mindesteinkommen beziehen (wenn die Normalarbeitszeit (auch) nach unten "starr" ist, dann bedeutet dies i.d.R. den Anspruch auf ein Arbeitsentgelt, welches unabhängig vom tagsächlichen Arbeitsanfall regelmäßig zu bezahlen ist. Wäre es den Arbeitgebern möglich, die Arbeitszeit beliebig nach unten zu variieren, so würde dies die Verbindlichkeit von _Lohnsatz_ und Arbeitszeit in Frage stellen, da Lohnerhöhungen dann u.U. über zudiktierte Arbeitszeitverkürzungen wieder "abgeschöpft" werden könnten).

Wegen dieser "Garantiefunktion des Normalarbeitszeitstandards" (ENGFER u.a. 1983, S. 589) bedroht nach Ansicht der Gewerkschaften der wachsende Anteil individueller Vereinbarungen über verkürzte Arbeitszeit die Grundlagen des kollektiven Interessenschutzes.

Entsteht durch die Einführung von Job Sharing ein Beschäftigungseffekt?

Es geht hier nicht darum, die Beschäftigungseffekte von Job Sharing auf volkswirtschaftlicher Ebene zu diskutieren (etwa nach dem Motto: "Was trägt stärker zur Entlastung des Arbeitsmarktes bei: Job Sharing bzw. Flexibilisierung der Arbeitszeit oder eine generelle Arbeitszeitverkürzung?"). Die vorangegangenen Ausführungen sollten aufzeigen, ob _dem Unternehmen_ durch die Einführung von Job Sharing eine Alternative zum direkten oder indirekten Personalabbau zur Verfügung steht.

Unter dem Postulat der Freiwilligkeit ist ein (merklicher) innerbetrieblicher Beschäftigungseffekt durch die Einführung von Job Sharing nur dann zu erwarten, wenn sich genügend Arbeitnehmer dazu bereit erklären, auf einen Teil ihrer Arbeitszeit bzw. ihres Einkommens zu verzichten. Angesichts einer hohen Arbeitslosenquote darf v.a. bei den Arbeitnehmern, die von Abbaumaßnahmen betroffen wären und denen geringe Beschäftigungsalternativen offenstehen, mit einer relativ hohen Bereitschaft zur Akzeptanz eines derartigen Modells gerechnet werden. Bei einer dauerhaften Einführung von Job Sharing besteht die Gefahr, daß v.a. höher qualifizierte Mitarbeiter, die zunächst aus dem Mangel an Job Alternativen in ein Job Sharing Arbeitsverhältnis eingewilligt hatten, den Betrieb wegen

der Nachteile von Job Sharing (verringertes Einkommen, kaum Karrierechancen)
verlassen werden. Damit wäre ein wichtiges Ziel von Job Sharing, die Bindung
von qualifizierten Mitarbeitern an den Betrieb, die ansonsten in Krisenzeiten
entlassen werden müßten, verfehlt. Dagegen kommt dem Job Sharing als eine vorübergehende Maßnahme zur Überbrückung eines nur kurzfristig auftretenden Per-
sonalminderbedarfs eine wichtige Funktion zu. Im Vergleich zu anderen Zeital-
ternativen (z.B.vorgezogener Ruhestand, Teilzeitarbeitsplätze) scheint Job Sharing wegen seines hohen Reversibilitätsgrades besonders als vorübergehende Alternative zur Vollzeitarbeit geeignet.

3.6.2.2. Maßnahmen des indirekten Personalabbaus

Unter diesem Gliederungspunkt sind alle Maßnahmen zu subsumieren, die nicht in
bestehende Arbeitsverhältnisse eingreifen. Im einzelnen handelt es sich dabei
um:

- Abbau von Leiharbeit
- Umsetzung bzw. Versetzung
- Nichtverlängerung von Zeitverträgen
- Einstellungsbeschränkungen

Der Abbau von Leiharbeit erfolgt i.d.R. als eine der ersten beschäftigungspolitischen Maßnahmen zur Verminderung eines Personalüberhangs. Bei (vermutlich)
nur kurzfristig auftretenden Unternehmenskrisen könnten eigene Arbeitskräfte
u.U. an andere Unternehmungen verliehen werden, wie dies in Schweden seit einigen Jahren praktiziert wird (s. DRUMM 1983). Allerdings kommen hierfür v.a. nur
Arbeitnehmer in Frage, die kurzfristig als vollwertige Arbeitskraft im anderen
Unternehmen einsetzbar sind und die unter Konkurrenzgesichtspunkten keinen
Transfer von wichtigen innerbetrieblichen Informationen befürchten lassen.

Die Umsetzung oder Versetzung von Arbeitnehmern in andere Abteilungen, Werke
oder Konzernbereiche spielen bei personalwirtschaftlichen Anpassungsprozessen
v.a. dann eine Rolle, wenn Mitarbeiter aus sozialen oder betrieblichen Gründen
im Unternehmen gehalten werden sollen. Von Seiten des Unternehmens muß in solchen Fällen im voraus geklärt werden, inwieweit der Freizustellende in vorhandene Positionen eingesetzt werden kann. Häufig müssen Fähigkeitsdefizite, die
nach einer Eignungsprüfung festgestellt wurden, durch Qualifikationsmaßnahmen
(z.B. Umschulung, Fortbildung) beseitigt werden. Zusätzlich kann durch die Ver-
mittlung von Mehrfachqualifikationen die Einsatz-Flexibilität von Arbeitnehmern
erhöht werden. In solchen Fällen hängen Personalabbau-, Einsatz- und Entwick-
lungsplanung eng zusammen. Ein effizientes "Ineinandergreifen" dieser drei Planungen zum Zweck der Umsetzung setzt eine differenzierte, zentrale und unter-
nehmensweite Personalplanung sowie ein hohes Maß an individueller Mobilitätsbe-
reitschaft der betroffenen Arbeitnehmer voraus. Die Einsetzbarkeit von Umsetzungen zur Verhinderung eines direkten Personalabbaus scheitert häufig daran,
daß nicht genügend freie Stellen als Alternativen zur Verfügung stehen. Bei der
Beurteilung dieser Maßnahme aus betrieblicher Sicht muß beachtet werden, daß
Ausbildungsmaßnahmen relativ teuer sind und v.a. dann, wenn sie nicht rechtzeitig erfolgen, die volle Einsetzbarkeit eines Arbeitnehmers auf einem neuen Arbeitsplatz verzögern. Zusätzliche Kosten können dadurch entstehen, daß bei
Herabgruppierungen Ausgleichszahlungen fällig werden (z.B. durch Tarifvereinbarungen oder innerbetriebliche Härteausgleichsregelungen), die kurzfristig
den Kostenaufwand in Relation zur Leistung ansteigen lassen (vgl. WÄCHTER
1974a). Dabei muß auch bedacht werden, daß "Verluste", die Arbeitnehmer hinnehmen müssen (z.B. durch entgangene Aufstiegsmöglichkeiten, Prestige-Verlust, ge-

ringere Bezahlung, langweiligere Arbeit) zu einer Verringerung der Leistungsbereitschaft beitragen können.

Zusätzlich zu den oben erwähnten "Verlusten" für die betroffenen Arbeitnehmer durch Versetzungen oder Umsetzungen kann es zu erheblichen Anpassungsproblemen am neuen Arbeitsplatz (z.B. neue Kollegen, Arbeitsinhalte, Vorgesetzte) und als Folge zu Streßreaktionen (z.B. psychosomatische Erkrankungen, Depressivität) kommen. Falls eine Versetzung in eine andere Stadt erfolgt, kann es zu starken Belastungen und zu sozioemotionalen Problemen für die ganze Familie kommen (s. NEUBERGER u.a. 1982).

Betrachtet man das Problem der Versetzung bzw. Umsetzung unter arbeitsrechtlichen Gesichtspunkten, so kann zunächst festgestellt werden, daß gemäß § 93 BetrVG dem Betriebsrat ein durchsetzbares Initiativrecht zur innerbetrieblichen Ausschreibung aller oder bestimmter Tätigkeitsbereiche vor ihrer Besetzung eingeräumt wird (zu den Vorteilen und Problemen der innerbetrieblichen Stellenbesetzung siehe KOMPA 1984). Allerdings muß die innerbetriebliche Ausschreibung verlangt werden, bevor ein Besetzungsverfahren nach § 99 BetrVG in Gang gekommen ist.

Eine Definition von Versetzung bzw. Umsetzung durch den Gesetzgeber erfolgt im § 95 Abs. 3 BetrVG: "Versetzung im Sinne dieses Gesetzes ist die Zuweisung eines anderen Arbeitsbereichs, die voraussichtlich die Dauer von einem Monat überschreitet, oder die mit einer erheblichen Veränderung der Umstände verbunden ist, unter denen die Arbeit zu leisten ist". Verweigert ein Mitarbeiter seine Zustimmung zur Versetzung, so muß zunächst geprüft werden, ob eine Versetzungsklausel im Arbeitsvertrag enthalten ist, wie (weit) der Tätigkeitsbereich beschrieben ist usw.; liegt eine Versetzung nicht mehr im Rahmen des Weisungsrechts des Arbeitgebers bzw. der vertraglichen Vereinbarung, so bleibt der Weg über eine Änderungskündigung. Rechtlich handelt es sich dabei um eine "echte" Kündigung, bei der alle Erfordernisse beachtet werden müssen (v.a. Kündigungsfristen) die auch für eine "normale" Kündigung gelten (siehe HUNOLD 1982, S. 48 f.).

Die Nichtverlängerung von Zeitverträgen betrifft überwiegend ausländische Arbeitnehmer aus Nicht-EG-Staaten. Seit der Einführung des Anwerbestops hat dieses Instrument vermutlich stark an Bedeutung verloren (vgl. RKW-Hdb. 1978, Bd. V).

Einstellungsbeschränkungen zählen zu den verbreitetsten und am ersten angewandten Maßnahmen des indirekten Personalabbaus. Einstellungsstops können in verschiedenen Varianten praktiziert werden (vgl. RKW-Hdb.1978, Bd. V. S. 47):

- absoluter Stop (weder Ersatz- noch Neubedarf werden gedeckt),

- nur durch Fluktuation frei werdende Arbeitsplätze werden (z.T. intern) besetzt; Neubedarf wird nicht gedeckt,

- qualifizierter Einstellungsstop (nur bestimmte Beschäftigungsgruppen werden nicht ersetzt),

- modifizierter Einstellungsstop (Neu- und Ersatzeinstellungen erfolgen unter besonders strengen Prüfungen hinsichtlich ihrer Notwendigkeit).

Einstellungsbeschränkungen sind für den Betrieb mit geringen direkten Kosten und Durchsetzungsproblemen verbunden. Die Wirksamkeit dieser Maßnahme hängt allerdings stark von der Entwicklung der Fluktuationsrate (siehe S. 65 f.) und der Fristigkeit der Personal(abbau)planung ab. Wird die Notwendigkeit zum Personalabbau frühzeitig erkannt, so kann durch Ausnützen der "natürlichen" Fluktuation u.U. ein Großteil des abzubauenden Potentials an Arbeitskräften "bewältigt" werden; eine restriktive Wirkung kann sich durch die Tendenz ergeben, daß die Fluktuationsrate in Zeiten einer rückläufigen Konjunktur abnimmt; zudem muß beachtet werden, daß gerade dann, wenn im Unternehmen absehbar ist, daß im Rahmen des Abbaus zusätzlich geplante Maßnahmen (z.B. Angebot von Aufhebungsverträgen) die Belegschaft reduziert werden soll, die Bereitschaft zu freiwilligem Ausscheiden minimiert wird. Darüber hinaus muß in Betracht gezogen werden, daß eher jüngere und leistungsstärkere Mitarbeiter fluktuieren und somit langfristig das Problem einer Überalterung und einer Qualitätsminderung der (Durchschnitts-)Belegschaft entstehen kann. Für die im Betrieb verbleibenden Arbeitnehmer besteht die Gefahr, daß es durch Nichtersetzen des Ersatzbedarfs zu stärkeren und ungleicheren Belastungen kommen kann.

3.6.2.3. Direkter Personalabbau

Gelingt es mit Hilfe der oben diskutierten Maßnahmen nicht den Personalbestand entsprechend den betrieblichen Notwendigkeiten zu verringern, so muß direkter Personalabbau erwogen werden. Folgende Möglichkeiten kommen dabei in Frage (siehe RKW-Hdb. 1978, Bd. V, S. 51):

- vorzeitige Pensionierungen
- Abschluß von Aufhebungsverträgen
- Entlassungen (Kündigungen)
- Massenentlassungen.

Vorzeitige Pensionierungen

Wenn keine andere Möglichkeit als direkter Personalabbau gesehen wird, dann gilt in der öffentlichen Meinung, daß vorzeitige Pensionierungen die "sanfteste" Lösung der Beschäftigungsprobleme darstellen. Allgemein sollen diese Maßnahmen des Personalabbaus Arbeitnehmer vor Erreichen ihrer Altersgrenze durch finanzielle Anreize dazu veranlassen, daß sie aus dem Unternehmen ausscheiden und (vorzeitig) in den Ruhestand treten.

Die Voraussetzungen zum Bezug von Altersruhegeld lassen sich wie folgt zusammenfassen:

- grundsätzlich erhält das Altersruhegeld jeder Versicherte, der das 65. Lebensjahr vollendet hat und 180 Kalendermonate (rentenversicherter) Tätigkeit nachweisen kann;

- mit 63 Lebensjahren erhält das Altersruhegeld, wer mindestens 35 Versicherungsjahre vollendet hat (flexibles Altersruhegeld);

- auf Antrag erhalten Frauen mit 60 Lebensjahren das Altersruhegeld, sofern sie eine Versicherungszeit von 180 Kalendermonaten nachweisen können und in den letzten 20 Jahren überwiegend eine rentenversicherungspflichtige Beschäftigung oder Tätigkeit ausgeübt haben;

- Altersruhegeld erhalten auf Antrag auch Männer und Frauen, die das 60. Lebensjahr vollendet haben, eine Versicherungszeit von 180 Kalendermonaten
nachweisen können und nach einer Arbeitslosigkeit von mindestens 52 Wochen
innerhalb der letzten eineinhalb Jahre arbeitslos sind.

Maßnahmen zur vorzeitigen Pensionierung

Bei der Herabsetzung der Altersgrenze können zwei generelle Modelle unterschieden werden,

a) die Vereinbarung einer Vorruhestandszahlung (Tarifrente) über tarifvertragliche Regelungen;

b) die Senkung der (flexiblen) Altersgrenze auf der Basis versicherungsmathematischer Abschläge.

Obwohl das Rentenalter traditionell Gegenstand staatlicher Sozialpolitik war,
sind seit einigen Jahren sowohl auf tarifvertraglicher als auch auf betrieblicher Ebene neue Regelungen zur vorzeitigen Pensionierung getroffen worden.

zu a)
Eine Form der Vorzeitpensionierung auf betrieblicher Ebene ist die sogenannte
"59er-Aktion". Ausgangspunkt dieser Strategie des Personalabbaus ist die gesetzliche Regelung (§ 1248 Abs. 2 RVO), nach der Altersruhegeld die Arbeitnehmer erhalten können, die das 60. Lebensjahr vollendet haben und innerhalb der
davorliegenden 1 1/2 Jahre arbeitslos waren (s. oben). Die Vorgehensweise bei
dieser Aktion besteht darin, daß (einzelnen oder Gruppen von) 59-jährigen Arbeitnehmern entweder gekündigt wird oder ein Aufhebungsvertrag "zur Vermeidung
einer arbeitgeberseitigen Kündigung" abgeschlossen wird, damit das Arbeitsamt
dies nicht als "grob fahrlässige Herbeiführung von Arbeitslosigkeit" (§ 119
AFG) werten kann und dadurch sog. "Sperrfristen" beim Bezug von Arbeitslosengeld entstehen. Die Unternehmung (u.U. Branchenfonds) gleicht Differenzen zwischen Arbeitslosengeld bzw. -hilfe und dem letzten Nettogehalt bis zum Bezug
des vorgezogenen Altersruhegelds aus. Häufig wurden auch Zusatzleistungen (z.B.
Überbrückungsgelder) und betriebliche Sozialleistungen (z.B. Werkswohnungen,
Darlehen) weiter gewährt. In diese Form der Vorzeitpensionierung werden immer
häufiger auch "jüngere" Arbeitnehmer einbezogen. Der Zugang zur vorgezogenen
Rente wegen Arbeitslosigkeit wurde u.a. wegen der damit verbundenen hohen Kosten für die Solidargemeinschaft eingeschränkt. Nach dem Gesetz zur Anpassung
des Rechts der Arbeitsförderung und der gesetzlichen Rentenversicherung an die
Einführung von Vorruhestandsleistungen (Bundesgesetzblatt v. 19.4.1984) sollen
Unternehmen nach Entlassung eines 59-jährigen vier Jahre lang das Arbeitslosengeld und (dadurch) die Rentenversicherungsbeiträge des wegen Arbeitslosigkeit
vorzeitigen Altersruhegelds erstatten. Für kleinere Betriebe und solche, die
staatliche Unterstützung erhalten bzw. die sich in Schwierigkeiten befinden,
gilt eine eingeschränkte Erstattungspflicht.

zu b)
Bei der Senkung der Altersgrenze auf der Basis versicherungsmathematischer Abschläge bezahlt der Rentner sein vorzeitiges Ausscheiden aus dem Erwerbsleben
selbst. Der versicherungsmathematische Abschlag von der normalen Rentenhöhe be-
mißt sich nach dem Beitragsausfall für die Rentenversicherung und nach der ver-
längerten Rentenzahlung. Grundsätzlich können in diesen Abschlag auch die aus
(zunächst) möglichen Liquiditätsproblemen entstehenden Zinsbelastungen der Ren-

tenversicherung eingerechnet werden. Ohne diese Vorfinanzierungskosten wird im allgemeinen von einem versicherungsmathematischen Rentenabschlag von durchschnittlich 7 % pro vorgezogenem Jahr ausgegangen. KALTENBACH (1981) zeigt am Beispiel der Vorverlegung des Rentenbeginns vom 63. auf das 58. Lebensjahr bei Männern und vom 60. auf das 58. Lebensjahr bei Frauen wie sich die Durchschnittsrente versicherungsmathematisch verändern muß (s. Tab. 15)!

Tab. 15: Gesamtbezüge (Minderung wegen entfallender Versicherungsjahre und Abschläge) (aus: KALTENBACH 1981, S. 490)

Ungekürzte Monatsrente	Monatsrente gemindert um die entfallenden Versicherungsjahre und Abschläge		Anzahl der entfallenden Versicherungsjahre	Gesamtabzug pro Jahr der ungekürzten Rente
DM	DM	Minderung		
1	2	3	4	5

- Durchschnittliches flexibles Altersruhegeld
eines 63jährigen Mannes
in der Angestelltenversicherung -

1.641,80	1.051,--	35,98	5	7,2

- Durchschnittliches flexibles Altersruhegeld
eines 63jährigen Mannes
in der Arbeiterrentenversicherung -

1.328,50	850,50	35,98	5	7,2

- Durchschnittliches Frauenaltersruhegeld
einer 60jährigen Frau
in der Angestelltenversicherung -

852,30	729,20	14,44	2	7,2

- Durchschnittliches Frauenaltersruhegeld
einer 60jährigen Frau
in der Arbeiterrentenversicherung -

591,70	503,20	14,96	2	7,5

Bei einer Berücksichtigung der Vorfinanzierungskosten könnte der Abschlag auf maximal 8 % pro Jahr ansteigen. Die Forderung nach versicherungsmathematischen Abschlägen hat ab 1973 die Diskussion um die flexible Altersgrenze beherrscht und wurde v.a. von den Arbeitgeberverbänden, der privaten Versicherungswirtschaft und der F.D.P. erhoben. Zum einen wurde dies mit der Vermeidung einer finanziellen Mehrbelastung der Rentenversicherungsträger, zum anderen mit der Beitrags- und Leistungsgerechtigkeit in der gesetzlichen Rentenversicherung begründet.

Das Vorruhestandsgesetz (VRG)

Wie bereits oben erwähnt, hat die Bundesregierung ein Gesetz zur Erleichterung des Übergangs vom Arbeitsleben in den Ruhestand verabschiedet (s. Bundesgesetzblatt Nr. 19 vom 14.4.1984). Danach soll durch eine auf fünf Jahre befristete Sonderregelung den Tarifpartnern ab 1984 ermöglicht werden, für ältere Arbeitnehmer eine Vorruhestandsregelung zu vereinbaren. Durch die angestrebte Regelung sollen die Arbeitnehmer begünstigt werden, die in den Jahren 1984 bis 1988 das 58. Lebensjahr erreichen oder bereits älter sind. Dabei soll das Vorruhestandsgeld vom Arbeitgeber an den Arbeitnehmer bezahlt werden; dessen Höhe wird von den Tarifvertragsparteien festgelegt. Sie soll sich am Bruttolohn orientieren und dabei 65 % des Bruttoentgeltes nicht unterschreiten (nach oben werden keine Grenzen genannt). Das Vorruhestandsgeld wird bis zum nächstmöglichen Rentenbeginn des ausgeschiedenen Mitarbeiters bezahlt, was in den meisten Fällen mit Vollendung des 63. Lebensjahres der Fall sein dürfte (flexibles Altersruhegeld). Der Sozialversicherungsschutz für die ausscheidenden Arbeitnehmer soll dadurch erhalten bleiben, daß sie während des Bezuges des Altersruhegeldes in der gesetzlichen Kranken- und Rentenversicherung versichert bleiben. Die Beitragshöhe soll am Vorruhestandsgeld bemessen werden und soll je zur Hälfte von Arbeitgeber und Arbeitnehmer entrichtet werden.

Durch die Bemessung der Beiträge zur Rentenversicherung am Vorruhestandsgeld und nicht am früheren Bruttoarbeitsentgelt ergeben sich Einbußen bei der späteren Rente. Das Vorruhestandsgeld ist steuerpflichtig und vom Arbeitnehmer wie Lohn zu versteuern.

Gesetz ist weiter, daß der Arbeitgeber von der Bundesanstalt für Arbeit einen Zuschuß von 35 % der Vorruhestandsleistungen an Arbeitnehmer ab 58 Jahre erhalten soll, der sich an einem Vorruhestandsgeld von 65 % des letzten Bruttolohnes des Arbeitnehmers (ohne Sonderzahlungen) orientiert. Voraussetzung für die Gewährung des Zuschusses ist die Wiederbesetzung des freigemachten Arbeitsplatzes durch einen gemeldeten Arbeitslosen oder durch einen arbeitssuchenden Jugendlichen. Bei Betrieben mit weniger als 20 Arbeitnehmern kann auch die Übernahme von Ausgebildeten in ein festes Beschäftigungsverhältnis geltend gemacht werden, wenn ein Überhang an fertig ausgebildeten Lehrlingen in dem betreffenden Betrieb besteht.

Potentielle Abbau-Effekte durch Maßnahmen der vorzeitigen Pensionierung

Das theoretisch erreichbare Abbauvolumen hängt von zwei Faktoren ab (siehe MENDIUS & SCHULTZ-WILD 1982):

1. Der gesetzten Altersgrenze (z.B. 59 oder 55 Jahre)
2. Der Besetzungsstärke der entsprechenden Belegschaftsjahrgänge

Die tatsächliche Nutzbarkeit ergibt sich aus dem Umfang, in welchem die entsprechenden Angebote angenommen werden. MENDIUS & SCHULTZ-WILD (1982) gehen davon aus, daß sich ein Abbaupotential unter der (unrealistischen) Annahme einer gleich starken Besetzung der Altersjahrgänge und bei erstmaliger Durchführung von ca. 10 % (59er) bis 15 % (55er) ergibt. Dieser Abbau-Spielraum reduziert sich in der Praxis u.a. durch längerfristige Inanspruchnahme der gesetzlichen flexiblen Altersgrenze und durch hohe Abgangsquoten über Berufs- und Erwerbsunfähigkeitsrenten auf etwas weniger als die Hälfte (so waren etwa 1983 in der Arbeiterrentenversicherung 70 % bei den Männern und 60 % der Frauen aller neu bewilligter Altersversorgungen Frührenten; bei den Angestellten betrugen die entsprechenden Zahlen 56 % bzw. 47 % wegen Erwerbsunfähigkeit - in: DIE ZEIT, 16. Dez. 1983). Bei erstmaliger Anwendung der 55er-Regelung ergibt sich nach dieser Rechnung ein Abbaupotential von ca. 10 %; dabei können sich Abweichungen nach oben oder unten durch die jeweilige betriebliche Altersverteilung ergeben. Aussagen zur Altersstruktur der Beschäftigten nach Wirtschaftsbereichen können auf der Basis einer Erhebung des Ifo-Instituts aus dem Jahr 1982 bei Betrieben des Bauhauptgewerbes, des verarbeitenden Gewerbes und des Groß- und Einzelhandels gemacht werden (die folgenden Ausführungen entsprechen weitgehend der Darstellung der Ergebnisse bei GÜRTLER & SPITZNAGEL 1983, S. 178 f.). Im Herbst 1982 lag der Anteil der älteren Arbeitnehmer (55 und älter) im Verarbeitenden Gewerbe bei ca. 10 %, im Bauhauptgewerbe bei rund 13 %. Im Groß- und Einzelhandel ist diese Altersgruppe mit etwa 12 % vertreten. Die Struktur der jeweiligen Altersgruppen ist für die einzelnen Wirtschaftsbereiche allerdings unterschiedlich. In der Industrie und im Baugewerbe beträgt die Gruppe der 55 bis 57-jährigen mehr als die Hälfte aller älteren Arbeitnehmer, ca. 42 % können zu der Altersgruppe zwischen 58 und 63 Jahren gerechnet werden und nur 2,5 % im Verarbeitenden Gewerbe bzw. 3,7 % im Bauhauptgewerbe sind 64 Jahre und älter.

Für eine drastische Abnahme der Besetzung der Altersjahrgänge mit zunehmendem Alter sprechen auch die Zahlen für den öffentlichen Dienst (s. Tab. 15a) für das Jahr 1980.

Tab. 15a: Sozialversicherungspflichtig Beschäftigte im öffentlichen Dienst im Alter von 59 Jahren und mehr (aus: Bundesministerium für Arbeit und Sozialordnung 1983)

Alter	59	60	61	62	63	64	Zusammen
Männer	17 994	14 759	6 660	5 642	2 690	2 047	49 792
Frauen	13 441	6 530	2 306	1 415	1 098	986	25 776
Zusammen	31 435	21 289	8 966	7 057	3 788	3 033	75 568

Die Ergebnisse dieser Untersuchungen deuten darauf hin, daß in Notsituationen über den Weg der vorzeitigen Pensionierungen erhebliche Anpassungen vorgenommen werden könnten; allerdings vermindert sich das Potential bei wiederholter Durchführung dieser Maßnahmen entsprechend. Sind mehrere Jahrgänge ausgegliedert, so muß sich (nach MENDIUS & SCHULTZ-WILD 1982) zur Konsolidierung der personalpolitischen Situation ein mindestens gleich langer Zeitraum ohne solche Maßnahmen anschließen, da sonst eine immer weitergehende Senkung der Altersgrenze die Folge wäre. Die Autoren kommen zu dem Schluß, daß Vorzeitverrentungen im betrieblichen Interesse nur dann vertretbar sind, wenn gleichzeitig für die entsprechenden Zeiträume Personalplanung betrieben wird, in welche die Folgeprobleme der vorzeitigen Pensionierung bereits miteinbezogen werden.

(Betriebswirtschaftliche) Konsequenzen, die durch Vorruhestandsregelungen entstehen können

Zunächst soll darauf hingewiesen werden, daß ältere Arbeitnehmer häufig gar nicht mehr entlassen werden können, so daß der Vorruhestand die einzige Möglichkeit (neben Aufhebungsverträgen) des Abbaus darstellt. Analysiert man das Problem des Abbaus älterer Arbeitnehmer unter rein ökonomischen (also nicht altruistischen) Überlegungen, so gilt für alle diesbezüglichen Maßnahmen, daß sie nur dann von betrieblicher Seite in Anspruch genommen werden, wenn durch die Weiterbeschäftigung (langfristig) eine Minderung des Gewinns in Kauf genommen werden muß. Dies gilt allerdings nicht nur für ältere, sondern für alle potentiell abzubauenden Arbeitnehmer. Geht es um die Entscheidung, welche Arbeitnehmer (oder Arbeitnehmer-Gruppen) abgebaut werden sollen (z.B. ältere oder jüngere), so müssen die Kosten einer Weiterbeschäftigung mit denen einer Kündigung für die jeweiligen Arbeitnehmer(-gruppen) analysiert und miteinander verglichen werden.

Im Rahmen eines entsprechenden Abbaukalküls müssen nach WEIS (1983, S. 117 f.) vor allem folgende Kosten-Komponenten berücksichtigt werden:

- Kosten der Weiterbeschäftigung,
- gesamte Kosten des Abbaus,
- Zeitpunkt des Ausscheidens aus dem Betrieb.

Die Kosten der Weiterbeschäftigung werden v.a. durch die Relation zwischen bewerteter Grenzproduktivität und dem Lohn determiniert. Bei dieser Sichtweise des Arbeiters als dinglichem Produktionsfaktor wird davon ausgegangen, daß die (Grenz-)Produktivität mit zunehmendem Alter tendenziell abnimmt und somit bei älteren Arbeitnehmern eher damit zu rechnen ist, daß Weiterbeschäftigungskosten entstehen bzw. diese durchschnittlich bei Älteren größer sind. Diesen Hypothesen liegt oft (zumindest implizit) ein Defizit-Modell des Alterns zugrunde, welches von einer generell eingeschränkten körperlichen und geistigen Leistungsfähigkeit älterer Arbeitnehmer ausgeht und einen biogenetisch vorprogrammierten Ablauf der Verringerung der menschlichen Leistungsfähigkeit unterstellt. Die sozialen Verursachungszusammenhänge (z.B. die der Arbeitswelt) bei der Entwicklung der Leistungsfähigkeit werden dabei außer Acht gelassen. Die sozialpolitischen Konsequenzen solcher Vorstellungen sind Forderungen nach einer fixen an das Lebensalter gebundenen Verrentungsgrenze bzw. nach Umsetzung älterer Arbeitnehmer auf weniger belastende Arbeitsplätze.

Betrachtet man die Ergebnisse empirischer Arbeiten zur Entwicklung der Produktivität bei älteren Arbeitnehmern, so besteht das herausragendste Ergebnis darin, daß kaum übereinstimmende Resultate zu diesem Thema vorliegen. Die wichtigsten Ergebnisse der von WEIS (1983) analysierten empirischen Untersuchungen lassen sich folgendermaßen zusammenfassen:

- Altersbedingte Leistungsminderungen zeigen sich v.a. (S. 64 f.)

  - bei körperlich schwerer Arbeit, die unter Zeitdruck und unter erhöhter Aufmerksamkeit ausgeführt werden muß;

- bei Tätigkeiten unter erschwerten und gesundheitsgefährdenden Arbeitsbedingungen (Hitze, Staub, Lärm, Schichtarbeit);

- bei Arbeiten, die hohe Anforderungen an das Reaktionsvermögen und an
die Flexibilität stellen;

- in Anforderungsprofilen, in welchen schnelle Informationsaufnahme und
-verarbeitung, geistige Beweglichkeit und Umstellungsfähigkeit, Kurz-
zeitgedächtnis und permanente Lernfähigkeit nötig sind.

- Dem Nachlassen dieser Faktoren stehen wachsende Fähigkeiten im sozialen Bereich (z.B. Zuverlässigkeit, Verantwortungsbewußtsein, Urteilsvermögen) und
bei der Ausführung von Tätigkeiten (z.B. Sorgfalt, Ausdauer), sowie eine Zunahme betriebsspezifischer Kenntnisse gegenüber.

- Ältere Arbeitnehmer fehlen insgesamt seltener, dafür aber länger als jüngere, und verursachen insgesamt mehr Fehltage pro Jahr. Allerdings sind die
Auswirkungen auf die Lohnkosten nicht eindeutig, da wegen des hohen Anteils
an langandauernden und chronischen Erkrankungen bei Älteren die Lohnfortzah-
lungskosten u.U. sogar leicht sinken können. Auf der anderen Seite können
die relativ langen Abwesenheiten zu Störungen, Unterbrechungen und Produk-
tionseinbußen im Betriebsablauf führen, die mit hohen Kosten verbunden sein
können.

WEIS (1983) weist darauf hin, daß sich allgemeine Aussagen zur altersspezifi-
schen beruflichen Leistungsfähigkeit nur schwer aus einzelfallbezogenen Produk-
tivitätsuntersuchungen ableiten lassen. Individuelle Produktivitätsmaße können
dann zuverlässig bestimmt werden, wenn der Output meßbar ist und gleichartige
Arbeitsplätze miteinander verglichen werden. Zudem ergeben sich in vielen Studien Probleme der Repräsentativität der Ergebnisse durch geringe Stichproben-
umfänge und betriebliche Selektionsstrategien (wenn z.B. die älteren Arbeitnehmer mit der geringsten Produktivität bereits entlassen wurden).

Aufschlußreich wären aber gerade Untersuchungen über Tätigkeiten mit einem
hohen kognitiven Anteil, in denen ältere Arbeitnehmer ihre komparativen Vorteile wahrnehmen können. Ein ideales, wenn auch schwer zu realisierendes For-
schungsdesign müßte sich auf Einzelfallanalysen im Rahmen einer Längsschnitt-
untersuchung, die über ein ganzes Arbeitsleben andauert, stützen.

Die "Entlassungskosten" hängen zum einen vom jeweils praktizierten Vorruhe-
standsmodell, zum anderen aber auch von Kosten, die monetär nur sehr schwer
bewertbar sind (z.B. Betriebsklima, Image der Firma auf dem Arbeitsmarkt und
bei Kunden), ab. Bei den meisten Modellen zur vorzeitigen Pensionierung steigt
der Anreiz für die Anspruchsberechtigten zum vorzeitigen Ausscheiden aus dem
Beschäftigungsverhältnis; die zu veranschlagenden "Entlassungskosten" sinken
dadurch, allerdings zu Lasten der Solidargemeinschaft, die einen erheblichen
Teil der potentiellen Kündigungskosten übernimmt.

Die Bewertung von Vorruhestandsregelungen durch den Betrieb ist jedoch nicht
nur auf die jeweils entstehenden Kosten beschränkt; so ergeben sich etwa aus
vorzeitigen Pensionierungen per Aufhebungsvertrag zwar unter Umständen hohe
finanzielle Belastungen für das Unternehmen; auf der anderen Seite ermöglicht
diese Maßnahme eine gezielte selektive Personalpolitik nach Belieben der Betriebe. Bei einer allgemeinen Absenkung der Altersgrenzen via Tarifvertrag oder
Gesetz würden sich Rechtsansprüche für alle Arbeitnehmer ergeben, die in der

Regelungsbereich fallen, mit der Konsequenz, daß die Dispositionsspielräume des Unternehmens verringert werden.

Die Vorteile, die sich für die Unternehmen aus vorzeitigen Pensionierungen ergeben, lassen sich wie folgt zusammenfassen (nach: BÄCKER & NAEGELE 1983, S. 31 f.):

- Es besteht die gesetzlich legitimierte Möglichkeit, eine Gruppe von Arbeitnehmern auszugliedern, die im betrieblichen Kalkül der optimalen Nutzung der Arbeitskraft sich nur als eingeschränkt leistungsfähig erweisen. Auf andere, oftmals kostspielige Formen des Personalabbaus (Entlassungen, Sperrfristen, Sozialplan) kann verzichtet werden; ein Teil der Kosten kann auf die Versicherungsträger abgewälzt werden;

- die Betriebe haben die Möglichkeit, eine Umschichtung und/oder Verjüngung der Belegschaft vorzunehmen;

- die Problematik der Bereitstellung von leistungsadäquaten und altersgerechten Arbeitsplätzen in ausreichender Zahl für ältere Arbeitnehmer wird entschärft;

- tarifvertragliche Bestandsschutzregelungen für ältere Arbeitnehmer können unterlaufen bzw. faktisch außer Kraft gesetzt werden.

Allgemein kann festgestellt werden, daß dem Betrieb durch Vorzeitpensionierungen durchaus Kosten entstehen (z.B. betrieblicher Anteil am Vorruhestandsgeld; Weitergewährung von Sozialleistungen). Ein beträchtlicher Teil der faktischen Belastungen kann aber wieder auf die Arbeitslosen- und Rentenversicherung überwälzt werden. MENDIUS u.a. (1982, S. 119) gehen davon aus, daß für den Betrieb die Aufwendungen geringer zu veranschlagen sind, als beim Abbau über (Massen-)Entlassungen, da neben direkten Kosten (z.B. Abfindungszahlungen) auch Faktoren wie innerbetriebliche Reibungsverluste durch auszutragende Konflikte, Negativwirkungen auf das Image auf dem Arbeitsmarkt, u.U. auch bei Käufern der Produkte, v.a. aber erhebliche zeitliche Verzögerungen, sowie stark eingeschränkte Personalauswahlmöglichkeiten in Rechnung gestellt werden müßten. Zudem können die Unternehmen sicher sein, die "öffentliche Meinung" hinter sich zu haben und auch von Betriebsräten bzw. Gewerkschaften Unterstützung bei entsprechenden Maßnahmen zu erhalten.

Konsequenzen für die (direkt oder indirekt) betroffenen Arbeitnehmer

In den meisten empirischen Untersuchungen (z.B. IAB 1983; ISG 1983) präferieren ca. 2/3 aller älterer Arbeitnehmer die Möglichkeit vorzeitig in den Ruhestand zu treten. In der ISG-Studie (Institut für Sozialforschung und Gesellschaftspolitik) wird das 60. Lebensjahr als das spätest gewünschte Berufsaustrittsalter genannt. Ein großer Teil dieser Arbeitnehmer würde sogar noch früher in den Ruhestand gehen, wobei für Frauen das 58. Lebensjahr die entsprechende Zielgröße darstellt. Rund ein Drittel der in der IAB (Institut für Arbeitsmarkt- und Berufsforschung)-Studie befragten älteren Arbeitnehmer (55 Jahre und mehr) würde sogar auf einen Teil seiner Rente bzw. Pension verzichten, wenn es dafür einen vorgezogenen Ruhestand in Anspruch nehmen könnte. Abhängig war diese Bereitschaft vor allem vom Einkommen und vom Gesundheitszustand: Je höher das Einkommen und je schlechter der Gesundheitszustand, desto größer war die Bereitschaft zum Verzicht auf einen Teil der Rente.

In der Untersuchung des ISG wurden neben den Faktoren Einkommen und Gesundheitszustand vor allem der Belastungsgrad (z.B. Akkord- bzw. Schichtarbeit) und die erhöhten Qualifikationsanforderungen von Tätigkeiten als Determininanten des Wunsches nach Berufsaustritt bestätigt. Allerdings handelt es sich bei diesen Faktoren nicht um eigenständige Dimensionen, sondern eher um Teile eines hochkomplexen Bedingungsgefüges, welches für das Zustandekommen der Berufsaustrittsmotivation verantwortlich ist. Weitere Bestandteile dieses "Netzes" sind beispielsweise Abstufungen, Dequalifikationen, Statusverluste und Einkommensminderungen, die in der letzten Berufsphase häufig in Kauf genommen werden müssen. Oft verstärkt auch der "sanfte" Druck, der von Kollegen, Betriebsräten und der Firmenleitung auf die älteren Arbeitnehmer ausgeübt wird, den Entschluß, einer vorzeitigen Pensionierung zuzustimmen. Älteren Arbeitnehmern wird dabei zu verstehen gegeben, daß es sinnvoller sei, wenn sie aus dem Erwerbsleben ausschieden, als daß jüngere Kollegen arbeitslos würden.

In der ISG-Studie stellte der familiale Hintergrund einen weiteren Einflußfaktor auf den Wunsch zum frühzeitigen Berufsaustritt dar. So richtete sich etwa bei verheirateten Frauen das Berufsaustrittsdatum häufig nach dem ihres Ehepartners. Alleinstehende wollen öfter möglichst lange erwerbstätig bleiben. Ausschlaggebend hierfür sind finanzielle Zwänge (s.z.B. Tab. 16) und die Furcht vor dem Alleinsein zu Hause und dem Verlust des sozialen Kontaktes mit den Kollegen (ergänzend zu Tab. 16 soll darauf hingewiesen werden, daß im Rahmen von Tarifverträgen häufig 75 % Vorruhestandsgeld vereinbart werden).

Bei höher qualifizierten Berufsgruppen korrelierten "Freude am Beruf", "Furcht vor dem Pensionierungsschock" und "das Gefühl, noch nicht alt zu sein" negativ mit dem Wunsch nach einem vorzeitigen Ruhestand.

Tab. 16: Einkommensminderung durch Vorruhestand (aus: ÖTV-Arbeitszeit-Info 5 vom 5.4.1984)

	Im Arbeitsleben	Im Vorruhestand
Berechnungsgrundlage für das monatliche Nettoeinkommen	Bruttoeinkommen (ohne Sonderzuwendungen)	Vorruhestandsgeld (65 Prozent vom bisherigen Bruttoeinkommen)
Das sind	2.500 Mark	1.625 Mark
Davon abgezogen werden... Lohnsteuer (in der Steuerklasse III)	273 Mark	109 Mark
Beitrag an die Rentenversicherung (9,25 Prozent)	231 Mark	150 Mark
Beitrag an die Krankenversicherung (5,75 Prozent)	144 Mark	93 Mark
Beitrag an die Bundesanstalt für Arbeit (2,3 Prozent)	58 Mark	entfällt
Netto bleiben	1.794 Mark	1.273 Mark

Der weitaus größte Teil der Befragten (91 %♂, 84 %♀) wollen die frühestmögliche Altersgrenze in Anspruch nehmen; 82 % aller Probanden würden auch von einer herabgesetzten flexiblen Altersgrenze Gebrauch machen. Für viele ältere Arbeitnehmer fungiert der Ruhestand als Flucht aus der gegenwärtigen Berufssituation; 94 % der Befragten glauben, daß der Ruhestand eine schöne oder sehr schöne Zeit wird, die mit Spazierengehen, Reisen, Haus- und Gartenarbeiten und Lesen gestaltet werden kann.

Angesichts der hohen Akzeptanz des Vorruhestands durch ältere Arbeitnehmer überraschen die äußerst kritischen Stellungnahmen, die v.a. von Gerontologen zu diesen Maßnahmen abgegeben werden. Die Verkürzung der Lebensarbeitszeit wird als "Danaer-Geschenk" (LEHR 1983) bezeichnet und es wird auf die Gefahr hingewiesen, daß durch Frühpensionierungen ein "Heer mißmutiger Greise" erzeugt wird. Die Befürchtung, daß ältere Menschen durch den (vorgezogenen) Ruhestand auf das Abstellgleis geschoben werden und nur noch als "Dauerskatspieler" oder als "Benutzer von Bänken in Parks und Anlagen" akzeptiert werden, veranlaßt LEHR (1979, S. 142) zu folgender Schlußfolgerung:

Eine Vorverlegung der Altersgrenze bedeutet, den Menschen heute bereits in "einem früheren Alter als bisher üblich abzuwerten, ihn in die 'Randgruppen' der Gesellschaft einzureihen und ihm damit alles andere als einen Gefallen zu erweisen. Freilich, für manch einen älteren Menschen mag die Vorverlegung der Altersgrenze günstig und nützlich sein; <u>für eine Vielzahl älterer Menschen jedoch würde nur eine Heraufsetzung der Altersgrenze zur Verbesserung der Lebensqualität beitragen und zu einem größeren Wohlbefinden führen</u> - und somit vielleicht auch zur Lösung des Problems steigender Krankenkosen beitragen! Für diese Gruppe würde eine frühe Zwangspensionierung Siechtum oder sogar eine spezifische Form der Euthanasie bedeuten!"

LEHR (z.B. 1982) plädiert für eine "echte" Flexibilität der Altersgrenzen, d.h. sowohl für einen vorgezogenen, als auch einen in ein höheres Alter hinausgeschobenen Ruhestand. Als Beispiel für entsprechende Regelungen nennt sie das vom damaligen US-Präsidenten Carter im April 1978 (u.a. auf Druck der "Grey Panters") unterzeichnete Zusatzgesetz zum Gesetz gegen Altersdiskriminierung, nach welchem eine Entlassung aus dem Arbeitsverhältnis unter Hinweis auf das Lebensalter vor dem 70. Lebensjahr nicht mehr möglich ist. Eine Voraussetzung dieser Forderungen ist das Abrücken vom Defizitmodell des Alterns und die Übernahme alternativer Erklärungen zur Entwicklung der körperlichen und geistigen Fähigkeiten älterer Menschen. Nach DOHSE u.a. (1982, S. 16 f.) lassen sich folgende (Alternativ-)Modelle unterscheiden:

- das Modell des funktionalen Alterns,
- das Stigmatisierungsmodell,
- das individual-biographische Modell.

Im Modell des <u>funktionalen Alterns</u> werden die <u>individuellen</u> Unterschiede zwischen älteren Arbeitnehmern thematisiert. Es wird nicht nach generellen Leistungseinschränkungen durch den Altersprozeß, sondern nach den verbliebenen Fähigkeiten gefragt. Dabei wird davon ausgegangen, daß Defizite oft durch größere Erfahrung ausgeglichen werden können und Leistungseinschränkungen bei einem Arbeitnehmer nicht gleichzeitig in allen Funktionsbereichen auftreten. Aus diesen Überlegungen ergibt sich die Forderung nach Maßnahmen zur Anpassung von Anforderungen der Tätigkeit an die veränderte Leistungsfähigkeit und die Entwicklung von differenzierten Beurteilungs- und Einsatzmethoden für ältere Arbeitnehmer.

Im Rahmen des Stigmatisierungsmodells wird Altern in erster Linie als sozialer Prozeß gedeutet, der primär auf sozialen Stereotypen und entsprechenden Rollenzuweisungen beruht, die von älteren Arbeitnehmern internalisiert und im Sinne einer "Self fulfilling prophecy" in "altersadäquates" Verhalten umgesetzt werden (vgl. DOHSE u.a. 1982, S.17). Das (Vor-)Urteil einer vom kalendarischen Alter abhängigen Leistungsminderung muß zwangsläufig zu einer Fehleinschätzung der tatsächlichen Leistungsfähigkeit älterer Arbeitnehmer führen. DOHSE u.a. (1982) kritisieren das Stigmatisierungsmodell, da nicht nur biologisch bedingte Ursachen von Leistungseinschränkungen ausgeklammert werden, sondern auch die Folgen der realen Belastungen der Arbeitswelt zu gering gewichtet werden (S.18).

Im individual-biografischen Modell wird Altern als Prozeß aufgefaßt, der bei jedem Menschen anders verläuft. Neben dem kalendarischen Alter kommt eine Reihe von Faktoren zur Erklärung der Varianz von Leistungsminderungen in Frage: Vorbildung, Übung von Fähigkeiten, Anregung durch die Umwelt, Einstellung zur Leistung, Zielsetzung, Gesundheit, sozial-ökonomischer Status, familiäre Situation, bisherige berufliche Erfahrung, bestimmte Einstellung der beruflichen Umwelt gegenüber sowie eine "Vielzahl anderer biographischer Begebenheiten" (s. THOMAE & LEHR 1973, S. 78 f.).

Die Leistungsfähigkeit eines älteren Arbeitnehmers wird somit auch abhängen von der Geschichte seiner "Risikoprofile". Um diesem individual-biographischen Ansatz Rechnung zu tragen, müssen die Bedingungen des Arbeitsplatzes an die individuellen Gegebenheiten angepaßt oder im Rahmen der Personaleinsatzplanung entsprechende Arbeitsplätze "richtig" zugeordnet werden. Kritisch wird gegen dieses Modell eingewendet (s. DOHSE u.a. 1982, S. 19 f.; BÄCKER & NAEGELE 1983, Seite 81 f.), daß Erwerbsbiographie und Arbeitswelt für die Entstehung spezifischer Risiken älterer Arbeitnehmer nur unsystematisch und nur als eine Variable unter vielen berücksichtigt werden; gerade für stark belastete Berufsgruppen führen die lebenslangen beruflichen Stresserfahrungen zu ernsten gesundheitlichen und sozialen Risiken, die durch arbeitsmarktpolitische und betriebliche Zwänge noch verschärft werden. Folgt man den Vorstellungen des individual-biographischen Modells, so ergibt sich die Forderung nach einer weitgehenden Individualisierung personal- und sozialpolitischer Maßnahmen.

Bei der Personaleinsatzplanung bzw. bei der Gestaltung von Arbeitsplätzen müßte aber konsequent nach dem Konzept des funktionalen Alterns vorgegangen werden. Allerdings liegen, mit einigen Ausnahmen im Bereich der Klein- und Mittelbetriebe, bisher keine Anhaltspunkte dafür vor, daß Unternehmen bereit sind, für die große Masse der älteren Arbeitnehmer altersadäquate Arbeitsplätze bereitzustellen, um nachlassende durch zunehmende Fähigkeiten zu kompensieren (s.BÄCKER & NAEGELE 1983).

Trotz teilweiser hoher Belastungen von Arbeitnehmern muß auch berücksichtigt werden, daß nicht alle 55-63-jährigen Arbeitnehmer total "verschlissen" und viele für die Beschäftigungsangebote der Altenarbeit zu jung sind (vgl. KASL 1980). Die Begeisterung älterer Arbeitnehmer für eine frühe Verrentung, die in empirischen Untersuchungen zum Ausdruck kommt, läßt mit zunehmendem Heranrücken des tatsächlichen Berufsendes merklich nach (s. v. ROSENSTIEL 1974, LEHR 1982). Zudem wird von Rentnern, die erst kurze Zeit pensioniert sind, häufig berichtet, daß die Anfangseuphorie über die "wiedergewonnene Freiheit" relativ schnell einem "Durchsacken" in ein Gefühl der Nutzlosigkeit, Leere und Langeweile weicht (vgl. HAVIGHURST u.a. 1953). Im Rahmen der Life-Event-Forschung, bei welcher die Aufmerksamkeit auf gravierende Ereignisse gelenkt werden, die lebensverändernde Wirkung haben und in größerem Umfang Wiederanpassungsbemühun-

gen erfordern, nimmt das Ereignis "Pensionierung" unter 43 Events den 10. Rang-
platz ein. Obwohl die von Vertretern dieses Forschungsansatzes postulierten Zusammenhänge zwischen dem Ausmaß an "Bedrohung", welches ein Life Event darstellt und dem Auftreten von Funktionsstörungen und Krankheiten nicht unproblematisch ist (siehe WIMMER 1982), so weist doch die Rangposition von "Pensionierung" auf einen relativ hohen Belastungswert dieses Ereignisses hin.

Die Anpassung an den "Stress der Pensionierung" kann u.U. durch eine systematische Vorbereitung auf den Ruhestand (z.B. Kurse von Volkshochschulen, Gewerkschaften, Verbänden, Unternehmen) und/oder durch Maßnahmen des "gleitenden
Ruhestands", bei welchen eine schrittweise Reduzierung der täglichen, wöchent-
lichen oder jährlichen Arbeitszeit erfolgt (siehe dazu ausführlich CONRADI
1983, Seite 136 ff.) erleichtert werden. Für die im Betrieb verbleibenden Arbeitnehmer kann eine Vorverlegung der Altersgrenze dazu führen, daß die Arbeitsbedingungen immer mehr auf die Belastungsfähigkeit junger, gesunder Mitarbeiter abgestellt werden und so ein Teufelskreis entsteht, mit der Folge eines
Zwangs zu immer weiter vorgezogenen Altersgrenzen, bis in den Betrieben nur
noch "olympiareife" Mannschaften arbeitsfähig sind. Die (v.a. von den Gewerkschaften vertretene) Konsequenz der Veränderung solcher Arbeitsbedingungen, die
zu einem Interesse der älteren Arbeitnehmer an einem vorgezogenen Ruhestand
führen, gerät bei einer "Überbetonung" der Vorruhestandsregelung u.U. außer
Sichtweite. Dem kurzfristigen positiven Effekt der "Tarifrente" (z.B. Schutz
vor gesundheitlichen Schäden) steht als langfristige negative Wirkung die
Blockierung von Humanisierungsmaßnahmen (z.B. Abbau von belastenden Arbeitsbedingungen) gegenüber.

Auflösungsverträge mit Abfindungen

Eine weitere Möglichkeit des Personalabbaus ohne Entlassungen stellt der Abschluß von Aufhebungsverträgen (Dienstaufhebungsverträgen) dar. Diese enthalten
i.d.R. einen Passus über die Beendigung des Arbeitsverhältnisses (auf Veranlas-
sung des Arbeitgebers, aus betrieblichen Gründen, im gegenseitigen Einvernehmen); in Verbindung mit einer Regelung über die Zahlung von Abfindungen und eine Ausgleichsklausel. Gelegentlich wird auch eine Wiedereinstellungsklausel in
den Vertrag aufgenommen.

Vorteile aus Aufhebungsverträgen für die Unternehmen ergeben sich v.a. aus der
günstigen Plan- und Steuerbarkeit dieser Maßnahmen und aus der hohen Anpas-
sungswirksamkeit in zeitlicher und quantitativer Hinsicht (s. RKW-Hdb. 1978,
Bd. IV, S. 54; HUNOLD 1982, S. 27). So können Aufhebungsverträge etwa gezielt
(d.h. nur bestimmten Gruppen von Arbeitnehmern) angeboten und somit ein Abwandern von Arbeitnehmern, die im Betrieb gehalten werden sollen, vermieden werden. Da es sich um freiwillige Vereinbarungen handelt, werden alle rechtlichen
Kündigungshindernisse und -beschränkungen umgangen (z.B. MuSchG, SchwbG, KSchG,
Tarifverträge) und so Konflikte, die u.a. zu einer Beeinträchtigung des Fir-
men-Images führen, vermieden; zudem brauchen bestehende Kündigungsfristen nicht
eingehalten zu werden. Dadurch können Personalkosten kurzfristig verringert
werden; die im Zusammenhang mit Auflösungsverträgen entstehenden Kosten (z.B.
Abfindungen, Leistungen aus der betrieblichen Altersversorgung) lassen sich
hinsichtlich ihrer Höhe und ihres zeitlichen Anfalls mit relativ geringem Verwaltungsaufwand exakt prognostizieren.

Die Akzeptanz dieser Maßnahme durch die betroffenen Arbeitnehmer hängt von der
(subjektiven) Attraktivität des Angebots ab. Diese wird durch die Einschätzung
einer Vielzahl von Variablen determiniert (z.B. Rückkehrbereitschaft von Aus-

ländern, "Rentennähe", Erfolgsaussicht bei einem Kündigungsschutzprozeß), von
denen die beiden wichtigsten "Alternativen auf dem Arbeitsmarkt" und "Höhe der
Abfindungen" sein dürften. Dies führt u.U. dazu, daß aus den anspruchsberechtigten Gruppen die "besten" Arbeitnehmer gehen, da sie am ehesten von einer anderen Firma eingestellt werden.

Die Höhe der Abfindungen richtet sich nach dem bisherigen Lohn, der Dauer der
Betriebszugehörigkeit und danach, ob der Arbeitnehmer Angestellter oder Arbeiter ist. Bekannt geworden ist folgende Regelung eines Unternehmens der Automo-
bilindustrie aus dem Jahre 1975 (nach HUNOLD 1982, S. 35):

- Gewerbliche Mitarbeiter:
  bei Betriebszugehörigkeit bis zu drei Jahren DM 4.500,--
  bei Betriebszugehörigkeit von 3 bis zu 5 Jahren DM 6.000,--
  bei Betriebszugehörigkeit von mehr als 5 Jahren DM 7.500,--

- Angestellte:
  bei Betriebszugehörigkeit bis unter drei Jahren 4 Grundgehälter
  bei Betriebszugehörigkeit von drei bis unter 5 Jahren 6 Grundgehälter
  bei Betriebszugehörigkeit von 5 Jahren und mehr 8 Grundgehälter

HUNOLD (1982) weist darauf hin, daß derartige Abfindungsstaffeln eine für das
Unternehmen unerfreuliche präjudizierende Wirkung haben können, wenn man berücksichtigt, "daß § 10 KschG eine Abfindung in Höhe von einem Monatsgehalt pro
Dienstjahr bei sozial ungerechtfertigten Kündigungen vorsieht und die Abfindungen in Sozialplänen im Durchschnitt erheblich darunter liegen" (S. 35).

Für die Arbeitnehmer kann diese Praxis der materiellen Entschädigung einen Ausgleich der Nachteile von Einzelkündigungen (s.S.136) bedeuten. Allerdings können im Zusammenhang mit Abfindungszahlungen Risiken entstehen, die den Arbeitnehmern häufig nicht bekannt sind (s. RKW-Hdb., Bd. IV, S. 55):

- Anrechnung der Abfindung auf das Arbeitslosengeld nach § 117 Abs. 2 AFG;

- Verhängung einer Sperrfrist von vier Wochen nach § 119 Abs. 1 AFG; eine
  Sperrfrist tritt immer dann ein, wenn der Arbeitnehmer die Auflösung des
  Arbeitsverhältnisses mitzuvertreten hat. Die Arbeitsämter wenden diese Regelung i.d.R. auf alle Auflösungsverträge an, die ohne vorherige Kündigung
  durch den Arbeitgeber abgeschlossen werden;

- wird das Arbeitsverhältnis ohne Einhaltung einer Kündigungsfrist been-
  det, so erfolgen keine Leistungen nach dem AFG bis zum Ende der Kündigungsfrist (nach § 117 Abs. 1 AFG). Zudem muß eine 4-wöchige Sperrfrist in Kauf
  genommen werden. Bei sog. unkündbaren Arbeitnehmern (z.B. Schwerbehinderte,
  Arbeitnehmer mit tarifvertraglichem Alterskündigungsschutz) wird im Rahmen
  des § 117 AFG von den Arbeitsämtern häufig von einer Kündigungsfrist von 12
  Monaten ausgegangen (s. HUNOLD 1982, S. 31).

Von gewerkschaftlicher Seite (z.B. WSI-Projektgruppe 1977, S. 199) wird darauf
hingewiesen, daß das Prinzip der Freiwilligkeit von Aufhebungsverträgen gelegentlich durch Einschüchterungsversuche (z.B. durch den Verweis auf ohnehin
fällige, aber eben nicht materiell abgefederte Entlassungen) beeinträchtigt
wird.

Kündigungen - Häufigkeit von Kündigungen in der Bundesrepublik

Über das Ausmaß der jährlich in der Bundesrepublik Deutschland ausgesprochenen Kündigungen gibt eine vom Max Planck-Institut für ausländisches und internationales Privatrecht in Hamburg von 1978-1980 durchgeführte empirische Untersuchung Auskunft. Im Rahmen einer repräsentativen Studie wurden Unternehmer, Betriebsräte, gekündigte Beschäftigte, Arbeitsrichter, Rechtsanwälte, Rechtssekretäre der Gewerkschaften sowie Vertreter von Unternehmerverbänden befragt und Gerichtsakten ausgewertet.

Eine Hochrechnung der in dieser Untersuchung ermittelten Anzahl von Kündigungen auf die Gesamtzahl der Beschäftigten ergab, daß 1978 1,229 Millionen Arbeitnehmer entlassen wurden und 1,279 von sich aus gekündigt haben. Nicht berücksichtigt wurden ca. 250.000 Kündigungen aufgrund von Konkursen. Insgesamt ergab sich für das Jahr 1978 folgendes Bild (s. Tab. 17):

Tab. 17: Gesamtzahl der Kündigungen 1978 (aus: KLEES 1983, S. 245)

	Anzahl in 1000	Anteil an den Beschäftigten in der privaten Wirtschaft
Kündigung durch den Unternehmer	1.229 (H) [1]	7,4 %
Kündigung durch den Beschäftigten	1.279 (H) [1]	7,7 %
Kündigung bei Konkursen	250 (S) [2]	1,5 %
Aufhebungsverträge	151 (S) [2]	0,9 %
Nichtverlängerung befristeter Arbeitsverträge	318 (S) [2]	1,9 %
Gesamtzahl	3.227	19,4 %

1) H = Hochrechnung   2) S = Schätzung

Die quantitative Bedeutung von Kündigungen wird anhand der Gesamtzahl von 3,227 Millionen deutlich. Dies bedeutet, daß in der Bundesrepublik (damals!) jährlich ca. 1/5 aller Beschäftigten in der privaten Wirtschaft den Arbeitsplatz wechselte bzw. von Kündigungen betroffen war. Ob die in dieser Studie gefundene Parität von Arbeitnehmerkündigungen und Arbeitgeberkündigungen tatsächlich der Wirlichkeit entspricht, wird von manchen Autoren bezweifelt. So macht etwa KLEES (1983, S. 246) darauf aufmerksam, daß nur in der Unternehmerbefragung danach gefragt wurde, wer die Kündigung ausgesprochen hat; was u.U. zu einer "Verschönerung" der Ergebnisse beigetragen haben kann. Verstärkt wer-

den diese Bedenken durch die Ergebnisse anderer Untersuchungen. So hat etwa
BRINKMANN (1977) für das Jahr 1974 festgestellt, daß 75 % der entlassenen Arbeitnehmer vom Arbeitgeber gekündigt worden waren. In einer anderen Befragung
(WINKEL, 1979) von je 1.300 deutschen Arbeitslosen und Erwerbstätigen von April
bis Juni 1976 gaben 17 % der Arbeitslosen an, selbst gekündigt zu haben, in 10%
wurde das Arbeitsverhältnis in "gegenseitigem Einvernehmen" aufgehoben, in 2 %
der Fälle war ein befristetes Arbeitsverhältnis abgelaufen und in 63 % hatte
der Arbeitgeber gekündigt. Geht man davon aus, daß bei einer Verschlechterung
der Arbeitsmarktlage die Anzahl der arbeitnehmerseitigen Kündigungen zurück-
geht, so gewinnen Entlassungen (durch den Arbeitgeber) ein deutliches Überge-
wicht. Zudem muß auch bedacht werden, daß "freiwillige" Fluktuation durchaus
ambivalent verstanden werden kann (s.S. 81).

Auswirkungen und Schutzgesetze

Kündigungen durch den Arbeitgeber stellen die folgenschwersten Maßnahmen im
Rahmen des direkten Personalabbaus dar.

Die negativen Konsequenzen für die betroffenen Arbeitnehmer wie beispielsweise:

- gesellschaftliche Isolierung (durch "Verlust" von Arbeitskollegen und Freunden, abgestempelt werden als "Hilfsempfänger", unfreundliches Verhalten in
  Ämtern),

- Verdienstausfall (Verringerung des Lebensstandards, Verschuldung),

- Schwächung des Selbstwertgefühls (Zweifel an den eigenen Fähigkeiten, Verlust der beruflichen Identität, Gefühl der Nutzlosigkeit),

- körperliche und seelische Probleme (Resignation, Flucht in Alkohol oder Dro-
  gen, psychosomatische Störungen),

sind umso schwerer zu ertragen, je weniger Kündigungen in der Unternehmung
(oder Abteilung) ausgesprochen werden und je länger eine evtl. Arbeitslosigkeit
andauert. Ist die Anzahl der Gekündigten relativ klein, so wird das Problem von
den Betroffenen vermutlich eher personalisiert, d.h. die Ursachen für die Entlassung werden primär eigenen Schwächen und Fehlern zugeschrieben und nicht so
sehr situativen Gegebenheiten (z.B. allgemeine wirtschaftliche "Flaute", Fehler
des Managements); zudem entfällt das erleichternde "Wir-Gefühl", das bei Entlassungen größeren Ausmaßes entsteht. Neben der Anzahl der ausgesprochenen Kündigungen korreliert eine Reihe weiterer Variablen mit den Belastungen, die aus
Kündigungen resultieren (können). Als Beispiel für positive statistische Zusammenhänge werden häufig das "Lebensalter", die "hierarchische Stellung" und
das "Dienstalter", für negative Korrelationen die "Ausbildung" und der "Gesundheitszustand" genannt (vgl. WACKER 1976).

Auch die im Betrieb verbliebenen Arbeitnehmer werden durch Kündigungen (zumindest indirekt) betroffen. Das Bewußtsein selbst zum Kreis der Kündigungsbedroh-
ten zu gehören, hat vermutlich eine stark disziplinierende Wirkung. Soweit dies
zu einer korrekten Erfüllung arbeitsvertraglich geregelter Pflichten führt, ist
dagegen kaum etwas einzuwenden. Problematisch wird dies erst, wenn die Exi-
stenzunsicherheit von Arbeitnehmern dazu führt, daß bestehende Rechte kaum in
Anspruch genommen werden, Arbeitsschutznormen nur mangelhaft beachtet werden,
oder die Befugnisse nach dem BetrVG nicht voll ausgeschöpft werden (s. DÄUBLER
1979, S. 257). Betrachtet man das Problem der Kündigung unter diesem Gesichts-

punkt, so wird deutlich, daß nicht nur "objektive" Anlässe, wie z.B. wirtschaftliche Probleme, Ursachen für Entlassungen darstellen können, sondern daß auch "subjektive" Gesichtspunkte (z.B. Dokumentation von Macht, Lösung persönlicher Konflikte zwischen einem Vorgesetzten und einem Untergebenen) Ausschlag für eine Entlassung geben können.

Wegen der weitreichenden Konsequenzen für die betroffenen Arbeitnehmer sind für die Zulässigkeit von Einzelkündigungen sowie Massenentlassungen eine Anzahl rechtlicher Vorschriften bindend (nach RKW-Hdb. 1978, Bd. IV, S. 57):

- Für bestimmte Arbeitnehmergruppen wie etwa ältere Arbeitnehmer (gemäß tarifvertraglichen Bestimmungen), werdende Mütter und Wöchnerinnen (§ 9 MuSchG), Schwerbehinderte (§ 12 ff SchwBG), Wehrdienstpflichtige (§ 2 ArbPlSchG), Auszubildende (§ 15 BBiG), Betriebsräte, Jugendvertreter, Wahlvorstand und Wahlbewerber (§§ 103 BetrVG, 15 KSchG) besteht besonderer Kündigungsschutz.

- Die tarifvertraglichen Vereinbarungen, z.B. hinsichtlich Kündigungsschutz älterer Arbeitnehmer und Abfindungsregelungen, sowie die Rationalisierungs-Schutzabkommen sind zu beachten.

- Personbedingte (z.B. Krankheit, fehlende Leistungsfähigkeit), verhaltensbedingte (Arbeitsverweigerung, Minderleistung, unentschuldigte Abwesenheit) oder betriebsbedingte Kündigungen (z.B. Arbeitsschwierigkeiten, Stillegung von Betrieben oder Betriebsteilen, Rationalisierungsmaßnahmen) müssen nach § 1 Abs. 2 KSchG sozial gerechtfertigt sein und dürfen daher z.B. nicht einer Auswahlrichtlinie nach § 95 BetrVG widersprechen.

- Kündigungen wegen dringender betrieblicher Erfordernisse müssen sich darüber hinaus im Rahmen der in § 1 Abs. 2 KSchG vorgeschriebenen Sozialauswahl halten.

- Ferner muß das Anhörungsverfahren nach Maßgabe des § 102 BetrVG eingehalten werden, in dem der Betriebsrat ordentlichen Kündigungen unter Berufung auf die in § 102 Abs. 3 Ziff. 1-5 BetrVG abschließend aufgezählten Gründe innerhalb einer Woche schriftlich widersprechen kann. Für den Fall von anzeigepflichtigen Entlassungen ist das Verfahren nach §§ 17 ff. KSchG zu beachten und der dort wie gleichzeitig in § 8 AFG geregelten Anzeigepflicht gegenüber dem Landesarbeitsamt nachzukommen.

- Soweit mit den personellen Abbaumaßnahmen gleichzeitig Betriebsänderungen im Sinne § 111 BetrVG verbunden sind oder werden (z.B. bei Stillegung wesentlicher Betriebsteile), wird in aller Regel ein Interessenausgleichs- und Sozialplanverfahren gemäß §§ 111, 112 BetrVG in Gang gesetzt werden.

Die Einhaltung des Kündigungsschutzrechts wird durch den Staat überwacht. So entscheiden beispielsweise die Arbeitsgerichte darüber, ob eine Kündigung form- und fristgerecht erklärt wurde und ob die angeführten Gründe "sozial gerechtfertigt" waren. Die Einschaltung staatlicher Instanzen ist in der Regel der Initiative des einzelnen Arbeitnehmers überlassen. Dies führt zu einer Individualisierung des Konflikts (da sich der einzelne gegen ein ihm persönlich zugefügtes Unrecht zur Wehr setzt (s. DÄUBLER 1979)). Daß es sich bei Entlassungen auch um einen Konflikt zwischen kollektiven Arbeitnehmerinteressen (z.B. Arbeitsplatzsicherheit) und dem Interesse der Arbeitgeber an Rentabilität handeln kann, wird nur selten angesprochen.

Nach Ansicht von Unternehmensvertretern tragen Kündigungs-Schutz-Gesetze mit
dazu bei, daß der Arbeitsmarkt seine Bedeutung als Regulierungsinstitution ein-
büßt und wegen der "Verrechtlichung" des Personalwesens und der damit verbundenen Verteuerung des Personalabbaus vom Unternehmen Strategien eingeschlagen
werden, die den Arbeitnehmerzielen "Verstetigung von Arbeitsverhältnissen" und
"Wiedereinstellung arbeitsloser Kollegen" diametral entgegenstehen. So wird
beispielsweise versucht, die "Flexibilität" des Personalabbaus durch den Aufbau
hochqualifizierter und leistungsstarker Stammbelegschaften mit relativ stabilen
Arbeitsverhältnissen und mobiler Randbelegschaften, die schnell und mit niederem finanziellen Aufwand abgebaut werden können, zu erhöhen. Da die meisten gesetzlichen und tariflichen Kündigungsregelungen an feste Anstellungsverhältnis-
se bzw. Dauer der Betriebszugehörigkeit gebunden sind, wird die Mobilität bestimmter Arbeitnehmergruppen (z.B. Ausländer, weniger Qualifizierte) durch die
Ausweitung befristeter Arbeitsverträge, freier Mitarbeiterverträge, Teilzeitarbeit, Werkverträge und Leiharbeit erhöht. Konsequenterweise wird deshalb als
Mittel zur "Deregulierung der Arbeitsmärkte" und gegen "Euroklerose" ein weitgehender Abbau von Kündigungsschutzvorschriften gefordert (s. GRAF LAMBSDORFF
i.d. Südd. Zeitung vom 14.1.1985).

Im Rahmen einer vom Bundesministerium für Arbeit und Sozialordnung in Auftrag
gegebenen empirischen Untersuchung zur Kündigungspraxis und zum Kündigungsschutz in der Bundesrepublik Deutschland (s. FALKE, HÖLAND, RHODE & ZIMMERMANN
1981) wurden 562 Unternehmen u.a. danach gefragt, ob sich das geltende Kündi-
gungsschutzrecht auf ihre Auswahlentscheidungen bei Neueinstellungen auswirkt.
Konsequenzen für Neueinstellungen von Arbeitnehmern wurden von 60 % der antwor-
tenden Unternehmen bejaht. Art und Ausmaß solcher Auswirkungen gehen aus Tabelle 18 hervor.

Tab. 18: Auswirkungen des Kündigungsschutzrechts auf Neueinstellungen (Mehrfachnennungen möglich (n = 234) (aus: FALKE u.a. 1981, S. 156)

Art der Auswirkung	Bejahungen in % [1]
Nach Möglichkeit keine Einstellung von Schwerbehinderten	40,2
Allgemein weniger Einstellungen, als aus Gründen der Pro- duktivität erforderlich wären	34,2
Verstärktes Zurückgreifen auf Aushilfsarbeitskräfte bzw. Leiharbeitnehmer	31,2
Sonstige Auswirkungen	20,1
Nach Möglichkeit keine Einstellung von Frauen	12,8
Verstärkt Abschluß von befristeten Arbeitsverträgen	29,9

1) Da hier Mehrfachnennungen zugelassen waren, überschreitet die Summe 100 %

Arbeitnehmer, die den Randbelegschaften zugerechnet werden, müssen damit rechnen, daß sie in Krisen-Zeiten als erste ihren Arbeitsplatz verlieren; sie dienen dem Unternehmen als leicht abzubauender Personalpuffer, der zudem dem betrieblichen Selektionsinteresse entgegenkommt. Betrachtet man diese Strategie
ausschließlich unter Kostengesichtspunkten, so ergibt sich etwa für die Un-

gleichbehandlung von Hochqualifizierten und weniger Qualifizierten folgende durchaus logische Begründung (nach SCHOLL & BLUMSCHEIN 1979, S. 57):

"Denn mit dem Qualifikationsgrad der Belegschaftsmitglieder steigen die Investitionskosten, so daß es für die Unternehmen lohnend ist, diesen qualifizierten Stamm trotz der hohen Kosten zu behalten. Um jedoch die Gesamtkosten der Personalaufwandrechnung an die wirtschaftliche Situation anzupassen, bleibt nur die Möglichkeit bei den weniger qualifizierten Mitarbeitern einzusparen".

Aus der Sicht der betroffenen Arbeitnehmer bedeutet diese Strategie jedoch unter Umständen den Verlust von Schutz-Rechten und damit eine permanente Bedrohung mit Arbeitsplatzverlust und dem Zwang zur Anpassung auch an solche Gegebenheiten, die unter anderen persönlichen und damit vertraglichen Voraussetzungen kein Problem dargestellt hätten.

Neben dieser Zweiteilung der Belegschaft in Stamm- und Randgruppen dient die Strategie der "Beschäftigungspolitik der mittleren Linie" (s. POSTH 1980, S. 163) einer "verbesserten" personellen Anpassung der Betriebe an konjunkturelle Schwankungen. Im Rahmen dieser Maßnahme verteilen die Unternehmen ihren Auftragsbestand auch in Zeiten der Hochkonjunktur gleichmäßig auf die Fertigungszeiträume auf. Dabei können Lieferfristen entstehen, da nicht jeder kurzfristigen Nachfrage entsprochen werden kann; gleichzeitig wird dadurch eine gewisse Verstetigung des Personals erreicht. Dies bedeutet aber auch, daß in Zeiten der Hochkonjunktur der Personalbestand nicht so aufgestockt wird, wie es rechnerisch eigentlich notwendig wäre. Dafür müssen die beschäftigten Arbeitnehmer in Kauf nehmen, daß Mehrarbeit, etwa in Form von Sonderschichten durchgeführt wird (nach POSTH 1980, S. 163). Der Autor räumt ein, daß bei einer verbreiteten Anwendung dieser vorsichtigen Unternehmensstrategie "gewisse negative Auswirkungen auf den allgemeinen Wachstumsprozeß" nicht zu vermeiden sind, "vergißt" aber darauf hinzuweisen, daß nicht nur gesamtwirtschaftliche Konsequenzen aus dieser Strategie resultieren, sondern daß es für die (noch beschäftigten) Arbeitnehmer aufgrund der permananten personellen Unterdeckung (von gewerkschaftlicher Seite z.B. KOHL 1978b, wird von einer kalkulierten personellen Unterdeckung von 15-20 % gesprochen) zu einer erheblichen Leistungsverdichtung durch kürzere Vorgabezeiten, zusätzliche Überstunden und Sonderschichten kommen kann.

Arbeitnehmer-orientierte Autoren (z.B. DÄUBLER 1979) kritisieren, daß das Ziel des Kündigungsschutzes, der Bestandsschutz, bereits dadurch nur schwer erreicht werden kann, daß vor einer gerichtlichen Klärung des Sachverhalts der Ausschluß eines Arbeitnehmers aus dem Betrieb bereits vollzogen sei. Wegen der Dauer der arbeitsgerichtlichen Verfahren und der (arbeits- und versicherungsrechtlichen) Notwendigkeit eines Arbeitnehmers sich bereits während der Zeit des Verfahrens nach einem neuen Arbeitsplatz umzusehen, sei ein faktisches Inkrafttreten der Kündigung des Arbeitgebers i.d.R. nicht zu verhindern. An diesem Sachverhalt ändert nach der Meinung dieser Autoren auch die Möglichkeit zur vorläufigen Weiterbeschäftigung bis zum Abschluß des Rechtsstreits (BetrVG § 102 V) nichts. Unterstützt wird diese Sichtweise des Problems durch die Ergebnisse der von FALKE u.a. (1981) durchgeführten empirischen Untersuchung zur Kündigungspraxis und zum Kündigungsschutz in der Bundesrepublik Deutschland. Danach erheben nur 7,9 % aller gekündigten Arbeitnehmer Kündigungsschutzklage; nur in 4 % der Kündigungsklagen erreichen Arbeitnehmer ein rechtskräftiges, stattgebendes Urteil des Arbeits- oder Landesarbeitsgerichts. Von den wenigen, die bis zu diesem Punkt gelangt sind, wird dann weniger als die Hälfte weiterbeschäftigt. Bezogen auf alle Fälle von Kündigungsverfahren bedeutet dies, daß nur 1,7 % aller Kläger auf gerichtlichem Weg die Rückkehr an den Arbeitsplatz erreichen (s. FALKE u.a. 1981, S. 973). Eine Erklärung hierfür bietet die Tatsache, daß Arbeitnehmer in einem Kündigungsrechtsstreit aus Gründen der Schadensminderungspflicht gehalten sind sich eine andere Stelle zu suchen. Sollten Arbeitnehmer nach Ablauf von Jahren (und u.U.nach 3 Instanzen) doch Recht bekommen, so liegt ihnen i.d.R. nichts mehr an ihrem alten Arbeitsplatz. Aus diesem Grund zielen viele Arbeitnehmer von vornherein darauf ab, eine Abfindungszahlung durch das Arbeitsgericht zugesprochen zu bekommen. Das Kündigungsschutzgesetz (§ 12) stellt unter diesem Aspekt eher einen Abfindungs- als einen Bestandsschutz dar.

DÄUBLER (1983) sieht einen Grund für die eher resignative Haltung von Arbeitnehmern angesichts einer Entlassung in dem sehr weiten Spielraum, den die zugelassenen Kündigungsgründe dem Arbeitgeber einräumen. Zum einen bleiben die Unternehmerentscheidungen als solche (z.B. die Festlegung des Produktionsprogramms, der Preise, der Arbeitsmethoden) von der rechtlichen Kontrolle fast völlig verschont; zum anderen verzichtet unsere Rechtsordnung weitgehend auf eine Beeinflussung der Unternehmerentscheidungen unter dem Aspekt der sozialen Folgen; dies bedeutet, daß Kündigungen nur dann unwirksam werden und hohe Abfindungen nur dann bezahlt werden müssen, wenn sich der Unternehmer "irrational" verhalten hat (bei der Besprechung der einzelnen Arten der Kündigung wird auf diesen Punkt ausführlicher eingegangen werden). Würde das Kündigungsschutzgesetz ordnungsgemäß angewandt, so könnte der Arbeitgeber aus betrieblichen Gründen nur im Notfall kündigen. Das Problem besteht vor allem in der Beweispflicht. Der Arbeitgeber ist, da er einen besseren Überblick über seine Organisation hat, eher in der Lage zu behaupten bzw. zu beweisen, daß er eine Arbeitskraft nicht mehr benötigt, als ein von der Kündigung betroffener Arbeitnehmer, der vor Gericht das Gegenteil beweisen muß.

Kündigungsarten, -fristen, -gründe

Unter einer Kündigung versteht man eine einseitige, empfangsbedürftige rechtsgestaltende Willenserklärung, durch die das Arbeitsverhältnis für die Zukunft aufgelöst werden soll (s. SCHAUB 1983, S. 729); das Recht zur Kündigung steht jeder Vertragspartei zu. Die Entlassung ist der durch eine Kündigung der Unternehmensleitung bezweckte und veranlaßte Austritt eines Arbeitnehmers aus der Unternehmung (s. MEISEL 1974).

Kündigungen lassen sich in ordentliche und außerordentliche einteilen, die jeweils an bestimmte Fristen gebunden sind (s. Abb. 28).

Abb. 28: Einteilungsmöglichkeiten von Kündigungen (nach: INHOFFEN 1979, S. 37)

	Ordentliche Kündigung	Außerordentliche Kündigung
	I	2
Fristgemäße Kündigung I	II	12
Fristlose Kündigung 2	2I	22

Wird bei einer Kündigung die gesetzliche, tarifliche, betriebliche oder einzel-
vertraglich vereinbarte Beendigungsmöglichkeit eingehalten, so liegt eine or-
dentliche Kündigung vor, für die bestimmte Fristenregelungen gelten; bei einer
Kündigungsfrist von "Null" handelt es sich um eine fristlose Kündigung. Durch
Kündigungsfristen soll dem Arbeitnehmer die Möglichkeit gegeben werden, vor
Wirksamwerden der Entlassung einen neuen Arbeitsplatz zu finden (s. Tab. 19 und
Tab. 20).

Tab. 19: Kündigungsfristen von Angestellten

Beschäftigungsdauer	und Lebensalter des Arbeit-nehmers nach Vollendung des	auf Kündigungsfrist zum Quartalsende
mindestens 5 Jahre	30. Lebensjahres	3 Monate
mindestens 8 Jahre	30. Lebensjahres 33. Lebensjahres	3 Monate 4 Monate
mindestens 10 Jahre	30. Lebensjahres 33. Lebensjahres 35. Lebensjahres	3 Monate 4 Monate 5 Monate
mindestens 12 Jahre	30. Lebensjahres 33. Lebensjahres 35. Lebensjahres 37. Lebensjahres	3 Monate 4 Monate 5 Monate 6 Monate

Tab. 20: Kündigungsschutz für Arbeiter
(aus: SCHAUB 1983, S. 765)

Betriebszuge-hörigkeit	nach Vollendung eines Lebensjahres von	auf Kündigungsfrist
von 5 Jahren	40 Jahren	einem Monate zum Monatsende
von 10 Jahren	45 Jahren	zwei Monate zum Monatsende
von 20 Jahren	55 Jahren	drei Monate zum Quartalsende

Bei den gesetzlichen Kündigungsfristen handelt es sich um Mindestfristen, die im Rahmen von Tarifverträgen heraufgesetzt werden können. In vielen Branchen ist inzwischen eine ordentliche Kündigung ab einem bestimmten Lebensalter und einer bestimmten Dauer der Betriebszugehörigkeit ausgeschlossen. Die Voraussetzungen sind häufig ein Lebensalter von mindestens 50 oder 55 Jahren und eine Betriebszugehörigkeit von meist 10 oder 15 Jahren. Allerdings liegen meines Wissens keine Daten darüber vor, wieviel Prozent aller Beschäftigten diese Voraussetzungen erfüllen und unter diesen Kündigungsschutz fallen. Neben der Kündigungsfrist muß der Kündigungstermin, zu dem eine Kündigung (nur) zulässig ist, unterschieden werden (z.B. zum Monats- oder Quartalsende).

Eine außerordentliche Kündigung kann dann erfolgen, wenn für sie ein gesetzlich vorgesehener Grund besteht und sie wegen dieses Grundes ausgesprochen wird (s. SCHAUB 1983, S. 769); alle anderen Kündigungen sind ordentliche Kündigungen. Ordentliche Kündigungen werden i.d.R. fristgemäß ausgesprochen, außerordentliche können fristlos oder auch mit Auslauffrist erklärt werden. Eine Gleichsetzung von ordentlicher mit fristgemäßer bzw. außerordentlicher mit fristloser Kündigung ist aber unzulässig (s. INHOFFEN 1979, S. 38). Ordentliche Kündigungen können etwa dann unbefristet erfolgen, wenn nach § 622 III, IV BGB tarifvertraglich die Einhaltung einer Kündigungsfrist ausgeschlossen wird. Auf der anderen Seite kann eine außerordentliche Kündigung fristgemäß ausgesprochen werden, wenn etwa der kündigende Arbeitgeber trotz Vorliegen eines wichtigen Grundes für eine außerordentliche Kündigung eine Frist, die kürzer als die normale Kündigungsfrist sein kann, einhält.

Im Rahmen von Personalplanungsmaßnahmen muß immer von ordentlichen (fristgemäßen) Kündigungen ausgegangen werden, da ein wichtiger Grund, dessen Vorliegen zu einer außerordentlichen Kündigung berechtigt, nicht planbar ist und höchstens in Einzelfällen eintritt. Eine (ordentliche) Kündigung ist nur dann wirksam, wenn sie sich auf bestimmte sachliche Gründe stützen kann, "sozial gerechtfertigt" ist. Dies trifft für alle Arbeitsverhältnisse zu, die unter das Kündigungsschutzgesetz (KSchG) fallen. Nach § 1 Abs. 1 und 2 KSchG ist dies der Fall, wenn Gründe vorliegen, die in der Person oder dem Verhalten der Arbeitnehmer oder in dringenden betrieblichen Erfordernissen verankert sind (siehe ausführlich dazu DÄUBLER 1979, S. 281 ff.; HUNOLD 1982, S. 55 ff.). Das Verhalten eines Arbeitnehmers als Kündigungsgrund ist nur dann sozial gerechtfertigt, wenn es z.B. gegen arbeitsvertragliche Pflichten verstößt oder ein betriebsstörendes Verhältnis zu Arbeitskollegen erkennen läßt. Eine betriebsbedingte Kündigung ist darüber hinaus nur sozial gerechtfertigt, wenn eine soziale Auswahl unter den Arbeitnehmern getroffen wurde (s. unten). Bei der personenbedingten Kündigung (z.B. wegen Krankheit) muß eine sorgfältige Interessenabwägung zwischen den Interessen der Arbeitgeber und der Arbeitnehmer vorgenommen werden. Auf der einen Seite spricht der Grundsatz der Billigkeit dafür, daß der Arbeitgeber auch dem älteren und u.U. nicht mehr so leistungsstarken Arbeitnehmer eine Beschäftigungsmöglichkeit einräumt; andererseits muß auch in Betracht gezogen werden, daß ein Unternehmen nur dann wirtschaftlich geführt werden kann, wenn es über eine genügend große Anzahl leistungsstarker Arbeitnehmer verfügt (vgl. HUNOLD 1982, S. 55; SCHAUB 1983, S. 799).

Betriebliche Bedingungen, die eine Kündigung erfordern, können zum einen durch außerbetriebliche Umstände herbeigeführt werden (z.B. Auftragsmangel, Absatzschwierigkeiten). Der Arbeitgeber müßte in diesen Fällen, möglichst anhand von Personalplanungsunterlagen, darlegen, wie sich Umsatzzahlen oder Auftragsbestände und deren unmittelbare Auswirkung auf den Arbeitsplatz entwickelt haben. Auf der anderen Seite können auch Maßnahmen der Unternehmensleitung Anlaß zu einer Kündigung geben (z.B. Rationalisierungsmaßnahme durch den Kauf einer arbeitskraftsparenden Maschine). Der Arbeitgeber muß dabei lediglich darlegen und gegebenenfalls beweisen, welche organisatorischen oder technischen Maßnahmen er angeordnet hat und wie sich diese auf den Arbeitsplatz des gekündigten Arbeitnehmers auswirken. Die Frage nach der Notwendigkeit und Zweckmäßigkeit der jeweiligen Maßnahmen muß vom Arbeitgeber nicht begründet werden.

Zur Vermeidung von Härtefällen muß der Arbeitgeber bei der betriebsbedingten Kündigung eines Arbeitnehmers soziale Gesichtspunkte ausreichend berücksichtigen (§ 1 Abs. 3 Satz 1 KSchG). Solche Merkmale sind z.B. Alter, Dauer der Betriebszugehörigkeit, Zahl der unterhaltsberechtigten Angehörigen, Vermögenslage und Einkommen des Ehegatten (siehe ausführlich dazu HUNOLD 1982, S. 64 ff.). Dem sozial stärkeren Arbeitnehmer ist vorrangig zu kündigen.

Kritische Autoren (z.B. INHOFFEN 1979; DÄUBLER 1979) weisen darauf hin, daß der Begriff der betriebsbedingten Kündigung sehr vage ist. Zum einen sind Arbeitnehmer, die Klage gegen eine mit dringenden betrieblichen Erfordernissen begründete Kündigung erheben, relativ schutzlos, da das Arbeitsgericht die Zweckmäßigkeit und Notwendigkeit der Entscheidung der Unternehmensleitung nicht überprüfen darf; zum anderen wird gefragt, ob die Sachkenntnis des Arbeitsrichters zur Beurteilung dieser wirtschaftlichen Umstände ausreicht (s. INHOFFEN 1979, S. 68).

Für den Fall einer ordentlichen Kündigung wurde dem Betriebsrat im Betriebsverfassungsgesetz (§ 102 III-V) ein Widerspruchsrecht eingeräumt. Nach § 102 III Nr. 1-5 BetrVG kommen folgende Widerspruchsgründe des Betriebsrats in Frage (nach INHOFFEN 1979, S. 72 ff.):

- nicht ausreichende Berücksichtigung sozialer Gesichtspunkte bei der Auswahl des zu kündigenden Arbeitnehmers;

- Verstoß der beabsichtigten Kündigung gegen Auswahlrichtlinien i.S.v. § 95 BetrVG, die Unternehmensleitung und Betriebsrat für den Fall von Kündigungen vereinbart haben (§ 102 III Nr. 2 BetrVG);

- Weiterbeschäftigungsmöglichkeiten des zu kündigenden Arbeitnehmers in derselben Unternehmung ggf. nach Umschulungsmaßnahmen oder, wenn der Arbeitnehmer zustimmt, unter geänderten Vertragsbedingungen.

Wird vom Arbeitnehmer Kündigungsschutzklage nach § 4 KSchG erhoben, so kann er zur Begründung der Sozialwidrigkeit der Kündigung zusätzlich die oben genannten Widerspruchsgründe geltend machen; allerdings nur, wenn der Betriebsrat vorher Widerspruch eingelegt hat. Häufig wird davon ausgegangen, daß in erster Linie die oben aufgeführten betriebsbedingten, nur selten personenbedingte und nie verhaltensbedingte Gründe zu einem Widerspruch durch den Betriebsrat führen. Es dürfte deshalb im Interesse der Unternehmen liegen, Kündigungen primär auf (nur schwer zu widerlegende) verhaltens- oder personenbedingte Gründe, nicht aber auf betriebsbedingte zu stützen. Arbeitnehmer dagegen müßten versuchen, die Kündigung als (auch) betriebsbedingt zu erklären; wobei den Arbeitnehmern häufig eine sehr große Darlegungslast entstehen dürfte.

Bestätigt werden diese Hypothesen durch Ergebnisse der oben bereits zitierten Studie des Max-Planck-Instituts. Danach waren 67 % aller Entlassungen personenoder verhaltensbedingt; dagegen erfolgten nur 33 % der Kündigungen aus betrieblichen Gründen. Allerdings wurden bei den meisten Entlassungen mehrere Gründe genannt (s. Tab. 21). Der Prozentsatz der betriebsbedingten Kündigungen dürfte jedoch um einiges höher liegen, als die Werte, die in dieser Tabelle zum Ausdruck kommen. Von den entlassenen Arbeitnehmern gaben 57 % an, daß neben den offiziell genannten Gründen auch andere, wie z.B. Rationalisierungsmaßnahmen, eine Rolle spielten. Am Beispiel einer Bremer Werft konnte gezeigt werden, daß sich seit den 50er Jahren eine Veränderung in der Kündigungspraxis vollzogen hat. Anhand der Auswertung von Personalakten wurde belegt, daß sich der Anteil der betriebsbedingten Kündigungen von 1954 - 1980 kontinuierlich verringert hat (siehe Tab. 22).

Tab. 21: Kündigungsgründe (aus: FALKE 1983, S. 17)

- Unentschuldigtes Fernbleiben	23,3 %
- Mangelhafte Leistung	21,2 %
- Häufige bzw. lang anhaltende Krankheit	19,8 %
- Arbeitsmangel	15,8 %
- Fehlende Eignung	12,5 %
- Unpünktlichkeit	11,0 %
- Alkoholmißbrauch	10,2 %
- Abnehmende Leistungsfähigkeit	10,0 %
- Rationalisierung	8,7 %
- Arbeitsverweigerung	8,5 %
- Sonstige personen- bzw. verhaltensbedingte Gründe	20,6 %
- Sonstige betriebsbedingte Gründe	15,7 %

Tab. 22: Entlassungen in einer Bremer Werft (aus: DOMBOIS, FRIEDMANN, GOCKELL 1982, S. 15)

Jahre	1954-59	1960-69	1970-74	1975-80
Anteil der betriebsbedingten Kündigungen	90 %	54 %	-	9 %
Anteil der verhaltens- und personenbedingten Kündigungen	10 %	46 %	100 %	91 %

Die Autoren (DOMBOIS u.a. 1982, S. 19) interpretieren diese Befunde dahingehend, daß personen- und verhaltensbedingte Kündigungen auch als beschäftigungs-
politisches Instrument an Bedeutung gewinnen und in rezessiven Phasen teilweise
die herkömmlichen Entlassungen wegen Arbeitsmangel ersetzen. Untermauert wird
diese Annahme dadurch, daß in dieser Werft seit 1967 in Abschwungphasen Listen
mit den Namen von Arbeitnehmern zusammengestellt wurden, die wegen ihrer hohen
Fehlzeitenquoten oder wegen "geringer Eignung" entlassen werden sollten. Nach
DOMBOIS u.a. (1982, S. 19) kommt Entlassungen eine zweifache Funktion zu: Zum
einen werden Arbeitsplätze, entsprechend der Auftragslage geräumt; zum anderen
wird der Personalbestand selektiert und "gereinigt". Dabei werden in erster
Linie nur solche Arbeitnehmer ausgewählt, welche nicht den betrieblich gefor-
derten Normen der Disziplin und der Leistungstüchtigkeit entsprechen. Hinter
dieser Zielsetzung treten soziale Auswahlgesichtspunkte zurück.

Diesen Ergebnissen aus der Befragung eines einzigen Unternehmens stehen die aus
der repräsentativen Untersuchung durch das Max-Planck-Institut gegenüber. Hier
blieb das Zahlenverhältnis zwischen verhaltens- bzw. personenbedingten und betriebsbedingten Kündigungen über einen Fünfjahreszeitraum (1974 - 1979) relativ
stabil (2 : 1). Allerdings resultieren diese Angaben nur aus der Befragung der
Unternehmen und unterliegen vermutlich den bereits oben genannten Verzerrungen.

Massenentlassungen (anzeigenpflichtige Entlassungen)

Massenentlassungen stellen die radikalste Maßnahme des betrieblichen Personalabbaus dar. Um der Arbeitsverwaltung die Möglichkeit zu geben, rechtzeitig einer Massenarbeitslosigkeit zu begegnen, sieht der § 17 Abs. 1 KSchG vor, daß
der Arbeitgeber beabsichtigte Massenentlassungen dem Arbeitsamt anzuzeigen hat.
Wird dieser Verpflichtung nicht nachgekommen, so sind die in diesem Zusammenhang ausgesprochenen Kündigungen unwirksam. Eine Massenentlassung liegt dann
vor, wenn innerhalb von 30 Tagen eine bestimmte Mindestzahl von Arbeitnehmern,
bezogen auf die Betriebsgröße entlassen wird (siehe Tab. 23).

Tab. 23: Definition von Massenentlassungen nach KSchG § 17

Betriebsgröße (Arbeitnehmer)	geplante Mindestzahl der Entlassungen
21 - 59	6 Arbeitnehmer
60 - 250	10 % der Belegschaft
251 - 499	26 Arbeitnehmer
500 und mehr	30 Arbeitnehmer

Die Vorschriften für Massenentlassungen gelten zusätzlich zu dem bereits besprochenen individualrechtlichen Kündigungsschutz; zudem ist auch der Betriebsrat für die Kündigung jedes einzelnen Arbeitnehmers anzuhören, so daß er Gelegenheit zum Widerspruch (auch im Einzelfall) hat.

Die Unternehmensführung ist verpflichtet, dem zuständigen Arbeitsamt die Massenentlassung schriftlich mitzuteilen. Existiert ein Betriebsrat, so ist dessen Stellennahme der Anzeige beizufügen. Die Mitteilung an das Arbeitsamt setzt eine Frist von regelmäßig 30 Tagen (Sperrfrist) in Gang, innerhalb derer Entlassungen ungültig sind. Ein Beispiel aus INHOFFEN (1979, S.81) soll diese Zusammenhänge verdeutlichen:

Ein Unternehmen beschäftigt 40 Arbeitnehmer. Zwei Arbeitnehmern wird zum 5. Oktober, 3 Arbeitnehmern zum 10. Oktober und 4 Arbeitnehmern zum 30. Oktober gekündigt. Innerhalb von 30 Tagen würden also 9 Kündigungen wirksam. Am 15. September geht die Anzeige beim Arbeitsamt ein; damit beginnt die Sperrfrist von einem Monat zu laufen. Die Kündigungen zum 5. und 10. Oktober werden erst zum 15. Oktober wirksam; bis dahin besteht das Arbeitsverhältnis fort. Die übrigen 4 Arbeitnehmer scheiden zum 30. Oktober aus.

Nach Ablauf der Sperrfrist beginnt die sog. Freifrist von 4 Wochen, in welcher die Entlassungen durchgeführt werden können. Dabei müssen die Kündigungsfristen eines jeden einzelnen Arbeitnehmers eingehalten werden. Ist die Kündigungsfrist länger als die Sperr- und Freifrist zusammen (im Höchstfall 3 Monate), so muß bereits vor Beginn der Sperrfrist gekündigt werden. Ist dies versäumt worden, so muß gegebenenfalls eine neue Genehmigung zu Massenentlassung eingeholt werden. Die durchgeführten Entlassungen sind unwirksam, wenn:

- die Unternehmensleitung der Anzeigepflicht nicht nachkommt,

- die Unternehmensleitung den Betriebsrat nicht mindestens 2 Wochen vor der Anzeige beim Arbeitsamt informiert und der Betriebsrat keine Stellungnahme abgibt,

- der Betriebsrat keine Stellungnahme abgibt, obwohl die Unternehmensleitung ihn mindestens 2 Wochen vor der Anzeige beim Arbeitsamt informiert hat, und Arbeitnehmer innerhalb der Sperrfrist entlassen werden,

- die Unternehmensleitung trotz Abgabe der Stellungnahme des Betriebsrats Arbeitnehmer innerhalb der Sperrfrist entläßt,

- in einem betriebsratslosen Unternehmen Entlassungen innerhalb der Sperrfrist durchgeführt werden (nach: INHOFFEN 1979, S. 83).

In diesen Fällen sind <u>sämtliche</u> Entlassungen (wenn sich ein betroffener Arbeitnehmer darauf beruft) unwirksam. Um die Unwirksamkeitsgründe erst gar nicht entstehen zu lassen, kann ein Unternehmen unterschiedliche Strategien einsetzen:

- Entlassungen werden so terminiert, daß sie vor oder nach dem Zeitraum von 30 Tagen liegen, so daß innerhalb der 30 Tage die anzeigepflichtige Zahl nicht erreicht wird (Personalabbau in wohldosierten Schritten),

- die Anzeige kann beim Arbeitsamt vorsorglich erstattet werden (Vorratsanzeige) und/oder jederzeit zurückgezogen werden,

- die Anzeige kann so frühzeitig erfolgen, daß die Sperrfrist das Wirksamwerden von Kündigungen nicht hinausschiebt (nach: INHOFFEN 1979, S. 83).

Diese Umgehungsstrategien bewirken, daß Massenentlassungen nicht verhindert, sondern höchstens um zwei Monate verzögert werden können. Von einem Massenentlassungsschutz als solchem kann man nach INHOFFEN (1979, S. 83) somit nicht reden. Ein Grund dafür ist darin zu sehen, daß §§ 17 ff. KSchG die Funktionsfähigkeit des staatlich reglementierten Arbeitsmarktes und nicht den individuellen Arbeitsplatz schützen wollen (vgl. HUECK & HUECK 1980).

Aus der Sicht des Unternehmens haben Massenentlassungen den Vorteil, daß das Abbau-Volumen relativ unbegrenzt ist, die Kosten durch die Kündigungsfristen klar überschaubar sind und eine Vorentscheidung über Abfindungen bei künftigen Aktionen nicht notwendig ist (s. RKW-Hdb. 1978, Bd. IV, S. 59). Beachtet werden muß in diesem Zusammenhang allerdings, daß das Verfahren (nach §§ 17 ff. KSchG) einige Risiken beinhaltet (z.B. Gefahr von Prozessen mit schwer überschaubaren Folgen für den Bereich der Kosten); zudem kann das "Klima" zwischen Unternehmensleitung, Betriebsrat und Belegschaft durch die einschneidenden Konsequenzen aus anzeigepflichtigen Entlassungen erheblich belastet und das Image der Firma auf dem Arbeitsmarkt und bei Kunden schwer geschädigt werden.

Personalabbau bei Betriebsänderungen

Nach § 112 I BetrVG gelten als Voraussetzung für einen Interessenausgleich bzw. einen Sozialplan solche Betriebsänderungen, die wesentliche Nachteile für die Belegschaft oder erhebliche Teile der Belegschaft zur Folge haben können (§ 111 Satz 1 BetrVG). Als Betriebsänderungen im Sinne des Satzes 1 gelten:

- Einschränkung und Stillegung des ganzen Betriebs oder von wesentlichen Betriebsteilen,

- Verlegung des ganzen Betriebs oder von wesentlichen Betriebsteilen,

- Zusammenschluß mit anderen Betrieben,

- grundlegende Änderungen der Betriebsorganisation, des Betriebszwecks oder der Betriebsanlagen,

- Einführung grundlegend neuer Arbeitsmethoden und Fertigungsverfahren (Quelle: Betriebsverfassungsgesetz § 111 Satz 2).

Angesichts dieser Einzelfälle wird deutlich, daß nicht nur Betriebsänderungen, die zu Entlassungen führen, unter § 111 BetrVG fallen, sondern auch Maßnahmen mit weniger drastischen Konsequenzen. Im Rahmen unserer Themenstellung wird v.a. auf Fragen eingegangen, die sich im Zusammenhang mit Entlassungen ergeben, da allein diese unter quantitativen Gesichtspunkten für die Personalabbauplanung von besonderer Bedeutung sind. Betriebsänderungen fallen nur dann unter §§ 111-113 BetrVG, wenn sie "wesentliche Nachteile für die Belegschaft oder erhebliche Teile der Belegschaft haben können". Als wesentliche Nachteile kommen in Betracht:

- Erschwerung der Arbeit,
- Minderung des Arbeitsverdienstes,
- längere Anfahrtswege,
- erhöhte Kosten für Fahrten zur Arbeitsstelle oder für doppelte Haushaltsführung,
- Entlassungen;

nicht dagegen

- vorübergehende Unbequemlichkeiten einer Einarbeitung.

Betreffen solche Nachteile die gesamte Belegschaft, so entstehen keine Zweifelsfragen; problematisch ist dagegen, was unter "erheblichen Teilen" der Belegschaft zu verstehen ist. Das Bundesarbeitsgericht (BAG) hat mit einer Entscheidung vom 2.8.1983 (DB 1983, S. 2776) die Zahlen- und Prozentangaben der Neufassung des § 17 Abs. 1 KSchG als Richtschnur herangezogen, jedoch mit der Maßgabe, daß von dem Personalabbau mindestens 5 % der Belegschaft betroffen sein müssen. Dabei sind nur solche Arbeitnehmer zu berücksichtigen, die aus betrieblichen Gründen aus dem Betrieb ausscheiden. Arbeitnehmer, die aus personen- oder verhaltensbedingten Gründen entlassen werden oder deren Arbeitsvertrag infolge Fristablaufs endet, bleiben außer Betracht. Im Hinblick auf die ihn sonst durch einen Sozialplan treffenden finanziellen Belastungen ist es legitim, wenn der Arbeitgeber eine vorgesehene Personalreduzierung unterhalb der Erheblichkeitsgrenze hält.

Da es immer um die einzelnen Voraussetzungen (§ 111 BetrVG oder § 17 KSchG) geht, ist hier festzustellen, daß:

a) Betriebsänderungen mit der Folge von Massenentlassungen nicht automatisch sozialplanpflichtig sind und

b) nicht jede Massenentlassung eine Betriebsänderung darstellt

(siehe dazu HUNOLD 1982, S. 91 ff.). Für die betroffenen Arbeitnehmer bleibt somit die Massenentlassung primär eine individualrechtliche Angelegenheit. Das Betriebsverfassungsgesetz fordert, daß der Betriebsrat umfassend und rechtzeitig über die geplanten Maßnahmen informiert wird und daß der Arbeitgeber den ernsthaften Versuch unternimmt, die Zustimmung des Betriebsrats zu den vorgesehenen Maßnahmen zu erzielen. Gegenstand des Einigungsversuchs sind folgende Fragen:

- Sollen die geplanten Maßnahmen überhaupt durchgeführt werden (Frage nach dem "Ob")?

- Wenn ja: zu welchem Zeitpunkt und auf welche Weise sollen die geplanten Maßnahmen durchgeführt werden (Fragen nach dem "Wann" und dem "Wie")?

Die Einigung über das "Ob", "Wann" und "Wie" der geplanten Maßnahmen heißt Interessenausgleich; die Einigung über den Ausgleich oder die Milderung der wirtschaftlichen Nachteile, die dem Arbeitnehmer durch die geplante Betriebsänderung entstehen, heißt Sozialplan. Im Gesetz findet sich allerdings kein Hinweis darauf, in welcher Weise Ausgleichsansprüche aus Sozialplänen auszugestalten sind; lediglich ihr Ziel, der Ausgleich wirtschaftlicher Nachteile, die den Arbeitnehmern durch Betriebsänderungen entstehen, ist dort angesprochen. Trotz der Existenz sog. Mustersozialpläne (v.a. aus Unternehmen der Montanindustrie), durch welche vielfach die inhaltlichen Regelungen vorstrukturiert werden, richtet sich der Aufbau eines Sozialplans im konkreten Fall nach der sozialen Lage der betroffenen Arbeitnehmer und dem von der wirtschaftlichen Situation des Unternehmens abhängigen Verhandlungsspielraum des Betriebsrates. Nach den Ergebnissen einer systematischen Auswertung von Sozialplänen (n = 261) durch das Institut für Sozialforschung und Sozialwissenschaft in Saarbrücken (s. OCHS 1976) kommen den im Sozialplan geregelten Um- bzw. Versetzungsmaßnahmen nur eine ge-

ringe Bedeutung zu, v.a. deshalb, weil 92 % der ausgewerteten Sozialpläne an-
läßlich von Total- oder Teilstillegungen abgeschlossen wurden. Im Zusammenhang
mit den ausgesprochenen Entlassungen wurden im Sozialplan v.a. die Höhe der Abfindungszahlungen geregelt. Darüber hinaus wurden Vereinbarungen über das Wohn-
recht in Werkswohnungen, Jubiläumsgelder, betriebliche Altersversorgung, Sach-
leistungen (z.B. Kohledeputat) und Weihnachtsgelder getroffen. Die Höhe der Abfindungen wurde in erster Linie durch die Dauer der Betriebszugehörigkeit
(97,3 % der Sozialpläne) und durch das Lebensalter (64,8 %) determiniert. In
einer geringeren Zahl der Fälle (15,7 %) wurde auch das Einkommen herangezogen.

Zusammenfassung und Schlußfolgerung

In den meisten vorliegenden empirischen Studien (z.B. LUTZ u.a. 1977, SCHULTZ-
WILD 1978; LUTZ u.a. 1979; SCHOLL & BLUMSCHEIN 1979) wird bestätigt, daß in
Betrieben mit einem ausgebauten System der Personal(abbau)planung die Belegschaft (im Durchschnitt) in geringerem Umfang sowie langsamer abgebaut wurde
als in Betrieben ohne Personalplanung; darüber hinaus wurden in planenden Betrieben eher indirekte Methoden des Abbaus, bei denen die Interessen der Arbeitnehmer stärker berücksichtigt wurden, bevorzugt. Bei der Interpretation
dieser Befunde ist allerdings darauf zu achten (s. MENDIUS 1980), daß es sich
bei allen Untersuchungen um Querschnittsanalysen handelt, in welchen lediglich
eine "Momentaufnahme" der betrieblichen Praxis stattgefunden hat, wobei eine
Korrelation noch keine Verursachung ist. Der Zeitraum vor der Erhebung kann mit
Hilfe eines solchen Untersuchungsdesigns nur ungenügend abgebildet werden. Gerade in dem hier diskutierten Zusammenhang wäre es aber von Bedeutung zu erfahren, ob Betriebe mit einer Personal(abbau)planung nicht schneller reagiert haben und bereits während der Zeit vor der Datenerfassung Personal reduziert haben.

Zusätzlich muß darauf geachtet werden, daß der Ausbaustand der Personalplanung
mit der Größe des Betriebs bzw. mit der Branche korreliert; in größeren Betrieben geht der Schutz der Arbeitnehmer durch das Betriebsverfassungsgesetz jedoch
weiter als in kleineren; härtere Maßnahmen des Personalabbaus sind somit in
größeren Betrieben stärkeren Beschränkungen ausgesetzt bzw. mit höheren Kosten-
belastungen verbunden. Der mögliche Nutzen einer (langfristigen) Personal(abbau)planung für die Arbeitnehmer besteht v.a. in ihrer Funktion als "Frühwarn-
system". Die Hoffnung, daß das Vorhandensein eines Instrumentariums zur Perso-
nal(abbau)planung zu sozial fortschrittlicheren, rationaleren und Interessen
eher ausgleichenden Lösungen des Personalabbaus führt, hat sich in den meisten
empirischen Untersuchungen als "technokratische Fehlannahme" (LUTZ u.a. 1980,
S. 38) herausgestellt. Personal(abbau)planung ist diesen Autoren zufolge "lediglich ein technisches Instrument betrieblicher Beschäftigungspolitik zur Lösung bestimmter betrieblicher Probleme und steht zugleich im Spannungsfeld von
Ziel- und Interessenkonflikten" (S. 38). Die Möglichkeiten zur Wahrung von Arbeitnehmerinteressen werden von Betriebsräten eher zwiespältig beurteilt. Auf
der einen Seite wollen Arbeitnehmervertreter über Mitwirkungs- und Mitbestimmungsrechte stärkeren Einfluß auf Inhalte und Auswirkungen der betrieblichen
Personalpolitik gewinnen. Das Betriebsverfassungsgesetz bietet als Ansatzpunkt
hierfür v.a. die betriebliche Personalplanung an. Allerdings kann die Akzeptanz
dieses Angebots durch die Betriebsräte dazu führen, daß diese "in den bloßen
technischen Vollzug personalpolitischer Optionen eingebunden werden, auf die
sie keinen Einfluß haben" (LUTZ 1980, S. 217).

3.7. Personaleinsatzplanung

3.7.1. Begriff und Bedeutung der Personaleinsatzplanung

Einer sehr allgemeinen Definition zufolge soll im Rahmen der Personaleinsatzplanung, basierend auf der Personalbedarfs- und -beschaffungsplanung, die optimale Besetzung einer "freien" Stelle ermöglicht werden (vgl. AMBROSY 1982). Je nach der zeitlichen Perspektive entsprechender Definitionen kann Personaleinsatzplanung zum einen als Anpassungs-, zum andern als Zuordnungs-Problem verstanden werden. Geht man von einer mittel- oder langfristigen Perspektive aus, so hat die Personaleinsatzplanung die Aufgabe zur Organisations- bzw. Personalentwicklung beizutragen, indem sie für die Anpassung der Fähigkeiten der Arbeitskräfte an die Arbeitsanforderungen, sowie für die Anpassung der Arbeitsplätze und der Arbeitsanforderungen an die Fähigkeiten und Bedürfnisse der Arbeitnehmer sorgt. Aus einem kurzfristigen Blickwinkel werden Ist-Personal-Bestand und organisatorische Gegebenheiten als unveränderlich angesehen und bilden den Entscheidungsrahmen für die Personaleinsatzplanung. Diese beschränkt sich dabei auf die unternehmensinterne und personalpolitisch zweckmäßige Zuordnung eines gegebenen Personalbestandes auf die verschiedenen Stellen bzw. Arbeitsplätze eines Unternehmens.

Im folgenden soll die Anpassungsthematik nicht weiter behandelt werden, da dies ausführlich in den Beiträgen von CONRADI (1983) und NEUBERGER (1985) in dieser Reihe geschieht. Vertieft wird an dieser Stelle v.a. die Zuordnungproblematik. Die Aufgabe bei dieser kurzfristigen Betrachtung der Personaleinsatzplanung besteht darin, ausgehend von einer möglichst exakten Bestimmung von Ist- und Soll-Personalbestand, stellenbezogene Diskrepanzen zwischen Ist- und Soll-Bestand zunächst intern (z.B. durch Umsetzung, Überstunden, Kurzarbeit) auszugleichen.

Die Bedeutung der Personaleinsatzplanung für die betriebliche Praxis soll anhand einiger Beispiele aufgezeigt werden:

- Infolge von Marktveränderungen müssen Mitarbeiter einer (Produktions-)Abteilung in eine andere Abteilung versetzt werden.

- Der Leiter eines Projekts zur Entwicklung einer neuen Führungskonzeption fällt wegen Krankheit für längere Zeit aus; die Stelle muß vorübergehend besetzt werden.

- In einem großen Bauunternehmen, das seine Arbeiter primär aus der ländlichen Umgebung rekrutiert, fehlen während der Erntezeit erfahrungsgemäß ca. 40 % aller Maurer.

- In einem Großversandhaus muß der Personalbestand in der Vorweihnachtszeit kurzfristig um über 100 % erweitert werden.

- Durch Umstellungen in der Produktion (z.B. Neukonzeption einer Fertigungsstraße) ist ein Teil der bisherigen Facharbeiterstellen überflüssig geworden und neue "Anlernstellen" sind entstanden; den Facharbeitern sollen andere, ihren Fähigkeiten entsprechende Stellen (innerbetrieblich) vermittelt werden; die Anlernstellen sollen von "außen" besetzt werden.

- Aufgrund der Verkürzung der Arbeitszeit muß eine zusätzliche Schicht eingerichtet werden.

- Der Einsatz des Verkaufspersonals in einem großen Warenhaus muß so geplant werden, daß während der "Stoßzeiten" eine optimale Bedienung der Kunden möglich ist.

Um Nachteile für Arbeitnehmer bei der Personaleinsatzplanung zu verhindern ist eine Reihe von gesetzlichen Regelungen zu beachten (dem "Hin- und Herschieben" von Arbeitnehmern stehen allerdings nicht nur rechtliche, sondern auch psychologische Gründe entgegen). Neben rechtlichen Bestimmungen etwa zur "Änderungskündigung" oder zur "Suspendierung" soll v.a. die Beteiligung des Betriebsrats bei der Personaleinsatzplanung eine angemessene Berücksichtigung von Arbeitnehmerinteressen gewährleisten (s. Beleg 2).

3.7.2. Methoden der Personaleinsatzplanung

Das Grundproblem der Personaleinsatzplanung besteht in der Zuordnung von Arbeitnehmern zu bestimmten Arbeitsaufgaben. Unter einer rein quantitativen (kurzfristigen) Betrachtungsweise sollen im Rahmen des Zuordnungsproblems Arbeitnehmer und Stellen eines Unternehmens(-bereichs) so miteinander kombiniert werden, daß das zur Verfügung stehende Personal möglichst gleichmäßig ausgelastet wird. Dabei wird von der Annahme ausgegangen, daß alle Mitarbeiter im Hinblick auf die zu erfüllenden Arbeitsaufgaben gleichwertig sind.

Bei individuellen Zuordnungsproblemen besteht die Menge der einzusetzenden Personen m oder/und die Menge der zu besetzenden Arbeitsplätze n nur aus einem Element. Dabei können folgende Zuordnungsprobleme auftreten (aus: MEIRITZ 1984, S. 36):

(1) Besetzungsproblem: $m \geqslant 1$; $n = 1$.

Aus der Menge von Personen ist der bestgeeignete Bewerber für eine vakante Stelle auszuwählen (z.B. Neubesetzung einer vakanten Stelle; Erstbesetzung eines neuen Arbeitsplatzes).

(2) Eingliederungsproblem: $m = 1$; $n \geqslant 1$.

Aus einer Menge freier Arbeitsplätze ist der bestgeeignete Arbeitsplatz für einen Arbeitnehmer auszuwählen (z.B. Einsatz eines neuen Mitarbeiters; Umsetzung eines Arbeitnehmers, Eingliederung eines leistungsgeminderten Arbeitnehmers).

Bei kollektiven Zuordnungsproblemen besteht die Menge der einzusetzenden Arbeitnehmer und die Menge der zu besetzenden Arbeitsplätze aus mehr als einem Element. Ausgehend vom Beispiel der Erstbesetzung eines neuen Fertigungsbereichs (bzw. bei größeren Umsetzungsmaßnahmen), bei der eine Anzahl freier Arbeitsplätze auf eine Gruppe von Personen zu verteilen ist, unterscheidet MEIRITZ (1984, S. 37) drei weitere Gruppen von Zuordnungsproblemen:

(3) Geschlossenes Zuordnungsproblem: $m = n > 1$.

Alle Personen werden eingesetzt, kein Arbeitsplatz bleibt frei.

(4) Zuordnungsproblem mit Arbeitsdefizit: $m > n > 1$.

Kein Arbeitsplatz bleibt unbesetzt, m-n Personen werden nicht zugeordnet.

Beleg 2 : Beteiligung der Betriebsräte an der Einsatzplanung nach dem BetrVG
(aus: RKW-Hdb. 1978, Bd. VI, S. 22 f.)

1. § 92 BetrVG: Information und Beratung über alle sich aus dem gegenwärtigen und zukünftigen Personalbedarf ergebenden Maßnahmen; zu diesen Maßnahmen zählt auch der Personaleinsatz.

Liegt noch keine Personaleinsatzplanung vor, so kann der Betriebsrat Vorschläge für deren Ein- und Durchführung machen.

2. § 90 BetrVG: Information und Beratung bezüglich der Planung
● von Neu-, Um- und Erweiterungsbauten von Fabrikations-, Verwaltungs- und sonstigen betrieblichen Räumen,
● von technischen Anlagen,
● von Arbeitsverfahren und Arbeitsabläufen oder
● der Arbeitsplätze.

Bei diesen Planungen sind die gesicherten arbeitswissenschaftlichen Erkenntnisse über die menschengerechte Gestaltung der Arbeit zu berücksichtigen. Werden bei Änderungen der Arbeitsplätze, des Arbeitsablaufes oder der Arbeitsumgebung diese Erkenntnisse nicht berücksichtigt und deswegen die Arbeitnehmer in besonderer Weise belastet, so kann der Betriebsrat Maßnahmen zur Abwendung, Milderung oder zum Ausgleich der Belastung verlangen (§ 91 BetrVG).

3. § 87 Abs. 1 BetrVG: Mitbestimmung bei der Regelung betrieblicher organisatorischer Fragen (z.B. Arbeitszeit- und Urlaubsregelung).

4. § 111 BetrVG: Unterrichtung und Beratung über bestimmte, im einzelnen im Gesetz aufgeführte, Betriebsänderungen. Diese Betriebsänderungen haben in der Regel ebenfalls Änderungen im Einsatz der Arbeitskräfte zur Folge.

§ 112 BetrVG: Bei vorgesehenen Betriebsänderungen ist ein Interessenausgleich zwischen Unternehmer und Betriebsrat zu suchen und ein Sozialplan ist aufzustellen zum Ausgleich oder zur Milderung der wirtschaftlichen Nachteile, die den Arbeitnehmern infolge der Betriebsänderung entstehen. Der Interessenausgleich soll klären, ob, wann, und in welcher Weise die vorgesehene Betriebsänderung durchgeführt wird.

5. §§ 93-95 BetrVG: Mitbestimmung bei der Erarbeitung gemeinsamer Planungshilfen (innerbetriebliche Stellenausschreibung, Personalfragebogen und Beurteilungsgrundsätze, Auswahlrichtlinien).

6. § 96 BetrVG: Förderung der Berufsbildung im Rahmen der betrieblichen Personalplanung, also auch im Rahmen der Einsatzplanung; Beratungs- und Vorschlagsrecht des Betriebsrates in Fragen der Berufsbildung.

§ 97 BetrVG: Beratung über die Errichtung und Ausstattung betrieblicher Einrichtungen zur Berufsbildung, über die Einführung betrieblicher Berufsbildungsmaßnahmen sowie über die Teilnahme an außerbetrieblichen Berufsbildungsmaßnahmen.

(5) Zuordnungsproblem mit Personaldefizit: $n > m > 1$.

Alle Personen werden zugeordnet, n-m Arbeitsplätze bleiben unbesetzt.

3.7.2.1. Zuordnungsmodelle und -beispiele

Bei der Darstellung von Methoden soll zunächst anhand eines Beispiels aufgezeigt werden, wie mit Hilfe der Stellenbesetzungsplanung in der betrieblichen Praxis ein Problem der Personaleinsatzplanung (bzw. der Personalzuordnung) behandelt wird. Daran anschließend werden formale Zuordnungsmodelle dargestellt und diskutiert, die in wissenschaftlichen Veröffentlichungen häufig thematisiert werden und deren Einsatzmöglichkeiten in der Praxis v.a. durch die rasche Verbreitung von automatisierten Personalinformationssystemen in letzter Zeit verstärkt diskutiert werden. Dabei wird v.a. zu prüfen sein, ob die formalen Verfahren einen realistischen Versuch darstellen, Probleme der Personaleinsatzplanung auch in der betrieblichen Praxis (nicht nur in Organisationen mit über 100.000 Angehörigen wie etwa der US-Marine) zu lösen, oder ob der Vorwurf berechtigt ist, daß in diesen Modellen die Vorliebe von Theoretikern für formale Spielereien zum Ausdruck kommt und daß ein realitätsferner Modellplatonismus dieser Art keinerlei Relevanz für den betrieblichen Alltag besitzt.

Die Stellenbesetzungsplanung als Hilfsmittel für die (kurzfristige) Personaleinsatzplanung

Stellenbesetzungspläne liefern Informationen über die aktuelle Struktur der Belegschaft und über die qualitativen Aspekte der momentanen Stellenbesetzung. Für den aktuellen und kurzfristigen Einsatz von Arbeitnehmern (z.B. zum Ausgleich von Ausfallzeiten oder zur Bewältigung von unregelmäßig schwankendem Arbeitsanfall) kommen der Stellenbesetzungsplanung folgende Funktionen zu (aus: RKW-Hdb. 1978, Bd. VI, S. 42):

- "Die Ausgleichsfunktion: z.B. Vermeidung von Überstunden und Sonderschichten an der einen Stelle durch Heranziehen von Arbeitskräften aus Stellen mit geringer Arbeitsauslastung.

- die Überbrückungsfunktion: Überbrückung von Fehlzeiten aller Art durch den befristeten Einsatz von Reserveleuten, Aushilfskräften, Springern usw.

- Die Steuerfunktion: z.B. Einteilung zu "Sonderschichten und Überstunden, Verteilung der Aushilfskräfte bei unregelmäßig auftretenden Spitzenbelastungen".

Ergänzend soll darauf hingewiesen werden, daß bei einer quantitativen Betrachtung der Reservebedarf nicht nur als "Reservearmee" ausgewiesen wird, sondern in der Stellenplanung oft bereits dadurch berücksichtigt wird, daß Stellen nur zu 80 % ausgelastet sind und dann bei Spitzenbelastungen zusätzliche Leistung erbringen können. Im folgenden soll anhand eines Beispiels aus der betrieblichen Praxis die Bedeutung der Stellenbesetzungsplanung für die Personaleinsatzplanung demonstriert werden.

Beispiel 1

Stellenbesetzungsplanung (aus: HAGNER 1975, S. 248 ff.)

Für die Stahlgießerei eines Hüttenwerks wurde eine maximale Kapazität von

1.800 t im Monat errechnet. Die geringste noch wirtschaftlich vertretbare Produktion beträgt 400 t im Monat.
Die unterschiedliche Struktur der Aufträge, bedingt durch die Anzahl und Lage der Kerne, die Wandstärken, die Arten der Formen, die zu verwendenden Formstoffe und die geforderte Qualtität nach dem Abguß macht die Ermittlung eines Schwierigkeitsgrades erforderlich. Dieser drückt sich im wesentlichen in einem Verhältnis der Formerstunden zu den Kernmacherstunden in Abhängigkeit von der Struktur der Erzeugnisse aus und wird jeweils im Monatsdurchschnitt anhand der vorliegenden Aufträge ermittelt.

In Abhängigkeit von den geplanten Monatstonnen und dem durchschnittlichen Schwierigkeitsgrad ergeben sich aus Regressionsrechnungen die erforderlichen Stunden an den einzelnen Stellen und Arbeitsplätzen.
Das sind für die Stahlgießerei
    8 fixe Stellen mit 8 Arbeitsplätzen; (fix = Arbeitsplätze müssen immer
       besetzt sein; Anm. d. Verf.)
  24 sprungfixe Stellen, d.h. fixe Stellen, wobei minimal 100 und maximal
      213 Arbeitsplätze an diesen Stellen abhängig von der Arbeitsweise in
      Schichten sind, und
   6 variable Stellen mit minimal 56 und maximal 168 direkt produktions-
      abhängigen Arbeitsplätzen.
Die Arbeitsweise ist von 400 bis 800 t im Monat einschichtig, bis 1.300 t im Monat zweischichtig und darüber hinaus dreischichtig erforderlich.
Die Zeitverschiebung beträgt bei der Auftragsabwicklung durchschnittlich 3 Monate, so daß z.B. die erforderlichen Fertigputzerstunden mit den Kennzahlen ermittelt werden, die 3 Monate davor zur Ermittlung der Kernmacherstunden dienten.

Richtwerttabellen als Planungsunterlage

Das Ergebnis der Absatz- und Produktionsplanung und die auf den Arbeitsumfang bezogene Stellenbesetzungsplanung geht auf Grund der Arbeitsplatz- und Kennzahlmethode in Richtwerttabellen ein, die ihrerseits den Stundenaufwand je Monat ausweisen. In Abhängigkeit der verschiedenen Bezugsgrößen ist aus den Richtwerttabellen und ggf. daraus entwickelten Nomogrammen zu ersehen:
- welcher Stundenaufwand an den einzelnen Stellen erforderlich ist,
- wann dieser Stundenaufwand in der Zeitverschiebung erforderlich ist,
- welche Schichtverteilung an den Arbeitsplätzen geboten ist und
- wie der erforderliche Stundenaufwand entsprechend den Arbeitstagen des
  Monats schwankt.
Diese Richtwerttabellen, die aus Rückrechnungen mit Werten aus der Vergangenheit ermittelt werden, müssen nach ihrer Erstellung periodisch dahingehend überprüft werden, ob sie den Soll-Vorstellungen, speziell unter dem Gesichtspunkt der gewünschten Betriebs- oder Abteilungs-Leistung, entsprechen. Hier müssen Arbeitsvorbereitungen und Abteilungen, welche Zeitstudien durchführen, den Stellenbesetzungsplaner unterstützen. Außerdem müssen die Tabellen bei Änderungen des Arbeitsablaufes, bei Rationalisierungen und sonstigen Veränderungen, die einen anderen als den bisherigen Stundenaufwand für die Durchführung der Arbeiten bzw. der Bearbeitungspositionen oder eine andere Zeitverschiebung beim Durchlauf der Produktion oder der Aufträge erwarten lassen, überprüft und geändert bzw. abgewandelt werden.
Anhand der Richtwerttabellen kann der Stellenbesetzungsplaner den erforderlichen Stundenaufwand auf die geplanten und zu erwartenden Arbeiten, Bearbeitungspositionen und Aufträge für jeden Monat ermitteln. Die Richtwerttabelle 24 gibt den Stundenbedarf für die Lohnempfänger einer Stahlgießerei an.

Tab. 24: Richtwerttabelle zur Ermittlung der Planzeiten (aus: HAGNER 1975, S. 252 f.)

	Erforderliche Stunden der Stahlgießerei in Abhängigkeit von der geplanten Produktion und den vorkalkulierten Formerstunden						Geplante Produktion: 1.200 Tonnen/Monat	
	Vorkalkulierte Formerstunden	7.000		8.000		9.000		10.000
	Durchschnittlicher Schwierigkeitsgrad	7,0 7,5 8,5 9,0		8,0 8,5 9,5 10,0		9,0 9,5 10,5 11,0		9,5 10,0 11,0 11,5
Variable Arbeitsplätze	Zeitverschiebung zu Formerstunden	Stunden		Stunden		Stunden		Stunden
87 Kernmacher	-	1400 2000 3200 3800		1600 2200 3400 4000		1800 2400 3600 4200		1400 2000 3200 3800
04 Vorputzer	1 Monat	1316 1360 1444 1484		1402 1444 1524 1563		1484 1524 1601 1638		1524 1563 1628 1674
04 Fertigputzer	3 Monate	1505 1579 1724 1796		1652 1724 1866 1936		1796 1865 2006 2075		1866 1936 2075 2143
12 Schleifer	3 Monate	1357 1458 1661 1765		1559 1661 1869 1974		1766 1869 2080 2187		1869 1974 2187 2295
19 Schweißer	2 Monate	1778 1846 1979 2043		1913 1979 2106 2168		2043 2106 2228 2288		2106 2158 2288 2347
06 Zurichterei	3 Monate	2158 2251 2432 2520		2342 2432 2607 2693		2520 2607 2778 2861		2607 2693 2861 2943

Sprungfixe Arbeitsplätze	Zeitverschiebung zu Formerstunden	November		
		Stunden bei 20 Arbeitstagen	Stunden bei 21 Arbeitstagen	Stunden bei 22 Arbeitstagen
54 Vorarbeiter Former	-	1280	1344	1408
02 Vorarbeiter Putzer	1 Monat	1120	1176	1732
73 Modellkontrolleur	-	640	672	704
74 Modellschreiner	-	2080	2184	2288
74 Modellverlader	-	1120	1176	1232
58 Vorarbeiter Ausleerer	1 Monat	480	504	528
59 Kolonnenführer Ausleer.	1 Monat	320	336	352
60 Ausleerer	1 Monat	2880	3024	3168
81 Masseaufbereiter	-	320	336	352
61 Mischermann	-	160	168	176
62 Anhänger Molikran	-	160	168	176
94 Ofenwärter Trockenöfen	-	640	672	704
95 Ofenwärter Glühöfen	2 Monate	640	672	704
09 Vorzeichner	2 Monate	800	840	880
16 Säger	2 Monate	160	168	176
47 Brenner	2 Monate	960	1008	1056
14 Putzer Trockenputzhaus	1 Monat	160	168	176
15 Putzer Naßputzhaus	1 Monat	160	168	176
18 Schlichtflämmer	3 Monate	320	336	352
21 Transportarbeiter	1-3 Monate	1600	1680	1760
39 Kranfahrer	1-3 Monate	4320	4536	4752
65 Schlosser Kerneisenschm.	-	480	504	528
56 Kerneisenschmiede	-	320	336	352
57 Kerneisenzurichter	-	960	1008	1056

Fixe Arbeitsplätze	Zeitverschiebung zu Formerstunden			
80 Vorarbeit.Masseaufber.	entfällt	160	168	176
86 Vorarbeit.Kernmacher	entfällt	160	168	176
89 Vorarbeit.Kranfahrer	entfällt	160	168	176
63 Vorarbeit.Kerneisenschm.	entfällt	160	168	176
54 Kolonnenf.Kerneisenschm.	entfällt	160	168	176
72 Vorarbeit.Modellschrein.	entfällt	160	168	176
82 Betriebsrat	entfällt	160	168	176
84 Laufjunge	entfällt	160	168	176

Die personenbezogenen Kennzahlen

Um nunmehr den Personalbedarf feststellen zu können, muß der Stellenbesetzungsplaner den so ermittelten monatlichen Stundenbedarf der Aufträge und der Bearbeitungspositionen mit den Kennzahlen umrechnen, die sich aus personenbezogenen Fakten, Zeiten und Bezugsgrößen ergeben.
Diese Kennzahlen ergeben sich
- aus den Normalstunden der jeweiligen Monate, die abhängig von der tariflichen Arbeitszeit und den monatlichen Arbeitstagen sind,
- aus den zu erwartenden Ausfallstunden durch Urlaub und Krankheit,
- aus den zur Verfügung stehenden Reservestunden der Belegschaftsmitglieder, die an Reservestellen eingesetzt sind,
- aus den Über- bzw. Mehrarbeitsstunden unter Berücksichtigung der Zumutbarkeit,
- aus den Möglichkeiten, erforderliche Stunden durch Personal von Verleiherfirmen abdecken zu können,
- aus den Versetzungsmöglichkeiten der Belegschaftsmitglieder, d.h. der umstellfähigen Qualität bzw. der Mehrfachqualifikation,
- aus dem zur Verfügung stehenden Personal eines Einsatzbetriebes,
- aus den Möglichkeiten, die gewollten Kontrollspannen der Führungskräfte zu vergrößern oder zu verringern.
Das erforderliche Stundenvolumen anhand des geplanten und des zu erwartenden Auftrags-, Produktions- und Arbeitsumfanges ergibt durch Umrechnung mit den personenbezogenen Kennzahlen die Anzahl des erforderlichen Personals einer organisatorischen Einheit und innerhalb dieser organisatorischen Einheit an jeder Stelle die Anzahl der zu besetzenden Arbeitsplätze.
Dieser Soll-Stellenbesetzung wird nun die vorhandene Belegschaft gegenübergestellt. Anhand der sich ergebenden Über- bzw. Unterdeckung müssen entsprechende personalpolitische Maßnahmen durchgeführt werden.
Dem Stellenbesetzungsplaner obliegt hier die Kontrolle der Durchführung dieser Maßnahmen.
Bedingungen für eine ausreichende Beweglichkeit bei der Abdeckung der erforderlichen Soll-Belegschaft in Betrieben und Abteilungen sind hierbei
- eine ausreichende Mehrfachqualifikation der vorhandenen Belegschaft und damit entsprechende Um- und Versetzungsmöglichkeiten, unterstützt durch ein Lohn- und Gehaltssystem, das diese erforderliche Mobilität nicht mindert und
- eine Personalplanung für die Zukunft, die frühzeitig erkennen läßt, welche personalpolitischen Maßnahmen zur Erhaltung der Qualität und Mobilität der Belegschaft und zur Beschaffung der erforderlichen Anzahl von Mitarbeitern in den einzelnen Berufen erforderlich sind.

Ein rechnerisches Beispiel der Stellenbesetzungsplanung

Es soll das Planungsgeschehen an dem schon erwähnten Beispiel einer Stahlgießerei für das Kriterium der Zeitverschiebung einmal für einen Monat kurz dargestellt werden.
Die Stellenbesetzung wird für November 1973 im Mai geplant:
a) Die Normalarbeitszeit im November bei 40 Stunden tariflicher Arbeitszeit im Monat und 20 Arbeitstagen ergibt 160 Stunden je Belegschaftsmitglied.
b) Die Ermittlung der erforderlichen Belegschaft bei Normalarbeitszeit unter Berücksichtigung der produktionstechnischen Zeitverschiebung ergibt nach den Richtwerttabellen auf Grund
der zu erwartenden Produktion im August von ca. 400 t einen Personalbedarf für November

- an variablen einschichtig zu besetzenden Arbeitsplätzen von:
  6 Fertigputzern
  6 Schleifern
  6 Zurichtern und

- an sprungfixen einschichtig zu besetzenden Arbeitsplätzen von:
  1 Schlichtflämmer.

Auf Grund der zu erwartenden Produktion im September von ca. 620 t wird sich der Personalbedarf für November
- an variablen einschichtig zu besetzenden Arbeitsplätzen auf:
  7 Schweißer
- an sprungfixen einschichtig zu besetzenden Arbeitsplätzen auf:
  4 Ofenwärter Glühofen
  3 Vorzeichner
  1 Säger
  4 Brenner
belaufen.

Die zu erwartende Produktion im Oktober von ca. 1100 t wird den Personalbedarf für November
- an variablen zweischichtig zu besetzenden Arbeitsplätzen von:
  10 Vorputzern
- an sprungfixen zweischichtig zu besetzenden Arbeitsplätzen von:
  7 Vorarbeitern
  18 Ausleerern
  1 Putzer der Trockenputzhauses
  1 Putzer des Naßputzhauses
bedingen.

Die zu erwartende Produktion im November von ca. 770 t wird den Personalbedarf für November selbst
- an variablen einschichtig zu besetzenden Arbeitsplätzen von:
  28 Formern
  15 Kernmachern
- an sprungfixen einschichtig zu besetzenden Arbeitsplätzen von:
  5 Vorarbeitern
  3 Maßkontrolleuren
  10 Modellschreinern
  5 Modellverladern
  46 Sonstigen, u.a. Kranfahrer u. Transportarbeiter und
- an fixen einschichtig zu besetzenden Arbeitsplätzen von:
  8 Vorarbeitern und Kolonnenführern
= 195 Belegschaftsmitglieder
mit sich bringen.

c) Nunmehr werden die personenbezogenen Größen gegenübergestellt:
Dem sich errechneten Personalbedarf von 195 stehen 273 vorhandene Arbeiter gegenüber. Unter Berücksichtigung von 11,5 % Ausfallstunden durch Krankheit und in der Person liegend sowie 3,8 % Urlaub verringert sich die Personalkapazität auf 232. Die Differenz von 37 Personen zwischen der Personalkapazität von 232 und dem Bedarf von 195 unterteilt sich, zusammen mit der detailliert nach Stellen und Arbeitsplätzen durchgeführten Planung, in:
      37 Überbesetzungen und 22 Unterbesetzungen.
Außerdem ist zur Vermeidung des Einsatzes von nicht ausgelasteten Arbeitern noch Mehrarbeit von 1,7 % erforderlich, was einem Stundenvolumen für 4 Ar-

beiter entspricht. Die 41 Überbesetzungen gesamt müßten bei Mehrfachqualifikation die Unterbesetzungen abdecken und der Rest von 19 Belegschaftsmitgliedern dem Einsatzbetrieb zur Verfügung gestellt oder mit anderen, aber von der Personalwirtschaft erfaßten und in die Stellenbesetzungsplanung einbezogenen Arbeiten vorübergehend beschäftigt werden.

Die Qualität dieses Verfahrens hängt u.a. von der Zuverlässigkeit der Personalbedarfsprognose ab. Auf die Probleme bei der Ermittlung des Personalbedarfs mit Hilfe von Kennzahlen- und Arbeitsplatzmethoden wurde bereits ausführlich hingewiesen (s.S.31f.). Das dargestellte Beispiel kann weiter dadurch kompliziert werden, daß weitere Annahmen (zusätzlich zu den auf den Seiten 150 - 154) in die Planung miteinbezogen werden; so muß u.U. berücksichtigt werden, daß:

" - die Schichtdauer bzw. die Schichtpausen unterschiedlich lang sein und Teilzeitbeschäftigte eingesetzt werden können,

 - die Entgelte für einzelne Arbeitskräfte bzw. Schichtlagen unterschiedlich sind (bei Aufwands- statt Stundenminimierung),

 - die Leistung (Qualität) einzelner Arbeitskräfte bzw. während bestimmter Tageszeiten unterschiedlich ist,

 - der Schichtbeginn nicht immer zur vollen Stunde erfolgt,

 - bei zu knappen Personalressourcen manche Schichten Deckungsprioritäten besitzen." (REMER 1978, S. 311)

Weiter muß dem Umstand Rechnung getragen werden, daß Schichtpläne und Schichtwechselpläne den Bedürfnissen der Arbeitnehmer entgegenstehen können (Freizeit, Familie, Zusammenhalt der Arbeitsgruppe); zudem müssen in hohem Maß arbeitsmedizinische Gesichtspunkte beachtet werden.

Formale Zuordnungs-Modelle

Im Gegensatz zu der primär quantitativen Betrachtungsweise des Zuordnungsproblems im obigen Beispiel (der qualitative Aspekt kommt lediglich durch die Berufsbezeichnungen zum Ausdruck; Mehrfachqualifikationen werden gelegentlich unterstellt) geht es bei den folgenden Ausführungen eher um qualitative Zuordnungen, die mit Hilfe formaler Verfahren vorgenommen werden, d.h. auf der einen Seite werden die speziellen Anforderungen der einzelnen Arbeitsplätze, auf der anderen die individuellen Qualifikationen der Mitarbeiter erfaßt; im Rahmen einer Zuordnungsbewertung wird die Eignung des Arbeitnehmers für einen jeweiligen Arbeitsplatz ermittelt. Eine derartige Zuordnung kann sowohl summarisch, als auch analytisch erfolgen. Bei der summarischen Zuordnung wird jeweils nur ein (globales) qualitatives oder quantitatives Merkmal erfaßt; bei der analytischen Bewertung werden mehrere Merkmale zugeordnet.

Das klassische Personalzuordnungsmodell

Das klassische Personalzuordnungs-, Personalzuweisungs- oder "personnel assignment-" Problem stellt eine eigene Gruppe der in vielen Bereichen anfallenden Zuordnungsprobleme dar. Es wurde zuerst 1941 von HITCHCOCK als Sonderfall des Transportproblems behandelt. Herkömmlicherweise wird davon ausgegangen, daß eine festgelegte Anzahl von Arbeitsplätzen j (j = 1,2,..., n) zu besetzen ist, für die eine gleichgroße Anzahl von Arbeitnehmern i (i = 1,2,..., m) zur Verfügung steht. Zudem soll jeder Arbeitsplatz genau einmal belegt werden und kein Arbeitnehmer mehr als einen Arbeitsplatz einnehmen. Die Aufgabe der Personaleinsatzplanung im Rahmen dieses Modells besteht darin, die (m) Arbeitnehmer auf die (n) Arbeitsplätze so zu verteilen, daß eine bestmögliche Zuordnung erfolgt (vgl. AMBROSY 1982, S 15). Die Vorteile, die ein bestimmter Arbeitnehmer i für die Stelle j bietet, wird mit Hilfe eines Koeffizienten e zum Ausdruck gebracht. Eine optimale Zuordnung der Arbeitnehmer zu den vorhandenen Stellen ist dann erreicht, wenn der Wert der Zielfunktion ein Maximum oder ein Minimum (je nach der positiven oder negativen betriebswirtschaftlichen Interpretation des e Koeffizienten) annimmt. Daraus kann ein (geschlossenes) mathematisches Zuordnungsmodell mit einer Zielfunktion und mehreren Nebenbedingungen abgeleitet werden:

Zielfunktion

$$(1) \quad z = \sum_{i=1}^{m} \sum_{j=1}^{n} e_{ij} \, x_{ij} \quad \longrightarrow \quad \text{Min. bzw. Max.}$$

Nebenbedingungen

$$(2) \quad \sum_{j=1}^{n} x_{ij} = 1 \quad (\text{für } i = 1,2,...,m),$$

$$(3) \quad \sum_{i=1}^{m} x_{ij} = 1 \quad (\text{für } j = 1,2,...,n),$$

$$(4) \quad x_{ij} = \begin{cases} 1 & \text{falls der Mitarbeiter } i \text{ der Stelle } j \\ & \text{zugeordnet wird} \\ 0 & \text{sonst} \end{cases}$$

$$(5) \quad m = n$$

$$(6) \quad e_{ij} \geqq 0$$

Ein allgemeingültiges Optimierungskriterium, nach welchem die Arbeitskräfte den Arbeitsplätzen zugeordnet werden, kann nicht angegeben werden. Entsprechend den Zielen der Firmenleitung, der Personalplaner usw. können unterschiedliche Zielfunktionen angestrebt werden (z.B. Mengenleistung pro Arbeitsplatz oder Abteilung; Minimierung der Lohn- und Gehaltskosten; Minimierung der Einarbeitungskosten; Gewinnmaximierung; Minimierung der Bearbeitungszeit; Maximierung des eingesetzten Mitarbeiterpotentials; Minimierung der Arbeitskräfte; Minimierung der Differenz zwischen Anforderungs- und Eignungsprofil; Maximierung der Präferenzen der betroffenen Arbeitnehmer; Minimierung der Belastungen). Entsprechend dem zugrundegelegten Optimierungskriterium ist der e -Koeffizient zu interpretieren (z.B. als Lohn- oder Einarbeitungskosten, Gewinnbeiträge, Profildistanzen, Übereinstimmungskoeffizienten, Eignungsscores).

Zur Lösung des Zuordnungsproblems wurde eine Reihe von Verfahren entwickelt. Die bekanntesten darunter sind: die Simplex-Methode, die Ungarische Methode und das Verfahren von FORD und FULKERSON.
Im folgenden soll anhand eines aus REMER (1978) entnommenen Beispiels für ein analytisches Zuordnungsverfahren die Anwendung der Ungarischen Methode für die Personaleinsatzplanung demonstriert werden.

Optimierungskriterium in diesem Beispiel ist die Gesamtheit der Nutzensbeiträge. Vorausgesetzt wird dabei, daß der Nutzen (Leistung), die ein Arbeitnehmer (i) an einem bestimmten Arbeitsplatz (j) erbringt, quantifiziert werden kann. Die entsprechende mathematische Formulierung lautet:

$$\sum_{i=1}^{n} \sum_{j=1}^{m} e_{ij} \cdot z_{ij} \longrightarrow max!$$

wobei gilt:

e_{ij} = Nutzen der Arbeitskraft (i) am Arbeitsplatz (j) (z.B. in DM)
z_{ij} = Zuordnung der Arbeitskraft (i) zum Arbeitsplatz (j)

Beispiel 2

Im folgenden Beispiel (REMER 1978, S. 296 ff.) ist die Anzahl der Arbeitsplätze (j = 1,2,...,m) gleich der Anzahl der Arbeitskräfte (i = 1,2,...,n). Zudem soll jeder Arbeitsplatz nur mit einer Arbeitskraft besetzt und jede Arbeitskraft nur an einem Arbeitsplatz tätig werden.

Mathematisch läßt sich dieser Sachverhalt wie folgt darstellen:

$$\sum_{j=1}^{m} \cdot z_{ij} = 1 \qquad \sum_{i=1}^{n} \cdot z_{ij} = 1$$

Ausgegangen wird weiter von fünf qualitativ unterschiedlichen Arbeitskräften, von denen zwar jede an jedem der fünf Arbeitsplätze eingesetzt werden kann, die jedoch unterschiedliche Eignungen aufweisen. Die Eignungen werden als Nutzenserwartungen (als Menge- oder Qualitätsleistungen) interpretiert (siehe Bewertungsmatrix M_o).

Arbeitskräfte i = 1 - 5 \ Arbeitsplätze j = 1 - 5	1	2	3	4	5
1	72	95	85	123	105
2	60	108	37	24	44
3	12	23	144	36	36
4	89	85	156	120	97
5	69	83	80	76	78

(Bewertungsmatrix M_o)

Zur Lösung dieses Zuordnungsproblems nach der Ungarischen Methode (auf die mathematische Begründung dieses Verfahrens soll hier nicht weiter eingegangen werden) wird zuerst das größte Element e_{ij} der Ausgangsmatrix M_0 gesucht (e_{ij} max. = e_{43} = 156). Hiervon werden alle anderen Nutzenskoeffizienten (e_{ij}) subtrahiert. Daraus ergibt sich folgende Matrix:

Arbeitskräfte $i = 1 - n$ / Arbeitsplätze $j = 1 - m$	1	2	3	4	5
1	84	61	71	33	51
2	96	48	119	132	122
3	144	133	12	120	120
4	67	71	0	36	59
5	87	73	76	80	78
v_j^* (Spaltenminimum)	67	48	0	33	51

(Nutzenvergleichsmatrix M_I, (individuell-absolut)

Je geringer diese Differenz (v_j) des Nutzenkoeffizienten einer Arbeitskraft an den einzelnen Arbeitsplätzen ausfällt, desto größer sei ihr Nutzen für den jeweiligen Arbeitsplatz. Um nun auch die Nutzendifferenzen der Arbeitskräfte untereinander zu berücksichtigen, wird der kleinste Nutzenkoeffizient (v_j^+) je Spalte (Arbeitsplatz) von den übrigen Nutzenkoeffizienten subtrahiert, so daß schließlich jede Spalte mindestens ein Null-Element enthält. Es ergibt sich die Matrix M_2.

$i = 1 - n$ / $j = 1 - m$	1	2	3	4	5	u_i^* Zeilen-minimum
1	17	13	71	0	0	0
2	29	0	119	99	61	0
3	77	85	12	87	69	12
4	0	23	0	3	8	0
5	20	25	76	47	27	20

(Nutzenvergleichsmatrix M_2, Vergleich der Arbeitskräfte untereinander)

Je geringer diese Differenz (u) für eine Arbeitskraft ausfällt, desto größer ist der Nutzen der jeweiligen Arbeitskraft im Vergleich zu den anderen Arbeitskräften am betrachteten Arbeitsplatz. Die mathematische Lösung dieses Optimierungsproblems wäre erreicht, wenn die niedrigste Anzahl von Vektoren (Spalten, Zeilen), mit der alle Null-Elemente der Matrix M_2 erfaßt werden, gleich der Anzahl der Arbeitsplatze (bzw. Personen) ist. In Matrix M_2 ist die niedrigste Anzahl solcher Vektoren = 3, die Anzahl der Arbeitsplätze jedoch = (5). Deshalb wird die Matrix M_2 in die Matrix M_3 übergeführt, indem die jeweils kleinste Differenz $(u_i{}^*)$ von den Differenzen der übrigen Arbeitskräfte (je Spalte) subtrahiert wird. Zwar weist die danach entstehende Matrix M_3 in jeder Spalte und Zeile mindestens ein Null-Element auf, eine optimale Verteilung ist aber immer noch nicht eindeutig möglich, da in manchen Zeilen und Spalten mehr als ein Null-Element auftaucht.

$i = 1 - n$ \ $j = 1 - m$	1	2	3	4	5
1	17	13	71	0	0
2	29	0	119	99	61
3	65	73	0	75	57
4	0	23	0	3^*	8
5	0	5	56	27	7

(Matrix M_3)

Um zu erreichen, daß die kleinste Anzahl der Vektoren, die sämtliche Null-Elemente erfaßt, gleich der Anzahl der Arbeitsplätze wird, muß von jetzt an stets das kleinste Element der Matrix gesucht werden, das noch keinem "Null-Vektor" angehört (e_{ij}); dieses wird von denjenigen Elementen subtrahiert, die noch nicht Bestandteil eines "Null-Vektors" sind. Außerdem wird das Element $(e_{ij}{}^*)$ zu denjenigen Elementen addiert, die im Schnittpunkt der bis dahin gefundenen Null-Vektoren liegen. Im vorliegenden Beispiel ist das Element $e_{ij}{}^* = e_{44} = 3$. Bereits nach einmaliger Anwendung der soeben beschriebenen Operation wird im vorliegenden Beispiel die Matrix M_4 gefunden, die der Bedingung des mathematischen Optimums entspricht (fünf Null-Vektoren, fünf Arbeitsplätze).

$i = 1 - n$ \ $j = 1 - m$	1	2	3	4	5
1	20	16	74	0	0
2	29	0	119	96	58
3	65	73	0	72	54
4	0	23	0	0	5
5	0	5	56	24	4

(Matrix M_4)

Die Arbeitskräfte werden nun entsprechend den Null-Elementen auf die Arbeitsplätze verteilt. In den Null-Elementen drückt sich eine Optimierung des absoluten und des relativen Nutzens der einzelnen Arbeitskräfte aus. Eindeutig einander zugeordnet werden können sofort die Arbeitskraft (2) und der Arbeitsplatz
(2). Die Arbeitskraft (5) weist nur am Arbeitsplatz (1) einen Nullwert auf und
wird deshalb diesem zugeordnet. Entsprechend muß die Arbeitskraft (3) dem Arbeitsplatz (3) zugeordnet werden. Dann bleibt als einziges Null-Element für die
Arbeitskraft (4) jedoch nur noch die Zuordnung zu Arbeitsplatz (4) und für die
Arbeitskraft (1) die Zuordnung zu Arbeitsplatz (5). Der Gesamtnutzen nach Berücksichtigung sowohl absoluter als auch relativer Eignungen beträgt:
105 + 108 + 144 + 120 + 69 = 546 Nutzeneinheiten. Bei umfangreicheren Matrizen
müssen die zutreffenden Null-Elemente mit Hilfe eines mathematischen Lösungsal-
gorithmus bestimmt werden.

Geht man davon aus, daß v.a. in größeren Betrieben bei der Personaleinsatzplanung verstärkt EDV-unterstützte Informationssysteme eingesetzt werden (s.S.231),
so besteht der Vorteil der Ungarischen Methode v.a. in ihrem relativ geringen
Speicherbedarf; da keine Zwischenlösungen ermittelt werden und man durch
schrittweise Transformation der Reihen und Spalten zu einer reduzierten Matrix
gelangt, die die optimale Lösung darstellt (vgl. ZÜLCH 1979, S. 78). Zur Lösung
realer Probleme in der betrieblichen Praxis ist dieses Modell jedoch nur bedingt geeignet, da es an eine Reihe von Prämissen gebunden ist, die seine Anwendung erheblich erschweren und die in der Praxis nur sehr selten gegeben
sind. Im folgenden werden die wichtigsten Annahmen dieses Verfahrens und die in
der Literatur (z.B. REMER 1978; MOSER 1978; OECHSLER u. SCHORMAIR 1981; AMBROSY
1982, MEIRITZ 1984) aufgeführten Kritikpunkte zusammengefaßt; diese gelten im
Prinzip (mit geringen Einschränkungen) für alle klassischen Assignment-Ansätze
(s. auch Beleg 3 auf S. 165).

- Die Arbeitskräfte müssen sich in ihrem Nutzen für alternative Arbeitsplätze
  deutlich unterscheiden, damit nicht alle Zuordnungsalternativen zum gleichen
  Gesamtnutzen führen.

- Es wird vorausgesetzt, daß der e_{ij}-Koeffizient (in diesem Beispiel der Nutzen) einheitlich quantifiziert, kardinal gemessen und bewertet werden kann.

- Das Modell verfolgt nur eine Zielfunktion: entweder die Maximierung oder die
  Minimierung des e_{ij}-Koeffizienten. Eine Kombination von Optimierungskriterien
  ist nicht möglich.

- Die einfache Addition der e_{ij}-Koeffizienten für verschiedenartige, nicht
  gleichrangige Stellen muß zu wenig sinnvollen Ergebnissen führen.

- Es wird unterstellt, daß die Leistung eines jeden Arbeitnehmers hinsichtlich
  jeder Stelle quantitativ ausgedrückt werden kann.

- Überqualifikation wird als positiv bewertet, obwohl Unterforderung ebenso wie
  Überforderung zu erheblichen Belastungen und damit zu einer Leistungsminderung von Arbeitnehmern führen kann. Stellt man die motivationalen Wirkungen
  von Über- bzw. Unterforderung in Betracht, so wird die formal ermittelte
  Eignung bzw. Optimallösung u.U. ad absurdum geführt.

OECHSLER u. SCHORMAIR (1981) stellen im Hinblick auf den motivationalen Aspekt
eine weitere Überlegung an: die meisten Zuordnungsmodelle gehen von einem Har-
moniekonzept aus, in welchem unterstellt wird, daß die ermittelte Eignung auch

tatsächlich zur entsprechenden Leistungshöhe führt. Den Autoren zufolge wird dadurch "neben motivationalen Einflußgrößen auch ein vorhandenes Konfliktpotential in den 'Datenkranz' verbannt. Extremsituationen, wie Sabotageakte, die zur Realität industrieller Fertigung gehören, finden damit keine Berücksichtigung im Modell" (S. 31). Zudem wird davon ausgegangen, daß die Eignung zu einer im Zeitablauf konstanten Leistung führt. OECHSLER u.a. (1981) stellen fest, daß diese Annahme für das Modell zwar notwendig ist, da andernfalls nicht auszuschließen ist, "daß eine Person zwar eine verglichen mit einer anderen Person höhere Eignung aufweist, diese aber stärkeren Leistungsschwankungen unterliegt" (S. 31). Angesichts des statischen Charakters des Modells wird damit aber die Optimierung des Personaleinsatzes sinnlos. OECHSLER u.a. (1981) kommen zu der Schlußfolgerung, daß mit Hilfe der Ungarischen Methode spezifische Erfordernisse praktischer Arbeitssituationen nicht erfaßt werden können; da die Annahmen des Modells in der Regel den realen Verhältnissen widersprechen, sei es für praktische Belange nicht einsetzbar. (Eine weiterführende bzw. ergänzende Kritik an den Zuordnungsverfahren wird weiter unten im Zusammenhang mit der Profilvergleichsmethode geleistet).

Im Rahmen von Personalzuordnungsmodellen, die in der Praxis eingesetzt werden, sind die oben genannten Prämissen teilweise gelockert. Einen Überblick zum Entwicklungs- und Implementierungsstand von Assignment-Modellen, die als Weiterentwicklung des klassischen Zuordnungsmodells v.a. im deutschsprachigen und angloamerikanischen Sprachraum diskutiert werden, gibt MOSER (1979, S.205 ff.). Im Rahmen dieses Beitrags soll nur ein kurzer Überblick und eine zusammenfassende Kritik an den von MOSER besprochenen Ansätzen gegeben werden. Anhand des Job Matchingsystems von CLEFF wird die praktische Relevanz dieser Ansätze diskutiert. MOSER (1979, S. 213 ff.) teilt die untersuchten Zuordnungsmodelle in drei breite Gruppen:

- Job-Man-Assignment ohne Optimierung
- Statisches Assignment mit Optimierung
- Dynamisches Assignment mit Optimierung

Job-Man-Assignment ohne Optimierung

Mit Hilfe dieser Ansätze soll das Problem der Arbeitsvermittlung gelöst werden. Durch den Vergleich der "mehr oder weniger genau definierten Merkmalsstruktur" (MOSER 1978, S. 19) des Arbeitnehmers (M_i) und der Merkmalsstruktur des Arbeitsplatzes (M_j) müssen für einen Stellenbewerber geeignete Arbeitsplätze (Berufe) oder für einen Arbeitsplatz geeignete Arbeitnehmer ausgewählt werden. Die Arbeitsplatz- und Personaldatensätze werden miteinander verglichen, indem sie nach übereinstimmenden DOT (Dictionary of Occupational Titles) Codes, Muß- und Kann-Auswahlfaktoren oder Schlüsselwörtern abgesucht werden. Ein Koeffizient V_{ij} (Job-Man-Assignment-Value) gibt das Ausmaß an Übereinstimmung an (s. Abb. 29). Eine Optimierung innerhalb einer gegebenen Anzahl von Stellen und Bewerbern wird nicht durchgeführt. Nicht jeder Arbeitsuchende wird mit jedem Arbeitsplatz verglichen, sondern nur noch mit jedem verfügbaren.

Die Einsatzempfehlung erfolgt aufgrund errechneter Eignungskennzahlen (indices of fit) oder ermittelter Punktwerte. Obwohl die prognostische Validität dieses Ansatzes bisher kaum geprüft wurde, werden Systeme, die auf diesem Grundmuster beruhen (v.a. in den USA) bei der Stellenvermittlung eingesetzt und von Stellensuchenden in Anspruch genommen.

Abb. 29: Job-Man-Assignment ohne Optimierung (aus: MOSER 1979, S. 215

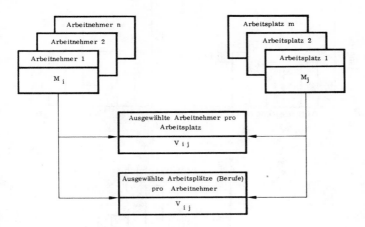

Erklärung der Symbole:

i   = Arbeitnehmer (i = 1,2,...,n)
j   = Arbeitsplatz (j = 1,2,...,m)
M_i = Merkmalsstruktur des Arbeitnehmers i
M_j^i = Merkmalsstruktur des Arbeitsplatzes j

V_{ij} = Job-Man-Assignment-
        Wert

Beispiel 3

Das Job Matching System

Das Job Matching System (CLEFF 1979, S. 371 ff.) stellt wie andere Profilvergleichsmethoden ein Instrument der beruflichen Eignungsdiagnostik dar, bei dem die Eignungsbeurteilung nicht mehr global und eher als Nebenprodukt anfällt, sondern in welchen die wichtigste Zielsetzung darin besteht, die Ergebnisse von Arbeitsplatz- und Mitarbeiterbeurteilungen in gleichstrukturierte Anforderungs- und Fähigkeitsprofile einzubringen und einander (häufig in Form von Stufendiagrammen) gegenüberzustellen (s. Abb. 30). Aus dieser Abbildung geht hervor, daß die Ergebnisse von Profilvergleichen aus Über- oder Unterdeckungen oder Übereinstimmungen hinsichtlich der Ausprägungen der einzelnen Anforderungs- und Fähigkeitsmerkmalen bestehen können.

Das Ziel des Profilvergleichs ist es, "die Summe aller absoluten Differenzen zwischen den bewerteten Anforderungs- und Fähigkeitsmerkmalen zu minimieren" (HENTZE 1969, S. 172). Um den Spielraum für die Beurteilung der Eignung (Eignung bedeutet hier den Grad an Übereinstimmung zwischen Fähigkeits- und Anforderungsprofil) zu erweitern, wird in manchen Verfahren zwischen Höchst- und Mindestanforderungen unterschieden.

Einen anderen Ansatz wählt CLEFF (1979) in seinem Job-Matching-System (CJMS). Er geht dabei von 16 statistisch unabhängigen Variablen oder Dimensionen, den Arbeitsdimensionen aus. CLEFF erstellt nur ein Arbeitsplatzprofil (A), aber zwei Personenprofile (E, P). Mit Hilfe des Erfahrungsprofils (E) sollen die

Abb. 30: Graphische Darstellung des Profilvergleichs (aus: RKW-Hdb. 1978, Bd. VI, S. 50)

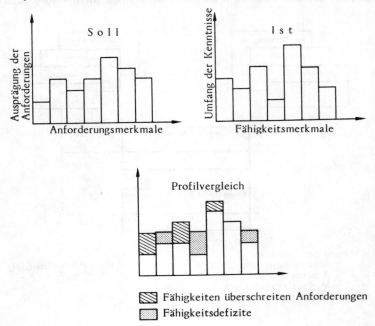

Fähigkeiten, Fertigkeiten und Kenntnisse, die ein Arbeitnehmer bei seiner bisherigen beruflichen Tätigkeit erworben hat, zum Ausdruck gebracht werden. Im Rahmen des Präferenzprofils (P) sollen zusätzlich Bedürfnisse, Wünsche und Neigungen eines Arbeitnehmers berücksichtigt werden. Abbildung 31 zeigt die 16 Arbeitsdimensionen, das Arbeitsplatzprofil für den Beruf (Arbeitsplatz) Möbeltischler, sowie das Präferenz- und das Erfahrungsprofil eines Bewerbers.

Die Validität der Zuordnung wird im Ansatz von CLEFF durch die Zeitspanne, in der ein Arbeitnehmer auf der ihm zugeordneten Stelle bleibt, gemessen. Dieses Maß für eine erfolgreiche oder weniger erfolgreiche Stellenbesetzung ist jedoch nicht unproblematisch; es ist durchaus denkbar, daß gerade weniger erfolgreiche Arbeitnehmer einen Stellenwechsel scheuen, da sie beispielsweise Angst vor dem Verlust der sozialen Unterstützung durch die bisherigen Kollegen haben, die Situation auf dem Arbeitsmarkt unsicher ist, eine zusätzliche Bedrohung des Selbstwertgefühls durch strenge Auswahlverfahren befürchten usw. Die Dauer der Besetzung eines Arbeitsplatzes wäre unter diesem Gesichtspunkt eher ein Kriterium für eine nicht optimale Zuordnung.

Im Ansatz von CLEFF werden wie bei allen vorliegenden Profilverfahren Anforderungen und Qualifikationen nicht hinreichend differenziert und nur unvollständig abgebildet. Die Vergabe der Punktwerte für jedes Kriterium durch die Beurteiler erfolgt deterministisch. Der Beurteiler ist bei einem derartigen Erhebungsmodus in seiner Beurteilung festgelegt und kann weitere Differenzierungen, die u.U. hohe Relevanz für eine Entscheidung besitzen würden, nicht vornehmen.

Abb. 31: Arbeitsdimensionen; Arbeitsplatz-, Präferenz- und Erfahrungsprofile
(aus: CLEFF 1979, S. 382)

VERHALTENSARTEN:

		VERMEIDEN		NEUTRAL	ANNÄHERN	
		STARK / HOCH / NIEDRIG			NIEDRIG / HOCH / STARK	
KONKRETE ORIENTIERUNG		-25 -15 -10 -5		-3 0 +3	+5 +10 +15 +25	

K 1 KORRIGIEREN: Vergewissern, daß Apparate usw. richtig funktionieren; reparieren; inspizieren — K 1 ... K 1

K 2 FEINMANUELLE TÄTIGKEITEN: Mit kleinen Dingen umgehen; Augen- und Fingerarbeiten koordinieren; Schreibmaschinenschreiben, Schnitzen, Stricken — K 2 ... K 2

K 3 BEFÖRDERUNG: Zu Fuß oder in einem Fahrzeug häufig den Standort wechseln; Autos , Lastwagen, Busse fahren — K 3 ... K 3

K 4 GROBMANUELLE TÄTIGKEIT, UNABHÄNGIG: Mit Händen und Werkzeugen arbeiten unter loser Aufsicht; mit einiger Fertigkeit Dinge herstellen, zusammensetzen — K 4 ... K 4

K 5 GROBMANUELLE TÄTIGKEIT, ABHÄNGIG: Mit Händen und Werkzeugen unter kontinuierlicher Aufsicht arbeiten: Dinge ohne sonderliche Fertigkeit herstellen, zusammensetzen — K 5 ... K 5

K 6 ORDNUNG: Dinge sauber und in Ordnung halten; alles dort, wo es hingehört; Dinge geölt halten — K 6 ... K 6

K 7 KÖRPERLICH SCHWERE TÄTIGKEIT: Die großen Muskeln zu schwerer Arbeit verwenden; Heben, Ziehen, Schieben von großen und schweren Dingen — K 7 ... K 7

K 8 NÜTZLICH SEIN: Für andere Personen Dinge holen; Werkzeuge bereit halten, Besorgungen machen, Dinge bringen — K 8 ... K 8

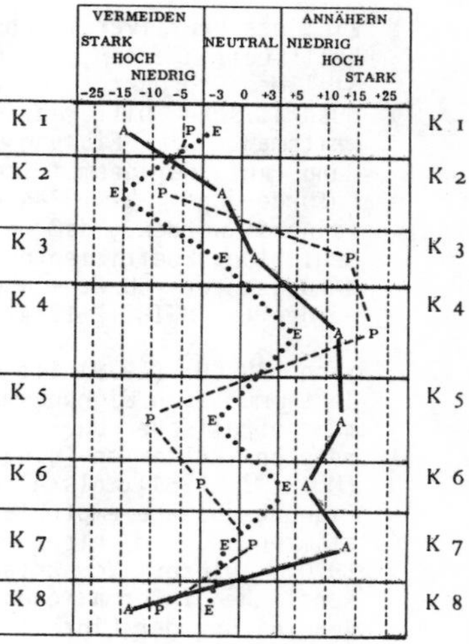

SOZIALE ORIENTIERUNG — -25 -15 -10 -5 -3 0 +3 +5 +10 +15 +25

S 1 MANAGEMENT: Andere Personen beeinflussen, für deren Handlungen Verantwortung tragen; überwachen, ausbilden — S 1 ... S 1

S 2 ÜBERZEUGUNG ANDERER: Andere Personen zur sofortigen Handlung bewegen; verkaufen, überreden, überrumpeln — S 2 ... S 2

S 3 KÖRPERLICHE PFLEGE: Den spezifischen körperlichen Bedürfnissen anderer nachkommen; füttern, baden, anziehen — S 3 ... S 3

S 4 BEDIENUNG: Mit anderen auf unpersönliche, oberflächliche Weise umgehen; höflich und nach vorbestimmten Mustern mit anderen interagieren — S 4 ... S 4

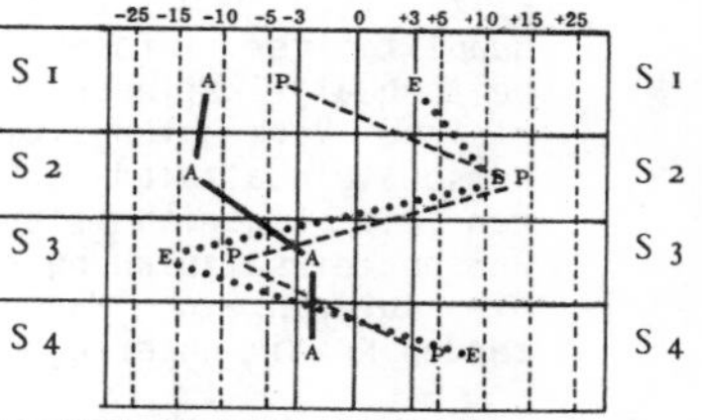

INFORMATIONSORIENTIERUNG — -25 -15 -10 -5 -3 0 +3 +5 +10 +15 +25

I1 INNOVATION: Persönliche Meinung, Fantasie oder Talent bei der Auseinandersetzung mit Problemen bzw. Situationen zum Einsatz bringen — I1 ... I1

I2 VERBALISIERUNG: Sich mit Problemen, Situationen sprachlich auseinandersetzen; schreiben, sprechen, lesen, diskutieren — I2 ... I2

I3 UMGANG MIT ZAHLEN: Zahlen zur Auseinandersetzung mit Problemen und Situationen heranziehen; messen, kalkulieren, zählen — I3 ... I3

I4 BÜROTECHNISCHE TÄTIGKEITEN: Bürotechnische Vorgänge ordentlich durchführen; Akten ablegen, Listen aufstellen, Papiere bearbeiten — I4 ... I4

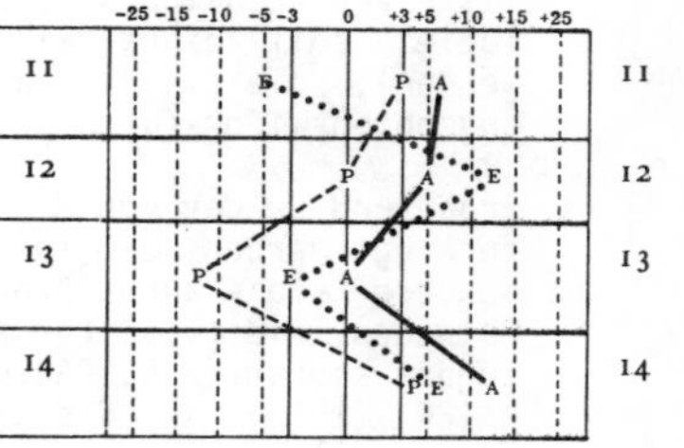

A Arbeitsplatzprofil eines Möbeltischlers (Aufgabe: Zusammensetzen von Schränken) der ABC Lumber Co.

P = Präferenzprofil eines Bewerbers

E = Erfahrungsprofil eines Bewerbers

Durch diese Einschränkung des Antwortspielraums kann es zu Entscheidungen kommen, die der Beurteiler nicht getroffen hätte, wenn ihm die Merkmalswahl selbst überlassen worden wäre.

Ziel des Profilvergleichs ist es, die einzelnen Informationen zu einem Ähnlichkeitskoeffizienten, der den Eignungsgrad eines Arbeitnehmers für eine bestimmte Stelle ausdrückt, zu verdichten. Zu diesem Zweck verwendet CLEFF (1979) eine quadratische Differenzsumme der einzelnen Bewerber-Job-Paarungen als Ähnlichkeitsmaß. Die Eignung eines Arbeitnehmers für eine bestimmte Position beruht dann auf der geometrischen Entfernung zwischen den Punktwerten der jeweiligen Anforderungs- bzw. Fähigkeitsdimensionen. Dieses Verfahren könnte dadurch verfeinert werden, daß der unterschiedlichen Bedeutung einzelner Merkmale durch Gewichtungskoeffizienten Rechnung getragen wird. Schließlich könnten für Anforderungsunter- bzw. - überdeckung getrennte Kennzahlenberechnungen durchgeführt werden (s. MEIRITZ 1984).

Nach ZÜLCH (1979) ist die Anwendung solcher Ähnlichkeitskoeffizienten für die Bestimmung von Eignungsmaßen jedoch problematisch. Ausschlaggebend hierfür sind meßtheoretische Überlegungen; wobei hier v.a. auf die "qualitative Natur" der meisten Kriterien hingewiesen wird, die nur ordinale Skalierungen erlauben (MEIRITZ 1984). Als Alternative wird in neueren Arbeiten eine zusammenfassende Eignungsaussage empfohlen, die ausschließlich auf der Basis der Anzahl übereinstimmender und nicht übereinstimmender Merkmalsausprägungen beruht (s. ZÜLCH 1979). Dieser Vorschlag hätte nach MEIRITZ (1984, S. 91) zur Folge, "daß wesentliche Informationen über den Grad der Nichtübereinstimmung, die durch eine Beurteilung der Einzelkriterien ermittelt werden, nicht in die Eignungsbeurteilung und somit auch nicht in die Personaleinsatzentscheidung einfließen". MEIRITZ (1984) kommt zu der Schlußfolgerung, daß derzeit "nicht nur die Gewinnung quantitativer Informationen über die Arbeitsplatzanforderungen und die Mitarbeiterqualifikationen unbefriedigend gelöst ist. Auch die Verarbeitung (Vergleich, Verknüpfung) dieser Informationen im Rahmen einer eignungsorientierten Personaleinsatzplanung überzeugt nicht" (S. 91). HEINRICH & PILS (1979) erklären die algorithmisierte Profilmethode u.a. für die Lösung von Problemen der Personaleinsatzplanung für ungeeignet. Zur Begründung dieser Einschätzung legen die Autoren eine "Mängelliste vor, in welcher die Profilmethode einer vernichtenden Kritik unterzogen wird (s. Beleg 3).

Die ideologische Funktion von Methoden der Personaleinsatzplanung soll hier exemplarisch anhand weitergehender Ausführungen zu der in Punkt 7 der Mängelliste von HEINRICH & PILS angedeuteten Kritik demonstriert werden. Unter "Ideologie" soll dabei "eine zusammenhängende gedankliche Konstruktion (verstanden werden), die als eine umfassende Rechtfertigung einer bestehenden Wirklichkeit angeboten wird" (NEUBERGER 1984, S. 8).

Ergänzend zu der von HEINRICH & PILS (1979) vorgetragenen Kritik soll hier hinzugefügt werden, daß in allen Verfahren zum Profilvergleich nicht nur Menschen, sondern v.a. auch Arbeitsprozesse in ihre Einzelmerkmale zerlegt werden. Die Methoden, die (v.a. für algorithmisierbare Vergleiche) zu diesem Zweck zur Verfügung stehen (z.B. PAQ/FAA, AET, Genfer Schema) werden ausführlich im Band von MAIER (1983) in dieser Reihe besprochen. Wichtig für die hier zu behandelnde Fragestellung ist, daß bei einer starken Zergliederung des Arbeitsprozesses ganzheitliche Bezüge u.U. verloren gehen. Durch die mangelnde theoretische Fundierung (häufig wird nur von einem einfachen Stimulus-Response-Modell ausgegangen) können mit solchen Verfahren die Auswahl der Analysekriterien nicht hinreichend begründet bzw. Hypothesen zu speziellen Zusammenhängen nicht gebildet

Beleg 3: Schwerwiegende Nachteile der Profilmethode nach fir - Forschungsinstitut
für Rationalisierung an der TH Aachen (1975) und HEINRICH & PILS (1977):
(zit. nach: HEINRICH & PILS 1979, S. 19 f.)

"Der Mensch stellt mit der Gesamtheit seiner Fähigkeiten ein einheitliches Ganzes dar,
das nicht vollständig durch Einzelmerkmale beschrieben werden kann, so werden etwa
Verknüpfungen und Kompensationsmöglichkeiten der Merkmale nicht im erforderlichen
Ausmaß berücksichtigt.
Manche Merkmale können nicht mit gleicher Genauigkeit auf der Personal- und auf der
Arbeitsplatzseite erfaßt werden; es wurde in einem solchen Fall auf beiden Seiten die
Merkmalsstufung nur so fein gewählt, wie sie auch durch die "schwierigere" Seite erfaß-
bar ist. Ein entscheidender Nachteil ergibt sich z.b. im Falle, daß nur eines der beiden
Profile für einen bestimmten Zweck ausgewertet wird, zu dem aber ein höherer Fein-
heitsgrad erforderlich und auch erfassungsseitig erzielbar wäre."

HEINRICH & PILS ergänzen und erweitern diese Kritik an der "algorithmisierten" Profilmethode wie folgt:

"Mangel eins: Die informationelle Abbildung des Menschen beschränkt sich nur auf einen
Teilaspekt, nämlich auf die Abbildung der Leistungsfähigkeit. Die Leistungsbereitschaft,
d.h. der Grad der Bereitschaft zu rollenkonformen Verhalten, wird nicht betrachtet. Der
Mensch wird in diesen Konzepten auf einige Fähigkeitsmerkmale reduziert. Fähigkeitsmerkmale können in Kenntnismerkmale, physische Merkmale und psychische Merkmale
gegliedert werden.

Mangel zwei: Eine Übereinstimmung zwischen allen Beteiligten und Betroffenen (Unternehmensleitung, Personalchef, Betriebsrat, Mitarbeiter usw.) über die der Profilmethode
zugrundeliegenden Fähigkeits- und Anforderungsmerkmale, über deren Gewichtungen sowie über das jeweils geforderte Ausmaß der Anforderungsnormen ist in der Praxis nicht
oder nur schwer herzustellen.

Mangel drei: Abwehrreaktionen der Mitarbeiter gegenüber einer rein informationstechno-
logisch orientierten Formalisierung von personenbezogenen Daten sind zu erwarten; diese
Abwehrreaktionen werden ignoriert.

Mangel vier: Voraussetzung für die Anwendung der Profilmethode ist das Vorhandensein
wissenschaftlich fundierter Verfahren zur Messung der einzelnen Fähigkeitsausprägungen.
Für eine große Anzahl von Merkmalen sind solche Verfahren jedoch zur Zeit nicht verfügbar.

Mangel fünf: Auch unter der Annahme, daß Fähigkeits- und Anforderungsprofile erstellt
und für personalwirtschaftliche Aufgaben sinnvoll verwendet werden können, besteht das
Problem der Aktualität der Profile. Zahlreiche Fähigkeiten und Anforderungen sowie insbesondere deren Ausprägungen sind durch kurze Lebensdauer gekennzeichnet, so daß aufwendige Pflegemaßnahmen zur Erhaltung der Aktualität erforderlich sind.

Mangel sechs: Unter der weiteren Annahme, daß man das Pflegeproblem lösen kann, bilden Fähigkeits- und Anforderungsprofile bestenfalls den gegenwärtigen Zustand ab. Gerade für die in den Vordergrund geschobenen Planungsentscheidungen reicht dieser jedoch
nicht aus. Fähigkeits- und Anforderungsprofile zu prognostizieren erscheint aber zumindest heute unlösbar.

Mangel sieben: Die Abbildung eines Menschen durch Einzelmerkmale und deren isolierte
Betrachtung muß als äußerst problematisch angesehen werden. Wohl existieren zur Messung der Ausprägungen einzelner Kriterien Testverfahren (z.B. die Drahtbiegeprobe für

das Merkmal 'Fingerfertigkeit', der Test d2 für die Merkmale 'Aufmerksamkeit und Belastbarkeit', der PAULI-Test für das Merkmal 'Konzentrationsfähigkeit'); von einer Übertragung der Ergebnisse solcher Einzeltests in ein Persönlichkeitsprofil wird aber von Berufs- und Arbeitspsychologen abgeraten.

Mangel acht: Bestimmten personalwirtschaftlichen Aufgaben, z.B. bei dem Durchführen der Aufgabe 'Einsetzen des Personals', genügt die Abbildung von Personen, und sei sie bezüglich des Merkmalumfangs noch so vollständig, nicht. Hierzu sind auch Informationen über soziale Beziehungen innerhalb von Arbeitsgruppen erforderlich."

werden. Zudem dominieren bei der Kriterien-Auswahl beobachtbare Merkmale, während emotionale oder kognitive Komponenten (z.B. mentale Beanspruchung; Planen; Entscheiden) eher unterrepräsentiert sind und meist pauschal bestimmt werden.

Das Ergebnis dieser Tätigkeitsanalysen bestimmt weitgehend, welche und wieviele Fähigkeiten als korrespondierende Merkmale der Person in den Profilvergleich aufgenommen werden. Auf Probleme, die bei der "Übersetzung" von Anforderungen in Fähigkeitsmerkmalen entstehen, kann hier nur hingewiesen werden (s. HOYOS 1974; FRIELING 1977). So existiert beispielsweise kein theoretisches Konzept, aus dem eine begründete Ableitung von Fähigkeiten aus jeweiligen Anforderungen zu rechtfertigen wäre. Häufig werden erforderliche Fähigkeiten pauschal und intuitiv festgelegt; bei Verfahren, denen der FAA zugrundeliegt, wird versucht, die den Anforderungen korrespondierenden Fähigkeiten empirisch zu bestimmen (z.B. Faktorenanalysen oder synthetische Validierung). Die Frage nach der Zeitvariabilität von Fähigkeiten und Anforderungen wird in den meisten Verfahren ebenso vernachlässigt, wie die nach den Kompensationsmöglichkeiten und -fähigkeiten jeweiliger Leistungsvoraussetzungen (z.B. geringere Ausprägung der Intelligenz kann evtl. durch hohe Motivation ersetzt werden). Selbst wenn eine befriedigende Herleitung von Attributen aus den Anforderungen möglich wäre, so müßten die identifizierten Persönlichkeitsmerkmale objektiv, reliabel und valide ermittelt werden können. Nun werden aber gerade in neuerer Zeit die Möglichkeiten der psychologischen Testtheorie als Hilfsmittel zur Eignungsdiagnostik eher skeptisch beurteilt (siehe dazu HARTMANN, HAUBL, NEUBERGER, PELTZER und WAKENHUT 1984).

Unter ideologischen Gesichtspunkten ist hervorzuheben, daß durch das Vorgehen bei der Profilvergleichsmethode Verhaltensvorschriften, Rollenbilder oder Normen festgelegt werden, auf die der Arbeitende hin angepaßt bzw. ausgewählt werden soll. Dabei steht nicht ein einzelner Mensch in seiner Einmaligkeit und Besonderheit im Vordergrund, sondern seine Tauglichkeit für bestimmte Aufgaben (s. NEUBERGER 1984a, S. 280). Durch die Zerlegung und Isolierung des Menschen kann zwar die tatsächliche Arbeitskraft eines Arbeitenden nicht hinreichend beschrieben werden; die in ihre Bestandteile zerlegte Maschine Mensch kann jedoch beliebig "neu"-zusammengesetzt werden; "dadurch wird die Komplexität beherrschbar, der Mensch als Personal nutzbar" (NEUBERGER 1984a, S. 280). Unter diesem Aspekt besteht der "Nutzen" der Personaleinsatzplanung primär in ihrer diskriminierenden und disziplinierenden Funktion.

Allerdings scheint zur Zeit in der betrieblichen Praxis ein arbeitspolitischer Paradigmenwechsel stattzufinden (s. KERN u. SCHUMANN 1984). Durch die Einführung neuer Produktionskonzepte (z.B. Technisierung aller unmittelbar produktionsbezogener Aufgaben auf der Basis von CNC-Werkzeugmaschinen) verändert sich auch der Umgang mit dem Produktionsfaktor Arbeit. Es scheint erkannt worden zu sein, daß durch den restringierenden Zugriff auf die Arbeitskraft wichtige Produktivitätspotentiale verschenkt werden und daß in einem ganzheitlicheren Aufgabenzuschnitt keine Gefahren, sondern Chancen liegen. Daraus ergibt sich die Forderung nach einer verstärkten Nutzung der Qualifikation und fachlichen Souveränität der Arbeiter (KERN u. SCHUMANN 1984, S. 32). Einschränkend machen die Autoren jedoch darauf aufmerksam, daß der Wandel von Produktionskonzepten als langfristiger Weg verstanden werden muß, der gerade erst in Gang gekommen ist und durch starke Ungleichzeitigkeiten gekennzeichnet ist. Für die Entwicklung der Personaleinsatzplanung ergibt sich hieraus das Gebot einer stärkeren Berücksichtigung der qualitativen Aspekte der Arbeit unter einer eher ganzheitlichen Perspektive. Ob die diskutierten formalen Zuordnungs-Modelle dazu einen Beitrag liefern können, bleibt angesichts der oben besprochenen Mängel mehr als fraglich.

Die folgenden Zuordnungsmodelle mit Optimierung werden v.a. wegen der Vollständigkeit der Aufzählung behandelt; für die betriebliche Praxis kommt ihnen u.E. (derzeit) nur eine geringe Bedeutung zu.

Statisches Assignment mit Optimierung

Statische Zuordnungssysteme mit Optimierung werden überwiegend im militärischen Bereich zur Rekruten- und Offizierseinsatzplanung eingesetzt. Das Ausgangsproblem besteht darin, zu einem gegebenen Zeitpunkt eine bestimmte Anzahl von Personen einer bekannten Anzahl von Stellen zuzuweisen. Die Basis für die jeweilige Entscheidung bildet wiederum ein e_{ij}-Koeffizient. Dieser kann mit dem V_{ij}-Koeffizienten des Job-Man-Assignment identisch sein oder aus diesem abgeleitet werden. Eine derartige Möglichkeit ist die Kombination des V_{ij}-Koeffizienten mit einem Zusatzfaktor F_{ij} (z.B. durch Addition, Subtraktion, Multiplikation). In diesem Zusatzfaktor sind Aspekte enthalten, die i.d.R. nicht in dem V_{ij}-Koeffizienten enthalten sind (z.B. Kosten des Wohnortwechsels, persönliche Interessen, Schulungsaufwand).

Die Qualität dieses Ansatzes hängt von der exakten Bestimmung der in die Rechnung eingehenden Faktoren und von der theoretischen Begründbarkeit des jeweils gewählten Verknüpfungsoperators ab. Zusätzlich wird die Anwendbarkeit dieses Systems dadurch eingeschränkt, daß bei einer steigenden Anzahl von Variablen, die Zuordnungsmatrix u.U. so umfangreich wird, daß seine Anwendung nur für sehr große Stichproben, die eine entsprechende "Besetzung" der einzelnen Zellen gewährleisten, sinnvoll ist. Sollen viele anforderungsgleiche Arbeitsplätze besetzt werden, so lassen sich unter der Annahme, daß die in Frage kommenden Arbeitnehmer die gleiche Eignungsstruktur aufweisen, die oben beschriebenen Individual-Assignment-Ansätze zu Global-Assignment-Systemen ausbauen. Zu diesem Zweck werden Arbeitsplätze mit gleicher Anforderungsstruktur zu Arbeitsplatzkategorien und Arbeitnehmer mit gleicher Qualifikation zu Arbeitnehmergruppen zusammengefaßt. MOSER weist allerdings darauf hin, daß anwendungsbezogene Global-Modelle bisher nicht entwickelt wurden.

Dynamisches Assignment mit Optimierung

Bei den dynamischen Ansätzen werden Änderungen im Stellen-/Personalgefüge (Änderungen im Personalbedarf bzw. -bestand) und Änderungen in den Anforderungsprofilen oder in den Qualifikationsprofilen, die im Laufe der Zeit auftreten, erfaßt. Als Voraussetzung hierfür müssen die im Zeitablauf erwarteten Abweichungen prognostiziert werden. Die Prognosen müssen dabei so quantifiziert werden (können), daß "über eine Multiplikation der in Matrizen zusammengefaßten gegenwärtig gültigen Arbeitnehmer- und Arbeitsplatzprofile mit den Wahrschein-

lichkeitsmatrizen die für die Zukunft zu erwartenden Stellen- und Personalprofile erzeugt werden" (MEIRITZ 1984, S. 45). Analog zu den statischen Modellen sollen dann aus diesen Profilen e_{ij}-Koeffizienten bestimmt und unter Berücksichtigung der künftig geltenden Optimierungskriterien und Restriktionen die optimale Zuordnung errechnet werden (s. Abb. 32).
Diese Modelle werden ebenfalls primär im militärischen Bereich eingesetzt; sie dienen dort aber nicht der Personaleinsatz-, sondern eher der Personalbedarfsplanung, da die künftigen Veränderungen von Arbeitsplatz und Arbeitsinhalt prognostiziert wurden.
Eine ausführliche Kritik an diesen Zuordnungsmodellen erfolgte im Anschluß an die Darstellung der Profilvergleichsmethode auf S.164. An dieser Stelle sei (in Anlehnung an MEIRITZ 1984, S. 46) lediglich darauf hingewiesen, daß die Anfangseuphorie, mit der die dynamischen Individual-Assignment-Ansätze im militärischen Bereich entwickelt worden waren, einer realistischeren Einschätzung Platz gemacht haben. Während bereits bei den statischen Modellen die Messung und der Vergleich zwischen Anforderungen und Qualifikationen zur Bestimmung der e_{ij}-Koeffizienten mit erheblichen Problemen verbunden ist, treten bei der Prognose der Entwicklung dieser Variablen noch größere Schwierigkeiten auf. Ganz unmöglich dürfte es beim derzeitigen Stand der statistischen Methodenlehre sein Prognoseprobleme zu lösen, die durch das Erfordernis der dynamischen Individual-Assignment-Modelle entstehen, die zu erwartenden Merkmalsänderungen pro Arbeitsplatz durch quantifizierte Wahrscheinlichkeitsaussagen auszudrücken, diese dann in Wahrscheinlichkeitsmatrizen zusammenzufassen und die gegebenen statischen e_{ij}-Koeffizienten zu modifizieren.

MOSER (1978, S. XXV) räumt ein, daß die besprochenen (Individual-) Modelle ohne Optimierung bei der Stellenvermittlung bzw. in einigen Bereichen der Personaleinsatz-, Beschaffungs-, Entwicklungs- und Erhaltungsplanung eine "gewisse Orientierungshilfe" anbieten können. Zur Lösung kollektiver Stellen- bzw. Personal-Zuordnungsprobleme seien sie jedoch in jedem Fall ungeeignet. Diese Aufgaben können nach MOSER von den Optimierungsmodellen wahrgenommen werden, die jedoch momentan nur im militärischen Bereich eingesetzt werden. Der Einsatz von Optimierungs- Individual-Assignment-Modellen im betrieblichen Bereich erscheint MOSER (1978, S. XXVI) bedenklich, "solange die Probleme bei der Datenerfassung, Methodik und einfachen Benützbarkeit vom Arbeitsplatz aus noch nicht zufriedenstellend gelöst sind".

Für die Personaleinsatzplanung, bei der eine größere Anzahl von Stellen und Personen einander zugeordnet werden müssen, sind nach MOSER (1978) im Grunde alle von ihr dargestellten Modelle ungeeignet, da "in keinem Fall gleichzeitig die Gesamtheit an gegebenen Stellen und Personen berücksichtigt wird" (S. 286). Der Vergleich von Personen- und Arbeitsplatzmerkmalen, der in allen Ansätzen durchgeführt wird, eignet sich bestenfalls für eine Analyse des gegenwärtigen Personaleinsatzes.

Problematisch bei der Anwendung von Optimierungsmodellen in der Praxis ist zudem die einseitige Ausrichtung auf "ökonomisch-rationale" Zielfunktionen (vgl. MEIRITZ 1984, S. 48). Zahlreiche Literaturanalysen, empirische Untersuchungen und Bestandsaufnahmen von Anwendungen von Assignment-Ansätzen (z.B. HEINRICH & PILS 1979; DOMSCH 1980; KILIAN 1981; MOSER 1979) zeigen, daß die Zielsetzungen in den meisten Verfahren zur Personaleinsatzplanung primär arbeitgeberorientiert sind. Ausgegangen wird dabei i.d.R. von Einfachzielsetzungen wie z.B. Kostenminimierung, Erreichung bestimmter Verkaufsziffern, Optimierung der Gewinnbeiträge pro Arbeitnehmer oder Einhaltung fixierter Personal(kosten)grenzen je Arbeitskategorie. Es tauchen aber unüberwindbare Probleme für diese Ansätze

Abb. 32: Dynamisches Individual-Assignment (aus: MOSER 1979, S. 225)

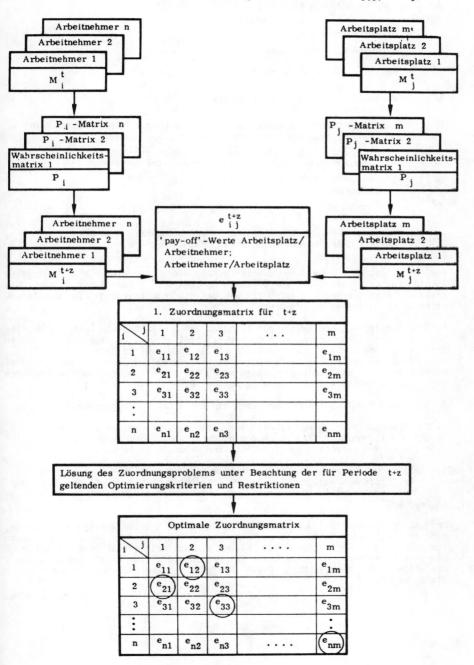

Erklärung der Symbole von Abbildung 32:

i = Arbeitnehmer ($i = 1,2,...,n$)

j = Arbeitsplatz ($j = 1,2,...,m$)

M_i^t = Merkmalstruktur des Arbeitnehmers i in Zeitperiode t

M_j^t = Merkmalstruktur des Arbeitsplatzes j in Zeitperiode t

P_i = Matrix der Wahrscheinlichkeitsquoten für die bis zur Zeitperiode $t + z$ zu erwartenden Änderungen der Merkmalstruktur des Arbeitnehmers i

P_j = Matrix der Wahrscheinlichkeitsquoten für die bis zur Zeitperiode $t + z$ zu erwartenden Änderungen der Merkmalstruktur des Arbeitsplatzes j

M_i^{t+z} = Merkmalstruktur des Arbeitnehmers i in Zeitperiode $t + z$

M_j^{t+z} = Merkmalstruktur des Arbeitsplatzes j in Zeitperiode $t + z$

e_{ij}^{t+z} = "pay-off" Wert des Arbeitnehmers i für Arbeitsplatz j bzw. des Arbeitsplatzes j für den Arbeitnehmer i in Zeitperiode $t + z$

auf, wenn bei der Zuordnung mehrere miteinander konkurrierende Zielsetzungen - die in der Praxis wohl vorherrschen dürften - zu berücksichtigen sind. Die Ziele der Arbeitnehmer werden so gut wie gar nie berücksichtigt oder den Interessen der Arbeitgeber untergeordnet.

Auf die Darstellung und Kritik der Methoden zur Ermittlung von Persönlichkeits- und Arbeitsplatzmerkmalen soll hier verzichtet werden, da dies ausführlich in den Bänden von KOMPA (1984) und MAIER (1983) in dieser Reihe geschieht. Allgemein kann in Anlehnung an REBER (1979) festgestellt werden, daß es v.a. drei Problembereiche sind, die die Realisierung der relativ einfachen Grundannahmen der Zuordnungsmodelle sehr schwierig machen (REBER 1979, S.V f.):

"- Arbeitsplatzanforderungen und Personaldaten ändern sich permanent.

- Die Systematisierung von Arbeitsplatzdaten ist schwieriger als angenommen und die Technologie (Testpsychologie) der Erfassung von relevanten Personaldaten zeigt trotz intensiver Arbeiten wesentliche Lücken.

- Optimierungsversuche berühren Interessen und können ohne eine pluralistische Interessenanalyse sowie die Berücksichtigung der jeweiligen Macht der Interessenträger in ihrer jeweiligen Organisationsform nicht vollzogen werden".

Der Autor sieht dabei u.a. die Gefahr, daß diese Schwierigkeiten dazu führen, daß versucht wird "mit einer gewissen 'technologischen' Verbissenheit... eine 'Dynamisierung' der Zuordnungsproblematik zumindest formal in entsprechenden Computerprogrammen zu erreichen" (S. VI). Dieser Befürchtung kann angesichts der Ansätze bei den von MOSER (1979) analysierten Zuordnungsmodellen nur zugestimmt werden.

3.8. Personalkostenplanung

3.8.1. Ziele der Personalkostenplanung

Entscheidungen für oder gegen jeweilige personelle Maßnahmen werden auch im Hinblick auf ihre kostenmäßigen Auswirkungen betrachtet (s. Abb. 1). Ziel einer Personalkostenplanung ist es, durch Erfassung, Analyse und Systematisierung der Ist-Personalkosten Prognosen über deren Entwicklung in einer Planungsperiode aufzustellen; zudem sollen die Haupteinflußfaktoren der Kosten und deren Entwicklung herausgefunden und prognostiziert werden, inwieweit die Entwicklung der Personalkosten unter dem Gesichtspunkt der Gewinnerzielung tragbar und beeinflußbar ist (s. RKW-Hdb. 1978, VII, S. 7). Auf die Probleme der Arbeitsanalyse, der Arbeitsbewertung und der unterschiedlichen Entlohnungsformen soll hier nicht oder nur am Rande eingegangen werden, da dies ausführlich im Band 2 dieser Reihe "Arbeitsanalyse und Lohngestaltung" (MAIER 1983) geschieht.

3.8.2. Der Begriff der Personalkosten (-planung)

Der Begriff "Personalkosten" wird in der (theoretischen) Literatur und in der betrieblichen Praxis sehr uneinheitlich verwendet. Zum einen wird dies mit der relativ geringen Bedeutung begründet, die dem Bereich Personal- und Sozialwesen bis vor kurzem zugemessen wurde zum anderen aber damit, daß zwar in den letzten Jahren der Anteil der Lohnkosten am Betriebsergebnis erheblich gestiegen ist und gleichzeitig eine große Anzahl von betrieblichen sozialen Leistungen üblich wurde, von denen jedoch nicht jede unmittelbar nach ihrem Auftreten begrifflich exakt bestimmt und jeweiligen Kostenklassen zugeordnet wurde. Eine vergleichende Betrachtung der Ergebnisse von Personalkostenerhebungen ergibt u.a. deshalb erhebliche Unterschiede hinsichtlich der Höhe und Struktur der Personalkosten zwischen einzelnen Wirtschaftszweigen und Unternehmen.

Neben den unterschiedlichen Begriffsabgrenzungen schränken v.a. abweichende methodische Vorgehensweisen die Vergleichbarkeit erheblich ein; die Interpretation solcher Vergleichserhebungen ist deshalb sehr problematisch, gelegentlich wird sogar die Ansicht vertreten, daß Personalkostenunterschiede primär durch die verschiedenen methodischen Vorgehensweisen bei der Erhebung verursacht werden (z.B. GRÜNEFELD 1975). Einer sehr allgemeinen Definition folgend versteht man unter Personalkosten die Aufwendungen, "die durch den Einsatz menschlicher Arbeitskraft im Unternehmen entstehen" (RKW-Hdb. 1978, Bd. VII, S. 15).

Will man etwas über den Umfang der Personalkosten in der betrieblichen Praxis erfahren, so kann man u.U. auf diesbezüglichen Informationen in der Personal- und Sozialberichterstattung der (Groß-)Unternehmen zurückgreifen. Darin werden die Personalkosten häufig im Rahmen einer Wertschöpfungsrechnung ausgewiesen. Ein Ziel einer derart globalen Zusammenfassung der unternehmerischen Leistung ist es, auch dem betriebswirtschaftlich nicht Vorgebildeten die Entstehung und Verteilung des Einkommens im Betrieb darzustellen (s. Abb. 33 a u. b). Allgemein kann unter Wertschöpfung der Wertzuwachs verstanden werden, "den ein Produktionsbetrieb (mit Produktions- statt Konsumtionsfähigkeit) über den Wert der Zulieferungen und Vorleistungen anderer Produktionsbetriebe hinaus erreicht" (CHMIELEWICZ 1983, S. 152). Die Vergleichbarkeit der verschiedenen Wertschöpfungsrechnungen ist eher gering, da keine einheitliche Begriffsbestimmung hierzu existiert (vgl. WEBER 1980). Die Wertschöpfungsrechnungen basieren auf der Gewinn- und Verlustrechnung (GuV) und beinhalten meist Gewinne und Dividenden, Löhne und Gehälter, Zinsen und Steuern. Je nach den Adressaten der Zahlungen (Haushalte, Unternehmungen, Staat) lassen sich drei verschiedene Wertschöp-

Abb. 33a: WERTSCHÖPFUNGS-ENTSTEHUNGSRECHNUNG der BAYER AG für 1978
(aus: Arbeitsplatz Bayer, Daten aus dem Personalwesen '79)

ENTSTEHUNG: 1979 in 1.000 DM		- Vorleistungen außer Abschreibungen		- Vorleistungen aus Abschreibungen	
Umsatzerlöse	11.414.956	Aufwendungen für Roh-, Hilfs- und Betriebsstoffe sowie für bezogene Waren	4.757.834	Abschreibung und Wertberichtigungen auf Sachanlagen und immaterielle Anlagewerte	730.339
+ Erhöhung des Bestandes an fertigen und unfertigen Erzeugnissen	231.486	Verluste aus Wertminderungen oder dem Abgang von Gegenständen des Umlaufvermögens (außer Vorräten und Einstellung in die Pauschalwertberichtigung zu Forderungen)	118.111	Abschreibungen und Wertberichtigungen auf Finanzanlagen mit Ausnahme des Betrages, der in die Pauschalwertberichtigung zu Forderungen eingestellt ist	19.303
+ andere aktivierte Eigenleistungen z.B. selbsterstellte Anlagen	143.136				
= Gesamtleistung	11.789.578				
+ alle übrigen Erträge z.B. Erlöse aus Nebengeschäften	551.864	Aufwendungen aus Verlustübernahme	98.289	Verluste aus dem Abgang von Gegenständen des Anlagevermögens	12.150
		Einstellung in Sonderposten mit Rücklageanteil	77.745		
		Sonstige Aufwendungen z.B. Fremdleistungen für Reparaturen	1.941.845		
= Unternehmensleistung	12.341.442	= Wertschöpfung vor Abzug der Abschreibungen	5.347.618	= Wertschöpfung nach Abzug der Abschreibungen	4.585.826

Abb. 33b: WERTSCHÖPFUNGS-VERTEILUNGSRECHNUNG der BAYER AG für 1978
(aus: Arbeitsplatz Bayer, Daten aus dem Personalwesen '79)

VERTEILUNG:

an MITARBEITER (Löhne u. Gehälter, soziale Abgaben, Aufwendungen für Altersversorgung u. Unterstützung)	3.532.155
an ÖFFENTLICHE HAND (Steuern vom Einkommen, vom Ertrag und vom Vermögen, sonstige Steuern, Lastenausgleichsvermögensabgabe)	534.133
an DARLEHENSGEBER (Zinsen u. ähnliche Aufwendungen)	141.338
an AKTIONÄRE (Bilanzgewinn)	298.200
an UNTERNEHMEN (Rücklagenbildung) (Einstellung aus dem Jahresüberschuß in offene Rücklagen) Saldo	80.000
	4.585.826

fungsbegriffe unterscheiden (s. Tab. 25).

Tab. 25: Alternative Wertschöpfungsbegriffe (mit fiktiven Zahlen)
(aus: CHMIELEWICZ 1983, S. 153)

	1.	Erträge	(ohne Zinsen, Dividenden und Subventionen)		940
	2. -	Aufwand	für Vorleistungen (einschl. Material- und Abschreibungsaufwand, ohne Löhne, Zinsen und Steuern		-625
	3. =	Wertschöpfung I		⎫	=315
	4. +	Subventionsertrag		⎬ Staat	+ 20
	5. -	Steueraufwand		⎭	- 50
	6. =	Wertschöpfung II		⎫	=285
	7. +	Zinsertrag		⎪	+ 20
	8. +	Dividendenertrag		⎬ Unternehmungen	+ 20
	9. -	Zinsaufwand		⎪	- 25
	10. -	Dividenden(ausschüttung)		⎭	- 0
	11. =	Wertschöpfung III		⎫	=300
	12. -	Lohn- und Gehaltsaufwand		⎬ Haushaltungen	-275
	13. -	Zinsaufwand		⎪	- 0
	14. -	Dividenden(ausschüttung)		⎭	- 15
	15. =	Gewinneinbehaltung			= 10

(links vertikal: additive Rechnung (Vorzeichen vertauschen))

Die Unterschiede zwischen den einzelnen Wertschöpfungsbegriffen kommen durch alternative Abgrenzungen zwischen Wertschöpfung und Vorleistung zustande. Wird die Staffel in Tab. 25 von oben nach unten gelesen (subtraktive Rechnung), so spricht man von der Wertschöpfungsentstehungsrechnung; liest man die Staffel von unten nach oben (additive Rechnung) mit umgekehrten Vorzeichen, so bezeichnet dies die Wertschöpfungsverwendungsrechnung.

Die folgende Darstellung der drei verschiedenen Wertschöpfungsbegriffe ist aus CHMIELEWICZ (1983, S. 153) entnommen. Bei der Wertschöpfung III gehören außer der Gewinneinbehaltung nur Lohn-, Zinsen- und Dividendenzahlungen an Haushaltungen zur Wertschöpfung (Ziffer 11 (12 - 15) bei additiver Rechnung), die darüber hinaus angeordneten Zahlungen an andere Empfänger zur Vorleistung. Bei der Wertschöpfung II werden Zins- und Dividendenzahlungen an andere Unternehmungen zur Wertschöpfung statt Vorleistung gerechnet (Ziffer 9,10), bei der Wertschöpfung I sogar Steuerzahlungen an den Staat (Ziffer 5). Zur Vermeidung volkswirtschaftlicher Doppelzahlungen müssen bei der Wertschöpfung I und II Zins- und Dividendeneinnahmen (insbes. bei Banken bzw. Holdings, Ziffer 7,8) bzw. Subventionseinnahmen (Ziffer 4) von der Wertschöpfung abgesetzt werden. Die Praxis verwendet meist die Wertschöpfung I, vernachlässigt aber in der Regel diese Abzugsposten. CHMIELEWICZ vermutet, daß es der primäre Zweck der freiwilligen Publikation sein dürfte, auf die hohen Lohn-, Steuer- und ggf.Zinsbelastungen sowie auf (zu) niedere Gewinne hinzuweisen. Zum Aussagewert der Wertschöpfungsrechnung im Rahmen der einzelbetrieblichen Einkommensverteilung merkt der Autor kritisch an, daß die diesbezüglichen Informationen (z.B. Ziffer 12 bis 15) bereits aus der vorhandenen GuV-Rechnung hervorgehen. Zudem spielen bei der einzelbetrieblichen Einkommensverteilung auch außerbetriebliche Faktoren (z.B. Lohntarife, Zinsniveau, Steuertarife) eine nicht unerhebliche Rolle; darüber hinaus erfolgen Einkommensverteilungsprozesse bereits bei den Vorleistungen (z.B. durch überhöhte Konzernverrechnungspreise bei der Rohölpreisgestaltung von multinationalen Ölkonzernen). CHMIELEWICZ (1983) kommt daher zu der Schlußfolgerung, daß die Wertschöpfungsrechnung zur Dokumentation der einzelbetrieblichen Einkommensverteilung entbehrlich oder sogar irreführend ist (S. 153). Für eine Beurteilung der Einkommensverteilung müßten auch die Entstehungsseite und evtl. auch die Passivseite der Bilanz als Information hinzugezogen werden. Allerdings würden sich auch dann einige Aufwandsgrößen einer verursachungsgerechten Zuordnung entziehen (vgl. KRACKE 1982, S. 179). Zudem wird der Umfang der Wertschöpfung nicht unerheblich durch betriebs- oder branchenspezifische Merkmale determiniert (z.B. kapital- vs. personalintensive Fertigung).

Von gewerkschaftlicher Seite wird zur Verhinderung von Manipulationsmöglichkeiten bei Bewertungen bzw. daraus resultierenden "Stillen Reserven" gefordert, daß Beteiligungs- und Finanzerträge mit in die Rechnung einbezogen werden, selbsterstellte Anlagen und Vorratsänderungen zu Marktpreisen bewertet und Abschreibungen als Vorleistungen eingeordnet werden (bewertet nach der linearen Methode und verbrauchsbedingt) (vgl. KRACKE 1982, S. 179). Auch wenn diese Vorschläge berücksichtigt werden sollten, bliebe den Unternehmen aufgrund ihrer Bewertungspraxis bzw. des aktienrechtlichen Spielraums ausreichend Gelegenheit, die Zuordnungskriterien in der Wertschöpfungsrechnung zu verschleiern. KRACKE (1982, S. 182) geht davon aus, daß der wirkliche Unternehmenserfolg und dessen Gründe in der Wertschöpfungsrechnung zwar nicht verschwiegen, aber doch gezielt verschlüsselt werden. Es werde der Eindruck erweckt, daß dieser zu niedrig ausfalle, die öffentlichen Interessen und die Belegschaft überproportional partizipierten und daß die Unternehmen transparent für die Öffentlichkeit und deren Ansprüche seien und diese kritisch wohlwollend abwägt.

Will man die oben genannten Ziele der Personalkostenplanung erreichen, so ist es nötig, "die" Personalkosten differenzierter abzugrenzen bzw. zu untergliedern, als dies in der Wertschöpfungsrechnung der Fall ist. Dabei richten sich die Gliederungsprinzipien nach den jeweiligen Zwecken der Personalkostenrechnung. Plant man beispielsweise eine Änderung der Kostenhöhe bzw. der Kostenstruktur, so ist eine Unterteilung der Personalkosten in "beeinflußbare" vs. "unbeeinflußbare" bzw. in "fixe" vs. "variable" zweckmäßig; während etwa die Frage nach den Ursachen von Personalkosten eher durch eine Aufteilung in "direkte" vs. "indirekte" Kosten oder in "freiwillige", "gesetzliche" und "tarifliche" Personalnebenkosten beantwortet werden kann. Allerdings bestehen häufig unterschiedliche Auffassungen darüber, was unter die einzelnen Kostenarten zu zählen ist. Aus diesem Grund sollen zunächst einige zentrale Begriffe der Personalkostenrechnung geklärt werden (s. Abb. 34).

Unter Entgelt sollen alle Löhne und Gehälter, sowie Zulagen und Zuschläge verstanden werden, die den Arbeitnehmern aufgrund des Arbeitsverhältnisses gewährt werden (z.B. Erschwerniszulagen, Provisionen). Neben dem Entgelt sind v.a. die Personalzusatzkosten (Personalnebenkostenaufwand, Sozialaufwand) ein wichtiger Bestandteil der Personalkosten. Sie bestehen aus Zusatzkosten aufgrund von Gesetz und Tarif und aus "freiwilligen" Leistungen. Eine mögliche detaillierte Gliederung der Personalkosten wie sie vom RKW (1978, VII, S. 25 f.) vorgeschla-

Abb. 34: Eine mögliche (Grob-)Gliederung der Personalkosten

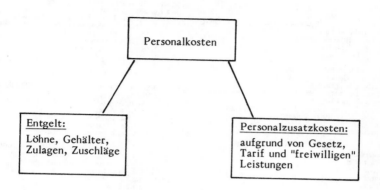

gen wird, ist aus der folgenden Aufstellung (siehe Beleg 5) zu entnehmen. Dabei ist zu beachten, daß der Begriff "freiwillige Sozialleistungen" irreführend ist, da ein Teil der genannten Kostenarten aufgrund gesetzlicher bzw. tariflicher Regelungen oder aufgrund von Betriebsvereinbarungen zustandekommt (eine ausführliche Diskussion der Problematik der Personalzusatzkosten erfolgt im nächsten Abschnitt). Zudem wird eine derartige, am betrieblichen Rechnungswesen orientierte Gliederung der Personalkosten von manchen Autoren kritisiert (z.B. HENTZE 1977, S. 242), da Personalkosten bei der Erfüllung aller personalbezogenen Funktionen anfallen, d.h. auch bei der Bedarfsermittlung, bei der Beschaffung (z.B. Inserate, Arbeitsmarktanalysen), bei der Personalentwicklung (z.B. Lehrgangsgebühren, Reisekosten, Honorare), bei der Personalanpassung (z.B. Abfindungen, Sozialplan) usw. HENTZE (1977) gliedert deshalb Personalkosten bzw. Personalaufwendungen in direkte und indirekte Kosten. Während die direkten Kosten die Löhne und Gehälter, die Personalzusatzkosten und den kalkulatorischen Unternehmerlohn enthalten, umfassen die direkten Kosten (Aufwendungen) alle übrigen bei der Erfüllung personalwirtschaftlicher Funktionen entstehenden Kosten.

3.8.3. Einflußfaktoren auf die Personalkosten

Eine kostentheoretische Analyse der Personalkosten, mit deren Hilfe herausgefunden werden kann, welche Faktoren die einzelnen Personalkosten beeinflussen und wie die Art des Zusammenhangs zwischen den Personalkosten und ihren Determinanten ist, steht bisher noch aus (vgl. VOGT 1983, S. 62). Die in der Literatur vorfindbaren Systematiken beschränken sich i.d.R. darauf, zwischen unternehmensinternen und unternehmensexternen Determinanten zu unterscheiden (siehe Tab. 26 u. 27). Dabei werden eher intuitiv bzw. aufgrund von Plausibilitätsannahmen allgemeine Überlegungen über die Dispositionsmöglichkeiten von Personalkosten angestellt. VOGT (1983, S. 66) macht darauf aufmerksam, daß aufgrund der globalen Determinanten eine befriedigende Antwort auf die Frage nach der Intensität des Einflusses auf verschiedene Personalkosten bzw. nach dem Ausmaß des Zusammenhangs zwischen einzelnen Determinanten und den Personalkosten kaum gefunden werden kann; zudem sind wegen der zeitlichen und sachlichen Zusammen-

Beleg 5: DETAILLIERTE GLIEDERUNG DER PERSONALKOSTEN (aus: RKW-Hdb. 1978, Bd. VII, S. 25 ff.)

1. ENTGELT

1.1. LOHN
  1.1.1. tariflicher Lohn
    1.1.1.1. Grundlohn
    1.1.1.2. Leistungszulagen (soweit tariflich vereinbart)
  1.1.2. übertariflicher Lohn
    1.1.2.1. Leistungszulagen (soweit freiwillig gewährt)
    1.1.2.2. übertarifliche Zulagen
    1.1.2.3. Prämien

1.2. GEHALT - TARIF-ANGESTELLTE
  1.2.1. tarifliches Gehalt
    1.2.1.1. Grundgehalt
    1.2.1.2. Leistungszulagen (soweit tariflich vereinbart)
  1.2.2. übertarifliches Gehalt
    1.2.2.1. Leistungszulagen (soweit freiwillig gewährt)
    1.2.2.2. übertarifliche Zulagen
    1.2.2.3. Prämien
    1.2.2.4. Provisionen

1.3. GEHALT - AUSSERTARIFLICHE ANGESTELLTE
  1.3.1. Monatsbezüge (lfd. Bezüge)
    1.3.1.1. Gehalt
    1.3.1.2. Provisionen
  1.3.2. Jahresbezüge (gelegentliche oder einmalige Bezüge)
    1.3.2.1. Gratifikationen
    1.3.2.2. Tantiemen
    1.3.2.3. Erfolgsbeteiligungen
  1.3.3. Sonstige Vergütungen
    1.3.3.1. Prämien

1.4. SONSTIGES ENTGELT
  1.4.1. Zuschläge
    1.4.1.1. Mehrarbeitszuschläge
    1.4.1.2. Spätarbeitszuschläge
    1.4.1.3. Nachtarbeitszuschläge
    1.4.1.4. Sonn- und Feiertagszuschläge
  1.4.2. Zulagen
    1.4.2.1. Erschwerniszulagen
    1.4.2.2. sonstige Umweltzulagen

2. PERSONALNEBENKOSTEN

2.1. PERSONALNEBENKOSTEN AUFGRUND GESETZ UND TARIF
  2.1.1. Arbeitgeberbeiträge zur gesetzlichen Sozial- und
    Unfallversicherung
    2.1.1.1. Rentenversicherung
    2.1.1.2. Arbeitslosenversicherung
    2.1.1.3. Krankenversicherung
    2.1.1.4. Berufsgenossenschaft
  2.1.2. Tarifurlaub
    2.1.2.1. Urlaubsgeld (= Entgeltfortzahlung)
    2.1.2.2. zusätzliche Urlaubsvergütung
  2.1.3. Bezahlung von Ausfallzeiten
    2.1.3.1. gesetzliche Feiertage
    2.1.3.2. Entgeltfortzahlung bei Krankheit
    2.1.3.3. Entgeltfortzahlung bei Kuren
    2.1.3.4. Entgeltfortzahlung bei Mutterschutz
    2.1.3.5. Ausfallzeiten nach Tarif (z.B. bezahlte Pausen)
  2.1.4. Schwerbehinderte
    2.1.4.1. Betreuung der Schwerbehinderten
    2.1.4.2. Sonderurlaub
    2.1.4.3. Ausgleichsabgabe
  2.1.5. Werksärztlicher Dienst
    2.1.5.1. Personalkosten Arzt und Sanitätspersonal
    2.1.5.2. Sachkosten
    2.1.5.3. Ausfallzeiten bei ärztlicher Betreuung
  2.1.6. Arbeitssicherheit
    2.1.6.1. Personalkosten Sicherheitsfachkräfte
    2.1.6.2. Sachkosten
    2.1.6.3. Ausfallzeiten Sicherheitsbeauftragte
  2.1.7. Kosten aufgrund Betriebsverfassungsgesetz und Mitbe-
    stimmungsgesetz
    2.1.7.1. Personalkosten Betriebsrat- und Aufsichtsrats-
      tätigkeit
    2.1.7.2. Sachkosten

    2.1.7.3. Betriebsversammlungen, Abteilungsversammlu¦
    2.1.7.4. Betriebsrats- und Aufsichtsratswahlen
    2.1.7.5. Kosten Vertrauensleute
  2.1.8. Vermögenswirksame Leistungen
  2.1.9. Sonstige Kosten
    2.1.9.1. Teile eines 13. Monatsgehaltes
    2.1.9.2. Verdienstsicherung für ältere Mitarbeiter
      (Ausgleichszahlungen)
    2.1.9.3. Kontoführungsgebühren
    2.1.9.4. Zahlungen bei Sterbefällen
    2.1.9.5. Zahlungen nach Rationalisierungsschutzabkom¦
      (Abfindung)
    2.1.9.6. Sonstige Abfindungen

2.2. PERSONALNEBENKOSTEN AUFGRUND FREIWILLIGER LE¦
    STUNGEN
  2.2.1. Ausbildung und Weiterbildung/Übergang zu Pflichtzahl¦
    2.2.1.1. Auszubildende
    2.2.1.2. fachliche Weiterbildung
    2.2.1.3. Umschulung
    2.2.1.4. Führungskräfteschulung
    2.2.1.5. Stipendien
      (jeweils Personalkosten wie Ausbilder, Ausfall¦
      kosten und Sachkosten, wie Ausbildungsmittel¦
      Reisen, Seminargebühren)
  2.2.2. Küchen und Kantinen (abzüglich Erlöse)
    2.2.2.1. Personalkosten
    2.2.2.2. Sachkosten
    2.2.2.3. Zuschüsse
  2.2.3. Wohnungshilfen
    2.2.3.1. Wohnungsbeschaffung
    2.2.3.2. Werkswohnungen   }
    2.2.3.3. Wohnheime   } (abzüglich Mieteinna¦
    2.2.3.4. Mietzuschüsse   }
    2.2.3.5. Baudarlehen
  2.2.4. Fahrt- und Transportkosten
    2.2.4.1. Fahrgeldzuschüsse
    2.2.4.2. Zubringerbus
    2.2.4.3. Familienheimfahrten/Trennungsentschädigung
    2.2.4.4. Umzugskosten
  2.2.5. Soziale Fürsorge
    2.2.5.1. Werksfürsorge, Familienhilfe
    2.2.5.2. Kindergarten
    2.2.5.3. Beihilfen in Notfällen
    2.2.5.4. Erholungskuren
  2.2.6. Betriebskrankenkasse
    2.2.6.1. Personalkosten
    2.2.6.2. Sachkosten
  2.2.7. Arbeitskleidung
  2.2.8. Betriebliche Altersversorgung
    2.2.8.1. Renten
    2.2.8.2. Pensionen
    2.2.8.3. Zuschüsse zur befreienden Lebensversicherun¦
    2.2.8.4. Weihnachtszuwendungen an Rentner
    2.2.8.5. Beiträge zum Pensionssicherungsverein (Insolv¦
  2.2.9. Versicherungen und Zuschüsse
    2.2.9.1. Freizeitunfallversicherung
    2.2.9.2. Inkasso für Gruppenversicherungen
    2.2.9.3. Krankengeldzuschuß
  2.2.10. Bezahlung von Ausfallzeiten
    2.2.10.1. aus persönlichem Anlaß
    2.2.10.2. politische Mandate
    2.2.10.3. betriebliche und regionale Festtage
  2.2.11. Sonstige Leistungen
    2.2.11.1. Weihnachtsgeldzahlungen
    2.2.11.2. Belegschaftsaktien
    2.2.11.3. Prämien für Verbesserungsvorschläge
    2.2.11.4. Förderung der Freizeitgestaltung
    2.2.11.5. Einkaufsvergünstigungen/Deputate
    2.2.11.6. Jubiläumsgeschenke
    2.2.11.7. Sonderurlaub (z.B. Jubilare)
    2.2.11.8. Geschenke zu persönlichen Anlässen

Tab. 26: Unternehmensinterne Bestimmungsfaktoren der Personalkosten
(aus: VOGT 1983, S. 67)

Unternehmensinterne Bestimmungsfaktoren		
beeinflußte Personal- kostenarten (Beispiele)	beeinflußt durch (Beispiele)	
Vermögensbildung, Weiter- bildung	Tradition, Unternehmens- leitung	Unternehmensleitbild, Un- ternehmensziele

Zuschuß z. Mutterschafts-
geld, Einkommens-, Ver-
dienstsicherung
Jubiläumsgratifikationen
Wohnungswesen
Schichtfreizeiten
Betriebliche Altersver-
sorgung
Belegschaftsaktien
	Anforderungen der Ar-
	beitsplätze, Verfügbar-
	keit von Arbeitskräften
		Personalstruktur im Hinblick
		auf - Geschlecht
		  - Alter
		  - Betriebszugehörigkeit
		  - Herkunft
		  - Arbeitsplatz/Tätigkeitsart
		  - Einkommen
		  - Einstellungen

Sozialeinrichtunggen	Absatzmöglichkeiten, Technische Restriktio- nen, Wettbewerbsrecht	Unternehmensgröße
Zuwendungen anläßlich regionaler Festlichkei- ten, Sozialeinrichtungen	Absatz- und Beschaf- fungsbedingungen, Wirt- schaftszweig, Herkunfts- goodwill	Standort im Hinblick auf - regionale Lebensformen und Tradition - städtische u. ländliche Le- bensverhältnisse

Gesundheitseinrichtungen
 	
Betriebsärztlicher Dienst
 	
Verpflegung
	Produktprogramm, Mecha-
	nisierungs-, Automatisie-
	rungsgrad, Maßnahmen
	der Unfallverhütung und
	Arbeitsgestaltung
		Produktionsprozeß im Hinblick
		auf - Belastungen der Ar-
		beitskräfte
		  - Unfall-, Gesundheits-
		gefahren
		  - Betriebs-, Arbeitszeit

Erfolgsbeteiligung, Ar- beitnehmerdarlehen	Gesamtwirtschaftliche Rahmenbedingungen, Effizienz der Unter- nehmensleitung	Finanz- und Ertragslage
Höhe von Entgelten und Zusatzleistungen allge- mein	Produktprogramm, Produk- tionstiefe, Mechanisierungs- Automatisierungsgrad	Kostenstruktur
Unfallversicherung	Produktprogramm	Wirtschaftszweig

Tab. 27: Unternehmensexterne Bestimmungsfaktoren der Personalkosten

Unternehmensexterne Bestimmungsfaktoren		
beeinflußte Personal- kostenarten (Beispiele)	Ausgangsbedingungen (Beispiele)	Wirkungsbereiche
Personal Nebenkosten: Altersversorgung Wohnungswesen Kindergärten Mutterschaftsgeld	gesellschaftliche Mangellagen	Staatliche Sozialpolitik z.B. Sozialgesetze (Mutterschutzgesetz) (Jugendschutzgesetz)
Entgelte Zusatzleistungen Abfindungen Übergangszahlungen Urlaub	wirtschaftliche Entwicklung	Tarifverträge
niedere Entgelte hohe Ausbildungskosten	staatliche Subven- tionspolitik, historische Entwick- lungen	Regionale Wirtschafts- und Arbeitsmarktstruktur Konjunkturelle Lage
Personal Nebenkosten: Personal-, Sach- und Raumkosten f.d. Be- triebsrat, Sozialplankosten, Konkursausfallgeld	gesellschaftliche Vor- stellungen über Demo- kratie (am Arbeits- platz), Wertewandel	Rechtliche Vorschriften: z.B. Betriebsverfassung und Mitbestimmung

hänge der aufgeführten Faktoren untereinander mit anderen kostenrelevanten Größen jederzeit neue Interdependenzen herstellbar, die die Komplexität und damit die Schwierigkeiten einer exakten Prognose noch vergrößern.

3.8.4. Personalzusatzkosten

Im folgenden werden Probleme, die sich bei der Definition bzw. Abgrenzung, der Bewertung und im Vergleich unterschiedlicher Personalkosten ergeben können, am Beispiel der Personalzusatzkosten ausführlich diskutiert. Die Personalzusatzkosten wurden v.a. deshalb gewählt, weil sie aufgrund ihrer überproportionalen Entwicklung (gemessen am gesamten Personalaufwand) zunehmend an Bedeutung gewonnen haben und sehr kontroverse Standpunkte hinsichtlich ihrer Definition, Bewertung usw. vertreten werden.

3.8.4.1. Begriffsbestimmung

Neben dem Begriff "Personalzusatzkosten" werden in der Literatur eine Reihe weiterer Termini verwendet, die jedoch inhaltlich nicht in jedem Fall identisch sind: zweiter Lohn, betriebliche Sozialleistungen, Sozialaufwand, Personalnebenkosten, indirekter Lohn, teures Nebenbei, unsichtbarer Lohn usw... Nach HEMMER (1983) ist allen diesen Begriffen gemeinsam, daß sie "mehr oder weniger die Aufwendungen des Unternehmens für die arbeitenden Menschen über Lohn und Gehalt hinaus zum Inhalt haben" (S. 7). Zur Klassifikation der verschiedenen Formen von Personalzusatzkosten kommen neben den bereits genannten Kriterien "gesetzlich", "tariflich" und "freiwillig" eine Anzahl weiterer "Klassen" in Frage. So unterteilt etwa MERLE (1963) den "freiwilligen sozialen Aufwand in der Industrie"

- nach dem Grad der wirtschaftlichen und sozialen Notwendigkeit und
- nach kostenrechnerischen Gesichtspunkten: Sozialaufwand mit Kostencharakter und Sozialaufwand mit Erfolgscharakter.

Alternative Gliederungen legen das Statistische Bundesamt, die Deutsche Gesellschaft für Personalführung (DGFP) und der Zentralverband der Elektrotechnischen Industrie (ZVEI) vor.

MELLEROWICZ (1975, S. 1665) geht davon aus, daß der Gliederung der Personalzusatzkosten in vorgeschriebene (gesetzliche, tarifliche) und freiwillige unter dem Aspekt der betrieblichen Sozialpolitik die größte Bedeutung zukommt, da der Betrieb nur beim freiwilligen Teil der Zusatzkosten die Möglichkeit hat, Art, Umfang und Ausgestaltung individuell zu bestimmen, während diese Gestaltungsmöglichkeiten bei festgelegten Leistungen fehlen. Dem ist entgegenzuhalten, daß der Grad der Freiwilligkeit von Personalzusatzkosten durchaus eingeschränkt sein kann. So besteht für manche Leistungen formal eine Freiwilligkeit, tatsächlich werden sie aber deshalb gewährt, weil ein "Zwang" zu solchen Leistungen existiert (s. Tab. 26 u. 27).

Zudem können freiwillige Leistungen im Laufe der Zeit ihre "Freiwilligkeit" verlieren, etwa dann, wenn die Leistungen in Tarif- und Arbeitsverträge übernommen werden. GRÜNEFELD (1982, S. 20) glaubt, daß ein großer Teil der Probleme bei der Begriffsbestimmung der Personalzusatzkosten darauf zurückzuführen ist, daß bei der Abgrenzung der Begriffe Aspekte der Kostenrechnung und "mitarbeiter-orientierte" Darstellungen miteinander vermischt werden. Bei einer Definition, die den Anforderungen der Kostenrechnung gerecht werden soll (z.B. für die Veröffentlichung von Sozialbilanzen) müßten etwa Kosten der Personalverwaltung, der Personalinformation sowie Beiträge zu Arbeitgeberverbänden in den personalabhängigen Aufwand einbezogen werden (s. GRÜNEFELD 1982, S. 21). Mit Hilfe einer solchen Begriffsabgrenzung können Kostenuntersuchungen (z.B. die Substitution von personalabhängigen Kosten durch Kapitalkosten) durchgeführt werden.

Will man aber etwa zum Zweck eines Unternehmensvergleichs herausfinden, was den Mitarbeitern neben dem Entgelt für geleistete Arbeit noch zufließt, dann sind Definitionen, die alle Aspekte der Kostenrechnung berücksichtigen, nicht geeignet. Die im obigen Absatz genannten kostenorientierten Positionen dürften in diesem Fall nicht mit in die Begriffsbestimmung einbezogen werden.

Nach GRÜNEFELD (1982) müßte eine "mitarbeiterorientierte" Betrachtungsweise der Personalzusatzkosten v.a. folgende Leistungen enthalten:

- Vergütungen, die diesem Personenkreis über das Entgelt für geleistete Arbeitszeit hinausgehend direkt zufließen,

- Aufwand für Leistungen, die dieser Personenkreis indirekt erhält,

- Aufwand für Leistungen und Einrichtungen, die diesem Personenkreis in seiner Gesamtheit zugute kommen oder zur Verfügung stehen.

Der Autor selbst räumt ein (GRÜNEFELD 1982, S. 21), daß diese Abgrenzung noch Grenzfälle offenläßt; er schlägt vor, daß man in solchen Situationen danach fragen soll, ob der Mitarbeiter die in Anspruch genommene Leistung als "ihm zugute kommend" empfindet oder empfinden kann oder ob diese Leistung selbstverständlich ist (z.B. Schutzkleidung) oder überwiegend dem Betriebszweck dient (z.B. Versetzung aus betrieblichen Gründen und daraus resultierende Umzugskosten). Für die betriebliche Praxis ist diese Unterscheidung u.U. nützlich, für eine wissenschaftliche Klassifikation jedoch zu unscharf.

Die Bedeutung einiger Arten der Personalzusatzkosten ist nur anhand der jeweiligen historischen Situation zu verstehen. So haben etwa viele Unternehmer in der Zeit unmittelbar nach dem Zweiten Weltkrieg ihren Mitarbeitern freiwillige Sozialleistungen gewährt, die heute ohne den Bezug auf die damalige Situation nicht verständlich sind. Ein Beispiel hierfür ist das sogenannte "Kartoffelgeld" (s. ECKERT 1977, S. 9); es bestand aus Zuschüssen an die Mitarbeiter für die Kartoffeleinkellerung in den Herbstmonaten.

Für die amtliche Statistik stellt das "Entgelt für geleistete Arbeit(szeit)" die Bezugsbasis für die Personalzusatzkosten dar. Zur Ermittlung der Arbeitszeit werden von den nominellen Arbeitstagen (365 Kalendertage abzüglich 104 Samstage und Sonntage) die bezahlten Ausfallzeiten abgezogen. Diese effektive Arbeitszeit wird mit dem durchschnittlichen Bruttoverdienst pro Stunde multipliziert. Das Produkt wird als "Entgelt für geleistete Arbeit" bezeichnet und ist immer niedriger als der Bruttoverdienst, da dieser Zusatzkosten für Ausfallzeiten, Sonderzahlungen usw. enthält. Mit anderen Worten bedeutet dies, daß alle Kosten, die nicht für Lohn und Gehalt, tarifliche und außertarifliche Zulagen und Zuschläge für die Zeit der Anwesenheit im Betrieb bezahlt werden, unter Personalzusatzkosten subsumiert werden (z.B. Vergütungen für Ausfallzeiten, Urlaub, Weihnachtsgeld, vermögenswirksame Leistungen).

Nach KÜLLER (1979) taugen solche Aufteilungen nur dazu, etwas über die Struktur der Personalkosten auszusagen (je größer der eine Teil ist, um so kleiner is der andere). Über die Höhe der Personalkosten erhält man auf diese Weise keine neuen Informationen. Für betriebsinterne Zwecke kann eine derartige Aufteilung der Personalkosten durchaus sinnvoll sein (z.B. Ermittlung der produktiven vs. unproduktiven Lohnbestandteile; s. ausführlich dazu VOGT 1983); fragwürdig ist v.a. die unkommentierte Veröffentlichung dieser Daten (s. KÜLLER 1979, S. 689). Zusammenfassend kann festgestellt werden, daß eine exakte Abgrenzung zwischen Personalkosten und Personalzusatzkosten sehr schwer ist und es keine einheitlichen Klassifikationsvorschriften dazu gibt. Zudem nehmen nur wenige Unternehmen eine Aufteilung ihrer Personalzusatzkosten in gesetzliche, tarifliche und freiwillige Leistungen vor. Falls dies geschieht (u.a. bei Firmen, die dem Zentralverband der Elektrotechnischen Industrie (ZVEI) oder der Deutschen Gesellschaft für Personalführung (DGFP) angehören) bedeutet das jedoch noch nicht, daß diese Daten auch veröffentlicht werden (s. HEMMER 1983, S. 19). Aus diesem Grund existieren in der Öffentlichkeit kaum Informationen über die Struktur bzw. über Veränderungen in der Zusammensetzung der "freiwilligen" Sozialleistungen. Für die Firmen besteht so die Möglichkeit den Anteil der Personalzusatzkosten "aufzublähen" und den Anteil der Entgelte relativ konstant zu halten. Ein Beispiel aus KÜLLER (1979) verdeutlicht diesen Gedanken: Die Position "Aufwand für bezahlte Urlaubstage" ist zunächst einleuchtend. Verwirrend wird diese Information erst, wenn man die Erläuterung zu der vom Statistischen Bundesamt durchgeführten Personalzusatzkostenrechnung, die auf Angaben der Unternehmen basiert, betrachtet. Dort heißt es in einer Fußnote, daß unter diesen Kosten auch Urlaubsabgeltungsaufwendungen und sogar Entlassungsentschädigungen erfaßt werden. In den offiziellen Veröffentlichungen der Firmen wird diese Differenzierung nicht vorgenommen, obwohl davon ausgegangen werden kann, daß solche "Aktivitäten" auch dort vorkommen. KÜLLER nimmt an, daß dies u.a. deshalb der Fall sei, weil dann (KÜLLER 1979, S. 692):

- die Zahl der effektiven Arbeitstage bzw. der dafür bezahlte Lohn höher ausgewiesen würde,

- die Personalnebenkosten prozentual niedriger ausfallen würden und

- eine evtl. gesondert ausgewiesene Position "Aufwand für Urlaubsabgeltung" die Fragwürdigkeit eines solchen Instruments auch zahlenmäßig erkennbar werden ließe.

Vor allem von gewerkschaftlicher Seite wird der Personalzusatzkostenrechnung (PZK) eine ideologische Funktion unterstellt. KÜLLER (1979, S. 693) sieht u.a. folgende Ziele einer unternehmerischen Personalzusatzkostenrechnung:

- Beeinflussung der tariflichen Willensbildung: Es soll nachgewiesen werden, daß jede Lohnerhöhung gleichzeitig eine Erhöhung der PZK nach sich zieht; dadurch werden der gewerkschaftlichen Tarifpolitik auch solche Kosten angelastet, deren Höhe sie nicht mitbestimmen kann - Sachkosten der Personalverwaltung, gesetzliche Sozialabgaben usw. Je höher der Block der Nebenkosten an den gesamten Personalkosten ist, desto günstiger scheint es für die Unternehmen zu sein, mit dem Hinweis auf diesen Zusatzblock die tarifpolitischen Forderungen als nicht akzeptabel zu bezeichnen.

- Begründung einer Politik der Sozialdemontage: Bei den in den letzten Jahren stark angestiegenen gesetzlichen Anteilen der Arbeitgeber an den PZK (z.B. Sozial-, Kranken- und Unfallversicherung) wird oft verschwiegen, daß die Arbeitnehmer ebenfalls höhere Beiträge zu entrichten haben, dies zum Ausbau der sozialen Sicherung der Arbeitnehmer beiträgt und daß die Folgen der

Wirtschaftskrise diese Erhöhungen nötig machen. Ziel der Unternehmen ist es, diese Zusatzleistungen in der Öffentlichkeit als nicht mehr ausweitungsfähig bzw. als reduzierungsbedürftig darzustellen.

- Diskreditierung der Betriebsratsarbeit: Ein großer Teil der Personalzusatzkosten (z.B. Weiterbildung, Wohnungswesen, Ausbildung) ist einer der Schwerpunkte der Arbeit von Betriebsräten. Die Bemühungen der Betriebsräte, diesen Teil ständig auszubauen, führt zu einem wachsenden Anteil an Zusatzkosten. Diese werden den Betriebsräten häufig als Kosten ihrer eigenen Politik angelastet. Den Arbeitnehmern soll klar gemacht werden, daß die Arbeit der Betriebsräte nur zu einem Anwachsen des unproduktiven Anteils der Kosten führt und aus unternehmerischer Sicht überflüssig bzw. schädlich ist.

- Unterstützung einer Politik steigenden Leistungsdrucks: Der Begriff "Entgelt für geleistete Arbeit" legt nahe, daß Lohnfortzahlung bei Krankheit, für Urlaub bzw. Feiertage eine unproduktive Last für die Unternehmen darstellt. Durch den Ausweis dieser Kosten soll demonstriert werden, wie wenig vom Lohn für unmittelbar geleistete Arbeit gezahlt wird.

- Erhaltung unternehmerischer Autonomie in der Personalpolitik: Zwar wird von den Unternehmen darauf hingewiesen, wie groß der Anteil der gesetzlichen und tariflichen Regelungen an den Personalnebenkosten ist, beim "direkten Leistungslohn" wird jedoch nie untersucht, wieviel davon tarifvertraglich abgesichert ist. Die übertariflichen bzw. außertariflichen Gehaltsbestandteile sollen offensichtlich nicht ausgewiesen werden; vermutlich deshalb, um die Arbeitnehmer nicht auf die Idee zu bringen, für diese Bestandteile eine tarifliche Absicherung zu fordern.

- Ablenkung von Arbeitnehmerkritik an der unternehmerischen Kostengestaltung: Die Diskussion darüber, ob bestimmte Investitionen gerechtfertigt sind, soll vermieden werden (z.B. ob Investitionen für beschäftigungswirksame Maßnahmen getätigt werden sollen, ob verstärkt Gelder in die betriebliche Aus- und Weiterbildung fließen sollen usw.).

Diese Interpretation der Personalzusatzkostenrechnung als ideologisches Vehikel der Unternehmen ist, so berechtigt sie auch u.E. in einzelnen Punkten sein mag, zu einseitig. Interessengebundene Gründe spielen bei der Erstellung von Personalzusatzkostenrechnungen sicher eine Rolle; darüber hinaus gelten die eingangs genannten Zwecke der Personalkostenrechnung auch für die Personalzusatzkostenrechnung. Das im Vergleich zum Lohn schnellere Wachstum der Lohnzusatzkosten könnte auch auf die mit steigendem Einkommen zunehmend wichtigeren Bedürfnisse, wie z.B. "gute Arbeitsbedingungen", "längerer Urlaub" oder "soziale Sicherheit" zurückgeführt werden. Eine weitere Erklärung könnte aus der Tatsache abgeleitet werden, daß Lohnzusatzkosten der Besteuerung entzogen sind und deshalb angesichts steigender Steuersätze für Arbeitnehmer und Arbeitgeber ein Anreiz zum Ausweichen auf diese Art des Entgelts besteht. Die Deutsche Gesellschaft für Personalführung geht - aus Arbeitgebersicht - davon aus, daß für das Unternehmen die Analyse und die Auswertung der Personalzusatzkosten aus folgenden Gründen von Bedeutung ist (DGFP 1980, S. 30):

- Die Personalzusatzkosten verzeichnen innerhalb der Personalgesamtkosten überproportionale Zuwachsraten. Deshalb ist eine sorgfältige Analyse der Ursachen, Einflüsse und Auswirkungen notwendig.

- Die Personalzusatzkosten bestehen aus sehr vielen Aufwandpositionen und sind deshalb in ihrer Zusammensetzung schwer durchschaubar.

- Viele dieser Aufwandspositionen stehen in wechselseitiger Abhängigkeit. Folglich tangieren die Faktoren, die auf die Personalzusatzkosten einwirken, häufig gleichzeitig mehrere Aufwandspositionen.

Von Seiten der Unternehmen wird häufig als zusätzlicher Grund für die Analyse der Personalzusatzkosten die verschlechterte Wettbewerbsfähigkeit der deutschen Wirtschaft in den letzten Jahren angeführt. Als eine Ursache hierfür werden die vergleichsweise hohen Personalkosten in deutschen Unternehmen genannt. Die Entwicklung dieser Kosten sei v.a. dadurch gekennzeichnet, daß eher qualitative Maßnahmen (z.B. Urlaubsverlängerungen) bei den Tarifverhandlungen durchgesetzt werden, die primär zu einem überproportionalen Wachstum der Personalzusatzkosten geführt haben (s. HEMMER 1981).

Über die Wertschätzung der Arbeitnehmer für Sozialleistungen gibt eine Befragung von 7.300 Arbeitnehmern in 13 deutschen Unternehmen im Zeitraum zwischen 1968 - 1979 Auskunft (s. BECK 1982). Von 16 tatsächlich angebotenen Sozialleistungen waren im Durchschnitt nur 2,4 bekannt (von 23 Sozialleistungen nur 3,8 und von 8 durchschnittlich nur 0,7). Betriebliche Altersversorgung, Weihnachtsgratifikation und Urlaubsgeld wurden am häufigsten genannt, gefolgt von Kantine und Deputaten. Auf die Frage, warum sie den eigenen Arbeitgeber an Dritte empfehlen würden, wiesen 20 % der Probanden auf die Sozialleistungen hin; lediglich 8 % fühlten sich wegen der Sozialleistungen besonders an ihr Unternehmen gebunden. SADOWSKI (1984) sieht in diesen Ergebnissen die untergeordnete Bedeutung der Sozialleistungen gegenüber Lohn- und Arbeitsplatzsicherheit. Als eine mögliche Begründung dafür, daß unbedeutende oder nur einseitig bemerkte Sozialleistungen trotzdem gewährt werden, nennt SADOWSKI (1984, S. 581) die "Selbstbefriedigung" der Geber von Sozialleistungen"; d.h. für die Gewährenden oder Verwaltenden haben diese Sozialleistungen eine größere Bedeutung als für die Empfänger (der Autor verweist in diesem Zusammenhang auf die Diskussion um die religiös motivierte Armenfürsorge und auf die Theorie des Wachstums von Bürokratien).

Zur Beantwortung der Frage warum die Sozialleistungen einen so hohen Anteil an den gesamten Personalkosten einnehmen, können einmal anreiztheoretische Erklärungen herangezogen werden (Sozialleistungen erhöhen die Zufriedenheit - höhere Zufriedenheit führt zu mehr Leistung). Allerdings konnte diese Hypothese bisher empirisch nicht bestätigt werden. Eine Ausnahme bildeten "nicht übertragbare Altersrenten", die zu einer starken Reduktion der Fluktuationsraten geführt hatten. Nach SADOWSKI (1984, S. 589) können Sozialleistungen aus ökonomischer Sicht als Sach- und Dienstleistungen verstanden werden, die ein Unternehmen an die Belegschaft über entsprechende Lohneinbehaltungen verkauft. Die Akzeptanz dieses Tauschhandels durch die Arbeitnehmer kommt v.a. deshalb zustande, weil die meisten Sozialleistungen steuerlich subventioniert sind und deshalb vom Unternehmen billiger angeboten werden können, als auf dem "freien Markt". Für die Arbeitgeber bedeutet dies gleichzeitig eine Subventionierung eines Teils ihrer Personalkosten.

3.8.4.2. Empirische Ergebnisse zur Entwicklung der Personalzusatzkosten

Betrachtet man die von den Unternehmen veröffentlichten Angaben zu den entstandenen Personalzusatzkosten, etwa im Rahmen der Personal- und Sozialberichterstattung, so fällt zunächst auf, daß keine einheitliche Systematik zur Gliederung dieser Kosten vorhanden ist. Einige Unternehmen unterteilen ihre Personalzusatzkostenrechnung in Anlehnung an das Statistische Bundesamt in "Sonderzahlungen", "Vergütungen arbeitsfreier Tage", "Aufwendungen für Vorsorgeeinrichtungen" und "sonstige Personalzusatzkosten". Manche Systematiken zeichnen sich durch eine sehr "komprimierte" Darstellung der Personalzusatzkosten aus (siehe Tab. 28), andere weisen nur die gesetzlichen und tariflichen Zusatzkosten aus und nur wenige verwenden den von der DGPF bzw. von der ZVEI vorgeschlagenen Gliederungsrahmen zur Erfassung des Personalaufwandes (s. Abb. 35). Zudem wird in den meisten Personalzusatzkostenrechnungen v.a. auf betriebsspezifische und branchenspezifische Besonderheiten Wert gelegt (s. HEMMER 1981, S. 14). Die Vergleichbarkeit der Personalzusatzkosten in firmen- bzw. branchenspezifischer Hinsicht ist anhand diesen Datenmaterials nur sehr schwer, wenn überhaupt möglich.

Tab. 28: Zusammensetzung der Personalaufwendungen in Millionen DM*)
(aus: KKB-Bank - Sozialbericht 1983)

	1982	1983
1. GEHÄLTER/LÖHNE	136,6	150,4
darunter		
tarifliche Sonderleistungen		
ein Monatsgehalt	8,2	9,1
vermögenswirksame Leistungen	2,0	2,1
Kindergeldzulage	0,2	0,2
freiwillige Sozialleistungen		
Urlaubsgeld	1,7	1,7
ein halbes Monatsgehalt	4,2	4,6
Abschlußvergütung		
(Rückstellung im Folgejahr gezahlt)	2,7	3,0
Fahrtkostenzuschuß	2,1	2,4
Eßgeldzuschuß	1,0	1,1
2. GESETZLICHE SOZIALABGABEN	19,9	23,6
darunter		
Arbeitgeberanteil zur Renten-		
versicherung	10,3	11,6
Arbeitgeberanteil zur Kranken-		
versicherung	6,5	7,2
Arbeitgeberanteil zur Arbeits-		
losenversicherung	2,3	2,9
Berufsgenossenschaft	0,6	0,8
3. AUFWENDUNGEN FÜR ALTERS-VERSORGUNG und UNTERSTÜTZUNG	4,2	13,2
darunter		
Rentenzahlungen	2,4	2,6
Pensionszuführung	1,4	10,3

*)Die starken Schwankungen bei den Aufwendungen für die betriebliche Altersversorgung in den Jahren 1982 und 1983 ergeben sich aus Änderungen steuerrechtlicher Vorschriften. Die Aufwandsminderung im Jahre 1982 ist im wesentlichen auf die gesetzlich geregelte Erhöhung des Rechnungszinsfußes für die Bewertung der Pensionsrückstellung zurückzuführen.

Abb. 35: Personalzusatzaufwand 1980 bei AUDI (aus: MAGAZIN für MITARBEITER AUDI-NSU - AUTO UNION AG, Juli 1981

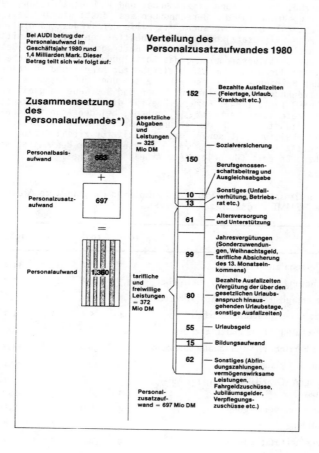

*) Zusammengestellt nach dem Schema der "Deutschen Gesellschaft für Personalführung" zur Erfassung des Personalaufwandes.

Als Basis für die Analyse bzw. die Prognose der Entwicklung der Personalzusatzkosten dienen in den meisten Veröffentlichungen von Unternehmen und Verbänden
die Daten, die vom Statistischen Bundesamt im Abstand von drei Jahren im Produzierenden Gewerbe, im Groß- und Einzelhandel und im Dienstleistungssektor erhoben werden; so auch in den Berechnungen des "Instituts der Deutschen Wirtschaft" (s. Tab. 29). Dieses versucht mit Hilfe der Trendextrapolation die Entwicklung der Personal(zusatz)kosten zu prognostizieren. Als Hilfsmittel zur Aktualisierung der amtlichen Daten werden die Beitragssätze und die Betragsbemes-
sungsgrenzen der Sozialversicherung, das Sozialbudget, die jährliche Auswertung
der Tarifverträge durch das Bundesministerium für Arbeit und Sozialordnung, die
Statistiken der Betriebs- und Ortskrankenkassen über den Krankenstand sowie die
Personalzusatzrechnungen einzelner Branchen und Betriebe vergleichend herangezogen (s. HEMMER 1981, 1984). Bezugsgröße für die Personalzusatzkosten ist das
"Entgelt für geleistete Arbeit" (s. oben); bei den Angestellten werden vom
Bruttojahresverdienst die Sonderzahlungen (Gratifikationen, Urlaubsgeld, ver-
mögenswirksame Leistungen) sowie das Entgelt für arbeitsfreie Tage (Urlaub,
Krankheit, gesetzliche Feiertage usw.) abgesetzt. Der Restbetrag wird als Di-
rektentgelt bzw. Entgelt für geleistete Arbeit bezeichnet.

Tab. 29: Personalzusatzkosten in Prozent des Entgelts für geleistete Arbeit*)
(aus: HEMMER 1984, S. 20)

	1975	1978	1981	1982	1983
Gesetzliche Personalzusatzkosten	30,7	33,6	34,7	34,2	34,4
Sozialversicherungsbeiträge der Arbeitgeber	17,7	19,8	20,7	21,0	21,4
Bezahlte Feiertage u. sonstige Ausfallzeiten	5,1	5,2	5,6	5,6[1]	5,6[1]
Entgeltfortzahlung im Krankheitsfall	5,4	5,9	5,7	4,9	4,7
Sonstige Gesetzliche Personalzusatzkosten[2]	2,5	2,7	2,7	2,7	2,7
Tarifliche und betriebliche Personalzusatzkosten	32,1	38,2	42,8	43,7	43,9
Urlaub, einschl. Urlaubsgeld	15,9	17,0	19,5	20,1	20,3
Sonderzahlungen (Gratifikationen, 13. Mo-natsgehalt usw.)	7,4	8,2	8,9	9,0	9,0
Betriebliche Altersversorgung	2,4	6,3	6,9	7,1	7,2
Vermögensbildung	1,5	1,8	1,9	1,8	1,7
Sonstige Personalzusatzkosten	4,9	4,9	5,6	5,7	5,7
Insgesamt	62,8	71,8	77,5	77,9	78,3

*) in Unternehmen des Produzierenden Gewerbes mit 50 und mehr Beschäftigten.

1) Aus methodischen Gründen wurde mit einer konstanten Zahl von Feiertagen gerechnet.

2) Versicherung gegen Betriebsunfälle und Berufskrankheiten, Mutterschutzgesetz.

Quelle: Statistisches Bundesamt bis 1981, für 1982 und 1983: Berechnungen des IW.

Aus Tab. 29 kann ein steigender Trend der Personalzusatzkosten im Produzierenden Gewerbe ersehen werden. Während 1975 die Quote der Zusatzkosten bei 62,8 %
lag, erreichte sie 1981 77,5 % und wird, den Schätzungen des Instituts der
Deutschen Wirtschaft (IW) zufolge für 1984 bis über 79 % ansteigen. Die Zuwachsraten fallen bei den tariflichen und den freiwilligen Leistungen deutlich
höher aus, als bei den gesetzlichen. Allerdings verringerten sich die Zuwächse
bei allen Arten von Personalzusatzkosten in den letzten Jahren deutlich.

Den Hauptanteil der Steigerungen bei den gesetzlichen Leistungen hatten die Sozialversicherungsbeiträge der Arbeitgeber, die 1983 um 0,2 % stiegen. Ursache
hierfür waren die Beitragserhöhungen in der Arbeitslosenversicherung und der
Rentenversicherung. Bei den tariflichen Zusatzkosten sind v.a. die Positionen
"Urlaub" und "betriebliche Altersversorgung" (nach HEMMER 1984, S. 20, bedingt
durch Zuführungen zu den Pensionsrückstellungen) für die relativ hohen Steige-
rungsraten verantwortlich.

Insgesamt läßt sich erkennen, daß sich die Zuwachsraten der Personalzusatzkosten im Vergleich zu den gesamten Personalkosten seit 1981 erheblich verringert
haben. Tab. 30 zeigt jedoch, daß die Personalzusatzkosten im Vergleich zu den
gesamten Personalkosten eine überproportionale Steigerungsrate aufweisen; während sich das Direktentgelt von 1966 bis 1983 pro Jahr im Durchschnitt um 7 %
erhöhte, betrug der entsprechende Wert für die Personalzusatzkosten 10,8 %. Der
Anteil des Direktentgelts an den gesamten Personalkosten fiel von 69,8 % (1966)
auf 56,1 % (1983); entsprechend erhöhte sich der Anteil der Personalzusatzkosten. Das Institut der Deutschen Wirtschaft prognostizierte für Ende der 90er
Jahre ein Verhältnis zwischen Direktentgelt und Personalzusatzkosten von 1 : 1.

Tab. 30 : aus: HEMMER 1984, S. 21

Strukturtrend der Personalkosten im Produzierenden Gewerbe*)					
	Personal-kosten insgesamt	davon:			
		Direktentgelt		Zusatzkosten	
Jahr	DM	DM	Prozent-anteile	DM	Prozent-anteile
1966	13.232	9.230	69,8	4.002	30,2
1969	16.389	11.208	68,4	5.181	31,6
1972	23.436	14.854	64,7	8.582	35,3
1975	31.936	19.033	61,4	12.903	38,6
1978	39.534	23.007	58,2	16.527	41,8
1981	48.355	27.236	56,4	21.119	43,6
1982[1]	50.300	28.300	56,2	22.000	43,8
1983[1]	52.100	29.200	56,1	22.900	43,9
*) Unternehmen mit 50 und mehr Beschäftigten					
1) IW-Schätzung; Quelle: Statistisches Bundesamt; eigene Berechnungen.					

Betrachtet man allerdings die Zuwachsraten für die Personalzusatzkosten für die
einzelnen Jahre (s. Tab. 29), so dürfte aufgrund der Trendeinbrüche v.a. in der
letzten Jahren die Validität dieser Prognose eher gering sein.

Eine explizite Definition der Personalzusatzkosten wird in der Systematik des
Statistischen Bundesamtes nicht gegeben. Rückschlüsse auf die Personalzusatzkosten können aus der Begriffsbestimmung des Entgelts für geleistete Arbeit gezogen werden; danach enthalten die Personalkosten alle Zahlungen, die nicht mit
der eigentlichen Arbeitsleistung in Zusammenhang stehen. Für die hier getroffe-
nen Abgrenzungen zwischen den Personalkosten und anderen Kostengruppen bzw.
zwischen den Personalzusatzkosten und dem Entgelt gelten die gleichen kritischen Einwände, die bereits im Zusammenhang mit der Frage der Klassifikation
der Personalkosten am Anfang dieses Kapitels angeführt wurden.

Das Thema anhaltender Lohnerhöhung und deren Auswirkung auf die Beschäftigung
nimmt in der öffentlichen Diskussion einen hohen Stellenwert ein. Dabei wird
häufig folgende Hypothese vertreten: "Wenn die Löhne schneller steigen als die
Arbeitsproduktivität, dann wird dadurch langfristig eine Substitution des Faktors Arbeit durch den Faktor Kapital gefördert" (CHRONIK 1982, S. 2). Angesichts überproportional gestiegener Anteile der Lohnzusatzkosten, könnte diesem
Faktor in der oben beschriebenen Kausalkette eine besondere Bedeutung zukommen.
Bei derartigen Überlegungen sollte allerdings nicht übersehen werden, daß die
Lohnkosten (und damit auch die Lohnzusatzkosten) ein ganz unterschiedliches Gewicht in der Kostenrechnung eines Unternehmens spielen können. Vergleicht man
etwa die ins Verhältnis zum Nettoproduktionsvolumen (NPV) gesetzten Lohn-(Zu-
satz-)kosten für einen kapital- und einen arbeitsintensiven Industriezweig (s.
Tab. 31), so stellt man fest, daß der kapitalintensive Zweig (Mineralölverar-
beitende Industrie vs. Textilindustrie) sowohl absolut, als auch dem Anteil an
den gesamten Arbeitskosten nach erheblich höhere Lohnzusatzkosten aufweist als
der arbeitsintensive Zweig; bei jenem beträgt der Anteil nur 4,6 % vom Nettoproduktionsvolumen. Lohnzusatzkosten in Höhe von ca. DM 11,-- pro Beschäfti-
gungsstunde steht ein Nettoproduktionsvolumen von DM 237,-- pro Beschäfti-
gungsstunde gegenüber. Das Umgekehrte gilt für die Textilindustrie. Hier stehen
sich die geringeren Lohnzusatzkosten-Anteile (30 % im Vergleich zu 38 %) und
erheblich niederere absolute Lohnzusatzkosten einem mehr als dreimal so hohen
Anteil am Nettoproduktionsvolumen gegenüber.

Tab. 31 : aus: O.V. CHRONIK 1982, S. 3

Lohnnebenkosten und Nettoproduktionsvolumen in zwei Branchen (Bundesrepublik)					
Jahr	Branche	Gesamte Arbeitskosten pro Stunde(a)	LNK in % der gesamten Arbeitskosten	Nettoprod. volumen pro Stunde(a)	LNK in % de Nettoproduk. volumens
1972	Mineralölverarbei-tende Industrie Textilindustrie	12,16 DM 9,78 DM	28,3 % 28,6 %	168,47 DM 17,31 DM	2,0 % 16,2 %
1975	Mineralölverarbei-tende Industrie Textilindustrie	21,31 DM 11,64 DM	38,3 % 30,8 %	193,44 DM 21,39 DM	4,2 % 16,8 %
1978	Mineralölverarbei-tende Industrie Textilindustrie	28,59 DM 12,25 DM	38,4 % 30,7 %	237,16 DM 25,12 DM	4,6 % 15,0 %
Quellen: EG-Statistik, Stat. Jahrbuch, DIW; (a) Pro Beschäftigtenstunde, real zu Preisen v.					

Für den relativ arbeitsintensiven Industriezweig stellen die Lohnzusatzkosten eine bedeutende Größe dar und üben vermutlich einen starken Druck im Hinblick auf die Substitution von Arbeit durch Kapital aus. Bei kapitalintensiven Industrieunternehmen spielen die Lohnzusatzkosten eine geringere Rolle und üben daher weniger Druck in Richtung dieser Substitutionsprozesse aus. Zudem sind kapitalintensive Betriebe besonders auf eine qualifizierte und stabile Belegschaft angewiesen, um eine sachgemäße und kontinuierliche Bedienung der aufwendigen Produktionsanlagen zu sichern, was die Bereitschaft zur Gewährung von Lohnzusatzleistungen erheblich vergrößern dürfte.

Aufschluß über den Anteil der Löhne und Gehälter am industriellen Umsatz für das Jahr 1982 gibt Abb. 36. In diesem Zeitraum zahlten die deutschen Industrieunternehmen Löhne und Gehälter in Höhe von 268 Mrd. DM. Der Gesamtumsatz belief sich auf 1 283 Mrd. DM. Somit entfiel auf jede DM vom Umsatz ein Lohnanteil von 21 Pfennig. Besonders arbeitsintensiv, d.h. mit relativ hohen Lohnkosten verbunden, war die Produktion im Stahl- und Leichtmetallbau, in den Gießereien, im Bereich der Feinmechanik und Optik und im Druckereigewerbe. Auch im Maschinenbau, dem Bergbau und in der Elektrotechnik liegt der Lohnanteil deutlich über dem Durchschnittswert (20,9 %) aller Industriezweige.

Abb. 36: Anteil der Löhne und Gehälter am industriellen Umsatz 1982 nach ausgewählten Industriezweigen in % (aus: SZ v.3.3.83, S. 33)

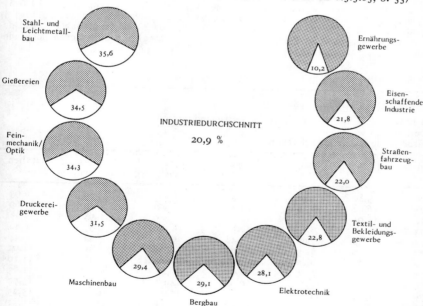

Vor allem in politischen Diskussionen spielt der internationale Vergleich der Lohn(zusatz)kosten eine wichtige Rolle. Dabei wird häufig die Meinung vertreten (und mit entsprechenden Zahlen belegt), daß die Lohnkosten in der Bundesrepublik Deutschland - etwa im Vergleich zu Japan oder den USA - zu hoch seien und die Wettbewerbsfähigkeit der deutschen Wirtschaft auf dem internationalen Markt ernsthaft gefährdet sei. In einer Volkswirtschaft mit einem hohen Exportanteil am Bruttosozialprodukt falle dieser Umstand besonders ins Gewicht; daran schließen sich meist disziplinierende Appelle an die Arbeitnehmer bzw. die Gewerkschaften an, auf evtl. Lohnforderungen zu verzichten bzw. diese maßvoll zu gestalten, um die konjunkturelle Lage nicht negativ zu beeinflussen. Diesem Aufruf wird, meist mit der Drohung der Verlagerung der Produktion in sog. "Billiglohnländer" (z.B. Taiwan) unterstrichen. Übersehen werden dabei häufig die schlechten Erfahrungen, die deutsche Unternehmen in solchen Ländern gemacht haben; ein Grund hierfür ist neben politischen Unwägbarkeiten auch das Fehlen von qualifizierten Facharbeitern in solchen Ländern, die ein reibungsloses Funktionieren der Produktion bzw. ein qualitativ hochwertiges Produktionsergebnis gewährleisten. Die auf diese Weise eingesparten Kosten können die "Mehrkosten" für höhere Löhne in manchen Fällen zumindest aufwiegen. Setzt man sich etwas ausführlicher mit diesem Themenbereich auseinander, so ergibt sich ein erheblich differenzierteres Bild (siehe Tabellen 32,33,34).

Am auffälligsten sind hier die Auswirkungen, die die Devisenschwankungen auf Veränderungen der Rangfolgen der Arbeitskosten haben. Während etwa die USA und Kanada 1970 weit höhere Arbeitskosten als die Bundesrepublik aufwiesen, fielen diese beiden Nationen in erster Linie durch den Kursverfall ihrer Währungen Mitte der 70er Jahre ins Mittelfeld ab. Der sinkende Dollarkurs war zum Großteil verantwortlich dafür, daß die amerikanischen Arbeitskosten von 1970 bis 1980 von DM 15,80 auf nur DM 18,23 anstiegen. Der rasche Anstieg des Dollars in den Jahren bis 1982 führte zu Arbeitskosten von DM 28,48 (umgerechnet) und damit zu einer erneuten Spitzenposition der USA im Vergleich zu anderen Hochlohnländern (vgl. SALOWSKY 1983).

Tab. 32 :   aus: SALOWSKY 1983, S. 200 - 202

ARBEITSKOSTEN 1970 - 1982

Die Entwicklung in den wichtigsten Industrieländern
Arbeitskosten je Stunde
Verarbeitende Industrie, auf DM Basis[1]

Jahr	USA	Japan	Bundes-republik	Frank-reich	Großbri-tannien	Italien
1970	15,80	3,94	9,42	6,45	5,86	6,93
1971	16,02	4,46	10,34	6,93	6,39	7,69
1972	16,04	5,45	11,35	7,80	6,95	8,38
1973	14,40	6,35	12,83	8,53	6,53	8,82
1974	15,30	7,66	14,48	9,33	7,44	9,34
1975	16,10	8,29	15,95	11,35	8,49	11,02
1976	17,85	9,20	17,11	12,21	8,13	11,10
1977	17,76	10,57	18,92	12,23	8,09	11,83
1978	16,99	12,15	20,06	14,07	8,82	13,72
1979	16,95	11,77	21,14	15,05	10,20	15,25
1980	18,23	12,35	23,40	17,35	13,30	17,51
1981	24,97	16,32	25,03	19,91	16,00	19,32
1982	28,48	16,27	26,08	20,62	17,34	20,67

[1]Umgerechnet aufgrund der jeweiligen Jahresdurchschnitte der amtlichen Devisenkurse

Tab. 33: aus: SALOWSKY 1983, S. 200 - 202

STRUKTUR DER ARBEITSKOSTEN 1982 Verarbeitende Industrie in DM[1] - männliche und weibliche Arbeiter -		davon:	
Land	Arbeitskosten je Stunde insgesamt	Direkter Stundenlohn	Personal- zusatzkosten je Stunde
USA	28,48	20,64	7,84
Norwegen	28,05	18,93	9,12
Schweiz	27,47	18,56	8,91
Kanada	27,16	20,12	7,04
Bundesrepublik	26,08	14,76	11,32
Schweden	25,40	15,23	10,17
Niederlande	25,38	14,18	11,20
Belgien	24,35	13,84	10,51
Dänemark	22,20	17,83	4,37
Italien	20,67	10,41	10,26
Frankreich	20,62	11,39	9,23
Österreich	19,04	9,99	9,05
Großbritannien	17,34	12,64	4,70
Japan	16,27	12,86	3,41
Irland	14,15	10,68	3,47
Spanien	13,84	8,68	5,16
Griechenland	8,99	5,78	3,21

[1]zum Teil vorläufige Zahlen. Jahresdurchschnitt 1982 der amtlichen Devisenkurse
Quelle: Nationale Statistiken und eigene Berechnungen.

Tab. 34 : aus: O.V. CHRONIK 1982, S. 2

LOHNNEBENKOSTEN IN PROZENT DER GESAMTEN ARBEITSKOSTEN								
Jahr	Italien	Frankreich	Nieder- lande	Belgien	Bundesrep. Deutschl.	Großbri- tannien	USA	Japan
1972	38,5	36,3	35,7	34,9	29,6	19,4 (a)	21,9 (a)	n.v.
1975	41,9	38,5	39,5	37,2	32,9	23,3	23,6	18,8
1978(b)	43,6	38,1	34,2	33,9	32,7	26,8	24,2	23,5

(a) 1973; (b) bisher unveröffentlichte Zahlen der EG neuere Zahlen auf Basis der relativ
        präzisen EG-Klassifikation sind nicht vorhanden.
Quellen: EG-Statistiken, nationale Quellen, eigene Berechnungen.

Zusammenfassend kann gesagt werden, daß sich die Arbeitskosten der meisten wichtigen Industrieländer tendenziell angeglichen haben. Trotz eines relativ hohen Niveaus der Arbeitskosten in der Bundesrepublik hat sich die Wettbewerbssituation gegenüber den meisten Ländern relativ verbessert.

Die meisten Länder mit hohen Anteilen an Lohnzusatzkosten (z.B. Frankreich, Niederlande, Belgien, Bundesrepublik) hat seit Mitte der 70er Jahre rückläufige Anteile der Lohnzusatzkosten zu verzeichnen (siehe Tab. 34). Auch hier zeichnet sich trotz starker Abweichungen bzw. unterschiedlicher Ausgangsbedingungen in den einzelnen Systemen der sozialen Sicherung eine Tendenz zur Annäherung ab. So hat etwa Japan zwischen 1975 und 1978 eine Zunahme des Anteils der Lohnzusatzkosten an den gesamten Arbeitskosten um 25 % zu verzeichnen. Lediglich in den USA zeichnet sich eine Tendenz zur Stabilisierung auf relativ niederem Niveau ab.

3.8.5. Die Erfassung der Personalkosten

Die Aufgabe der Personalkostenplanung, d.h. die Analyse des Ist-Zustandes und die Prognose der Entwicklung der Personalkosten hinsichtlich ihrer Höhe, Verursachung, gegenseitigen Abhängigkeit und Beeinflußbarkeit ist durch die geringe Kostentransparenz erheblich erschwert. Die vorliegenden Gliederungsschemata sind v.a. wegen ihrer häufig undurchschaubaren Abgrenzungen heftig umstritten. Selbst dann, wenn ein detailliertes Gliederungsschema zur Erfassung der Personalkosten in einem Unternehmen verwendet wird, ist es oft schwierig, die exakten Werte für die jeweiligen (Kosten-)Positionen zu ermitteln.

Als Hilfsmittel zur Analyse der Personalkosten werden in der betrieblichen Praxis v.a. das "betriebliche Rechnungswesen" (z.B. Kostenarten- und Kostenstellenrechnungen, Kostenbudgetrechnung), die "Lohn- und Gehaltsabrechnung" und verschiedene Kennzahlen aus der "betrieblichen Statistik" (z.B. Fehlzeitenstatistik) herangezogen (siehe ausführlich hierzu: RKW-Hdb. 1978, VII; GRÜNEFELD 1981; VOGT 1983). Das Rechnungswesen, das primär zum Zweck der Erfolgsrechnung bzw. zur Kalkulation konzipiert ist, verwendet i.d.R. nur sehr "verdichtete" Angaben zu Personalkosten. So werden in der Bilanz beispielsweise stark aggregierte Daten zu Pensionsrückstellungen, zum "Sozialkapital" (z.B. Wohnungen für Betriebsangehörige, Ausbildungseinrichtungen) oder zu sozialen Rücklagen (z.B. für Heiratsbeihilfen) ausgewiesen.

In der Gewinn- und Verlustrechnung sind die Positionen "Lohn- und Gehaltsaufwendungen", "soziale Abgaben", "freiwillige Sozialleistungen" und "Aufwendungen für Altersversorgung und Unterstützung" enthalten. Allerdings fehlen im Aktiengesetz nähere Bestimmungen darüber, welche Kosten im einzelnen unter diesen Positionen auszuweisen sind (s. GRÜNEFELD 1983, S. 25). So können etwa Aufwendungen im Zusammenhang mit der Errichtung und dem Betrieb von Sozialeinrichtungen der aktienrechtlichen Erfolgsrechnung nicht unmittelbar entnommen werden, da die zugrunde liegenden primären Aufwandsarten in verschiedenen Gewinn-und-Verlust-Positionen enthalten sind (vgl. VOGT 1984).

Einen differenzierteren Einblick in die Zusammensetzung der Personalkosten ermöglicht die Kostenrechnung, da (nach KROPP 1979, S. 13)

- die mit dem Personalbereich in Verbindung stehenden Geldgrößen unaggregiert und auf den Konten ersichtlich sind. Dabei hängt der Detaillierungsgrad von der Ausgestaltung des Kontenrahmens und des Kontenplans ab (so können z.B.

Ausbildungskosten, Kosten der Lohnfortzahlung, Entschädigungsleistungen für
vorzeitiges Ausscheiden von Arbeitnehmern im einzelnen ausgewiesen werden),

- spezifische Kostenrechnungssysteme angewendet werden (z.B. Plankostenrech-
nung). Auf diese Weise wird die Analyse personalbedingter Abweichungen von
Vorgabedaten ermöglicht (z.B. Lohnkostenabweichungen aufgrund von Anlernzei-
ten bei neuen Betriebsangehörigen),

- eigene Kostenstellenabrechnungen für Personal- und Sozialbereiche (z.B. Aus-
bildungsabteilung, Personalabteilung, betriebsärztlicher Dienst) aufgestellt
werden können.

Die im Rahmen der Bruttoentgeltermittlung anfallenden Daten über Lohn- bzw. Gehaltszahlungen, regelmäßig oder fallweise zu zahlende Barzuwendungen und die
ermittelten Sozialversicherungsbeiträge des Unternehmens gehen aus der Lohn-
und Gehaltsabrechnung hervor. Informationen über Zahlungen in Form von Sozialleistungen (z.B. Altersversorgung) können der Lohn- und Gehaltsabrechnung nicht
entnommen werden.

Zusätzlich zu der differenzierten (und personenbezogenen) Ermittlung der Personalkosten muß beispielsweise zum Zweck einer Gesamtbetrachtung bzw. sachbezoge-
ner Teilanalysen innerhalb dieser Gliederung eine zusätzliche Unterteilung nach
Mitarbeitergruppen erzielt werden (vgl. GRÜNEFELD 1983, S. 61). Eine Gliederung
nach Personengruppen ist u.a. deshalb nötig, weil "der unterschiedliche arbeitsrechtliche Status der Beschäftigten abweichende entgeltbezogene Auswirkungen beinhaltet, die wiederum in Abhängigkeit zu den Personalzusatzkosten stehen" (HENTSCHEL 1975, S. 265). Eine derartige Unterteilung zur Erfassung der
(gesamten) Personalkosten ist allerdings nur dann sinnvoll, wenn sichergestellt
ist, daß alle Mitarbeitergruppen in dieses Schema aufgenommen werden.

Daten aus der Personalstatistik können im Rahmen von Kennzahlen zusätzliche Informationen über die Personalkosten(-struktur) eines Unternehmens liefern
(s. Beleg 6). Nach VOGT (1984) bedeutet die Bildung von Verhältniszahlen zum
Zweck der Relativierung der absoluten Personalkostenwerte nur einen ersten Ana-
lyseschritt. Die Begründung hierfür liegt dem Autor zufolge im "komplexen Ab-
hängigkeitsgefüge der Personalkosten" (S. 866), das durch Kennzahlenbildung nur
ungenügend erfaßt werden kann. Die Notwendigkeit differenzierterer Analysen zur
Aufdeckung von Determinantenzusammenhängen demonstriert VOGT (1984) am Beispiel
des Personalabbaus:

"... eine Personalverringerung (hat) keine proportionale Veränderung der Lohn-
und Gehaltssumme entsprechend der Kennziffer Lohn- und Gehaltskosten/Arbeitneh-
mer zur Folge, wenn gleichzeitig der Umfang der im Betrachtungszeitraum geleisteten Arbeitsstunden (Einschränkung von Kurzarbeit, Ausdehnung von Mehrarbeit,
kalenderabhängig höhere Anzahl von Arbeitstagen) zunimmt oder eine stärkere Besetzung der höheren Lohn-/Gehaltsgruppen stattfindet" (S. 866).

Zusätzlich ist wegen der geringen Differenzierung der Ausgangsdaten bei der
Verwendung bzw. bei der Interpretation von Kostenkennziffern (siehe Beleg 6)
große Vorsicht geboten, um voreilige Schlußfolgerungen bzw. Fehlsteuerungen zu
vermeiden.

Zum Zweck einer vertiefenden Analyse können die Personalkosten zu anderen betrieblichen Mengen- oder Wertgrößen in Beziehung gesetzt werden. Beispiele
hierfür sind (nach VOGT 1984, S. 867):

Beleg 6 :   Beispiele für Strukturkennziffern der Personal(zusatz)kosten
(nach: VOGT 1984, S. 866)

Ausgangsformel:

$$\frac{\text{Personalkostenart i}}{\text{Personalkosten insgesamt}}$$

Beispiele:

$$\frac{\text{Personalzusatzkosten}}{\text{Personalkosten}}$$

$$\frac{\text{Personalkosten Angestellte}}{\text{Personalkosten}}$$

$$\frac{\text{Kosten des Urlaubsgeldes}}{\text{Personalkosten}}$$

$$\frac{\text{Personalzusatzkostenart i}}{\text{Personalkosten}}$$

$$\frac{\text{Betriebliche Personalzusatzkosten}}{\text{Personalzusatzkosten}}$$

$$\frac{\text{Kosten vermögenswirksamer Leistungen}}{\text{Personalzusatzkosten}}$$

$$\frac{\text{Kosten der Sozialeinrichtungen}}{\text{Personalzusatzkosten}}$$

1. $\frac{\text{Personalkosten}}{\text{⌀ Personalbestand in } \overline{i}}$

2. $\frac{\text{Personalzusatzkosten}}{\text{Personalbasiskosten}}$

3. $\frac{\text{Personalkosten}}{\text{Gesamtkosten}}$

Die erste Kennziffer gibt Auskunft über die durchschnittliche Höhe der Personalkosten je Arbeitnehmer im Beobachtungszeitraum (i). VOGT (1984) weist darauf hin, daß durch die Durchschnittsbildung viele personalkostenbestimmende Einflüsse nivilliert werden, was zu großen Interpretationsschwierigkeiten bei der Ergebnisauswertung im Rahmen von Zeit- oder Unternehmensvergleichen führen kann.

Bei der zweiten Kennziffer ist darauf zu achten, daß der Personalbasisaufwand i.d.R. die unmittelbar für geleistete Arbeit aufgewandten Lohn- und Gehaltsbestandteile enthält, während Vergütungen für Ausfallzeiten, Sonderzahlungen, Sozialabgaben und Kosten für Sozial- und Bildungseinrichtungen unter den Personalzusatzkosten erfaßt werden. Geht man von dieser Kostenklassifikation aus, so gibt die Kennziffer an, welcher Betrag an Personalzusatzkosten je DM an Personalbasiskosten aufzuwenden ist. Dieser Kennziffer ist nach VOGT (1984) (auch) aus betriebswirtschaftlicher Sicht besondere Aufmerksamkeit zu widmen, weil etwa

"bei einem vorübergehenden Absinken des Krankenstands eine geringere "Belastung" mit Personalzusatzkosten angezeigt (wird), da die entsprechenden Entgeltbestandteile nun nicht mehr als Personalzusatzkosten, sondern als Personalbasiskosten ausgewiesen sind. Insgesamt ist dennoch die gleiche Summe an Personalkosten weiterhin aufzuwenden, jedoch bei erhöhter Anwesenheitszeit und u.U. erhöhter Leistung des Unternehmens" (S. 867).

VOGT (1984) kommt zu der Schlußfolgerung, daß wegen des Aggregationsgrads der Daten und wegen methodischer Mängel u.a. bei der Ermittlung der Vergleichsbasis und bei Fragen der Abgrenzung die Aussagefähigkeit von Arbeitskostenerhebungen für einzelwirtschaftliche Fragestellungen gering ist.

3.8.6. Die Humanvermögensrechnung

Ausgehend von einer weiterreichenden Kritik der Brauchbarkeit des herkömmlichen Rechnungswesens zur Erfassung aller kostenrelevanter Aspekte des betrieblichen Personalwesens wurden im Rahmen der sog. "Humanvermögensrechnung" neue Perspektiven entwickelt (z.B. FLAMHOLTZ 1974; ASCHOFF 1978; KROPP 1979; SCHMIDT 1982). Die bislang vorherrschende Berücksichtigung solcher Daten, die sich auf materielle Güter bezogen (und den Menschen "kapitalisierten"), wurde nun ablöst durch den Versuch, mehr Informationen über den Wert des Faktors Arbeit für ein Unternehmen zu gewinnen (vgl. HEINEN 1978). Die Ursache für das "Versagen" des traditionellen Rechnungswesens wird dabei in erster Linie einigen strukturellen Merkmalen zugeschrieben (nach KROPP 1979, S. 14 f.):

1) Das System der Buchhaltung ist weitgehend durch Normen determiniert (zum Beispiel durch die Grundsätze ordnungsmäßiger Buchhaltung und Bilanzierung, durch die Technik der Doppik und durch handelsrechtliche und steuerrechtli-

che Vorschriften), die dazu führen, daß der Produktionsfaktor Arbeit als immaterielles Gut nicht als Aktivposten in die Bilanz aufgenommen, sondern abrechnungstechnisch als Verbrauchsgut behandelt wird. Dabei spielt gerade das Personal, vor allem in Dienstleistungsbetrieben, als langfristiges Leistungspotential eine wichtigere Rolle für den betrieblichen Leistungsprozeß als die physikalischen und finanziellen Ressourcen.

2) Das vorwiegend monetäre Datenkonzept des Rechnungswesens reicht nicht aus, um die qualitative Dimension des Personalbereichs zu beschreiben. Beispielsweise gestatten Informationen über die Lohn- und Gehaltszahlungen keinen Einblick in die sozialen Ziele und deren Verwirklichung. Auch über den Zustand der Personalorganisation des Betriebes oder der Motivationsbereitschaft der Betriebsangehörigen kann nichts ausgesagt werden.

3) Die dem Faktor Arbeit zuzurechnenden monetären Zahlen werden im Rahmen eines produktionsbezogenen Ermittlungsmodells erfaßt. Kostenrahmen und Kontenplan als seine zentralen Bestandteile sind dem produktiv-technischen Leistungsprozeß nachgebildet und Ziel der betrieblichen Güterproduktion orientiert, um zum Beispiel den Erfolg der Produkte zu ermitteln oder die Preise der Produkte zu kalkulieren. Die Kalkulation von personalbezogenen Sachverhalten wie Fluktuation, Beschwerden, Unfällen bleibt hinter der gütermäßigen Orientierung zurück.

Zur Überwindung der von der Fiktion des homo oeconomicus geprägten produktiv-technischen Betrachtungsweise der Personalkosten mit der Tendenz zu mathematisch-statistischen Entscheidungsmodellen wird u.a. die Einbeziehung verhaltenswissenschaftlicher Erkenntnisse in die Theorie der Unternehmensrechnung gefordert. Im Gegensatz zum traditionellen Rechnungswesen, in dem der Faktor Arbeit nur als Aufwandsgröße auftaucht, wird im Rahmen der Humanvermögensrechnung versucht, den "eigentlichen Wert der Belegschaft" (SCHMIDT 1982, S. 3) zu erfassen. Dabei wird mit Hilfe investitionstheoretischer Überlegungen der Einfluß interner und/oder externer Maßnahmen auf die Belegschaft eines Unternehmens bewertet (z.B. Auswirkungen von Maßnahmen der Personalentwicklung auf die Fähigkeiten und Fertigkeiten der Mitarbeiter; Auswirkungen von Programmen zur Verbesserung der physikalischen Arbeitsbedingungen (z.B. Lärm, Hitze, Staub, Schwingungen) auf die Gesundheit und damit auf die Fehlzeiten von Mitarbeitern). Die praktische Bedeutung derartiger Überlegungen wird anhand eines Beispiels aus MARR (1982, S. 46) deutlich:

"Bei der ersten spektakulären Übernahme eines großen deutschen Unternehmens durch ein amerikanisches, als 1928 die renommierte Adam Opel AG von General Motors gekauft wurde, standen dem Kaufpreis von über 33 Millionen Dollar nur für etwa 20 Millionen Dollar reale Aktiva als Gegenwert gegenüber. Der Differenzbetrag von über 13 Millionen Dollar wurde zu einem wesentlichen Teil als Äquivalent für den 'Erwerb' eines hochqualifizierten Personalstammes betrachtet".

In letzter Zeit haben Überlegungen zum Humankapital auch im Zusammenhang mit dem Personalabbau Bedeutung erlangt. Betriebe, die zu einer Verminderung ihres Personalbestandes "gezwungen" sind, ergreifen zu diesem Zweck solche Maßnahmen, die eine (qualifizierte) Stammbelegschaft nicht betreffen, da durch die Fluktuation dieser Arbeitnehmer dem Betrieb ein hohes Maß an Humanvermögen verloren ginge, das u.U. nur sehr schwer oder aber nur mit hohem finanziellen Aufwand wiederzubeschaffen wäre.

Die meisten Ansätze zur Humanvermögensrechnung zielen darauf ab, das Humanvermögen in Geldwerten auszudrücken. Gelänge es, Faktoren wie Fähigkeiten und Fertigkeiten, Gesundheit, Arbeitsmotivation, Fluktuationsbereitschaft usw. mit Hilfe monetärer Größen zu quantifizieren, so könnte ein Aktivposten "Personal" in die Bilanz eines Unternehmens aufgenommen und damit die Bedeutung des Produktionsfaktors Arbeit gegenüber den herkömmlichen betrieblichen Vermögenswerten herausgestellt bzw. aufgewertet werden (vgl. KROPP 1979, S. 21). Dies bedeutet, daß neben einer verbesserten Effizienz von ökonomischen Entscheidungen (z.B. Reduktion der Kosten für Anwerbung, Auswahl, Ausbildung usw.) die Humanvermögensrechnung auch zu einer stärkeren Beachtung der Einstellungen, Motive, Ziele usw. der Arbeitnehmer und damit zu einer veränderten Personalpolitik beitragen könnte.

3.8.6.1. Die Erfassung des Humanvermögens

Ähnlich wie bei der herkömmlichen Personalkosten-Rechnung muß bei der Erfassung des Humanvermögens festgelegt werden, was im einzelnen als Humanvermögen bezeichnet wird und wie die jeweiligen Positionen gemessen und bewertet werden können. Zusätzlich muß auch bei der Humanvermögensrechnung beachtet werden, daß nicht von der Humanvermögensrechnung als solcher gesprochen werden kann, sondern, daß ihre Bewertung immer im Rahmen einer bestimmten Zielfunktion erfolgen muß (z.B. ökonomische Effektivität, soziale Effizienz für den einzelnen Betrieb oder als entsprechender Beitrag für die gesamte Volkswirtschaft). Zu den inhaltlichen Problemen, die sich aus der Verwendung von Indikatoren (z.B. des Humanvermögens) für jeweilige Ziele ergeben können, sei auf den entsprechenden Abschnitt bei der Diskussion der Fehlzeiten in diesem Text (S.40f.) verwiesen.

Ein wichtiges Problem bei der Prognose der Entwicklung des Humanvermögens stellt die Frage dar, ob das künftige Humanvermögen "direkt" oder "indirekt" bewertet werden soll. In der Literatur zur Humanvermögensrechnung dominieren indirekte Bewertungen, da von den meisten Autoren bezweifelt wird, daß eine direkte Bewertung künftiger Leistungen überhaupt möglich ist. Zur indirekten Bewertung des Humanvermögens werden "Surrogatwerte" (z.B. Löhne und Gehälter; kapitalisierter Gewinn; Wiederbeschaffungskosten; Marktpreis; Opportunitätskosten usw., s.u.) gebildet, die einzeln oder kombiniert eingesetzt werden. In Abhängigkeit von den jeweils benutzten Indikatoren für den Wert des Humanvermögens kann eine Klassifikation der vorliegenden Modelle in "inputorientierte" und "outputorientierte" gebildet werden (s. Abb. 37). Als inputorientierte Modelle werden solche bezeichnet, bei denen die Verfahren zur Berechnung des Humanvermögens auf vergangenen, gegenwärtigen oder zukünftigen Aufwendungen des Betriebes beruhen. Werden bei einem Verfahren zur Berechnung des Humanvermögen-Wertes Leistungsbeiträge der Arbeitnehmer oder Saldierungen zwischen Aufwand und Ertrag des Unternehmens als Surrogatmaß benutzt, so spricht man von einem outputorientierten Modell.

Die nachfolgende Beschreibung verschiedener Modelle zur Bewertung des Humanvermögens erfolgt in Anlehnung an den Überblicksartikel von FISCHER-WINKELMANN und HOHL (1982, S. 2639 ff.).

Abb. 37: Bewertungskonzepte für "Humanvermögen" (aus: FISCHER-WINKELMANN u. HOHL 1982, S. 2639)

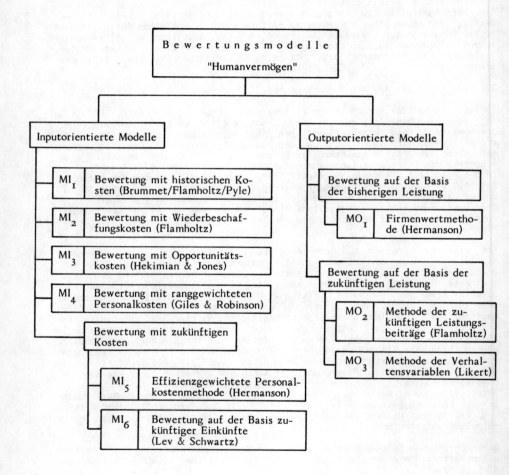

3.8.6.2. Modelle zur Bewertung des Humanvermögens

Inputorientierte Modelle

Bei diesen Verfahren wird nicht das effektive Leistungspotential der Mitarbeiter eines Unternehmens direkt, sondern indirekt über die Kosten- und Aufwandsseite erfaßt.

Bewertung nach historischen Kosten (Kostenwertmethode)

Der Wert des Humanvermögens wird mit den in der Vergangenheit tatsächlich angefallenen Kosten für dessen Erwerb, Entwicklung, Erhaltung usw. gleichgesetzt (= Anschaffungskosten). Analog zu anderen Anlagegütern werden auch diese Kosten als Investitionen betrachtet und entsprechend ihrer (geschätzten) Nutzungsdauer abgeschrieben. Scheiden Mitarbeiter vorzeitig aus, so werden dementsprechende Verluste ausgewiesen; ist die Verweildauer im Betrieb länger als erwartet, so erfolgen Zuschreibungen; treten zusätzliche Kapitalkosten auf, so wird der Kapitalwert neu festgelegt und eine Neuberechnung der Amortisationsquoten vorgenommen. Der Vorteil dieser Methode liegt in der Einfachheit der Berechnung bzw. in der praktischen Anwendbarkeit. So können etwa Verzinsungsberechnungen für das Humanvermögen angestellt werden oder Führungsverhalten im Hinblick auf die Erhaltung und Förderung von Personal besser erfaßt werden. Problematisch bei diesem Ansatz ist die extreme Subjektivität der Schätzungen der Verweildauer und damit verbunden der Berechnung des Humanvermögens. Selbst nach sorgfältiger Berücksichtigung der Verweildauer ist nicht gewährleistet, daß der tatsächliche Marktwert des Personals genau der buchmäßigen Erfassung entspricht.

Bewertung nach den Wiederbeschaffungskosten

Grundlage der Bewertung sind in diesem Modell die Kosten, die bei der qualitativ gleichwertigen Neubesetzung der jeweiligen Stellen anfallen (z.B. Akquisitions-, Trennungs-, Einarbeitungskosten). Der Wert des Humanvermögens setzt sich dabei aus der Summe der einzelnen "Wiederbesetzungskosten" zusammen (siehe dazu die Überlegungen zu den "Fluktuationskosten" auf S. 76f.).

Im Unterschied zur Kostenwertmethode wird hier der Vermögenswert über die monetäre Schätzung der Wiederbeschaffungskosten für bestimmte Mitarbeiter bzw. Mitarbeitergruppen festgelegt. Aber auch bei diesem Ansatz ist es außerordentlich schwierig, subjektive Einflußgrößen bei der Ermittlung des Humanvermögens auszuschließen. So ergeben sich v.a. dort Probleme, wo Mitarbeiter bewertet werden sollen, die unersetzbar sind oder die etwa aufgrund technischer Veränderungen nicht ersetzt werden sollen. Der Vorteil dieser Methode besteht darin, daß relativ schnell eine monetäre Größe für das Humanvermögen ermittelt werden kann und daß etwa zum Zweck der Personalbedarfsplanung betriebliche Informationen über die Ersatzkosten für einzelne Mitarbeiter, Positionen, Abteilungen bereitgestellt werden können.

Bewertung nach Opportunitätskosten

Bewertet werden hier nur solche Mitarbeiter, die unter Schwierigkeiten von außen zu gleichem Preis ersetzt werden können. Für diese Mitarbeiter sollen Abteilungen im Betrieb, die solche Mitarbeiter benötigen, fiktive monetäre Angebote vorlegen. Durch die Addition der maximalen Angebotspreise für all diese Mitarbeiter kommt der Wert des Humanvermögens zustande. Spezialisten, die nicht in gleicher Weise von verschiedenen Abteilungen eingesetzt werden können, werden bei diesem Verfahren nicht erfaßt bzw. bewertet. Eine Schwierigkeit bei diesem Verfahren besteht darin, etwa zum Zweck einer Prognose abzuschätzen, wie sich das Leistungs- und damit das Einkommensniveau eines jeweiligen Mitarbeiters entwickeln bzw. wie lange seine Verweildauer im Betrieb sein wird. Zudem dürfte es für das Klima im Betrieb nicht unproblematisch sein, im Rahmen einer innerbetrieblichen "Auktion" den Wert eines Mitarbeiters festzulegen.

Effizienzgewichtete Personalkostenmethode

Der Wert des Humanvermögens soll durch den Vergleich zwischen dem gewichteten und dem ungewichteten Gegenwartswert der künftigen Personalkosten ermittelt werden. Die künftigen Personalkosten müssen für fünf Jahre vorausgeschätzt werden und auf den Gegenwartswert abgezinst werden. Dieser ungewichtete Gegenwartswert künftiger Personalkosten wird dann mit einer "Effizienzrate" gewichtet, in der der Unterschied zwischen der eigenen und der branchentypischen Rentabilität zum Ausdruck kommt.

Bewertung auf der Basis zukünftiger Einkünfte

Als Basis dient hier die "statistische" Einkommenserwartung in Abhängigkeit vom Lebensalter. Diese wird durch statistisch ermittelte Einkommensprofile für die Arbeitnehmergruppe eines jeden einzelnen Mitarbeiters festgelegt. Die auf diese Weise erfaßten künftigen Einkünfte eines jeden Mitarbeiters werden mit einem Wahrscheinlichkeitsfaktor (für die voraussichtliche Betriebszugehörigkeitsdauer) gewichtet, mit einem (festzulegenden) Zinsfaktor auf den Gegenwartswert abgezinst und schließlich addiert.

Bei all diesen Ansätzen wird deutlich, daß die ökonomische Bedeutung des Menschen für das Unternehmen in den Vordergrund gerückt wird. Ähnlich wie bei der Investititonsrechnung für das betriebliche Sachvermögen soll eine Investitionsrechnung für das betriebliche Humanvermögen erstellt werden. Die Gleichsetzung von Arbeitnehmern mit sachlichen Produktionsmitteln betont primär den Einsatz bzw. die "Verwertung" von Arbeitnehmern im Prozeß der Produktion. Im Rahmen dieser Modelle zur Erfassung des Humanvermögens geht es nicht darum, soziale Beziehungen im Unternehmen zu messen, sondern darum, "über verbesserte Erfassung und Bewertung des Produktionsfaktors Arbeit exaktere Kriterien für seinen effizienteren Einsatz und für Investitionen in diesen Produktionsfaktor (z.B. Aus- und Weiterbildung) zu gewinnen" (KITTNER und MEHRENS 1977, S. 21). Zudem ergeben sich wegen der methodischen Unklarheiten Manipulationsmöglichkeiten bei der Beschreibung und Erklärung der Personal(kosten)struktur (s. REMER 1978).

Outputorientierte Modelle

Firmenwertmethode

Das Humanvermögen soll auf der Basis der bisherigen Leistung indirekt erfaßt und bewertet werden. Dabei wird von folgender Fiktion ausgegangen:

Überdurchschnittliche Gewinne eines Unternehmens zeigen an, daß die menschlichen Ressourcen im bilanziellen Vermögen nicht richtig ausgewiesen sind, wobei die Differenz zwischen bilanziellem und dem tatsächlichen Vermögen (Firmenwert) das Humanvermögen darstellen soll.

Aus dem ausgewiesenen Vermögen, bewertet zu Marktpreisen (zur Ausklammerung inflationistischer Tendenzen), und dem Jahresgewinn wird die für das laufende Jahr erzielte Rentabilität berechnet. Sie wird mit der Durchschnittsrentabilität der Branche verglichen; eine kapitalisierte Differenz zwischen beiden soll den Wert des Humanvermögens darstellen. Ausgangsmaterial sind die Daten der abgelaufenen Rechnungsperiode, da zuverlässige Gewinnprognosen für das nächste oder die kommenden Jahre nach Meinung der Vertreter dieses Ansatzes kaum möglich sind. Fraglich bei diesem Verfahren ist, ob der kapitalisierte Mehr- oder Mindergewinn im Vergleich zum Branchendurchschnitt einzig auf das Humanvermögen zurückgeführt werden kann.

Bewertung mit Hilfe der zukünftigen Leistungsbeiträge

Humanvermögen wird definiert als die Summe der bewerteten individuellen zukünftigen Beiträge der Mitarbeiter eines Unternehmens zu seiner Wertschöpfung. Man geht davon aus, daß die künftige Leistung eines jeden Mitarbeiters (in Relation zur betrieblichen Gesamtleistung) abgrenzbar und bewertbar ist. Bestimmt wird diese Leistung durch:

- seine Stellung in der betrieblichen Hierarchie
- seinem Leistungsniveau
- der restlichen Dauer seiner Tätigkeit in einer bestimmten Position.

Für diese drei Parameter werden Eintrittswahrscheinlichkeiten ermittelt, um den erwarteten zukünftigen Leistungsbeitrag bestimmen zu können. Die Bewertung des Humanvermögens erfolgt anhand von Marktwerten monetär und indirekt. Die künftigen Leistungsbeiträge der einzelnen Mitarbeiter werden auf der Basis der künftigen Erlöse des Unternehmens und deren anteilmäßiger Zurechnung zu den einzelnen Produktionsfaktoren ermittelt und bewertet.

Bei der Zurechnung der künftigen Erlöse auf die Produktionsfaktoren (und damit auch auf die einzelnen Mitarbeiter) sollen die in Abb. 38 aufgeführten Faktoren berücksichtigt werden. Problematisch bei diesen Verfahren ist das Fehlen von Aussagen darüber, wie die "Schätzung der zukünftigen Einkünfte der Unternehmung" und deren Umlegung auf die einzelnen Produktionsfaktoren und damit auch auf das Humanvermögen erfolgen soll.

Methode der Verhaltensvariablen

In diesem Verfahren werden neben den ökonomischen Variablen zur Bestimmung des Humanvermögens psychologische Variablen in differenzierterer Form berücksichtigt, als dies im Modell von FLAMHOLTZ (s. Abb. 38) der Fall war. Als Ursache für die Produktivität bzw. für die betriebliche Gesamtleistung werden zwar, wie in den meisten anderen Modellen, die künftigen Leistungsbeträge des einzelnen und die Interaktionseinflüsse eines Unternehmens betrachtet; jedoch wird dieser kausale Zusammenhang durch eine Vielzahl "intervenierender" psychologischer Variablen beeinflußt (s. Abb. 39). Ausgangspunkt war die Überlegung, daß ein Zusammenhang zwischen Unternehmensführung und Produktivität existiert. Anschließend wurde versucht, mit diesem Modell die Wirksamkeit der Personalorganisation und daran anschließend die Leistungsfähigkeit des gesamten Unternehmens zu erklären. Allerdings erfolgte die Identifikation der einzelnen Einflußgrößen eher intuitiv und nicht auf der Basis theoretischer Überlegungen. Die empirische Überprüfung des Modells dürfte wegen des Problems bei der Operationalisierung v.a. der psychologischen Variablen und wegen seiner enormen Komplexität äußerst schwierig sein.

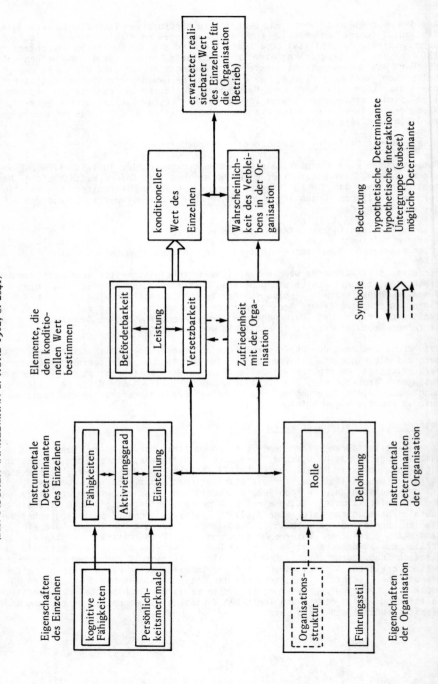

Abb. 38 : Bestimmungsgrößen des Wertes eines Mitarbeiters für eine Organisation nach FLAMHOLTZ
(aus: FISCHER-WINKELMANN u. HOHL 1982, S. 2641)

Abb. 39: Bestimmungsgrößen des Humanvermögens nach LIKERT (aus: FISCHER-WINKELMANN u. HOHL 1982, S. 2641)

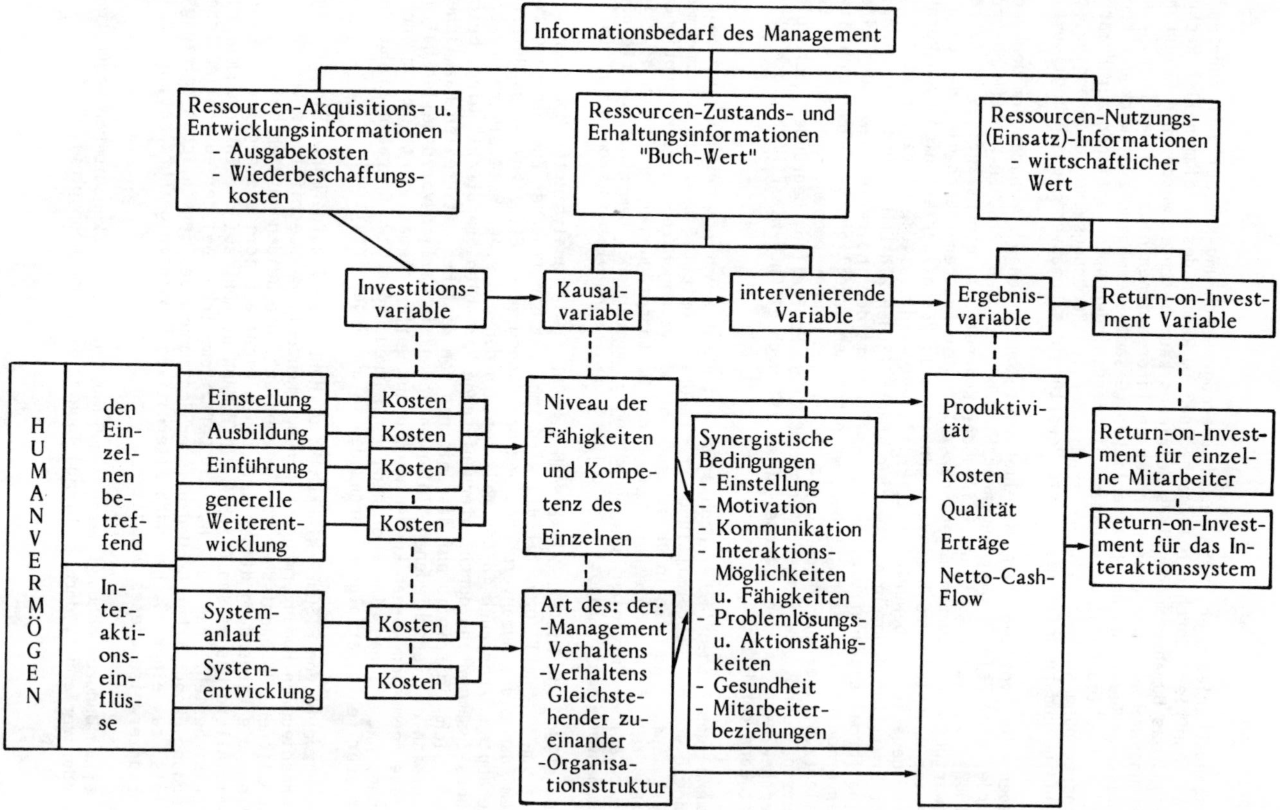
Informationsbedarf des Management
Ressourcen-Akquisitions- u. Entwicklungsinformationen - Ausgabekosten - Wiederbeschaffungskosten
Ressourcen-Zustands- und Erhaltungsinformationen "Buch-Wert"
Ressourcen-Nutzungs-(Einsatz)-Informationen - wirtschaftlicher Wert
Investitionsvariable
Kausalvariable
intervenierende Variable
Ergebnisvariable
Return-on-Investment Variable
HUMANVERMÖGEN
den Einzelnen betreffend
Interaktionseinflüsse
Einstellung
Ausbildung
Einführung
generelle Weiterentwicklung
Systemanlauf
Systementwicklung
Kosten
Kosten
Kosten
Kosten
Kosten
Kosten
Niveau der Fähigkeiten und Kompetenz des Einzelnen
Art des: der: -Management Verhaltens -Verhaltens Gleichstehender zueinander -Organisationsstruktur
Synergistische Bedingungen - Einstellung - Motivation - Kommunikation - Interaktions-Möglichkeiten u. Fähigkeiten - Problemlösungs- u. Aktionsfähigkeiten - Gesundheit - Mitarbeiterbeziehungen
Produktivität
Kosten
Qualität
Erträge
Netto-Cash-Flow
Return-on-Investment für einzelne Mitarbeiter
Return-on-Investment für das Interaktionssystem

Diskussion

Ausgangsüberlegungen, die zu Humanvermögensrechnung-Konzeptionen führten, wurden inspiriert durch die Tatsache, daß im Rahmen des traditionellen Rechnungswesens das Humanvermögen eines Betriebes kaum beachtet wurde. Die Unternehmensleitung war aufgrund dieser fehlenden Informationen nicht in der Lage, eine angemessene Bewertung des betrieblichen (Gesamt-)Vermögens zum Zweck der Kontrolle bzw. Steuerung vorzunehmen. Die verschiedenen Konzeptionen zur Humanvermögensrechnung sollten eine vom traditionellen Rechnungswesen unabhängige, eigenständige und zukunftsorientierte Bewertung des Humanvermögens ermöglichen.

Gegen die vorliegenden Modelle bzw. Konzeptionen zur Humanvermögensrechnung wurde eine Reihe schwerwiegender Einwände erhoben. FISCHER-WINKELMANN und HOHL (1982) stellen fest, daß keines der Konzepte ein eigenständiges Verfahren zur Bewertung des Humanvermögens darstellt. Die Autoren räumen ein, daß eine indirekte Bewertung des Humanvermögens mittels "Ersatzwerten" nicht von vornherein als negativ zu bewerten ist; kritisiert wird u.a. die bisher praktizierte Art der Ermittlung von Surrogatwerten. Nach FISCHER-WINKELMANN und HOHL (1982) wäre eine formal einwandfreie Lösung des Problems der indirekten Bewertung eines Humanvermögens nur dann gegeben, wenn bei den jeweiligen Verfahren eine funktionale (z.B. lineare) Verknüpfung zwischen dem Humanvermögen, den "Inputs" für das Personal und jeweiligen "Outputs" (z.B. Fehlzeiten) begründet, behauptet und nachgewiesen werden könnte. Dies ist nach FISCHER-WINKELMANN und HOHL (1982) nur dann der Fall,

"wenn das 'eigentliche' Problem der direkten Bewertung bereits, und zwar unabhängig von der Wertermittlung von 'inputs', 'outputs' usw. des Unternehmens gelöst ist, und die in verschiedenen Humanvermögensrechnungs-Konzeptionen 'behauptete' funktionale Verknüpfung der Wertausprägungen des 'outputs', 'inputs' usw. durch Vergleich der unabhängig voneinander ermittelten Wertgrößen für 'Humanvermögen', 'input' und 'output' usw. nachgewiesen werden kann" (S.2643).

In allen von FISCHER-WINKELMANN u. HOHL (1982) analysierten Modellen (bis auf die von FLAMHOLTZ bzw. LIKERT) wird implizit ein linearer Zusammenhang zwischen dem Ausmaß des Humanvermögens und der ökonomischen Effizienz eines Unternehmens behauptet. Aber auch in den Modellen, in denen dieser unmittelbare Ursache-Wirkungs-Zusammenhang durch intervenierende Variablen "gepuffert" wird, beschränkt man sich im Prinzip auf das Zeichnen von Kästchen mit Pfeilen dazwischen. Wie man sich die verschiedenen "Interventionen" inhaltlich vorzustellen hat und wie diese gemessen werden können wird nicht weiter thematisiert. Da ein "nomologisches Netz", das eine Zuordnung von Aufwendungen bzw. Erträgen an das Personal erlaubt fehlt, erfolgen Zuordnungen in der Regel intuitiv.

Der zweite von FISCHER-WINKELMANN u. HOHL (1982) aufgeführte Einwand gegen die verschiedenen Humanvermögensrechnungs-Konzeptionen betrifft die Verwendung herkömmlicher "ökonomischer Wertkategorien". Die beiden Autoren betonen, daß auch hier die Verwendung dieser Kategorien nicht a priori als negativ zu beurteilen sei. Allerdings weisen FISCHER-WINKELMANN u. HOHL auf die Inkonsequenz hin, die darin besteht, daß zunächst das Defizitempfinden bei der ausschließlichen Verwendung ökonomischer Größen bei der Bestimmung des menschlichen Leistungspotentials zu einer Suche nach alternativen Maßstäben geführt hat; nun soll aber paradoxerweise dieses Defizit

"gerade dadurch behoben werden, daß man eben diese ökonomischen Wertkategorien wieder verwendet, deren fehlende Tauglichkeit man behauptet..." (S. 2643).

Diese Argumentation ist insofern wenig überzeugend, da der wichtigste Grund für die Einführung "der" Humanvermögensrechnung wohl ein legitimatorischer war.

Weitere, von FISCHER-WINKELMANN u. HOHL (1982), angeführten Kritikpunkte zur Humanvermögensrechnung betreffen v.a. die Vergangenheitsorientierung einiger Modelle und das Fehlen von Angaben zu den den Konzeptionen zugrunde liegenden Zielfunktionen bzw. von Angaben zur Art des Zusammenhangs zwischen der dem Unternehmen unterstellten Zielfunktion und dem Humanvermögen. So ist etwa die angestrebte Umverteilung von Mitteln in der Unternehmung zugunsten von Personalprogrammen problematisch, wenn "intuitiv" eine verbesserte Produktivität durch die jeweiligen Maßnahmen unterstellt wird; dabei ist die Produktivität eines Unternehmens nicht das einzig denkbare Kriterium zur Beurteilung des Werts der Personalressourcen; alternativ könnten beispielsweise Kriterien einer humaneren Gestaltung der Arbeitsbedingungen (z.B. Qualifikation, Beanspruchung, Partizipation) postuliert und in die Planung mit einbezogen werden (s. MAIER 1983). Werden solche Einflüsse berücksichtigt, so kann dies produktionsfördernd, neutral oder produktionsmindernd sei. Ihre Effizienz hängt neben der Bewußtmachung und Konkretisierung auch von der Machtverteilung im Unternehmen ab (vgl. KROPP u. WÄCHTER 1982, S. 279).

Es ist festzuhalten, daß es außerordentlich schwer sein dürfte, das "Humanvermögen" im Rahmen der betrieblichen Personalkostenplanung zu definieren. Aspekte der Arbeit, die über eine produktionsmittel-orientierte Betrachtungsweise hinausgehen, sind nicht in jedem Fall quantifizierbar; Vertreter der Gewerkschaften fordern daher im Zusammenhang mit einer Humanvermögensrechnung eine Weiterentwicklung der gesetzlichen, tariflichen und betrieblichen Regelungen zur Verbesserung der Arbeitsbedingungen, damit über den Weg einer qualifizierten Mitbestimmung die sozialen Lasten der wirtschaftlichen und technischen Entwicklung minimiert werden können (s. z.B. ENGELEN-KEFER 1982, S. 296). Dabei wird davon ausgegangen, daß das primäre Ziel der freiwilligen Publizität, die durch die Veröffentlichung von Wertschöpfungsrechnungen oder Humanvermögensrechnungen (Sozialbilanz!) zum Ausdruck kommt, darin besteht, sich in der Öffentlichkeit und gegenüber den eigenen Arbeitnehmern positiv darzustellen bzw. den Arbeitnehmern die "Rechnung" zu präsentieren. Eine Veränderung der Praxis der betrieblichen Sozialberichterstattung im Rahmen einer veränderten Mitbestimmungsregelung müßte nach Ansicht der Gewerkschaften v.a. die im Beleg 7 angeführten Punkte berücksichtigen.

Zusammenfassung und Schlußfolgerung

Aus den vorausgegangenen Ausführungen wird deutlich, daß die Ziele der Personalkostenplanung: Erfassung, Analyse und Systematisierung der Personalkosten zum Zweck ihrer Erklärung und der Prognose ihrer Entwicklung beim derzeitigen Stand der Personalkostenrechnung nur sehr schwer zu erreichen sind. Die Aussagefähigkeit der meisten vorliegenden (arbeitnehmerbezogenen) Kennzahlen ist aufgrund ihres hohen "Verdichtungsgrades" eher gering; ermöglicht werden dadurch lediglich sehr globale Kostenplanungen.

Personalkosten sind multideterminiert; d.h. zusätzlich zu der Zahl der Arbeitnehmer spielen viele weitere teilweise kurzfristig sich verändernde Variablen eine Rolle; dies kann entsprechend der Ausprägung dieser Variablen zu unterschiedlichen Werten der Personalkosten je Arbeitnehmer führen. VOGT (1984, S. 876) geht davon aus, daß deshalb Entwicklungen im Personalkostenbereich aufgrund von Datenänderungen nicht ausreichend transparent werden bzw. aufwendige Neuberechnungen erfordern; dadurch werden Handlungsmöglichkeiten bei der Ge-

Beleg 7 : Gewerkschaftliche Forderungen zur Praxis der Sozialberichterstattung (aus: KÜLLER 1979, S. 156 f.)

- Im Bereich des sogenannten "inneren Beziehungsfeldes" einer Sozialbilanz, d.h.
der Berichterstattung über die Situation der Arbeitnehmer eines Unternehmens,
müssen sich alle wesentlichen Gefährdungsbereiche bzw. Interessenfelder der Arbeitnehmer widerspiegeln. Das innere Beziehungsfeld muß deshalb folgende Haupt-
berichtsfelder umfassen: Beschäftigung, Einkommen, Arbeitszeit, Arbeitsgestaltung, Qualifikation, Informationspolitik und Mitbestimmung sowie wirtschaftliche
Situation des Unternehmens und Einkommensverteilung.

- Über die Auswahl der einzelnen Berichtsfelder muß zwischen den Unternehmen
und den Adressaten der Veröffentlichung (Arbeitnehmer, Gewerkschaften, Betriebsräte) Einvernehmen hergestellt werden. Über die Gefährdung der Beschäfti-
gungssicherheit etwa oder über die Dauer, Lage und Verteilung der Arbeitszeit
darf folglich eine Unternehmung nur dann nicht berichten, wenn die Repräsentan-
ten der Arbeitnehmer hiermit ihr Einverständnis erklärt haben.

- Über die Verwendung einzelner Definitionen, etwa bei der Beschreibung des Unter-
nehmensbeitrags zur Humanisierung der Arbeit, muß ebenfalls Einvernehmen hergestellt werden. Eine Unternehmung soll einen Tatbestand nicht als positiv darstellen dürfen, der aus der Sicht der Arbeitnehmer höchst fragwürdig ist (z.B. Kapital-
export, Überstunden).

- Die einzelnen Informationen in einer gesellschaftsbezogenen Rechnungslegung müssen überprüfbar sein. Sie dürfen folglich dem Betriebsrat bzw. dem Wirtschafts-
ausschuß nicht in dessen Arbeit vorenthalten werden.

- Die Darstellung der Situation der Arbeitnehmer eines Unternehmens (z.B. im Bereich Beschäftigung) muß sachlich sein, darf folglich keine versteckten Wertungen
(z.B. Rücklagenzuführung als Maßnahmen zur Arbeitsplatzsicherung) enthalten. Sofern eine bestimmte Maßnahme aus öffentlichen Geldern refinanziert wird, muß
dieser Tatbestand ausgewiesen werden.

- Die einzelnen Informationen müssen verständlich und überschaubar dargestellt werden. Der Beschreibung von Arbeits- und Lebensverhältnissen durch sogenannte So-
zialindikatoren ist deshalb stets der Vorzug zu geben vor einer Darstellung mit Hilfe von Daten aus der Kostenrechnung, der Bilanz usw.

staltung des Personaleinsatzes und der Personalkosten verdeckt.

Die Berücksichtigung personaler und sozialer Kosten im Rahmen einer Humanvermögensrechnung erfolgt bei vielen Ansätzen unter einer "rechnungstechnisch-
pragmatischen Orientierung" (STEINER 1977) und ändert am Gewinn- und Rentabilitätsstreben der Unternehmen als primärer Zielsetzung nichts. Das Problem der
Operationalisierung bzw. Messung personaler und sozialer Einflußgrößen, die für
Personalkosten im Sinne einer Humanvermögensrechnung relevant sind, ist bisher
nicht gelöst. Eine weitere Schwierigkeit besteht darin, daß bei den meisten
Verfahren von Vergangenheits-Buchwerten ausgegangen wird, die durch (meist geschätzte) zukunftsorientierte Werte ergänzt werden müssen. Dabei treten erhebliche sachliche und zeitliche Zuordnungsprobleme auf, die die Begründbarkeit
dieser Verfahren relativieren. BERTHEL (1979) geht davon aus, daß es beim derzeitigen Stand der Forschung fraglich ist, ob und inwieweit entstandene und
zukünftige Kosten für Mitarbeiter zu einem sinnvollen Wertansatz für das Humanvermögen führen können.

Eine differenziertere Analyse bzw. Planung der Personalkosten unter Berücksichtigung ihrer Einflußgrößen und deren Entwicklung ist u.U. durch die (bisher
vernachlässigte) Verwendung von Verfahren der multivariaten Statistik (z.B.
multiple Regression, Faktorenanalyse) zu erwarten. Durch die Verbreitung der
elektronischen Datenverarbeitung im Rahmen betrieblicher Informationssysteme
wird die Quantität und Qualität der Ausgangsdaten für derartige Analyseverfahren vermutlich erheblich verfeinert werden (siehe das folgende Kapitel).

Eine wichtige Voraussetzung für jede Analyse der Personalkosten wäre eine
"Theorie der Personalkosten"; theoretische Überlegungen zur Erklärung und Prognose von Personalkosten werden in der Literatur relativ selten bzw. nur am
Rande angestellt. Ein "nomologisches Netz" zur Validierung jeweiliger Aussagen
zum Thema Personalkosten fehlt völlig. Bei den Ansätzen zur Humanvermögensrechnung, in denen versucht wird, Modelle zur Erklärung von Personalkostenzu-
sammenhängen zu entwickeln (z.B. LIKERT; FLAMHOLTZ), beschränkt man sich auf
das Zeichnen von Kästchen mit Pfeilen; die theoretische Herleitung des Modells
(die Erklärung der Pfeile) kommt zu kurz.

Die Unklarheit bzw. die Undifferenziertheit des Konzepts "Personalkosten" ver-
leitet geradezu zu einer interessengeleiteten Darstellung und Interpretation
der Personalkosten. Von seiten der Unternehmer besteht die Tendenz, das Ausmaß
bzw. die Entwicklung der Personalkosten zu dramatisieren (im Begriff "Personalkosten" kommt bereits die produktionsmittelorientierte Betrachtungsweise der
Arbeitnehmer durch die Arbeitgeber zum Ausdruck) bzw. die Leistungen des Unternehmens an die Arbeitnehmer schönfärberisch darzustellen; den Gewerkschaften
geht es zum einen darum, eine größere Transparenz der betrieblichen Rechnungslegung zu erzielen ("gläserne Taschen"), zum andern soll der Anteil der Arbeitnehmer an der betrieblichen Wertschöpfung gleichgehalten bzw. nach Möglichkeit
vergrößert werden (implizit oder explizit wird dabei meist davon ausgegangen,
daß den Zuwächsen der Gewinne bzw. der Produktivität keine äquivalenten Zuwachsraten der Löhne und Gehälter gegenüberstehen).

Die Argumente, die für die jeweiligen Positionen ins Feld geführt werden, werden durch entsprechendes Zahlenmaterial, das auf offiziellen Statistiken und
meist "ergänzend" auf eigenen (!) Berechnungen beruht, untermauert. Ein direkter Vergleich der verschiedenen Statistiken zu den Personalkosten ist u.a. aufgrund ihrer Undifferenziertheit nur sehr schwer möglich.

3.9. Personalinformationssysteme (PIS)

Im folgenden wird das Thema "Personalinformation" in erster Linie unter dem Gesichtspunkt EDV-unterstützter Personalarbeit behandelt. Prinzipiell sind alle Teilbereiche des betrieblichen Personalwesens auch unter dem Informationsproblem zu betrachten (s. Abb. 1). So werden beispielsweise zur Planung des Personalbedarfs Informationen über den Personalbestand, die Qualifikation der Mitarbeiter, die Ausfallzeiten, die Fluktuationsrate usw. benötigt. Informationen stellen unter dem Handlungsaspekt immer das "Spiegelbild" der konkreten Aufgaben des Personalwesens dar. Auf eine ausführliche Behandlung der zur Erfüllung der (Informations-)Aufgaben des Personalwesens relevanten Methoden kann an dieser Stelle verzichtet werden, da dies bei der Darstellung und Diskussion der Teilbereiche des Personalwesens sowohl in diesem, als auch in den anderen Bänden dieser Reihe bereits geleistet wurde. Hier soll primär auf neue Gesichtspunkte eingegangen werden, die sich aus der Möglichkeit des Einsatzes der elektronischen Datenverarbeitung zur Gewinnung und Verarbeitung von (Personal-) Informationen ergeben.

Ausgehend von einer Diskussion des Begriffs "Personalinformationssystem " wird der Aufbau eines solchen Systems beschrieben und anhand von zwei Beispielen aus der betrieblichen Praxis verdeutlicht. Daran schließt sich eine Darstellung der Kosten- und Nutzenkriterien zur ökonomischen Beurteilung von PIS an. Bevor auf die Konsequenzen eingegangen wird, die sich aus dem Betrieb von PIS auf die betroffenen Arbeitnehmer ergeben (können), erfolgt eine Beschreibung des Entwicklungsstandes und des Einsatzes in der betrieblichen Praxis. Abschließend werden die herrschenden Bestimmungen des Datenschutzes und die Kontroverse um die Mitbestimmung des Betriebsrates bei Einführung und Betrieb von PIS dargestellt und kritisch kommentiert.

3.9.1. Ziele und Aufgaben der betrieblichen Personalinformation

Die Qualität personalpolitischer Entscheidungen hängt u.a. von der Auswahl und Auswertung der zur Verfügung stehenden Informationen ab. Um die allgemeinen Aufgaben der Personalinformationswirtschaft wie z.B. Planung, Prävention, Kontrolle, Entscheidung, Intervention und Dokumentation erfüllen zu können, muß aus der für das Personalwesen relevanten Informationsmenge eine zuverlässige, transparente, zweckmäßige und zielorientierte Datenbasis "herausgefiltert" werden (vgl. FEY 1983). Neben diesen rein sachlichen Aufgaben innerbetrieblicher Informationen müssen auch soziale Aspekte (z.B. Information als kommunikatives Handeln; als Führungsmittel) berücksichtigt werden. Zudem kommt in der Art und Weise wie mit Personalinformation umgegangen wird die Haltung zum Ausdruck, mit der dem Mitarbeiter begegnet wird. Arbeit soll nicht nur auf den Austausch von Leistung und Lohn reduziert, sondern auch als "Ausdruck der Respektierung des personalen Eigenwerts der Mitarbeiter" (GAUGLER 1962) betrachtet werden.

3.9.2. Der Begriff des Personalinformationssystems

Betrachtet man die im Beleg 8 zusammengestellten Definitionen von Personalinformationssystemen, so stellt man fest, daß über den Begriffsinhalt von "PIS" derzeit noch keine Übereinstimmung herrscht. Eine Ursache hierfür liegt in den unterschiedlichen Perspektiven, unter denen die jeweiligen Begriffsbestimmungen vorgenommen werden. Ein Informatiker wird aus technisch-systemanalytischer Sicht ein PIS anders bestimmen als ein Jurist oder Betriebswirt; ein Praktiker, dem es um unmittelbare Anwendbarkeit geht anders als ein Wissenschaftler, der, ohne zunächst auf die Anwendbarkeit zu achten, ein "idealtypisches" Konzept

Beleg 8: BEGRIFFSBESTIMMUNGEN VON PERSONALINFORMATIONSSYSTEMEN

PIS sind "technische Verfahren zur Erfassung, Speicherung und Verwertung von Arbeitnehmer-Daten" (SCHNEIDER 1981, S. 3).

PIS ist ein "System der geordneten Erfassung, Speicherung, Transformation und Ausgabe

- von für die Personalarbeit relevanten Informationen über das Personal und die Tätigkeitsbereiche/Arbeitsplätze,

- mit Hilfe organisatorischer und methodischer Mittel unter Prüfung der EDV-technischen Möglichkeiten,

- unter Beachtung von sozialen und wirtschaftlichen Zielen,

- sowie unter Berücksichtigung des Bundesdatenschutzgesetzes, des Betriebsverfassungsgesetzes und anderer relevanter Gesetze, Verordnungen, Tarifverträge und Vereinbarungen,

- zur Versorgung der Führungskräfte und der Verwaltungsangestellten, der Personalabteilung, der Mitarbeiter und ihrer Vertretung, der Behörden und sonstiger öffentlicher Stellen etc. mit denjenigen Informationen,

- die sie zur Wahrnehmung ihrer Führungs- und Verwaltungsaufgaben benötigen"
(DOMSCH 1979, S. 337).

"... unter einem PIS ist die Konzeption für ein weitgehend formalisiertes Verfahren zur Gewinnung und Verarbeitung aller unter einer bestimmten Aufgabenstellung notwendigen Informationen über Personen zu verstehen, die in einem organisatorisch abgegrenzten Bereich zusammenwirken" (HACKSTEIN & KOCH 1975, S. 1573).

"Ein computergestütztes PIS umfaßt im Kern meist ein im Stapelbetrieb eingesetztes Lohn- und Gehaltssystem und zusätzlich eine im Dialogbetrieb genutzte Personaldatenbank, mit deren Hilfe nicht nur die Personalstammdaten der einzelnen Mitarbeiter interaktiv gepflegt, sondern durch Kombination verschiedener Kriterien (Datenfelder) auch flexible Auswertungen über alle Mitarbeiter oder über bestimmte Mitarbeitergruppen für verschiedene Zwecke des Personalwesens gefahren werden können" (SEIBT 1982, S. 1).

"Personal-Informationssysteme sind computergestützte Systeme, die Arbeitnehmerdaten aus den verschiedensten Bereichen im Interesse der Arbeitgeber sammeln, speichern und verarbeiten können" (HENSS & MIKOS 1984, S. 20).

"Personalinformationssysteme sind intelligente Dokumentationen von Personalangaben" (KILIAN 1982, S. 2).

"... die für den Personalbereich charakteristischen Dateneingabe-, Datenverarbeitungs-, Datenspeicherungs-, Datenausgabeaktivitäten" (MOSER 1978, S. 8).

entwerfen kann. Eine umfassende, einheitliche Definition von PIS ist unter diesen Umständen kaum zu erwarten.

BLUME (1984, S. 70) nennt als Begründung für das Fehlen einer einigermaßen akzeptablen Definition von PIS:

- die meisten Definitionen gehen von unterschiedlichen Modellen des Aufgabensystems des Personalwesens aus und unterscheiden z.B. "administrative" von "dispositiven" Aufgaben, ohne jedoch eine klare Grenzlinie zwischen Lohn und Gehaltsabrechnung und dispositiven Aufgaben (z.B. Personaleinsatzplanung) ziehen zu können;

- einige Definitionsversuche benutzen das Kriterium "Datenbank vorhanden" als Abgrenzung;

- andere versuchen PIS erst mit der Automatisierung von Planungs- und Auswertungsabläufen (z.B. Profilvergleich) gelten zu lassen oder

- wählen den Zugang über ein Managementinformationsystem und rechnen somit z.T. die Betriebsdatenerfassung dazu.

Untersucht man die oben aufgeführten Definitionen anhand der von HEINRICH & PILS (1977) in Anlehnung an OPP (1970) vorgeschlagenen Kriterien für die Brauchbarkeit sozialwissenschaftlicher Begriffe (z.B. Präzision, Konsistenz, theoretische Fruchtbarkeit, Validität), so fällt zunächst auf, daß z.B. die Präzision der meisten Termini wie etwa "bestimmte Aufgabenstellung", "notwendige Informationen", "weitgehend formalisiertes Verfahren" nicht sehr hoch ist (vgl. HEINRICH & PILS 1977, S. 260). Zudem genügen Begriffe wie "organisatorisch abgegrenzter Bereich", "das Personal" oder "Bereich des betrieblichen Personalwesens" nach HEINRICH und PILS (1977) kaum dem notwendigen Konsistenzanspruch.

Zur Begriffsbestimmung von Personalinformationssystemen müßten zunächst die Bestandteile dieses Terminus (Personal, Information, System) definiert werden, sowie die Verknüpfungen dieser drei Ausdrücke erklärt werden, was vor allem angesichts der recht unterentwickelten "Theorie des Personalwesens" derzeit kaum geleistet werden kann. Wenn hier vom Personalinformationssystem gesprochen wird, dann ist ein computergestütztes Vorgehen zur Gewinnung und Verarbeitung solcher Informationen gemeint, die für die Erfüllung personalwirtschaftlicher Aufgaben unmittelbare Relevanz besitzen (s. hierzu den Beleg 8).

3.9.3. Der Aufbau eines computergesteuerten Personalinformationssystems

In der betrieblichen Praxis wird eine Vielzahl unterschiedlicher computergesteuerter PIS eingesetzt; die bekanntesten Systeme und ihre Anwender sind in Abb. 40 zusammengestellt. Derartige Systeme weichen zwar in Einzelheiten voneinander ab, sind jedoch im wesentlichen aus den gleichen Bausteinen zusammengesetzt. Kernstück des technisch-logischen Aufbaus eines PIS ist die Datenverarbeitungsanlage (zentrale Recheneinheit). Für einfache Speicher- und Rechenaufgaben am Ein- bzw. Ausgabeort der Daten können dezentrale Kleincomputer ("intelligente Datenstationen") eingesetzt werden. Zur Recheneinheit gehört eine Anlagenkonfiguration, die aus Speichergeräten, Ein- und Ausgabegeräten (z.B. Belegleser, Bildschirmgeräte) besteht und die an Drucker angeschlossen werden kann. Dieser "hardware" stehen die Datenbestände und die in Programmen festgelegten und gespeicherten möglichen Arbeitsabläufe als "software" gegenüber. Die

Abb. 40: Die bekanntesten computergesteuerten PIS und (einige) Anwender

Kurzbezeichnung		Anwender
ISA	Informationssystem Arbeitseinsatz und Arbeitsplanung	Daimler-Benz
IPIS	Integriertes Personalinformations-System	Ford-Werke
PEDATIS	Personaldaten-Informations-System	VW/Audi
PDS	Personal- und Arbeitsplatzdaten-Informations-System	Standard-Elektrik Lorenz
IVIP	Integriertes Verarbeitungs- und Informationssystem für Personaldaten	Siemens
PAISY	Personal-Abrechnungs- und Informations-System	Audi (Opel)
IPAS (ISPA)	Informatives-Personalabrechnungs-System	BMW (Siemens)
PERSIS	Personalinformationssystem	BP (IBM)
INTERPERS	Interactive Personnel System	IBM
DIAPERS	Dialogunterstützte Personal- und Stellenverwaltung	Hochschulen
BESSY	Betriebsdaten-Erfassungs-System	MBB

Datenbestände sind häufig auf Magnetbandspeicher "gelagert"; da diese jedoch nur fortlaufend abgelesen werden können, werden in der Praxis zunehmend Magnetplattenspeicher als Speichermedium verwendet.

Die einzelnen Daten werden zu Dateien zusammengefaßt. Jede Datei enthält alle wesentlichen Daten für eine bestimmte Aufgabe, welche nach einem Ordnungsbegriff wie z.B. Name, Personalnummer, Stellenplannummer sortiert werden. Mit Hilfe sogenannter Random-Speicher (z.B. Magnetplatte) können Datenbanken gebildet werden. Darunter wird ein System verstanden, das die Dateien, die Programme für diese Dateien und die Geräte (Computer, Leitungen, Endgeräte) umfaßt.

Zu den charakteristischen Merkmalen einer Datenbank zählen (nach: MÜLDER 1984, S. 68).

- Redundanzfreiheit, d.h. jedes Datenelement soll möglichst nur einmal vorhanden sein;

- Vielfachverwendbarkeit, d.h. die Daten sollen für unterschiedliche Aufgabenstellungen verwendbar sein;

- Verfügbarkeit, d.h. jederzeit soll ein direkter Zugriff zu den einzelnen Datenelementen möglich sein;

- Strukturflexibilität, d.h. Erweiterungsfähigkeit der Datenbestände;

- Speicherungsunabhängigkeit, d.h. die Art der physischen Speicherung beeinflußt nicht die logische Verwendbarkeit durch den Benutzer.

Die Datenbanktechnik ermöglicht es, die gespeicherten Daten nach beliebig vielen logischen Strukturen abzufragen und auszuwerten (vgl. KOREIMANN 1977). Die
Bildung von Datenbänken hat im Vergleich zu isolierten Datenbeständen in Dateien mit speziellen, nur für einen Zweck entwickelten Programmen u.a. folgende
Vorteile für den Datenbenutzer (nach: FRANZ 1983, S. 11):

- Direktverarbeitung und Direktabfragen (online-Betrieb. Statt stapelweise Verarbeitung = batch-Betrieb),

- Vermeidung von Mehrfachspeicherung und damit auch

- Senkung der Kosten der Speicherung (geringer Platzbedarf) und Verarbeitung,

- Möglichkeit des gleichzeitigen, unabhängigen Zugriffs von mehreren Stellen,

- Datenunabhängigkeit, d.h. Daten logisch verschiedener Strukturen aus verschiedenen Dateien können miteinander verknüpft werden,

- Aktualität der Daten; es wird sichergestellt, daß jeder Benutzer die gleichen
Daten zur Verfügung hat, die tageweise auf dem neuesten Stand gehalten werden,

- Programmunabhängigkeit, d.h. die Anwendungsprogramme sind von der Speicherung
der zu verarbeitenden Daten unabhängig.

Die verfügbaren Datenbasen (Dateien bzw. Datenbanken) können vernetzt (integriert) werden, so daß jedem Benutzer dieses (integrierten) Systems zumindest
theoretisch die gesamte Datenbasis und die Gesamtheit der Anwendungsprogramme
gleichzeitig zur Verfügung stehen. Der inhaltlich-funktionale Aufbau eines PIS
richtet sich nach den Erfordernissen des jeweiligen Unternehmens; in der Regel
werden jedoch nicht von jeder Unternehmung völlig neue Systeme entwickelt, sondern auf der Basis der von der EDV-Industrie angebotenen Systeme entsprechende
Modifikationen vorgenommen. Nach DOMSCH (1980, S. 24) ist ein PIS durch vier
Komponenten gekennzeichnet (siehe Abb. 41a):

- eine Personaldatenbank   (A)
- eine Arbeitsplatzdatenbank   (B)
- eine Methoden- und Modellbank (C)
- eine EDV-Anlagenkonfiguration (D)

Zusätzlich soll eine Definitionsbank sicherstellen, daß für alle Benutzer des
Informationssystems der Aussagewert gleicher Daten und Annahmen gleich ist.

In der Personaldatenbank werden Daten über den Personalbestand eines Unternehmens gespeichert. Dabei existiert für jeden einzelnen Arbeitnehmer ein Perso-
naldatensatz, der bis zu 2000 Einzelmerkmale enthält. Die gespeicherten Daten
können zu Merkmalsgruppen bzw. zu Merkmalshauptgruppen zusammengefaßt werden.
Diese Merkmale sind nicht nur für die administrativen Aufgaben des Unternehmens

Abb. 41a: Struktur eines PIS (aus: DOMSCH 1980, S. 25)

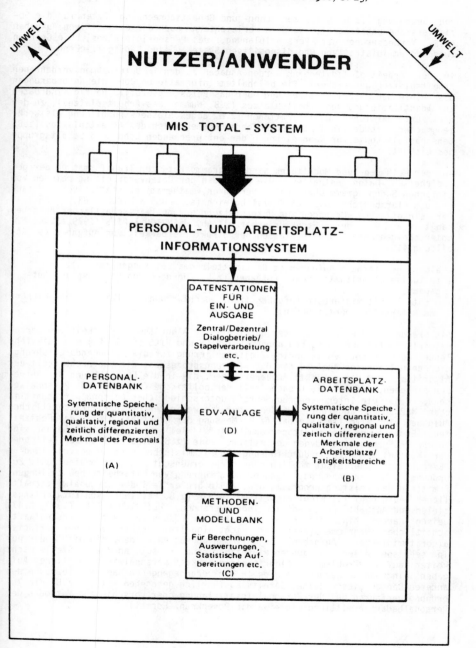

von Bedeutung (z.B. Daten zur Lohn- und Gehaltsabrechnung, Daten für die So-
zialversicherungsträger), sondern erleichtern auch die dispositiven Aufgaben
(z.B. Verbesserung der Personalplanung, des Personaleinsatzes). Die Grenzen
zwischen administrativen und dispositiven Systemen sind häufig fließend.

In der Arbeitsplatzdatenbank werden Angaben zu den im Unternehmen vorhandenen
Arbeitsplätzen gespeichert. Sie beinhaltet Informationen über die Anforderungen
des einzelnen Arbeitsplatzes und über das Belastungsprofil. Häufig sind Daten
zur Identifizierung des Arbeitsplatzes (z.B. Nummer des Arbeitsplatzes), zu den
dort erforderlichen Qualifikationen (z.B. abgeschlossene Ausbildung als Werk-
zeugmacher erforderlich), zu den Anforderungsmerkmalen des Arbeitsplatzes (z.B.
Sehschärfe) sowie zur Kennzeichnung der entsprechenden Lohn- und Gehaltsgruppe
gespeichert.

In der Methoden- und Modellbank sind Programmpakete zur Transformation der gespeicherten Daten enthalten. Die Methoden der Datenverarbeitung reichen vom
einfachen Suchprogramm über Analyseverfahren, mathematisch-statistische Verfahren und Alarmberichte bis zum Profilabgleich (s. HENSS & MIKOS 1983, S. 26 f.).
Der Einsatz von Methoden zur Unterstützung personalwirtschaftlicher Aufgaben
hängt u.a. von deren Strukturierbarkeit ab. HEINRICH & PILS (1979, S. 46 f.)
unterscheiden drei breite Klassen der Strukturierbarkeit von Aufgaben (s. Abbildung 41b):

- algorithmisierbare Aufgaben (z.B. Ermitteln des Leistungsentgelts),
- teilweise algorithmisierbare Aufgaben (z.B. Zuordnen von Personen und Aufgaben),
- nicht algorithmisierbare Aufgaben (z.B. Durchführung von Leistungsbewertungen
  und Mitarbeiterbeurteilungen).

Als Gründe für die fehlende oder nur teilweise Algorithmisierbarkeit von personalwirtschaftlichen Aufgaben nennen HEINRICH und PILS (S. 46 f.) u.a. die fehlende oder nicht vollständige Zielformulierung für die Aufgabendurchführung;
die unvollständige Analyse des Durchführungsprozesses; die Unbrauchbarkeit des
Algorithmus und die subjektiven Bewertungen, die in die Durchführung der Aufgaben eingehen. Als weitere Ursache soll der politische Charakter des Personalwesens, d.h. die Interessengebundenheit unterschiedlicher personalwirtschaftlicher Maßnahmen angeführt werden. Nur die wenigsten personalwirtschaftlichen
Aufgaben sind algorithmisierbar (z.B. Messung der Fluktuation bzw. der Fehlzeiten, Ermittlung des Bruttopersonalbedarfs). Teilweise algorithmisierbar sind
solche Aufgaben, bei denen wesentliche Teile (z.B. hinsichtlich der Zeit oder
der Kosten) der Aufgabendurchführung algorithmisierbar sind, eine vollständige
"Berechnung" aber nicht möglich oder nicht erwünscht ist (Personalauswahl, Zuordnung von Personen und Aufgaben, Durchführung von Mitarbeiterbeurteilungen,
Ermitteln des Leistungsprogramms usw.). Ein großer Teil der personalwirtschaftlichen Aufgaben ist nicht algorithmisierbar (z.B. Festlegen von Entwicklungs-
zielen und Auswahl der zu entwickelnden Personen). HEINRICH & PILS (1979, S.47)
weisen darauf hin, daß in der Literatur zur Lösung zahlreicher personalwirtschaftlicher Probleme (auch für nicht algorithmisierbare oder nur teilweise
algorithmisierbare Aufgaben) Algorithmen angeboten werden, die nicht oder nur
in sehr speziellen Bedingungen einsetzbar sind. Es soll an dieser Stelle nicht
weiter auf das Problem der Algorithmisierbarkeit personalwirtschaftlicher Aufgaben eingegangen werden, da dies in den vorangegangenen Kapiteln (bzw. in den
anderen Bänden dieser Reihe) bereits ausführlich geschehen ist (s. z.B. die Zuordnungsverfahren bei der Personaleinsatzplanung oder verschiedene Methoden der
Personalbedarfsermittlung wie etwa die Rosenkranz-Formel).

Abb. 41b: Planungsrechnung zur Verteilung eines außertariflichen Erhöhungsbeitrags nach den Beurteilungen (aus: SCHÄFER 1979, S. 409)

Wichtigste Datenelemente:

Personal Nr.
Kostenstellen-Nr.
Beurteilungen
Beträge (Erhöhung monatl./jährlich)

Anwenderkreis:

Personalplanung
Lohn- und Gehaltsfindung
Personalsteuerung

Anwendungszweck:

Festlegung der Erhöhungsbeiträge aus der Beurteilung,
Berücksichtigung eines budgetierten Limits pro Kostenstelle
Vergabe der außertariflichen Leistungszulagen.

---

00 07/15/76 14.38.16

LGP275 01/01 - PERSONAL-INFORMATIONSSYSTEM PERSIS

FINDUNGSMODELL 6   ZUSCHLAG NACH BEURTEILUNGSPUNKTEN DER MITARBEITER KOSTENSTELLE 1410
ERHÖHUNGSBEITRAG: 00.015.000 DM

PERS.Nr.	BEURTEILUNG		BETRAG	ERHÖHTER BE-TRAG JÄHRLICH	ERHÖHTER BE-TRAG MONATLICH
12345	8	2-1-2-1-2	02.000.00 DM	001.200 DM	00.100 DM
22222	6	1-1-1-1-2	01.800.00 DM	000.900 DM	00.075 DM
34219	12	3-4-2-2-1	02.300.00 DM	001.800 DM	00.150 DM
66952	10	2-3-2-1-2	02.100.00 DM	001.500 DM	00.125 DM
88999	12	4-2-1-4-1	02.400.00 DM	001.800 DM	00.150 DM
99755	8	2-3-1-1-1	01.900.00 DM	001.200 DM	00.100 DM
54321	6	1-1-2-1-1	01.700.00 DM	000.900 DM	00.075 DM
77711	6	2-1-1-1-1	01.800.00 DM	000.900 DM	00.075 DM
85284	14	3-4-2-3-2	02.700.00 DM	002.100 DM	00.175 DM
76767	10	2-3-2-2-1	02.200.00 DM	001.500 DM	00.125 DM
88888	8	2-2-1-1-2	02.100.00 DM	001.200 DM	00.100 DM
	100		24.000.00 DM		

KEINE WEITEREN EINGABEN   EINGABE (E):

Hier sollen vielmehr anhand von zwei Beispielen aus der betrieblichen Praxis der Aufbau und die Wirkungsweise von bereits realisierten Systemen aufgezeigt werden.

3.9.4. Beispiele für den Einsatz von PIS aus der Praxis

Stellvertretend für andere PIS werden hier die beiden Systeme PEDATIS (Volkswagenwerk AG) und PAISY (z.B. Opel) vorgestellt (die entsprechenden Informationen sind zum Teil aus Anbieterinformationen, zum Teil aus HEINRICH & PILS 1979; FRANZ 1983; KLOTZ & MEYER-DEGENHARDT 1984, entnommen).

PEDATIS (Personaldaten-Informations-System)

angewendet in: VOLKSWAGENWERK AG

Organisatorische Merkmale

Die Personalverwaltung ist dezentral, die Lohn- und Gehaltsabrechnung zentral - mit dezentralen Erfassungsstellen - organisiert. Die Betriebskrankenkasse ist datenmäßig im Unternehmen integriert. Die Benutzer erhalten ihre Informationen über das On-Line-System PEDATIS (d.h. sie können über Datenstationen - primär Bildschirmgeräte - in direkten Kontakt mit der Zentraleinheit und den angeschlossenen Dateien und Datenbanken treten).

Organisation der Datenbanken:

Über folgende Personengruppen sind Daten gespeichert:

- Lohnempfänger
- Gehaltsempfänger
- VW-Rentenempfänger
- sonstige bei der Betriebskrankenkasse Versicherte
  (Nichtwerksangehörige)
- ausgeschiedene Mitarbeiter - ab 1975

Insgesamt sind Daten von ca. 450.000 Personen gespeichert. Zugriff zu diesem System per Bildschirm haben ca. 1300 Personen. Allerdings bestehen jeweils nur für bestimmte Teile des Systems Zugangsberechtigungen; zudem können nicht von jedem Bildschirm aus alle Daten und Programme angesprochen werden. Der Zugriff zu den Daten erfolgt über eine Werks-Personalnummer. Eine Umstellung auf das allgemeine 12-stellige Personenkennzeichen war geplant, dürfte aber nach dem Urteil zum Volkszählungsgesetz mittlerweile in weite Ferne gerückt sein. Datenbankzugriffe werden nach Personalnummer und innerhalb dieser nach Datum und Uhrzeit der Abfrage, Bildschirmnummer, Absender und Bildnummer doppelt auf Magnetbändern protokolliert. Unerlaubte Zugriffe werden gesondert protokolliert und ausgedruckt. Das System umfaßte 1983 280 Bildschirme mit direktem Zugriff auf Personaldaten, die über 18 Drucker schriftlich ausgegeben werden können. Täglich kamen zwischen 50.000 und 80.000 Zugriffe vor. PEDATIS enthält über 90 Dateien allein mit Daten von Beschäftigten. Die Daten der Personaldatenbank sind auf Magnetplatten gespeichert. Folgende Datenbanken sind im Einsatz bzw. geplant:

1. Personalstammdaten
2. An-/Abwesenheitsdaten
3. Maschinelles Lohn-, Gehalts-, Rentenkonto
4. Arbeitsunfähigkeitsfälle
5. Namens-Register

Die Datenbanken sind physisch und logisch selbständige Einheiten und können in jeder beliebigen Kombination verarbeitet werden. Geplant ist die Einführung lesbarer Ausweise für alle Beschäftigten, um einheitliche Bedingungen für Angestellte (Gleitzeit!) und gewerbliche Arbeitnehmer zu schaffen. Die Anwesenheit wird dann mit Lesegeräten in der Nähe des Arbeitsplatzes erfaßt, die gleichzeitig als "intelligente" Datenstation die tatsächlichen Zeiten mit denen der Vorgabe vergleichen und die Ergebnisse sofort den zentralen Datenbanken zur Speicherung überspielen.

PAISY (Personal-Abrechnungs- und Informationssystem)

angewendet in: ADAM OPEL AG

Im März 1981 wurde der Gesamtbetriebsrat der Adam Opel AG von der Geschäftsleitung über die für den 1.1.1982 geplante Einführung des Personalinformationssystems PAISY informiert. Begründet wurde diese Maßnahme mit der Vereinfachung und Verbesserung der Lohn- und Gehaltsabrechnung. PAISY gilt als das bekannteste und am meisten verbreitete deutsche Standardsoftware-System. Es wurde mit finanzieller Unterstützung der Bundesregierung von der Firma Softmark entwickelt. In der Bundesrepublik war bis Ende 1984 PAISY etwa 600mal installiert.

Das PAISY-Gesamtsystem besteht aus drei Hauptkomponenten:

- Personal-Datenbank-System
- Personal-Abrechnungs-System
- Personal-Informations-System

Diese Teilsysteme werden integriert betrieben, Abrechnungs- und Informationssystem greifen gegenseitig auf alle Daten zu. Die über jeden Arbeitnehmer gespeicherten Daten sind somit nicht mehr auf mehrere Abteilungen verstreut, sondern sind zentral gespeichert, unmittelbar abrufbereit und können nahezu beliebig miteinander verknüpft werden.

Das Personal-Datenbank-System

Wichtigster Bestandteil von PAISY ist das Personal-Datenbank-System, das standardmäßig Personalstammdaten, Stellenplan-/Arbeitsplatzstammdaten, Kostenstellenstammdaten und beliebige weitere Stammdatengruppen bereit hält (s. Beleg 9). Die abgebildete Liste der Stammdaten umfaßt 115 Ordnungsnummern. Besonders "sensible" Daten wie physische und psychische Merkmale sowie Leistungsbeurteilungen werden im Rahmen dieses Datensatzes nicht erhoben.

Das Personal-Abrechnungs-System

Das PAISY-Abrechnungssystem bietet alle Funktionen einer traditionellen Finanz- und Lohnbuchhaltung standardisiert an. Zu diesen Funktionen, die die gesamte Entgeltfindung und -abrechnung übernehmen, gehören u.a. (nach: SCHMITZ 1983, S. 10):

- Hochrechnung von Netto auf Brutto
- Abrechnung von Kurzarbeit
- volle Rückrechnungen über beliebige Zeiträume
- Abschlagzahlungen/Sachzahlungen
- Bezug auf mehrere Kalenderjahre
- Berechnung von Ortszuschlägen
- Kindergeld-Ermittlung
- jegliche Arten von Akkordabrechnungen
- bis zu neun Vermögensbildungs-Verträge pro Mitarbeiter
- Erfindervergütungen

Das Informations-System

Das eigentliche Personalinformationssystem "PAISY-INFO" erlaubt die kurzfristige, der jeweiligen Anforderung angepaßte Auswahl, Berechnung, Sortierung und Darstellung beliebiger Daten, die im PAISY-Datenbank-System gespeichert sind (nach der Werbung des Herstellers). Dem Arbeitgeber wird in der PAISY-Systembeschreibung u.a. die Aufnahme folgender Personaldaten empfohlen (vgl. Beleg 9):

1. Informationen zur Person, für die Abrechnung und für die Datenübermittlungsverordnung (DÜVO)

Beleg 9 : STAMMDATENSATZ PAISY (am Beispiel der Firma OPEL AG)

Name
Vorname
Postleitzahl
Wohnort
Ländername bei Auslandsanschriften
Straße
Staatsangehörigkeit (DÜVO-Schlüssel)
Geburtsdatum
Geschlecht
Familenstand
Werk/Gruppe
Stamm-Nr.
Abteilung (alt + neu)
Eintrittsdatum
Betriebszugehörigkeitsdatum
Weihnachtsgratifikationsdatum
Berechtigungsmerkmal für Opel-Al-
tersversorgung/AV-Nummer
Steuerklasse
Anzahl der Kinder (lt. Steuerkarte)
Erlernte Berufe (max.3)
Anlageinstitut f. vermögenswirk-
same Leistungen (VL), soweit nicht
mit lf. Nr. 41-44 identisch
VL-Vertrag-Nr.
Text für Sonderüberweisungen
(im Bedarfsfall)
Urlaubsanspruch - Vorjahr
Urlaubsanspruch - lfd. Jahr
Schwerbehinderten-Urlaub
Anzahl Unterhaltsberechtigte für
maschinelle Pfändungserrechnung
Pfändungsfreibetrag für maschinelle
Pfändungserrechnung
Bruttoentgelt (Std.-Lohn, Gehalt, Aus-
bildungsvergütung u. Zulagen sowie
tarifliche Vermögensbildung)
In der BRD seit (Datum ab)
Daten der Betriebskrankenkasse
- Eintrittsjahr
- Krankenzuschüsse
- Sonstige Angehörige
- Geburtsdatum des Ehepartners
- Vorname des Ehepartners
Kirchensteuerschlüssel
Berlin-Kennzeichen (f. Steuerermäßigung)
Gemeinde (lt. Steuerkarte)
Finanzamt (lt. Steuerkarte)
Steuerfreibetrag (jährlich)
Steuerfreibetrag (monatlich)
Länderschlüssel für Kirchensteuerer-
rechnung
Lohnsteuerjahresausgleichsdurch-
führungsmerkmal (Ja bzw.Nein)

Versicherungsnummer lt. Versicherungs-
nachweisheft
Sozialversicherungsschlüssel für Errech-
nung der Sozial-Beiträge
Krankenschlüssel
Einzugsstelle für Soz.-Vers.-Beiträge
Tätigkeitsschlüssel lt. DÜVO
Merkmal f. Rentner/Rentenantragsteller
lt. DÜVO
Merkmal f. Mehrfachbeschäftigung lt.DÜVO
Wöchentliche Normalarbeitszeit (40 Std.
lt. DÜVO)
Wöchentliche Sonderarbeitszeit lt. DÜVO
Monatliche Sonderarbeitszeit
Tägliche Sonderarbeitszeit
Bankleitzahl   Dienstwagen
Bankname   Daten für ISP
Konto Nr.   Postleitzahl-Nachinde
Name des Kontoinhabers, falls abweichend
lt. Angabe des Mitarbeiters
Überweisungsart, Bankverteilungsweg
Anzahl Kinder und zugehörige Daten
lt. Personalabteilung)
Betriebsrat/Vertrauensmann
Werkswohnung
Merkmal Methoden-Ausbildung
Teilzeit-Beschäftigung
Opel-Fahrerlaubnis
Führerscheinklasse
Richtlinien-Verteiler
Leitende Angestellte (Führungskräfte)
Opel-Level
Urlaubsmerkmal für leitende Angestellte
und Führungskräfte
Zusatzaltersversorgung
Ablauf Probezeit (Datum)
Letzter Wagenkauf
ISAR-Gruppen-Lebensversicherungsschlüs-
sel und Versicherungsnummer
Maschinell errechnete, nichtgesetzliche
Abzüge
- Freiwillige Krankenversicherung (Ange-
stellte
- Kranken-Zuschuß-Kasse
- Gruppenlebensversicherung
- Vermögensbildung
- Gewerkschaftsbeitrag (IG-Metall)
- Parkplatzversicherung
- Freiwillige Rentenversicherung (Ange
stellte)
- Freiwillige Lebensversicherung (Ange-
stellte)
- Dienstwagenversteuerung
- Positions-Index (Budgetkennzeichnung -
Gehalt)

Sachkonto (Buchungskennzeichnung - Gehalt)
Angaben über die Abgabe einer DÜVO-Meldung
IG-Metall-Mitglieds-Nr.
Austritts-Datum
Austritts-Grund
Bundeswehr/Ersatzdienst (max. 7 Zeiten "von - bis")
Befristung (Merkmal, Datum)
Dauernachtschichtvertrag (Datum ab)
Vergütungen der Auszubildenden (max. 7)
- Einsatzdatum
- Gruppe
- Betrag
Gehaltsbestandteile der letzten 5 Gehaltsänderungen
- Einsatzdatum
- Änderungsgrund
- Gehaltsklasse
- Tarifgehalt
- Allgemeine Opel-Zulage
- Opel-Gehalt
- Tarifliche Leistungszulage
- Betriebliche Zulage
- Anrechenbare persönliche Zulage
- Anrechenbare Einstellungszulage
- Verdienstausgleich
- Ausgleichszahlung
- Vertreterzulage
- Erschwerniszulage
- Sprachzulage
- Leistungszulage - Prozentsatz
- Gesamtgehalt
- Stichtag Gehaltsüberwachung
- Bei der letzten Gehaltszusammensetzung alte und neue Leistungsbewertungspunkte
- Leistungszulage - Datum
- Verdienstausgleichsdatum
- Funktionsbereich
Stamm-Nr. des Ehepartners
Sonderberechtigungsdatum (Sonderausweis)
Bildungsurlaub (Datum ab)
Lohnbestandteile für 3 Monate
- Basis A/N
- Lohnart
- Lohnstufe
- LZ/ZA-Punkte
- Zulagen verakkordisierbar
- Zulagen nicht verakkordiesierbar
- Schicht alt

Verwarnungen/Verweise (max. 5, Art und Datum)
Lohnbestandteile der letzten 5 Lohnveränderungen
- Einsatzdatum
- Lohnstufe
- Lohnart
- Leistungszulage
- Erschwerniszulage
- Anrechenbare Zulage
- Kolonnenführer-Zulage
- Dolmetscher-Zulage
- Leistungszulage-Differenzbetrag
- Gesamtlohn
- nicht verakkordisierbare Zulage Rohbauzulage
- nicht verakkordisierbare Zulage Schmiedezulage
- Lohnausgleich
- Gesamt-Punkte der Leistungsbewertung
- Bei der letzten Lohnzusammensetzung alte u.neue Leistungsbewertungspunkte
- mit dazugehörigen Berechnungsfaktoren
- Datum Schwerbehindertenzugang
- Merkmal BVS
- Schwerbehinderten-Merkmal
- Schwerbehinderten-%-Satz
- Mehrfachanrechnung
- Schwerbehinderten Beginn und Befristung
- Bewilligungs-Nr. und
- Bewilligungsamt
- Parkplatz-Nr. (Schwb.-Parkplätze)
- Karenzzeit
- Einschränkung d. WÄD
- Beginn der Einschränkungen
- Schichtschlüssel für Schwb.
- Arbeitshilfen
- Sitzplatz-Nr. Abtl. Arbeitssicherheit
Mutterschaftsurlaub (Beginn und Ende)
2. Wohnsitz (PLZ, Wohnort, Straße)
Tätigkeiten vor Opel (max. 3, Schlüssel und Datum "von - bis")
Tätigkeiten bei Opel (max. 7, Operation/ Position, Datum "ab")
Ausbildung (Beginn-Ende)
Lehrart/Opellehre/Schulbildung
Lehrgänge/Spezialausbildung (max. 3)/ Sprachkenntnisse
Merkmal für Ingenieure/graduierte

2. Informationen zur Einstellung
   - Art der Kontaktaufnahme (Stellenanzeige, Arbeitsamt, Empfehlung)
   - Bewerbungs-, Einstellungs-, Probezeitdaten
   - Kündigungsfristen
   - Interview- bzw. Eignungstestinformationen
   - Hinweise zu Verwendungsmöglichkeiten

3. Informationen zu Ausbildung, Erfahrung, Kenntnissen, Leistungen
   - Schulbildung/Studium
   - Prüfungen (Art und Ergebnisse)
   - ausgeübter Beruf
   - Lehrgänge
   - bisherige Beschäftigungen und Positionen
   - Beurteilungen
   - Austrittsgrund beim Vorarbeitgeber
   - Sprachkenntnisse
   - Führerschein
   - Leistungsmerkmale
   - Ermahnungen
   - Auszeichnungen
   - Aus- und Weiterbildungsplanung

4. Informationen über den internen Einsatz
   - Position von... bis...
   - Vorgesetzter
   - Versetzungsgründe
   - Nebenämter

5. Informationen über den Austritt
   - Austrittsdatum
   - Austrittsgrund
   - Kündigung durch...
   - Zeugnisangaben

PAISY bietet als Bildschirmsystem die Möglichkeit des unmittelbaren Zugriffs auf die Daten sowohl im online- als auch im batch-Betrieb und kann unternehmensspezifisch modifiziert bzw. erweitert werden.

Einführung von PAISY bei der Adam Opel AG

Die Betriebsräte und die Arbeitgeberseite der Adam Opel AG erarbeiteten Entwürfe von Betriebsvereinbarungen. Anfang 1982 wurde die Einigungsstelle des Arbeitsgerichts Frankfurt mit diesem Fall betraut, um über die Mitbestimmungsrechte, die vom Opel-Gesamt-Betriebsrat beansprucht wurden zu beraten. Hauptschwierigkeiten der Verhandlungen waren (nach: MÜLDER 1984, S. 25):

- die technische Kontrollierbarkeit der Hardware (PAISY sollte bei Opel auf einer IBM 5280-Anlage laufen),

- die Abgrenzung zwischen anonym bleibenden und "reanonymisierbaren" Daten,

- die Zulassung sog. "unternehmerischer Vorüberlegungen" (Probeläufe von Alternativen zu Planungszwecken) mit anonymen Personaldaten (Sicherung der Anonymität bei Ausschluß der Kontrolle durch den Betriebsrat),

- die Kontrollierbarkeit von Auswertungsläufen durch den Betriebsrat,

- die Beschränkung von Verknüpfungsmöglichkeiten der PAISY-Daten mit Daten aus anderen Dateien,

- die Auswertung von Kranken- und Fehlzeitendaten.

Die Einigungsstelle kam am 9.7.1982 gegen die Stimmen der Arbeitnehmervertretung zu einem Spruch in Sachen PAISY. Dieser enthält u.a. folgende Punkte (nach: MÜLDER 1984, S. 25 f.):

- Die Verarbeitung der Personaldaten beschränkt sich auf Lohn-/Gehaltsabrechnung, soziale Angelegenheiten, Personalverwaltung, Personalplanung und Zeiterfassung.

- Für Profilvergleiche (d.h. die automatisierte Gegenüberstellung von Eignungsmerkmalen der Arbeitnehmer und Arbeitsplatzanforderungen) und Auftragsverfolgungsverfahren (Termine, Auslastungen, Arbeitsunterbrechungen) wird PAISY nicht eingesetzt.

- Alle mit PAISY zu verarbeitenden personenbezogenen Daten (insgesamt 193 Daten) sind in einem beigefügten Datenkatalog enthalten. Erweiterungen des Datenkatalogs bedürfen der Zustimmung des Gesamtbetriebsrates, es sei denn, die Speicherung hat aufgrund gesetzlicher oder tarifvertraglicher Bestimmungen zu erfolgen.

- Eine Verknüpfung der in der Personaldatenbank gespeicherten Daten mit anderen Datenbeständen des Unternehmens (z.B. Betriebsdatenerfassungssysteme) findet nicht statt.

- Datenläufe zum Zwecke unternehmerischer Vorüberlegungen können ohne vorherige Information des zuständigen Betriebsrates durchgeführt werden. Zu diesem Zweck müssen die Daten allerdings anonym sein, d.h. ohne Personalstammnummer und mindestens auf eine Abteilung mit wenigstens 50 Mitarbeitern bezogen sein.

- Personenbezogene Statistiken, soweit sie nicht gesetzlich oder vertraglich vorgeschrieben sind, bedürfen der Zustimmung des Betriebsrates.

- Abwesenheitsstatistiken (Krankheit und unentschuldigtes Fehlen von Arbeitnehmern) sind ebenfalls nur anonym durchführbar; häufiger erkrankte oder unentschuldigt fehlende Mitarbeiter können unter bestimmten Voraussetzungen auch namentlich ausgedruckt werden.

- Alle Verarbeitungsvorgänge auf dem Zentralrechner sowie auf dem IBM-System 5280 werden protokolliert, mit Ausnahme von Datenläufen zum Zwecke unternehmerischer Vor-Überlegungen.

- Der Datenschutzbeauftragte hat ein unmittelbares Einsichts- und Prüfungsrecht bei allen Verarbeitungsprozeduren.

- Der Betriebsrat erhält die Möglichkeit, sich über die eingesetzten Anwendungsprogramme zu informieren.

- Die betroffenen Mitarbeiter erhalten einmal pro Jahr einen unverschlüsselten

Ausdruck aller über sie gespeicherten Daten.

Trotz der Bestätigung wesentlicher Forderungen der Arbeitnehmerseite wurde der Spruch vom Gesamtbetriebsrat angefochten. Ausschlaggebend hierfür war die Behandlung der Frage nach der Erfassung der Fehlzeiten und deren Verwertung. Danach werden längerfristig erkrankte Arbeitnehmer erfaßt, wenn ihre Fehlquote 66,67 % der durchschnittlichen Fehlquote der Kostenstelle überschreitet; andere Fehlzeiten (z.B. Kurzerkrankungen oder unentschuldigtes Fehlen) werden bei dreimaligem unentschuldigtem Fehlen, viermaliger Erkrankung oder fünfmaligen kombinierten Fehlzeiten (unentschuldigt oder krank) erfaßt.

Nachdem das Arbeitsgericht Darmstadt gegen den Betriebsrat entschieden hatte, brachte das Urteil des Landesarbeitsgerichts vom Juni 1983 eine für den Betriebsrat günstigere Entscheidung. Dabei wurde bestätigt, daß der Betriebsrat bei der Einführung und Anwendung von PIS ein Mitbestimmungsrecht haben muß. Zudem wurden Krankheitsläufe für einzelne Arbeitnehmer weitgehend verboten. Die Kündigung des Einigungsstellenspruchs wurde ebenfalls wirksam. Die Verhandlungen um PAISY bei der Adam Opel AG wurden erneut aufgenommen und dauern derzeit noch an.

Diskussion

Die Auseinandersetzung um PAISY bei der Adam Opel AG hat in der Öffentlichkeit eine breite Resonanz gefunden. Dabei entstand gelegentlich der Eindruck, daß PAISY auch zu dispositiven Zwecken eingesetzt wird. Verstärkt wurde diese Einschätzung dadurch, daß PAISY im Fernsehen einmal im Zusammenhang mit der AEG-Sanierung als Instrument genannt wurde, das zur gezielten Personalselektion eingesetzt werde (ZDF, Frühjahr 1983), zum anderen von den Vereinigten Aluminium Werken als geeignetes Mittel für einen gezielten Personalabbau bezeichnet wurde (WDR III, 3.3.1983 - beide Angaben zur Sendezeit sind aus ORTMANN 1984, S. 32 übernommen).

Betrachtet man allerdings die personalwirtschaftlichen Bereiche in denen PAISY in der betrieblichen Praxis derzeit eingesetzt wird, so stellt man fest, daß PAISY überwiegend zur Lohn- und Gehaltsabrechnung sowie für die allgemeine Personalverwaltung (z.B. Weitergabe von Personaldaten an Externe aufgrund gesetzlicher Verordnungen) genutzt wird (auch von gewerkschaftseigenen Unternehmen wie z.B. der Bank für Gemeinwirtschaft oder der Volksfürsorge). Eine totale Überwachung findet mit Hilfe von PAISY nicht statt; u.a. vermutlich deshalb, weil PAISY im Vergleich zu anderen Systemen (z.B. IPAS oder diversen Eigenentwicklungen von Großunternehmen) nicht die nötigen Kapazitäten dazu besitzt.

In einer (nicht repräsentativen) Erhebung von PAISY-Anwendern, die über Anwendungserfahrung verfügten (n = 96), wurde von ORTMANN (1984) u.a. nach der Nutzung von PAISY in der betrieblichen Praxis gefragt. Die wichtigsten Ergebnisse dazu sind in Tab. 35 dargestellt. Zusammenfassend lassen diese Ergebnisse folgende Schlußfolgerungen zu (nach: ORTMANN 1984, S. 34 f.):

- die dominierende Rolle der Personalabrechnung und -administration wird nachdrücklich bestätigt;

- in der Rangliste der Nutzungsarten folgen mit Prozentsätzen um 30 % vier Funktionen, die alle im Bereich der Personalkontrolle und der Personalplanung liegen: Fluktuationsstatistik, Fehlzeitenstatistik, Statistische Zeit- und Kostenkontrolle und Personalkostenplanung;

Tab. 35: Realisierte und geplante Nutzungen von PAISY (aus: ORTMANN 1984, S. 35)

Nutzungsart	Nutzung realisiert	Nutzung geplant	realisierte plus geplante Nutzungen
Lohn- und Gehaltsabrechnung	98 %	2 %	100 %
Allgemeine Personalverwaltung	70 %	8 %	78 %
Fluktuationsstatistik	36 %	20 %	56 %
Fehlzeitenstatistik	31 %	23 %	54 %
Statistische Zeit- und Kostenkontrolle	28 %	13 %	42 %
Personalkostenplanung	27 %	16 %	43 %
Leistungsbewertung und -beurteilung	16 %	4 %	20 %
Terminüberwachung	15 %	5 %	20 %
Aufstellen von Stellenbesetzungsplänen	9 %	19 %	28 %
Kantinenabrechnung	7 %	8 %	15 %
Leistungskontrolle	5 %	1 %	6 %
Personalbedarfsplanung	4 %	18 %	22 %
Personalabbauplanung	4 %	4 %	8 %
Komm- und Gehzeiterfassung	3 %	18 %	21 %
Personaleinsatzplanung	3 %	14 %	17 %
Erstellen eines Fähigkeitsprofils für Arbeitnehmer	2 %	9 %	11 %
Erstellen eines Anforderungsprofils für Arbeitsplätze	1 %	9 %	10 %
Durchführung eines Profilabgleichs	-	7 %	7 %
Personal- (Bewerber-)Auswahl	-	4 %	4 %
Betriebsjustiz	-	-	-

- betrachtet man die noch nicht realisierten, aber angestrebten Nutzungen, so stellt man fest, daß der Trend eindeutig in Richtung dispositiver Funktionen mit Schwerpunkt auf Kontroll- und Planungsfunktionen geht.

Allgemein ist zu vermuten, daß durch die Auseinandersetzungen bei der Einführung und dem Betrieb von PIS in deutschen Großunternehmen (PAISY, ISA) eine Signalwirkung ausgegangen ist. Gewerkschaften und Arbeitnehmervertreter sind "hellhörig" geworden und ihre Bereitschaft zum Widerstand gegen PIS ist gewachsen. Zur Vermeidung langwieriger Auseinandersetzungen müssen diese Entwicklungen bei der Konzeption künftiger PIS mit in die Planungsüberlegungen einbezogen werden.

3.9.5. Der Nutzen von PIS für das Unternehmen

Informationen über einzelne Arbeitnehmer werden auch ohne Computer vom Unternehmen gesammelt (z.B. Personalakte, Personalbeurteilung, Unterlagen von Vorgesetzten, Diagnosen des Betriebsarztes). Ein großer Teil dieser Informationen muß aufgrund von gesetzlichen Vorschriften vom Arbeitgeber erhoben, dokumentiert und weitergegeben werden (s. die Klagen vieler kleiner Unternehmen über den - unbezahlten - Statistikaufwand für den Staat. Ein Vergleich aller Personalakten unter spezifischen Fragestellungen ist ohne die Hilfe der EDV sehr zeit- und kostenintensiv (Vergleiche von Leistung bzw. Fehlzeiten zwischen verschiedenen Abteilungen, Werken usw.). Der Einsatz computerunterstützter PIS soll für das Unternehmen (den Ankündigungen vieler Systemanbieter zufolge) v.a. folgende Vorteile beinhalten:

- Eine fast unbegrenzte kostengünstige Speicherkapazität wird geschaffen, die eine Vervielfachung der Anzahl gesammelter Daten erlaubt;

- durch sehr kurze Verarbeitungszeiten auch komplizierter Programme wird die Durchführung von Vergleichen und Berechnungen erleichtert;

- mehr und schnellere Möglichkeiten der Verknüpfung von Personalinformationen (z.B. Simulationen) oder von PIS mit anderen Datensystemen (z.B. Betriebsdatenerfassungssystem; Telefondaten-Überwachungssystem) werden ebenso ermöglicht wie

- jahrzehntelange Speicherung von Daten in der Datenbank und

- Speicherung aller Daten in einer zentralen Datenbank, bei dezentraler Datenerfassung und -ausgabe.

Die Vorteile von PIS für das Unternehmen werden sowohl auf der quantitativen als auch auf der qualitativen Ebene gesehen. Zum einen wird argumentiert, daß die betriebsinterne Planung verbessert werden kann durch schnellere Verfügbarkeit von Informationen über Arbeitnehmer. Dem entsprechen die Definitionen, die PIS als "schnellere Personalakten" bezeichnen. Andererseits wird durch die nahezu unbegrenzten Verknüpfungsmöglichkeiten von Daten eine neue Qualität in der Bewältigung personalwirtschaftlicher Aufgaben geschaffen.

Die Beurteilung der Leistungsfähigkeit eines PIS nach dem Prinzip der einfachen Informationsmaximierung genügt jedoch nicht. Nach WEIERMAIR (1979, S. 329 f.) sollte vielmehr die Frage nach der Wirtschaftlichkeit hinsichtlich der Schaffung und Erhaltung von Personaldaten bei der Diskussion des (ökonomischen) Nutzens eines PIS im Mittelpunkt stehen. Zur Quantifizierung der Wirtschaftlichkeit eines PIS kann eine Kosten-Nutzen-Analyse durchgeführt werden. Folgende allgemeine Kosten- und Nutzenelemente können dabei berücksichtigt werden (nach: WEIERMAIR 1979, S. 330):

Kostenelemente gegliedert nach Aktivitäten und Entwicklungsphase

Planungsphase:

- Personalkosten der Planung und Konzipierung von PIS-Alternativen
- Beratungskosten im Falle des Einsatzes außerbetrieblicher Planungsexperten

Realisationsphase:

- Personalkosten für die Inbetriebnahme des PIS durch Systempersonal (Datenvorbereitung, Software-Entwicklung etc.)
- Personalkosten für die Ein- und Umschulung von Mitarbeitern
- Sachmittelkosten für die Hardware-Einheiten (Kauf bzw. Miete)
- Raumkosten für PIS-System
- andere Sachmittelkosten (z.B. neue Telefonanschlüsse, Rohrpoststellen und dergleichen)

Betriebsphase:

- Personalkosten für Aktualisierung und Wartung des PIS
- Personalkosten der Informationsgewinnung
- laufende Sachmittelbetriebskosten (Maschinenkosten, Mietkosten, Büromaterial, Bänder, Karten etc.)

Nutzenelemente gegliedert nach dem Einsatzbereich von PIS

Personalverwaltung:

- Personaleinsparung durch Automatisierung der Personalkartei, der Lohn- und Gehaltsabrechnung bzw. anderer Personalverwaltungseinheiten
- Verringerung von Fehlerhäufigkeiten bei der Erstellung von Personalstatistiken, Lohn- und Gehaltsverrechnungen sowie ganz allgemein bei der Speicherung und Übertragung von Personaldaten jeglicher Art
- größere Konsistenz verschiedener Personalinformationen untereinander (so können beispielsweise durch entsprechende Systemdesigns Datenzusammenhänge zwischen verschiedenen Funktionsbereichen der Personalverwaltung sowie zwischen der Personalverwaltung und anderen betrieblichen Funktionsbereichen hergestellt werden)
- Zeitersparnis der Informationsgewinnung
- schnellerer Datenzugriff und schnellere Datenverarbeitung bei unregelmäßig anfallendem Datenbedarf (z.B. zusätzliche Personalinformationen bei Kollektivverhandlungen, Sonderberichte etc.)
- bessere Wahrung der Vertraulichkeit

Personalplanung:

- Personaleinsparungen in der Erstellung der betrieblichen Arbeitskräfteplanung
- Einschränkung der Fehlerwahrscheinlichkeit in der Erstellung von Personalplänen
- erweiterter und verbesserter Informationsfluß für Planungszwecke aufgrund

größerer Datenkonsistenz
- Ermöglicherung schnellerer Personalentscheidungen
- schnelleres Aufzeigen lang- und kurzfristiger Trends im Personalbereich

Personalkontrolle:

- Möglichkeiten einer schnelleren und genaueren Abweichungskontrolle in bezug auf Leistung und Personalfluß.

Bei einer objektivierenden Gegenüberstellung von Kosten und Nutzen eines PIS wie der von WEIERMAIR sind die Kosten im allgemeinen leichter erfaßbar und zurechenbar als die Nutzen. Gründe für Probleme der Wirtschaftlichkeitsberechnung von PIS sind nach WEIERMAIR (1979, S. 329):

- Schwierigkeiten bei der Quantifizierung einzelner Nutzenselemente (z.B. wie hoch sind etwa schnellere Personalentscheidungen oder eine bessere soziale Betreuung von Mitarbeitern zu veranschlagen?)

- Nichtzurechenbarkeit einzelner Kosten- und Nutzenelemente aufgrund eines mangelnden Zusammenhangs dieser Größen mit den betrieblichen Einnahmen und Erlösen (z.B. inwieweit läßt sich ein verbesserter Personalfluß auf die Existenz eines PIS zurückführen und mit welchem Wert wäre dies zu beziffern, wie hoch sollen die Opportunitätskosten für die Einschulung von PIS-Bedienern veranschlagt werden und über welchen Zeitraum wären solche Humaninvestitionen abzuschreiben und dergleichen mehr?)

- die Abwesenheit von Erlösen bzw. der Wegfall des Gewinnmaximierungsprinzips, wie dies etwa bei vielen öffentlich-rechtlichen Körperschaften der Fall ist, werden das Wirtschaftlichkeitskalkül zusätzlich dadurch erschweren, daß keine Bewertung der erbrachten Produkte und Dienstleistungen vorliegt.

Neben den "objektiven" Faktoren einer Kosten-Nutzen-Analyse müssen auch solche berücksichtigt werden, die noch schwieriger zu quantifizieren sind und doch eine wichtige Rolle bei Wirtschaftlichkeitsbetrachtungen im Zusammenhang mit PIS spielen (z.B. Mißtrauen der Belegschaft; Klima der Unfreiheit; Anonymität der Kommunikation; innerer Rückzug; geringere Identifikation mit dem Unternehmen). Das Funktionieren des Unternehmens ist zwar auf der einen Seite dadurch sichergestellt, daß "von oben" strukturiert, geplant, geregelt, überwacht und kontrolliert wird, zum anderen aber auch dadurch, daß die Arbeitnehmer "immer schon mehr tun, als 'unternehmensamtlich' geplant und planbar ist" (ORTMANN 1984, S. 70). Der einzelne Arbeitnehmer ist nicht nur "Opfer" von starren Planungen und Regelungen, sondern er ist auch ein "Täter", der seinen Handlungsspielraum aktiv nutzt.

Am Beispiel des "Vorderwassers" zeigt ORTMANN (1984, S. 66), daß die "objektiven" Erfordernisse des Produktionsprozesses der (subjektiven) Ergänzungshilfe des Menschen bedürfen: Akkordarbeiter sind aufgrund des routinierten Umgangs mit Akkordsystemen, Arbeitsvorgängen und Maschinen in der Lage sich ein Akkordpolster (Vorderwasser) zu schaffen. Es kommt zustande durch unabgerechnete Akkordscheine, die erst später, wenn die Arbeit aus persönlichen oder betrieblichen Gründen langsamer vorangegangen ist, zur Abrechnung vorgelegt werden. Ungünstige Akkorde können auf diese Weise mit günstigen ausgeglichen werden. Die verzögerte Abrechnung ermöglicht eine, wenn auch bescheidene individuelle Zeiteinteilung und Tempobestimmung bei der Arbeit. Dieser Spielraum ist dann in Gefahr, wenn die Betriebsdatenerfassung in Echtzeitverarbeitung stattfindet und die Aufträge sofort abgerechnet werden.

Weitere Störgrößen neben dem Problem der Objektivierbarkeit des Nutzens bei der Ermittlung der Wirtschaftlichkeit eines EDV-Projekts nennt KALTENHÄUSER (1976, zit. nach: ORTMANN 1984, S. 79 f.):

"Gründe für das Mißlingen von Projekten elektronischer Datenverarbeitung gibt es viele. Ohne auf diese im einzelnen einzugehen, scheint der hauptsächliche Grund der zu sein, daß Investitionen in elektronische Datenverarbeitungsverfahren keiner detaillierten Wirtschaftlichkeitsrechnung unterzogen werden, wie es bei anderen - konkurrierenden - betrieblichen Investitionen als selbstverständlich angesehen wird. Die fehlende rechnerische Durchleuchtung ist um so unverständlicher, als Investitionen in elektronische Datenverarbeitungsverfahren beträchtliche Mittel in Anspruch nehmen; sie machen nicht selten 10 % des gesamten Investitionsbudgets aus. Was aber sind die Gründe dafür, daß Wirtschaftlichkeitsrechnungen nicht oder nur sehr oberflächlich durchgeführt wurden und noch werden?
Einmal ist auf das Phänomen hinzuweisen, daß elektronische Datenverarbeitungsverfahren nach wie vor als Prestige-Objekte begriffen werden, die keiner rechnerischen Rechtfertigung bedürfen, sondern für die einzig und allein der bloße Wunsch oberer Führungsorgane nach solchen Verfahren ausschlaggebend ist. Dabei fällt auf, daß es in jüngster Zeit nicht mehr wie früher die oberste Unternehmensebene ist, die eine solche Mentalität an den Tag legt, sondern diese sich auf die zweite Ebene zu verlagern scheint.
Ein weiterer Grund - eng mit dem soeben skizzierten verbunden - für die Nichtdurchführung von Wirtschaftlichkeitsrechnungen ist der, daß das für die Lenkung und Kontrolle zuständige Subsystem, das Informationssystem also, als Investor sich quasi selbst auf seine Wirtschaftlichkeit hin untersuchen müßte. Die Erfahrung aber hat gezeigt, daß Lenkungs- bzw. Kontrollorgane sich nur sehr bedingt selbst zu kontrollieren in der Lage sind.
Diese beiden wenig sachbezogenen Gründe werden aber drittens dadurch ergänzt, daß Wirtschaftlichkeitsrechnungen für Investitionen in elektronische Datenverarbeitungsverfahren vor teilweise enormen Bewertungsschwierigkeiten stehen. Diese nicht zu leugnenden Schwierigkeiten werden jedoch häufig von den Entscheidungsträgern dazu mißbraucht, Wirtschaftlichkeitskalküle überhaupt abzulehnen."

Zu ergänzen wäre dieser Katalog von Entscheidungskriterien noch durch eine weitere Überlegung: bei der Ermittlung der Wirtschaftlichkeit eines PIS entsteht durch die Anschaffung ein Rechtfertigungsdruck, der zu einer nachträglichen Rationalisierung der Entscheidung führt indem man ein Gefühl von "Objektivität" erzeugt. Die Beurteilung des Nutzens eines PIS für ein Unternehmen kann somit nicht (ausschließlich) anhand "objektiver" Kriterien erfolgen, sondern ist in hohem Maße von subjektiven Einschätzungen abhängig.

Die Ergebnisse von empirischen Untersuchungen über die Realisierung von Management-Informationssystemen haben gezeigt, daß "trotz erfolgter, wenn auch sehr grober Kosten-Nutzen-Analyse, abweichend von der Planung mit der Aufbauphase ca. 4 Monate früher und bis zu 18 (durchschnittlich 8) Monate später begonnen wurde. Die bei der Kosten-Nutzen-Analyse angenommene Realisierungszeit wurde zwischen ca. 20 % unter- und 60 % (durchschnittlich 30 %) im Einzelfall überschritten. Die Kosten wurden in der Aufbauphase bis zu 30 % unter- und bis zu 80 % (durchschnittlich 50 %) im Einzelfall überschritten. Der in der Planungsphase geschätzte monetäre Nutzen wurde in der Betriebsphase - soweit schon absehbar - im Einzelfall um 20 % überschritten und bis zu 80 % unterschritten,

Die Betriebskosten wurden hier durchschnittlich um 20 % überschritten" (DOMSCH 1979a, S. 339f.).

Wenn aber der ökonomische Nutzen eines PIS nur schwer zu bestimmenn ist, warum nimmt dann die Anzahl der in der Praxis eingesetzten PIS rapide zu? Mit Prestigedenken, begrenzten Informationen, beschränkter Vernunft usw. allein kann dieses Phänomen nicht erklärt werden. Der enorme Bedarf an Informationsverarbeitungskapazität läßt häufig die Frage danach, ob ein PIS angeschafft werden soll, gegenüber dem Wie bzw. Welches System in den Hintergrund treten. Ohne Computer ist die moderne (Personal-)Informationswirtschaft in Zukunft nicht zuletzt wegen der externen Datenanforderungen (z.B. für die öffentlichen Hände) kaum zu bewältigen. Hinter diesen Annahmen steckt meist die (implizite) Hypothese, daß erst ein Bedarf an Informationen vorliegt, der dann mit Hilfe moderner Informationsverarbeitungstechnologien befriedigt werden kann. ORTMANN (1984) vertritt eher die gegenteilige Auffassung: der große Bedarf an Informationen und Informationsverarbeitung ist erst das Produkt der Existenz von Computern und ihren gewaltigen Verarbeitungsmöglichkeiten:

"... zahllose Rechtsvorschriften, tarifvertragliche Bestimmungen und Betriebsvereinbarungen, in denen die Materie der Personalabrechnung so ungeheuer kompliziert wird, gäbe es gar nicht oder nicht so, wenn sie nicht in dem Geist bedacht und konstruiert worden wären 'der Computer macht das schon'. Dem bargaining um Gesetze, Tarife etc. wohnt bekanntlich eine starke Tendenz zur Ausdifferenzierung der Verhandlungsergebnisse inne, weil so Kompromißbildungen erleichtert werden. Der Computer ermöglicht und verlockt zu viel mehr Differenzierung (gleich Komplizierung, gleich Erhöhung des Informationsverarbeitungsaufwandes) als ohne ihn denkbar war. Aber dieses Moment des Prozesses erlischt im Resultat, dem riesigen Datenanfall, was dann die Notwendigkeit automatisierter Datenverarbeitung absolut zu setzen scheint.... So erzeugt der Computer selbst seine eigene Notwendigkeit" (S. 98 f.).

Eine Folge dieser Entwicklung besteht darin, daß die Realität immer mehr so gestaltet wird, daß auftauchende Probleme technisch gelöst werden können. Wenn aber Technik als die Vergegenständlichung menschlicher Wünsche, Ziele usw. aufgefaßt werden kann, dann ist nicht die Technik das Problem, sondern der Mensch selbst (vgl. BAMME u.a. 1983, S. 109 f.).

3.9.6. Entwicklungsstand und Einsatz von PIS in der betrieblichen Praxis

Vor den Konsequenzen, die sich aus dem Einsatz von PIS für die betroffenen Arbeitnehmer ergeben, soll zunächst untersucht werden, wie verbreitet PIS sind und welche personalpolitischen Aufgaben primär mit Hilfe von PIS bewältigt werden.
Eine derartige Analyse wird dadurch erschwert, daß nur sehr wenige empirische Untersuchungen zu diesem Thema vorliegen und in den meisten Veröffentlichungen eher Einzelfälle exemplarisch aufgeführt werden.

Die folgenden Ausführungen stützen sich v.a. auf die von KILIAN (1981) in den Jahren von 1977 bis 1978 durchgeführte standardisierte Vollerhebung (Interview auf der Grundlage eines Fragebogens mit 229 Fragen) in den 220 umsatzstärksten deutschen Industriebetrieben (ausgenommen Banken und Versicherungsunternehmen) und auf die Ergebnisse einer explorativen Untersuchung zur "organisatorischen Implementierung" von PIS (MÜLDER 1984). Bevor auf einzelne Ergebnisse dieser Untersuchungen eingegangen wird, soll darauf aufmerksam gemacht werden, daß die Befragungen von KILIAN zu einer Zeit durchgeführt worden sind, in der noch eine

Euphorie bezüglich der Möglichkeiten (z.B. Profilabgleich) eines PIS herrschte und in der die Auskunftsbereitschaft der Unternehmen zu existierenden PIS-Praktiken erheblich größer gewesen sein dürfte. Mittlerweile ist u.a. durch gewerkschaftlichen Widerstand und durch die ausführliche Diskussion zur "Volkszählung" mit einer stärkeren öffentlichen Sensibilität in der "Datenfrage" und mit einer größeren Bereitschaft der Belegschaft zu aversiven Reaktionen zu rechnen. Als Ergebnis dieser Entwicklung dürfte bei vielen Unternehmen eine zurückhaltendere Informationspolitik im Zusammenhang mit PIS betrieben werden.

Die Generalisierung bzw. die zeitliche Übertragbarkeit der Ergebnisse KILIANs ist dadurch eingeschränkt, daß von den 220 befragten Unternehmen 114 über kein PIS verfügten und 39 ihre Teilnahme mehr oder minder begründet verweigerten (die von KILIAN genannten %-Angaben beziehen sich somit lediglich auf 67 Unternehmen). ORTMANN (1984) hat bei seiner Befragung festgestellt, daß sich die Anzahl der Installationen von PAISY von 1980 (150 Installationen) bis zum Frühjahr 1983 (425 Installationen) nahezu verdreifacht hat (S. 31). Obwohl PAISY das am weitesten verbreitete PIS ist und in der ORTMANN-Untersuchung nicht nur Großunternehmen erfaßt wurden (s. Tab. 36), liegt die Schlußfolgerung nahe, daß in den letzten Jahren (zwischen 1980 und 1984) die Anzahl der Installationen von PIS erheblich zugenommen hat. Angesichts dieser Entwicklung wäre es aber gerade wichtig, Informationen über die Auswirkungen des Einsatzes von PIS in Mittel- oder Kleinbetrieben zu erhalten, da diese sowohl quantitativ als auch qualitativ eine besondere Rolle spielen; so schätzt etwa ORTMANN (1984, S. 30) die Anzahl der Firmen, die PAISY entweder selbst betreiben oder indirekt über Rechenzentren oder Unternehmensberatungen PAISY nutzen, auf ca. 5.000, was einer Beschäftigtenzahl von etwa 2 Millionen entspricht; zudem wird von manchen Autoren (z.B. BLUME 1984) angenommen, daß die Auswirkungen von PIS auf die betroffenen Arbeitnehmer in kleineren Betrieben wegen der wenig ausgeprägten Mitbestimmung bzw. Bürokratie besonders beängstigend sind (S. 68).

Tab. 36: Beschäftigtenzahl der PAISY-Anwender (aus: ORTMANN 1984, S. 34)

Beschäftigte	Zahl der Betriebe	in % gerundet
bis 500	9	9
501 - 1000	14	15
1001 - 2000	28	29
2001 - 5000	31	32
über 5000	14	15
Summe	96	100

Obwohl in kleineren Betrieben PIS fast ausschließlich für Abrechnungs- und Verwaltungsfunktionen eingesetzt werden, können durch geschickte Auswertungen dieser "asketischen" Datenbestände (BLUME 1984) - ähnlich wie in Großbetrieben Schlußfolgerungen gezogen werden, die u.U. sehr weitreichende Konsequenzen für die betroffenen Arbeitnehmer haben können (s. Beleg 10). Ein sehr anschauliches Beispiel hierfür ist der "Fall Werksbus", der in vielen Veröffentlichungen zu PIS auftaucht (dessen Authentizität jedoch nicht eindeutig geklärt ist):

Beleg 10:   aus: HENSS u.a. 1983, S. 26

"In einem Betrieb in Nordbayern wurde festgestellt, daß im Vergleich zu betriebswirtschaftlichen Richtlinien die Belegschaft überaltert und der Anteil der Frauen zu hoch war. Der Betrieb beschloß das zu ändern. Da Kündigungen nicht möglich waren - sie wären vom Arbeitsgericht höchstwahrscheinlich als unbegründet aufgehoben worden - suchte man nach einem anderen Ausweg. Mit Hilfe des Personalinformationssystems stellte man fest, daß die älteren Frauen schwerpunktmäßig außerhalb der Stadt wohnhaft waren. Daraufhin beschloß die Betriebsleitung, den Betriebsbus stillzulegen, der diese Frauen jeden Tag abgeholt hatte, wobei sie vorgab, der Bus rentiere sich nicht mehr. Da kein öffentliches Verkehrsmittel vorhanden war und ein Umzug nicht in Frage kam, mußten die Frauen von sich aus die Stelle kündigen. Für den Betrieb war das Problem damit gelöst".

Über den Entwicklungsstand der in der KILIAN-Studie erfaßten PIS gibt die Tab. 37 Auskunft, in welcher alle vorhandenen und geplanten Personal-Funktionen, die automatisiert ausgeführt wurden, zusammengestellt sind. Ähnlich wie in den Befragungen von ORTMANN (1984) und MÜLDER (1984) - siehe Tab. 39 - wurden PIS überwiegend zur Lohn- und Gehaltsabrechnung, sowie zur Erstellung von Personalstatistiken (s. Beleg 11) eingesetzt. Der vor allem im Vergleich zur Untersuchung von ORTMANN (s. Tab. 35) hohe Realisierungsgrad von Personalplanungsfunktionen (wie z.B. Stellenbesetzungsplanung; Leistungsbeurteilung; Personalbedarfsplanung) bei KILIAN kommt vermutlich deshalb zustande, weil ORTMANN nur Firmen befragt hat, die PAISY benutzen. PAISY galt aber bisher primär als Lohn- und Gehaltsabrechnungssystem bzw. als System zur Bearbeitung allgemeiner Personalverwaltungsaufgaben. Bei der Interpretation der jeweiligen Prozentangaben ist darauf zu achten, daß etwa die Hälfte der Unternehmen begonnen hatte, Bereiche der Personalplanung so zu automatisieren, daß neben dem Ordnen und Auswerten von Personal-Daten nach bestimmten Kriterien auch Planungsmethoden bzw. Planungsalgorithmen einbezogen wurden (s. KILIAN 1981, S. 42). Trotzdem haben bereits in den Jahren 1978/1979 mehr als die Hälfte der befragten Unternehmen Leistungsbewertungen und Leistungsbeurteilungen gespeichert; ca. 20 % der Unternehmen haben den Personaleinsatz durch den Abgleich von Anforderungs- und Fähigkeitsprofilen gesteuert. Interessant in diesem Zusammenhang ist die Frage, aus welchen Quellen die im PIS enthaltenen Daten bezogen werden. Von den intern zur Verfügung stehenden Datenquellen wurde von allen Unternehmen (100 % - Mehrfachnennungen waren möglich) auf Personalfragebögen zurückgegriffen. An zweiter Stelle (58,2 %) folgten die Beurteilungen durch den Vorgesetzten. Die Prozentwerte für die übrigen Datenquellen lauten (nach KILIAN 1981, S. 62):

- Tests   9,0 %
- Angaben des Werkschutzes   3,0 %

Tab. 37 : Funktionen von Personalinformationssystemen (aus: KILIAN 1981, S. 43 f.)

Nr.	Funktion	Relative Häufigkeit	
		existent	geplant
1.	Allgemeine Personalverwaltung	85,1	-
2.	Aktenführung, Fortschreibung der Personalstammblätter	85,1	3,0
3.	Stat. Zeit- und Kostenkontrolle	85,1	4,5
4.	Lohn- und Gehaltsabrechnung	98,5	-
5.	Terminüberwachung	64,2	6,0
6.	Leistungsabrechnung	70,1	1,5
7.	Urlaubsermittlung (Fortschreibung)	94,0	4,5
8.	Bescheinigungen (z.B. Wohngeld)	59,7	7,5
9.	Auswahl eines geeigneten Arbeit-nehmers für einen Arbeitsplatz	40,3	14,9
10.	Auswahl eines geeigneten Arbeits-platzes für einen Arbeitnehmer	22,4	13,4
11.	Erstellen eines Anforderungsprofils	19,4	16,4
12.	Erstellen eines Fähigkeitsprofils	23,9	20,9
13.	Leistungsbewertung und Leistungs-beurteilung	55,2	11,9
14.	Individuelles Entwicklungsmodell	6,0	4,5
15.	Personaleinsatz mit Zuordnung auf Arbeitsplätze	34,3	6,0
16.	Personaleinsatz durch Abgleich von Anforderungs- und Fähigkeitsprofilen	19,4	13,4
17.	Aufstellen von Stellenbesetzungsplänen	46,3	11,9
18.	Personalbedarfsplanung	34,3	11,9
19.	Arbeitsmarktforschung	--	3,0
20.	Personal- (Bewerber-)Auswahl	11,9	7,5
21.	Personalförderung, indiv.	22,4	4,5
22.	Planung des Bildungsbedarfs	16,4	9,0
23.	Betriebliche Berufsausbildung	31,3	16,4
24.	Betriebliche Laufbahnplanung	7,5	3,0
25.	Erstellen des Freistellungsplanes	19,4	1,5
26.	Bestimmung des Freistellungsplanes	7,5	3,0
27.	Abgleich des Freistellungsplanes mit Ver-setzungsanregungen, Beschaffungsbedarf	7,5	3,0
28.	Planung der Sozialleistungen	35,8	9,0

29.	Lohn- und Gehaltsfindung	53,7	11,9
30.	Ermittlung der Leistungszulage	49,3	6,0
31.	Personal-Kostenplanung	73,1	9,0
32.	Darlehen und Beihilfen	52,2	4,5
33.	Abwicklung der Altersversorgung	92,5	1,5
34.	Betriebliches Vorschlagswesen	22,4	4,5
35.	Werksverkäufe	46,3	3,0
36.	Sozialbetreuung	43,3	3,0
37.	PI-Statistik der wichtigsten Personaldaten (nach verschiedenen Gesichtspunkten erstellt)	94,0	4,5
38.	Fehlzeitenstatistik	94,0	4,5
39.	Bestands-, Fluktuationsstatistik	94,0	3,0
40.	Altersaufbau, Betriebszugehörigkeit	98,5	1,5
41.	Statistik über Leistungsbewertung	59,7	3,0
42.	Sonderstatistiken	95,5	1,5
43.	Unfallstatistik	65,7	7,5
44.	Überstundenstatistik	86,6	10,4
45.	Durchschnittsbezügestatistik	71,6	10,4

- Angabe über Inanspruchnahme von betrieblichen
  Einrichtungen (Kantine, Sport, freiwillige Wei-
  terbildung)   46,3 %
- Angaben des Betriebsarztes   32,8 %
- Angaben der Betriebskrankenkasse   38,8 %
- Angaben des Betriebsrates   10,4 %

Bei 25,4 % der befragten Unternehmen erfolgten die Essensabrechnung und die Ab-
buchungen der Kantine computergestützt mit Zugriff auf die Personaldatei.

Von den externen Informationsquellen spielen gerichtliche Pfändungen von Lohn-
und Gehaltszahlungen, sowie Erklärungen des Arbeitgebers, daß er diese Zahlungen direkt an den Gläubiger leisten werde, mit Abstand die wichtigste Rolle
(70,1 %). Auskünfte von früheren Arbeitgebern, Verbänden und Auskunfteien kommen dagegen nach Auskunft der Unternehmen kaum vor (s. KILIAN 1981, S. 64).

Das Ausmaß bzw. die Vielfalt von Verknüpfungsmöglichkeiten interner Datenquellen zeigt sich u.a. darin, welche anderen betrieblichen Aufgaben computerunter-
stützt erfüllt und als Informationsquellen für das PIS genutzt werden. Das Ausmaß der Verkoppelung von computergestützten betrieblichen Teil-Informationssy-
stemen geht aus Tab. 38 hervor.

Beleg 11: Datenverwaltung der Fehlzeiten im Dialogverfahren
(aus: ORTMANN 1984, S. 23 f.)

Der Personalsachbearbeiter am Bildschirm tippt die Transaktion "Fehlzeit" (mit Verschlüsselung) ein und wählt über die Personalnummer den gewünschten Mitarbeiter. Der Bildschirm zeigt ihm eine Übersicht über vorhandene Fehlzeiten des Mitarbeiters.

```
P140 IP 1401        - Fehlzeiten -        22.07.82   15:50:05
*****************************************  Behrens
    Abr.Kr        Name    Revision                   P 32
    Pers.Nr.000007 Vorname Acht    Abteilung BPV-H
-------------------------------------------------------------------

                    Vorhandene Fehlzeiten
.............................................................................

LNR  Art der Fehlzeit  WNR  von - bis  Bez./Ba unbez.ab Fig Kig Bel.Nr.

01 01 Tarifurlaub lfd.Jah  06.07.81 15.07.81 J 4410     008 010 00560356
02 40 Krankheit            25.06.81 05.07.81 J 4510     011 011 00560356
03 01 Tarifurlaub lfd.Jah  01.06.81 24.06.81 J 4410     016 024 00560354
04 40 Krankheit            21.06.80 23.06.80 J 4510     004 004 00104417
05 60 Unentschuld.Fehlz.   18.06.80 19.06.80 N 4904     002 002 00104416

.............................................................................
                 Änd./Anzg. Lfd.Nummer 02
                 oder Neuaufnahme Fehlzeit -
    **********************************************************************
      JK J AC
```

Der Sachbearbeiter kann nun neue Fehlzeiten eingeben oder bestehende korrigieren. Automatisch werden entsprechende Vergütungen veranlaßt oder - bei Korrekturen - notwendige Rückrechnungen vorgenommen, in denen alte Abrechnungen, aber auch Urlaubsansprüche etc. korrigiert werden. Die Liste der Fehlzeiten wird in der Regel erheblich weiter zurückreichen als dessen eigene Erinnerung. Sie kann auch ausgedruckt werden etwa in Form einer Halbjahresübersicht. Hinsichtlich der Fehlzeiten haben wir also vollständige Transparenz für das zurückliegende Arbeitsjahr oder, technisch kein Problem, das ganze zurückliegende Arbeitsleben eines Mitarbeiters in diesem Unternehmen.

Tab. 38: Verknüpfungsmöglichkeiten interner Datenquellen (aus: KILIAN 1981, S.63)

Von welchen innerbetrieblichen automatisierten Systemen werden Daten auf direktem Weg in das Personalinformationssystem eingegeben oder übertragen? (Frage 35; Mehrfachnennungen waren möglich)	
1. Arbeitszeiterfassungssystem	35,8 %
2. Betriebsdatenerfassungssystem	22,4 %
3. Andere Arbeitsablaufüberwachungssysteme	-
4. Telefonüberwachungssystem	11,9 %
5. Keine anderen Systeme	31,3 %
6. Keine Angabe	4,5 %

Diese Tabelle spricht für sich und soll hier nicht im einzelnen kommentiert werden. Zusammenfassend kann festgestellt werden, daß Daten von einigen Teilsystemen (z.B. Arbeitszeiterfassung, Telefonüberwachung) in erheblichem Umfang direkt in das PIS eingehen. Etwa 20 % der Probanden gaben an, daß verschiedene automatische Einzelsysteme für betriebliche Funktionen (z.B. Lagerhaltung, Verkauf, Einkauf) für eine spätere Integration mit anderen Informationssystemen zu einem Gesamtinformationssystem des Unternehmens vorbereitet werden. KILIAN (1981, S. 65 f.) geht davon aus, daß sich die Entwicklung integrierter Führungsinformationssysteme so vollzieht, daß bereits bestehende Abrechnungssysteme "quasi als Kristallisationskern für die Ansiedlung zusätzlicher Planungs- und Entscheidungssysteme im Rahmen umfassender Management-Informationssystem-Konzeptionen verfeinert" werden.

Bei der Interpretation der Ergebnisse von MÜLDER (s. Tab. 39) ist darauf zu achten, daß es sich um eine explorative Studie handelt, die sich v.a. mit Problemen bei der Einführung von PIS in wirtschaftlichen Organisationen beschäftigt. Dabei wurden strukturierte Interviews und schriftliche Befragungen u.a mit Vorgesetzten und Sachbearbeitern des betrieblichen Personalwesens sowie mit Betriebsräten (n = 120) durchgeführt. Die Datenerhebung erfolgte von Ende 198 bis Anfang 1982 in 20 Unternehmen (mit mehr als 1000 Mitarbeitern), die über ein abgrenzbares Teilprojekt der DV-Unterstützung für den Personalbereich verfügten.

In den von MÜLDER befragten Unternehmen überwog mit Ausnahme der "Personalkostenplanung" und der "Bereitstellung von Führungsinformationen durch Selektio und Verdichtung statistischer Daten" die manuelle Durchführung. Besonders gering war die DV-Unterstützung bei der Erstellung von Anforderungs- und Fähigkeitsprofilen. Als Ursachen hierfür nennt MÜLDER (S. 157) grundsätzliche methodische Bedenken gegen formalisierte Methoden sowie die Kritik der Arbeitnehmer Vertretungen an diesen Anwendungen von PIS. MÜLDER nimmt an, daß sich der geringe Unterstützungsgrad dispositiver personeller Aufgaben durch PIS auch i Zukunft nicht ändern wird. Angesichts des explorativen Charakters seiner Unter suchung erscheint dieser Schluß allerdings etwas gewagt; zudem bleibt derzei

Tab. 39: DV-Unterstützung personalwirtschaftlicher Aufgabenbereiche (Gruppierung) (aus: MÜLDER 1984, S. 159)

Personalwirtschaftliche Aufgabenbereiche	I CPIS, die hauptsächlich administrative Aufgaben unterstützen				II CPIS, die sowohl administrative als auch dispositive Aufgaben unterstützen			
	DV-Unterstützung durch			Anzahl der Nennung.	DV-Unterstützung durch			Anzahl der Nennung.
	keine bzw. manuelle Durchführg.	maschinell erstellte Listen	Listen u. Bildschirme		keine bzw. manuelle Durchführg.	maschinell erstellte Listen	Listen u. Bildschirme	
A Lohn- und Gehaltsabrechnung	9,2 %	72,2 %	18,5 %	54 = 100 %	13,4 %	31,3 %	55,2 %	67 = 100 %
B Personalstatistiken (intern)	6,7 %	93,3 %	-	45 = 100 %	1,8 %	56,4 %	41,8 %	55 = 100 %
C Meldungen und Auskünfte an verschiedene Adressaten	25,9 %	66,7 %	7,4 %	54 = 100 %	21,2 %	43,9 %	34,9 %	66 = 100 %
D Personaldaten verwalten	44,4 %	29,6 %	25,9 %	27 = 100 %	30,3 %	-	69,7 %	33 = 100 %
E Terminüberwachung/ Kontrollaufgaben	61,1 %	31,5 %	7,4 %	54 = 100 %	45,5 %	15,2 %	39,3 %	66 = 100 %
F Soziale Einrichtungen und Dienste	60,0 %	26,7 %	13,3 %	45 = 100 %	43,6 %	16,4 %	40,0 %	55 = 100 %
G Auskünfte über Mitarbeiter/ Arbeitsplätze einholen	91,7 %	5,6 %	2,7 %	36 = 100 %	36,4 %	15,9 %	47,7 %	44 = 100 %
H Spezielle nicht periodische Berichte/Statistiken	77,8 %	22,2 %	-	18 = 100 %	18,2 %	27,3 %	54,5 %	22 = 100 %
I Personaleinsatz und Arbeitsplatzbewertung	100,0 %	-	-	36 = 100 %	56,8 %	6,8 %	36,4 %	44 = 100 %
J Personalbeschaffung und -entwicklung	100,0 %	-	-	36 = 100 %	58,2 %	10,9 %	30,9 %	55 = 100 %
K Mittel- und langfristige Personalplanung	77,8 %	22,2 %	-	27 = 100 %	48,5 %	36,4 %	15,1 %	33 = 100 %

noch abzuwarten, wie sich der Widerstand von Betriebsräten gegen PIS auf die Rechtssprechung und auf das Bewußtsein der betroffenen Belegschaften auswirken wird. Die geringe Akzeptanz der Unternehmen gegenüber formalisierten Planungsmethoden bedeutet nicht zwangsläufig, daß auf Profilvergleiche mit Hilfe "naiver" Verfahren verzichtet wird.

3.9.7. Konsequenzen aus PIS für die betroffenen Arbeitnehmer

Der Nutzen von PIS für die betroffenen Arbeitnehmer läßt sich in der Regel nur mittelbar ableiten. Nach WEIGAND (1979) werden Art und Umfang des Nutzens, der (allgemein) aus einem PIS gezogen wird, durch die Systemkompetenz der an einem PIS Beteiligten bestimmt; diese hängt ihrerseits von den objektiven Möglichkeiten und den (objektiven und subjektiven) Fähigkeiten das PIS zu gestalten, zu nutzen und zu kontrollieren ab. Aus dieser Konstellation kann sich ein Konflikt zwischen der benutzeradäquaten und der betroffenenadäquaten Gestaltung eines PIS ergeben. Während das Ziel der Benutzer eher die Verbesserung der Dispositions- und Entscheidungsinformationen sein dürfte, besteht der Nutzen für die Betroffenen primär in der größeren Transparenz von Entscheidungen (vorausgesetzt es besteht die Möglichkeit zur Nutzung von PIS durch die Betroffenen). Allerdings beinhaltet die Transparenz von Entscheidungen sowohl Vorteile als auch Gefahren für die Arbeitnehmer, da identische Daten zwar zugunsten, aber auch zu Lasten von Arbeitnehmern genutzt werden können (z.B. können Informationen über psychologische Testergebnisse einen optimalen Personaleinsatz fördern, aber auch zur Diskriminierung von Arbeitnehmern beitragen; Informationen über arbeitsmedizinische Eignungsuntersuchungen können zum Schutz des jeweiligen Arbeitnehmers, aber auch als Selektionskriterium bei Entlassungen verwendet werden). Angesichts dieses Dilemmas wird die Machtrelevanz von Informationen deutlich. Da viele PIS eher "unsichtbar" arbeiten, sind die Möglichkeiten zu einer rollen- und situationsgerechten Selbstdarstellung etwa durch nicht-kontextuale Dateninterpretationen (Daten-Entfremdung, Kontextverlust) oder durch Nutzung der Daten durch nicht legitimierte Personen oder Gruppen bzw. Monopolisierung der Nutzung gefährdet (vgl. WEIGAND 1979, S. 283 f.). Viele Daten des Personalwesens sind in starkem Maße von ihrem situativen, sozialen, räumlichen und zeitlichen Kontext abhängig. So kann man etwa die Aussagen in Mitarbeiterbeurteilungen nur dann sinnvoll interpretieren, wenn zusätzliche Informationen z.B. über Anlaß der Beurteilung, Beurteilungsschema, Person des Beurteilers, Zeitpunkt und Gültigkeitsdauer der Beurteilung bekannt sind.

Die Transparenz der Daten läßt bei vielen Arbeitnehmern die Furcht vor einer Verletzung der Anonymität ("gläserner Mensch"!) entstehen. Die Speicherkapazitäten von PIS ermöglichen eine umfassende Darstellung des Einzelnen in Form von Einzeldaten, von denen bereits "harmlose" Informationen Einblicke in die Privatsphäre eines Menschen gewähren. So lassen etwa Angaben zur Kirchensteuer auf die Religionszugehörigkeit schließen, Daten zum Wehrdienst bzw. zum Zivildienst auf gesellschaftspolitische Einstellungen usw. Je weniger aber der einzelne und je stärker andere mit Hilfe von PIS entscheiden, was sie alles über Leben, Handeln und Denken von einzelnen Arbeitnehmern wissen, registrieren und für ihre Absichten nutzen wollen, desto gehemmter und unfreier werden deren Verhalten und desto manipulierbarer und berechenbarer ihre Reaktionen.

KILIAN (1981, S. 51) vermutet, daß in dem Umfang wie Personalinformationen pro Arbeitnehmer zur Verfügung stehen die Disponibilität des Faktors Arbeit und damit der Trend zur Verdinglichung zunehmen. Der Einsatz von PIS verstärkt den Trend zur Spezialisierung, Formalisierung und Programmierung von Arbeitsabläufen (v.a. im Benutzerbereich). Eine Folge dieser Entwicklung dürfte eine stärkere Disziplinierung der Arbeitnehmer sein (z.B. Erhöhung des Leistungsdrucks durch Zergliederung der Arbeit und Anpassung an fremdgesetzte Normen; Stress; Dequalifikation; Verschärfung des Konkurrenzdrucks zwischen den Arbeitnehmern). Betrachtet man etwa die inzwischen bei Daimler-Benz eingeführten oder zur Einführung anstehenden Bestandteile eines umfassenden PIS (ISA) (bargeldlose Kantinenabrechnung, Komm- und Gehzeiterfassungssystem, Betriebsdatenerfassungssystem), so kann durchaus von einer allgegenwärtigen Kontrolle durch den Computer gesprochen werden, durch die bisherige Freiräume und Verantwortungsbereiche der einzelnen Arbeitnehmer verloren gehen.

Ein weiteres Problem für die betroffenen Arbeitnehmer ist der sogenannte "Datenschatten": Es können nie "alle" Daten über einen Menschen erfaßt, gespeichert und verarbeitet werden, sondern immer nur ein (kleiner) Ausschnitt seiner Persönlichkeit. Da aber bei personellen Entscheidungen (v.a. in Großunternehmen) häufig nur die im Computer verfügbaren Daten berücksichtigt werden, gewinnt der (häufig statische) Datenschatten in der betrieblichen Realität eine größere Bedeutung als die einzelne Person in ihrer Komplexität und Veränderbarkeit (vgl. SACKSTETTER 1984, S. 208).

Während im öffentlichen Bereich festgelegte Löschungsfristen von Daten bestehen, können diese in privaten Dateien beliebig lange gespeichert bleiben; dadurch besteht die Möglichkeit etwa durch langfristige Speicherung von Abmahnungen ein unternehmensinternes "Strafregister" (s. FRANZ 1983) zu erstellen, das dem betreffenden Arbeitnehmer beliebig lange vorgehalten werden kann (Verlust der "Gnade des Vergessens"). Selbst wenn diese Informationen nicht zu einer gezielten Verhaltenskontrolle eingesetzt werden, können sie durchaus eine normierende bzw. disziplinierende Funktion erfüllen. Betroffene Arbeitnehmer stellen fest:

"Daß allein durch die Tatsache dieser Speicherung von Daten sich das Verhalten der Belegschaft verändern kann, daß sie sich einem Zustand nähert, wo sie beginnt, sich computergerecht zu verhalten, weil jeder weiß, alles was gemacht wird, kann gespeichert werden" (HOSS 1980, zit. nach FRANZ 1983, S. 34 f.).

Die Disziplinierung von Arbeitnehmern beispielsweise durch Strafen, Belohnen und Kontrollieren ist vonjeher eine der wichtigsten Aufgaben des Managements. Wobei in manchen Aspekten mittlerweile die Rolle von Strafe durch subtilere, eher auf Korrektur und Normierung bedachte Mechanismen ersetzt wurde (zum Beispiel "leistungsgerechte" Bezahlung). Die Legitimation der Unternehmen zur Disziplinierung war aber von Anfang an umstritten und Gegenstand zahlreicher Auseinandersetzungen zwischen Arbeitnehmern und Arbeitgebern. Durch den Einsatz von PIS kann die Objektivität personalpolitischer Entscheidungen scheinbar vergrößert und damit die Legitimation der Entscheidungsträger erhöht werden. (Es sind nun nicht mehr Personen, die etwa Fehlzeitenstatistiken erstellen, um zu überwachen, sondern "der Computer", der scheinbar nicht irren kann und kein spezielles Interesse an bestimmten Informationen hat).

Die Ergebnisse der empirischen Untersuchung von MÜLDER scheinen diese Überlegungen zu bestätigen (s. Tab. 40). Sowohl Personalmanager, Personalsachbearbeiter und Betriebsräte sahen die Erfassung sensibler Daten als wichtigen Problembereich an. Bedeutsamer als dieser Kritikpunkt waren für die Betriebsräte

- Möglichkeit neuartiger Analysen der Datenbestände,
- erhöhter Leistungsdruck und Disziplinierung der Arbeitnehmer,
- Möglichkeit der Verwendung personbezogener Daten für andere Zwecke

Tab. 40: Implementierungsprobleme seitens des Betriebsrates (mit Antwortvorgaben)
(aus: MÜLDER 1984, S. 135)

Nachfolgend finden Sie eine Reihe von Kritikpunkten an Personalinformationssystemen. Spielten diese Punkte eine Rolle bei den Beratungen zwischen Betriebsrat und Unternehmensleitung?	Beantwortet durch		
	PPM* (n = 25) (in %)	DVS (n = 22) (in %)	BTR (n = 18) (in %)
I Kritik an Art und Umfang gespeicherter personalwirtschaftlicher Daten			
- Kritik am Umfang der erfaßten Daten	16	22,7	27,8
- Kritik an der Erfassung und Speicherung sensibler Daten	36	36,4	38,9
- Gefahr einer umfassenden Abbildung des Arbeitnehmers	4	13,6	22,2
II Kritik an der Verwendung und Weitergabe von Personaldaten			
- Kritik an der Art der Personaldatenerfassung (automatische Erfassung von Arbeitszeiten, Telefongesprächen etc.)	12	4,5	11,1
- Möglichkeit von Datenverknüpfungen (z.B. Fehlzeitendaten mit Beurteilungsdaten)	20	31,8	44,4
- Erhöhter Leistungsdruck und Disziplinierung der Arbeitnehmer	20	27,3	44,4
- Unzureichende Methoden der Datenauswertung (z.B. Profilvergleichsmethode)	8	4,5	22,2
- Verwendung personenbezogener Daten für andere Zwecke als ursprünglich vorgesehen	16	31,8	44,4
- Gefahr langfristiger Speicherung großer Datenbestände	16	22,7	38,9
III Einseitig verteilte Nutzungs- und Zugriffsrechte			
- Stärkere Kontrolle und Überwachung der Leistung und des persönlichen Verhaltens der Mitarbeiter	20	18,2	38,9
- Unternehmensleitung erhält gegenüber dem Betriebsrat einen Informationsvorsprung	4	13,6	44,4
IV Gefahr des Kontextverlustes bei der datenmäßigen Abbildung menschlicher Verhaltensweisen	20	18,2	38,9
V Negative Auswirkungen für die CPIS-Benutzer (Arbeitsplatzabbau und Verschlechterung der Arbeitsbedingungen für die Personalsachbearb.)	32	22,7	44,4
Keine Antwort	12	18,2	5,6

*PMM = Personalmanager; DVS = Personalsachbearbeiter; BTR = Betriebsrat

als ursprünglich vorgesehen,
- Informationsvorsprung der Unternehmensleitung,
- Arbeitsplatzabbau und Verschlechterung der Arbeitsbedingungen für die Personalsachbearbeiter.

Der letzte Punkt dieser Aufzählung wurde durch die Aussagen der Personalsachbearbeiter relativiert. Diese sahen im Computer eine wichtige Hilfestellung bei der Arbeit, reklamierten aber eine zunehmende psychische und physische Belastung, ausgelöst durch das Erfordernis stärkerer Aufmerksamkeit und Konzentration sowie durch Stress und Zeitdruck (s. MÜLDER 1984, S. 140).

Zusätzlich ist zu beachten, daß die automatisierte und schnellere Datenverarbeitung zu einem Informationsvorsprung derjenigen beiträgt, die PIS einsetzen und kontrollieren. PIS ändern unter diesem Gesichtspunkt zwar grundsätzlich nichts an der qualitativen Überwachungs- bzw. Kontrollfunktion des Managements; sie bedeuten aber in jedem Fall eine Potenzierung von Macht für ihre Benutzer. Die Gefahr einer grundsätzlichen Verschiebung der Machtverhältnisse zwischen Arbeitgebern und Arbeitnehmern wurde von den Gewerkschaften und den betroffenen Arbeitnehmern relativ spät erkannt. Um diesen Gefahren entgegenzutreten, werden Möglichkeiten zum Abschluß von Betriebsvereinbarungen sowie der Ausbau der Mitbestimmung bei der Planung, Installation und dem Betrieb von PIS sowie die Verbesserung des Datenschutzes diskutiert. Im folgenden soll v.a. auf die Kontroversen um die Mitbestimmung beim Datenschutz eingegangen werden.

3.9.8. Datenschutz

3.9.8.1. Rechtliche Regelungen

Im Urteil zum Volkszählungsgesetz 1983 hat das Bundesverfassungsgericht unter Hinweis auf den Datenschutz strenge Auflagen gemacht (s. Bundesanzeiger vom 24.12.1983). Es räumt dem einzelnen ein "Recht auf informationelle Selbstbestimmung" ein, das gegen unbegrenzte Erhebung, Speicherung, Verwendung und Weitergabe seiner persönlichen Daten schützen soll. Erste Auswirkungen dieses Urteils auf die Wirtschaft haben sich bereits gezeigt (s. S. 248).

Die Belange des Datenschutzes im Personalwesen werden derzeit durch das Bundesdatenschutzgesetz (BDSG) geregelt. Dieses Gesetz war bewußt als allgemeines Auffanggesetz konzipiert, das gegenüber bereits bestehenden Regelungen (z.B. BetrVG), die aber nicht im Hinblick auf PIS konzipiert wurden, subsidiär ist. So bestehen etwa (nach GOLA 1983, S. 50) arbeitsrechtliche Bestimmungen zum Schutz von Arbeitnehmerdaten hinsichtlich:

- der Ermittlung der Daten (Fragerecht und Offenbarungspflicht, Zuverlässigkeit von psychologischen und graphologischen Gutachten und Tests),

- der Verarbeitung von Daten (Weitergabe an Dritte, Grundsatz der Vertraulichkeit, Inhalt von Zeugnissen, unsachliche Verknüpfung von Daten, Grundsätze der Richtigkeit und Vollständigkeit, Auswahlrichtlinien),

- Berichtigung und Ergänzung der Daten durch den Arbeitnehmer (§ 83 Abs. 2 BetrVG, Gegendarstellung und Korrektur, Entfernung von Verwarnungen aus der Personalakte),

- der Auskunfts- und Einsichtsrechte der Arbeitnehmer (§ 83 Abs. 1 BetrVG, materieller Personalaktenbegriff),

- der Kontrolle des Arbeitgebers bei der Datenverarbeitung durch den Betriebsrat (Mitbestimmung bei Personalfragebogen, Beurteilungsgrundsätzen, Auswahlrichtlinien, Erfassung von Arbeitnehmerdaten durch technische Kontrollein-
richtungen usw.).

Ausführlicher wird auf diese arbeitsrechtlichen Regelungen bei der inhaltlichen
Behandlung der jeweiligen Personalfunktion (z.b. Personalauswahl, Mitarbeiter-
beurteilung) in den entsprechenden Bänden dieser Reihe eingegangen, so daß an
dieser Stelle primär die Wirksamkeit des BDSG bei der Verbesserung der Rechts-
position des Arbeitnehmers auf dem Gebiet des Datenschutzes untersucht werden
soll.

Das BDSG trat mit seinem Hauptteil am 1.1.1978 in Kraft und gilt vollständig
seit dem 1.1.1979. Bereits vor der Verabschiedung war das BDSG heftig umstritten. Der Gesetzgeber ging davon aus, daß es die Aufgabe des Datenschutzes sei,
durch den Schutz personenbezogener Daten dem Mißbrauch und der Beeinträchtigung
der schutzwürdigen Belange der Betroffenen entgegenzuwirken (§ 1 Abs.1 BDSG).
Unter "schutzwürdige Belange" wird im Rahmen der Gesetzesbegründung durch die
Bundesregierung alles subsumiert, was unter dem Begriff "Privatsphäre" verstanden wird. Nun ist gerade in dem schwer faßbaren Begriff "Privatsphäre" die zentrale Problematik dieses Gesetzes für die betriebliche Personalplanung begründet (MARR 1981, S. 31). Zum einen dürfte es schwierig sein, diesen mit rechtlichen, politischen und sozialwissenschaftlichen Bedeutungen überfrachteten Begriff eindeutig zu definieren, zum anderen müßte selbst dann, wenn eine klare
Definition der "Privatsphäre" vorläge, geklärt werden, inwieweit durch die Verarbeitung personenbezogener Aufgaben im Rahmen personalpolitischen Handelns
(z.B. durch PIS) die "schutzwürdigen Belange" der betroffenen Arbeitnehmer beeinträchtigt werden. Allerdings regelt das BDSG nicht, welche Daten im einzelnen geschützt sind.

Im Prinzip werden nur die jeweiligen Stufen der Datenverarbeitung thematisiert
(Erfassen, Speichern, Verarbeiten, Weitergeben). So heißt es etwa in § 32, 11,
BDSG zur Datenverarbeitung durch Private:

"Das Speichern personenbezogener Daten ist zulässig im Rahmen der Zweckbestim-
mung eines Vertragsverhältnisses oder vertragsähnlichen Vertrauensverhältnisses
mit dem Betroffenen oder soweit es zur Wahrung berechtigter Interessen der
speichernden Stelle erforderlich ist und kein Grund zur Annahme besteht, daß
dadurch schutzwürdige Belange der Betroffenen beeinträchtigt werden".

Weitergehende Fragen, beispielsweise danach, welches die Zweckbestimmungen eines Arbeitsvertrags sind, was zur Wahrung berechtigter Interessen gehört oder
welches die schutzwürdigen Belange der Betroffenen sind, bedürfen der Hinzu-
nahme anderer rechtlicher Normen (vgl. HOFMANN 1982). Ein weiterer Kritikpunkt
am BDSG ist die sog. "Ausnahmeregelung" bei der Auskunftspflicht über gespeicherte Daten. Eine Auskunft über gespeicherte Daten kann verweigert werden,
wenn:

- die regelmäßige Aufgabenerfüllung (§ 13, III, 1 BDSG) bzw. die Geschäfts-
zwecke (§ 26, IV, 1 BDSG) gefährdet sind,

- die öffentliche Sicherheit und Ordnung gefährdet würde (§ 13, III, 2 BDSG),
die Daten ihrem Wesen nach geheim (§ 3, III, 3 BDSG) oder Daten des Verfas-

sungsschutzes sind (§ 13, III, 4 BDSG).

Von gewerkschaftlicher Seite wird v.a. beanstandet, daß von einer "Freiwilligkeit" bei der Einwilligung der Betroffenen als Rechtfertigungsgrund für die Datenverarbeitung angesichts der Möglichkeit zur Koppelung der Einwilligung an
die Einstellung nicht geredet werden kann und daß die Kontrolle darüber, ob die
Bestimmungen des BDSG eingehalten werden, durch einen "innerbetrieblichen" Datenschutzbeauftragten, der sich in einem Abhängigkeitsverhältnis zu dem jeweiligen Arbeitgeber befindet, nicht gewährleistet ist.

Die Gewerkschaften stellen fest, daß das Gesetz nicht geeignet sei, Arbeitneh-
mer(daten) vor einer zu weit gehenden Erfassung und Durchleuchtung zu schützen;
es wurde aus diesem Grund die Forderung erhoben, daß die Mitbestimmung des Betriebsrats bei der Personaldatenverarbeitung und bei der Bestellung des Datenschutzbeauftragten gesetzlich geregelt bzw. festgeschrieben werden solle (vgl.
GOLA 1983, S. 49). Darüber hinaus wurde vorgeschlagen (vgl. KARG 1982), daß bei
einer Überarbeitung des BDSG folgende Punkte berücksichtigt werden sollen:

- Eine regelmäßige und kostenlose Unterrichtung der Arbeitnehmer über gespeicherte Daten;

- Löschungsfristen für Daten, die nicht unbedingt für die Durchführung oder
  Abwicklung des Arbeitsverhältnisses gespeichert bleiben müssen;

- Verwendung von Dateien nur für die Zwecke, für die sie gespeichert werden;

- Verankerung von verschuldensunabhängiger Schadensersatzpflicht bei Verstößen
  gegen das BDSG;

- ein besonderer Kündigungsschutz für den betrieblichen Datenschutzbeauftragten;

- ein direkter Zugang des Betriebsrats zu den Informationen, die er zur Erfüllung seiner gesetzlichen Aufgaben benötigt;

- ein Freiraum für ergänzende tarifliche und betriebliche Regelungen,

- ein Mitbestimmungsrecht des Betriebsrats bei Planung, Einrichtung und Betrieb von PIS.

Die Defizite des BDSG für einen wirksamen Datenschutz werden besonders deutlich, wenn man die Regelungen in anderen europäischen Ländern betrachtet; so
beinhalten etwa die Datenschutzgesetze Luxemburgs, Norwegens und Schwedens eine
generelle Genehmigungspflicht aller Datenbanken, die persönliche Daten verarbeiten. Zudem ist die Verarbeitung besonders sensibler Daten wie Rasse, politischer Überzeugung und teilweise auch gesundheitlicher Daten nicht erlaubt.
Das französische Datenschutzgesetz verbietet die Benutzung von Persönlichkeits-
und Qualifikationsprofilen als alleinige Entscheidungsgrundlage bei der Personaleinsatzplanung (vgl. HOFMANN 1982).

3.9.8.2. Betriebliche Regelungen

Angesichts der unzureichenden Bestimmungen des BDSG herrscht in der betrieblichen Praxis oft Ratlosigkeit darüber, wie die unterschiedlichen Anforderungen
an ein PIS (z.B. Informationsbedarf des Arbeitgebers vs. Schutz der Privat-

sphäre; Vermeidung von Machtverschiebungen) erfüllt werden können. Befunde der Untersuchung KILIANs (1981), deren Datenerhebung zu einer Zeit stattgefunden hatte, in der die Bestimmungen des BDSG noch nicht gültig bzw. noch nicht "durchgedrungen" waren, belegen, daß dem Datenschutz bei der Konzeption bzw. bei dem Betrieb von PIS wenig Aufmerksamkeit gewidmet worden war. So zeigt etwa ein Teil-Ergebnis der Kilian-Studie, daß zwar nur sehr wenige der befragten Unternehmen (1,5 %) Gesundheitsdaten im PIS speicherten, die sich auf Befund, Diagnose oder Therapie von Arbeitnehmern (v.a. durch den Betriebsarzt) bezogen. Immerhin 40,3 % der Probanden dokumentierten aber medizinische Eignungsuntersuchungen im PIS; 70 % dieser Firmen speicherten einzelne Funktionen des Betriebsarztes in der überwiegenden Zahl im zentralen PIS (z.B. Auswertung der Untersuchungsergebnisse bei der Einstellung; Dokumentation ärztlicher Maßnahmen). Gleichzeitig stellte KILIAN fest, daß fast "alle Mitarbeiter, die auch sonst mit dem PIS arbeiten, Gesundheitsdaten erhalten können. Ein besonderer Schutz scheint nicht zu bestehen" (S. 99).

So notwendig arbeitsmedizinische Befunde u.a. auch zum Schutz von Arbeitnehmern vor gesundheitlichen Risiken bei der Arbeit sein mögen, so nötig wäre eine bessere Kontrolle des Zugangs und der Verwendung arbeitsmedizinischer Informationen (z.B. durch eine Trennung zwischen betriebsärztlicher und betrieblicher Datenverarbeitung). Die zunehmende Sensibilisierung der Öffentlichkeit in Fragen des Datenschutzes und die Gefahr vermehrter Auseinandersetzungen mit den Betriebsräten hat die Hersteller und Betreiber von PIS dazu veranlaßt nach Möglichkeiten für einen verbesserten Datenschutz zu suchen. Dabei wurden primär technische Maßnahmen gegen Datenmißbrauch oder Datenfehlgebrauch (Datensicherung) verstanden. Ziel der Datensicherung ist es,

- "Fehlerhaftigkeit (hardware-, software- oder bedienungsmäßig verursachten Verarbeitungs- und Ablauffehler),

- Zerstörung, Verlust (durch Katastrophen, Diebstahl, Unachtsamkeit),

- Mißbrauch (unberechtigter Eingriff zum Lesen, Verändern, Eingeben, Löschen von Daten und Programmen),

aller technischer und organisatorischer Maßnahmen zu vermeiden" (KILIAN 1981, S. 257). In Anlehnung an das Bundesministerium des Innern legt KILIAN (1981) eine Liste mit Anforderungen an ein PIS vor, die die zur Ausführung des BDSG erforderlichen technischen und organisatorischen Maßnahmen enthalten (siehe Beleg 12.

Dieser Beispiels-Katalog enthält in erster Linie solche Vorschläge, die die herkömmlichen Standards der DV-Sicherung umfassen. Die in der Praxis am häufigsten eingesetzten Maßnahmen bestehen in der Gewährung von Datenschutz durch Zugangsbeschränkungen und durch Informieren des Datenschutzbeauftragten (s. ORTMANN 1984, S. 39). ALBERS u.a. (1983) stellen/in einer Marktübersicht über den "Datenschutz und die Datensicherung" im Bereich Personal Computer (PC) und Anlagen der Mittleren Datentechnik (MDT) fest, daß zwar jede MDT-Anlage zumindest über eine hardwaretechnische Datenschutz- und Datensicherungsmaßnahme verfügt, daß jedoch bei 65 % der PC keine solche Einrichtungen installiert werden. Darüber hinaus boten 43,5 % der Hersteller PC-Software ohne jegliche softwaretechnische Sicherung an. Der Schwerpunkt der angebotenen softwaretechnischen Maßnahmen liegt im Bereich der Zugangskontrollen v.a. durch eine einfache Kennwortabfrage. ORTMANN (1984, S. 39) vermutet, daß Zugangsbeschränkungen von PIS weniger dem Schutz der betroffenen Arbeitnehmer als dem Schutz des Unternehmens

Beleg 12: Liste mit Anforderungen an ein PIS (aus: KILIAN 1981, S. 260 f.)

1. Beispiele für Maßnahmen der Zugangskontrolle

   - Ermittlung der befugten Personen
   - Spezielle Ausweise für befugte Personen (Ausweise zeitlich befristet)
   - Ausweiskontrolle an den Eingängen
   - Spezielle Regelungen für betriebsfremde Personen
   - Protokollierung der eingetretenen Personen
   - Sicherheitsschlösser an den Eingängen
   - Einsatz von Wachmännern außerhalb der Arbeitszeit
   - Einsatz von Detektoren gegen das Einschleusen von Magneten, Datenträgern, Sprengkörpern
   - Bauliche Maßnahmen, wie Vergitterung der Fenster, Sicherung der Schächte und Filter der Klimaanlage.

2. Beispiele für Maßnahmen der Abgangskontrolle

   - Feststellung der befugten Personen
   - Minimierung der Notwendigkeit des "Außer-Haus-Gehens"
   - Protokollierung der autorisierten Weitergabe von Datenträgern, Programmen und Dokumentationen
   - Maßnahmen gegen das unbefugte Entfernen von Datenträgern, Programmen und Dokumentationen wie:
     Bekanntgabe der Personen, deren Befugnisse aufgehoben werden,
     Verbot der Mitnahme von Gepäckstücken beim Betreten der datenverarbeitenden Stelle,
     Kontrolle des Gepäcks (Aktentasche) der Personen, die die datenverarbeitende Stelle verlassen
   - Verhinderung der Möglichkeit des Kopierens von Datenträgern, Programmen und Dokumentationen
   - Abstimmung mit den Maßnahmen, die als Beispiele für Maßnahmen der Zugangskontrolle angeführt worden sind.

3. Beispiele für Maßnahmen der Speicherkontrolle

   - Festlegung und Kontrolle der Befugnisse
   - Richtlinien für Eingabe, Veränderung und Löschung
   - Closed-shop-Betrieb
   - Zugangskontrolle zu den Archivräumen für Datenträger, Programme, Dokumentationen
   - Einsatz von Benutzercodes für Dateien und Programme.

4. Beispiele für Maßnahmen der Benutzerkontrolle

   - Festlegung und Kontrolle der Befugnisse
   - Minimierung der Benutzerzahl
   - Verschließbarkeit von Datenstationen
   - Sicherung der Übertragungsleitungen
   - Chiffrierung von zu übertragenden Daten
   - Vergabe und Sicherung von Paßwörtern für den Zugang zu Dateien und Programmen, zu Teilen von Dateien.

5. Beispiele für Maßnahmen der Zugriffskontrolle

- Eindeutige Feststellung der Exklusivberechtigung
- Überprüfung der Berechtigung, maschinell z.B. durch Paßwörter;
  Arbeitsvorbereitung im Rechenzentrum
- Closed-shop-Betrieb mit Arbeitsvorbereitung, automatischer
  Job-Ablauf-Steuerung
- Zugriffsbeschränkung bestimmter Personen auf bestimmte Programme.

6. Beispiele für Maßnahmen der Übermittlungskontrolle

- Programmdokumentation
- Protokollierung von Übermittlung, Abruf und Abrufversuch.

7. Beispiele für Maßnahmen der Eingabekontrolle

- Dokumentation der für die Dateneingabe einzusetzenden Programme
- Protokollierung der Eingabe automatisch durch die DV-Anlage
- Auswertungsverfahren der durch die DV-Anlage erstellten Protokolle.

8. Beispiele für Maßnahmen der Auftragskontrolle

- Formalisierung der Auftragserteilung durch standardisierte Formulare;
  eindeutige Kompetenzabgrenzung
- Kontrolle der Auftragserfüllung durch regelmäßige Berichte, unerwartete Inspektionen
- Vereinbarung von Konventionalstrafen bei Nichteinhaltung der Weisungen
  des Auftraggebers.

9. Beispiele für Maßnahmen der Transportkontrolle

- Genaue Festlegung der Übermittlungs- bzw. Transportwege
- Sicherung der Übermittlungswege durch Verschlüsselungsgeräte,
  software-gesteuerte Verschlüsselung
- Sicherung der Transportwege durch Wertsendungen, gepanzerte Fahr-
  zeuge, Sicherungspersonal
- Kontrolle des Sicherungssystems durch Routineüberprüfungen, überraschende Inspektionen.

10. Beispiele für Maßnahmen der Organisationskontrolle

- Funktionstrennung zwischen Fachabteilungen und DV-Abteilung
- Funktionstrennung innerhalb der DV-Abteilung in Organisation, Programmie-
  rung, Rechenzentrumsbetrieb
- Interner Datensicherungsbeauftragter (soweit nicht nach §§ 28, 29, 38 BDSG
  schon Pflicht)
- Erstellung einer Übersicht über die gespeicherten geschützten Daten, die
  Art ihrer Verarbeitung und deren rechtliche Beurteilung nach dem BDSG
- Richtlinien zur Auswahl der zum Zugang zu den geschützten Daten berech-
  tigten Personen
- Richtlinien über die Dauer der Zugangs- und Zugriffsberechtigung
- Richtlinien über die Behandlung von Datenträgern mit geschützten Daten
  nach Erstellung im Rechenzentrum, nach Gebrauch durch die Fachabteilung
- Richtlinien zur Programmüberwachung

- Richtlinien über planmäßige und überraschende Inventuren in Archiv, Maschinenraum, Fachabteilungen
- Richtlinien zur Auswahl neu einzustellender Mitarbeiter
- Bewußtseinsbildung zur Datenschutzproblematik bei der obersten Führungsebene, den Fachabteilungen, der DV-Abteilung
- Schwachstellenanalyse (Ermittlung der Schutzbedürftigkeit der Daten, der bereits vorhandenen Schutzmaßnahmen, der möglichen Gefährdungen)
- Vorbeugende Vorkehrungen zur Abwehr von Katastrophen (Feuer, Wassereinbruch, Bombendrohung, allgemeine Unruhen etc.) durch Krisenstab mit klaren Aufgaben, Zuständigkeiten und Vollmachten; Katastrophenplan, der allgemein bekannt ist und regelmäßig überarbeitet wird,
  Archivierung der Datenbestände, Programme und Dokumentationen in mindestens doppelter Ausfertigung,
  räumlich getrennte Aufbewahrung von Original und Duplikaten,
  detaillierter Plan zur Wiederinbetriebnahme der Anlage
- Vorbeugende Vorkehrungen zur Verhinderung von Datenverlust und Datenverfälschung durch technische Pannen (Stromausfall, Systemzusammenbruch etc.) durch
  klare Festlegung der Zuständigkeiten,
  klare Festlegung der Vorgehensweise im Eventualfall,
  Notstromaggregat,
  doppelte Bestandsführung bei Daten, Programmen und Dokumentationen,
  Software-Sicherung zur Vermeidung von Datenzerstörung bei Systemzusammenbruch,
  Software-Methoden zur Rekonstruktion beschädigter Datenbestände
- Bauliche Maßnahmen zur Verhinderung von natürlichen und vorsätzlich verursachten Katastrophen:
  Installation der Anlagen in einem feuerbeständigen Gebäude,
  Einbau von feuerhemmenden Abtrennungen zu benachbarten Gebäudeteilen und Räumen,
  Einsatz und regelmäßige Überprüfung der Blitzschutzanlage
- Sicherungen gegen Überschwemmung, Wasserrohrbruch und sonstige Wasserschäden,
  Beachtung der behördlichen Bauvorschriften und der Brandschutzrichtlinien der Sachversicherer für EDV-Anlagen.

dienen . Da eine Substitution solcher Maßnahmen in der Praxis (wenn überhaupt) nur sehr unvollständig erfolgt, ist die Datensicherung als eine Voraussetzung eines wirkungsvollen Datenschutzes v.a. bei PC nur sehr unzureichend gegeben. Dies läßt den Schluß zu, daß v.a. bei den Anwendern von Kleincomputern häufig nur "ein geringes Problembewußtsein im Bereich des Datenschutzes und der Datensicherung" vorliegt (vgl. ALBERS u.a. 1983, S. 3).

Als zusätzliches Kontrollmittel böten sich erweiterte Mitbestimmungsmöglichkeiten des Betriebsrats an. Allerdings stößt die Forderung der Gewerkschaften nach mehr Mitsprache bei der Konzeption und dem Betrieb von PIS auf den Widerstand von Arbeitgebern und führt so zur Entstehung von z.T. heftigen Konflikten zwischen Arbeitgeber und Betriebsrat (s. Abb. 42). Aus diesem Grund soll im folgenden ausführlicher auf die Mitbestimmungsdiskussion im Zusammenhang mit PIS eingegangen werden.

3.9.9. Die Mitbestimmung des Betriebsrats bei PIS

Die Beteiligung des Betriebsrats bei der Einführung und Anwendung von PIS ist in der Literatur umstritten. Die Kontroverse um die Mitbestimmungspflichtigkeit von PIS dreht sich v.a. um die Frage, ob bei der Einführung von PIS ein zwingendes Mitbestimmungsrecht des Betriebsrats nach § 87 Abs. 1 Nr. 6 BetrVG vorliegt. Danach hat der Betriebsrat mitzubestimmen über:

"Einführung und Anwendung von technischen Einrichtungen, die dazu bestimmt sind, das Verhalten oder die Leistung der Arbeitnehmer zu überwachen".

Nach Auffassung des BAG gilt diese Vorschrift auch dann, wenn die technischen Einrichtungen objektiv zur Überwachung geeignet sind, unabhängig davon, ob der Arbeitgeber dieses Ziel auch tatsächlich verfolgt. Allerdings muß die Überwachung "unmittelbar" erfolgen, d.h. die technischen Einrichtungen müssen die Überwachung selbst bewerkstelligen (SÖLLNER 1984). Dies ist etwa dann der Fall, wenn mit Hilfe von Multimoment-Filmkameras regelmäßig Aufnahmen von Arbeitsplätzen erstellt werden, oder wenn Filmkameras für Zeitstudien über eine bestimmte Dauer hinweg benutzt werden. Auf der einen Seite (z.B. SÖLLNER 1984; ZÖLLNER 1984) wird argumentiert, daß "Überwachen" im Sinn von unmittelbarem Beobachten oder Beaufsichtigen, nicht dagegen als nachträgliche kontrollierende Auswertung der durch Beobachtung gewonnenen Daten zu verstehen sei. Dabei gehe es nur um die Gewinnung und Erhebung von Daten über das Verhalten oder die Leistung, nicht aber um die spätere Verwendung und Verarbeitung dieser Daten. Ausgehend von Kleincomputern und Datenverarbeitungsanlagen, mit denen Lochkarten ausgewertet werden, kommt SÖLLNER (1984) zu dem Schluß, daß PIS die gespeicherten Daten nicht selbst gewinnen, sondern daß Menschen oder technische Einrichtungen (z.B. Zeiterfassungsgeräte) vorgeschaltet werden müssen, um diese Daten einzugeben. Zudem geht der Autor davon aus, daß durch PIS nicht Daten mit neuer Qualität produziert werden, sondern lediglich Informationen, die bereits in den Ausgangsdaten enthalten sind, erschlossen werden; bereits vorhandene Zusammenhänge können auf diese Weise transparent gemacht werden. Im Gegensatz hierzu hat das Arbeitsgericht Karlsruhe mit Urteil vom 27.1.1983 (DB, 1983, S. 1211f.; BB, 1983, S. 1664 f.) festgestellt, daß PAISY in Verbindung mit der entsprechenden Hardware eine technische Einrichtung darstellt, die dazu bestimmt ist, das Verhalten oder die Leistung von Arbeitnehmern zu überwachen. Begründet wurde dies damit, daß bei der Erstellung von Verdienst-Abrechnungen Abwesenheitszeiten mit Begründung (z.B. Arbeitsunfähigkeit oder unentschuldigtes Fehlen) eingegeben werden müssen. Eine derartige Datenerfassung bzw. eine solche Anlage, welche die täglichen An- oder Abwesenheitszeiten aufzeichnet oder speichert

Abb. 42: Schematische Darstellung eines Konfliktverlaufs zwischen Arbeitgeber (AG) und Betriebsrat (BR) (modifiziert nach OECHSLER u. KERZEL 1984, S. 187)

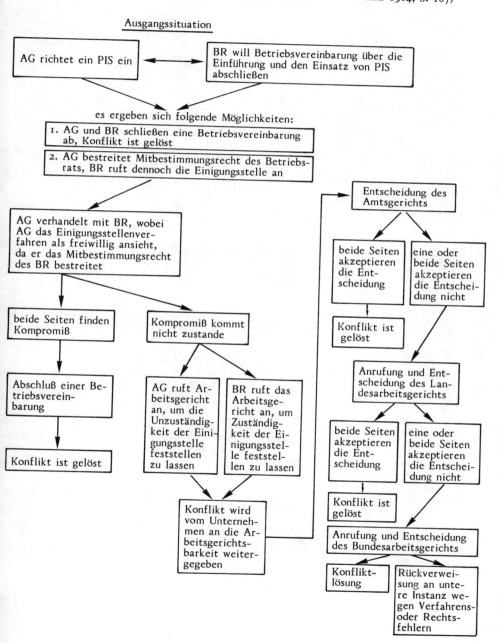

Ausgangssituation

AG richtet ein PIS ein ←→ BR will Betriebsvereinbarung über die Einführung und den Einsatz von PIS abschließen

es ergeben sich folgende Möglichkeiten:

1. AG und BR schließen eine Betriebsvereinbarung ab, Konflikt ist gelöst

2. AG bestreitet Mitbestimmungsrecht des Betriebsrats, BR ruft dennoch die Einigungsstelle an

AG verhandelt mit BR, wobei AG das Einigungsstellenverfahren als freiwillig ansieht, da er das Mitbestimmungsrecht des BR bestreitet

beide Seiten finden Kompromiß

Abschluß einer Betriebsvereinbarung

Konflikt ist gelöst

Kompromiß kommt nicht zustande

AG ruft Arbeitsgericht an, um die Unzuständigkeit der Einigungsstelle feststellen zu lassen

BR ruft das Arbeitsgericht an, um die Zuständigkeit der Einigungsstelle feststellen zu lassen

Konflikt wird vom Unternehmen an die Arbeitsgerichtsbarkeit weitergegeben

Entscheidung des Amtsgerichts

beide Seiten akzeptieren die Entscheidung

eine oder beide Seiten akzeptieren die Entscheidung nicht

Konflikt ist gelöst

Anrufung und Entscheidung des Landesarbeitsgerichts

beide Seiten akzeptieren die Entscheidung

eine oder beide Seiten akzeptieren die Entscheidung nicht

Konflikt ist gelöst

Anrufung und Entscheidung des Bundesarbeitsgerichts

Konfliktlösung

Rückverweisung an untere Instanz wegen Verfahrens- oder Rechtsfehlern

sowie den Grund der Abwesenheit stichwortartig festhält, ist objektiv dazu geeignet, das Verhalten von Arbeitnehmern zu überwachen (entsprechendes gilt für die Akkordabrechnung). Gleichzeitig wurde bestätigt, daß auch eine "Unmittelbarkeit" der Überwachung gegeben ist, da die installierte Anlage die aufzuzeichnenden Daten erfaßt, ohne daß eine weitere Maßnahme erforderlich ist. Eine zeitlich versetzte Auswertung schließe die Unmittelbarkeit der Überwachung nicht aus. Ausgedruckte oder auf dem Bildschirm im Dialogverkehr abgefragte Zusammenstellungen von vielen aufgezeichneten oder abgeglichenen Daten vermögen, der Argumentation des Gerichts zufolge, einzelperson- oder gruppenbezogen, individuell oder anonym, direkten Aufschluß über Verhalten oder Leistung zu geben. PIS seien geradezu exemplarisch dazu geeignet unmittelbar aus dem Ausdruck oder dem Bildschirm ablesbare Zusammenstellungen von Kontrollinformationen zu liefern. Auch das Argument, daß die im Computer gespeicherten Daten ohnehin bereits in jeder einfachen Personalkartei zu finden seien, ließ das Gericht nicht gelten. Die systematische, computermäßige Erfassung dieser Daten erfolge gerade mit dem Ziel einer schnelleren und unkomplizierteren Verfügbarkeit der Daten und damit auch um eine bessere Kontrollmöglichkeit über den Arbeitnehmer zu erhalten. Zudem komme es nicht darauf an, ob und auf welche Weise auch früher schon eine - u.U. mitbestimmungsfreie - Kontrolle ausgeübt worden ist; entscheidend sei vielmehr, daß nun eine technische Einrichtung eingeführt und angewendet werden soll, die objektiv dazu in der Lage ist, das Verhalten oder die Leistung von Arbeitnehmern zu überwachen. Genau dies sei bei PAISY der Fall.

Eine weitere Variante zu dieser Diskussion wurde vom LAG Frankfurt (Beschluß vom 1.9.1983, DB 1984, S. 459) in der Auseinandersetzung um PAISY bei der Adam Opel AG beigetragen. Da PAISY selbst nichts registriert, sondern auf die Eingabe anderweitig abgesammelter Daten angewiesen ist, sei eine Unmittelbarkeit im Sinne der Rechtssprechung des BAG nicht gegeben. Allerdings nimmt das LAG bewußt eine Abweichung von der Rechtssprechung des BAG in Kauf, verzichtet auf das Erfordernis der Unmittelbarkeit der Überwachung und gelangt so zu einem Mitbestimmungsrecht des Betriebsrats nach § 87 Abs. 1 Nr. 6 BetrVG.

Mit Beschluß vom 14.9.1984 hat das Bundesarbeitsgericht (BAG) in Kassel den Betriebsräten ein Mitbestimmungsrecht zugesprochen, wenn in einem Unternehmen mit Hilfe einer technischen Einrichtung verhaltens- und leistungsbezogene Daten erhoben bzw. zu Aussagen über das Verhalten oder die Leistung von Arbeitnehmern ausgewertet werden. Diese höchstrichterliche Entscheidung geht davon aus, daß in der technischen Überwachung von Arbeitnehmern eine größere Gefährdung für das Persönlichkeitsrecht des Arbeitnehmers gesehen werden muß als bei einer Überwachung mit herkömmlichen Mitteln. Auch die technische Verarbeitung von Verhaltens- und Leistungsdaten führt nach dem BAG zu einer solchen Gefährung. Sie sei vergleichbar mit den Gefahren, die bei der technischen Erhebung dieser Daten entstehen, wie sie der Senat zur Frage der Mitbestimmung bei Bildschirmarbeitsplätzen beschrieben hat.

Das Mitbestimmungsrecht sei nach dem BAG durch den Paragraphen 87 Abs. 1 Nr. 6 BetrVG gedeckt. Anlaß für diese Entscheidung war ein Streit zwischen dem Düsseldorfer Gesamtbetriebsrat eines internationalen Kopierautomatenherstellers und dem Management. Die Kundendiensttechniker sollten nach den Plänen der Firma in einem Berichtsystem einen Beleg ausfüllen, in dessen 63 Belegtiteln produkt- und leistungsbezogene Angaben über die Ausführung des Auftrags gemacht wurden, wobei auch die Personalnummer des Kundendiensttechnikers einzutragen war. Die Angaben wurden dann anschließend in einer EDV-Anlage ausgewertet.

- 249 -

Die Diskussion in der Literatur ist v.a. deshalb kontrovers, weil der Wortlaut des § 87 Abs. 1 Nr. 6 wenig Aufschluß über den Regelungsumfang gibt; so wird z.B. die Konstruktion des Bundesarbeitsgerichts über die objektive und unmittelbare Überwachungseignung der Komplexität von PIS nicht völlig gerecht (s. MÜLLER 1984). Bei einer Bewertung der vorliegenden richterlichen Entscheidungen muß auch berücksichtigt werden, daß bisher primär PAISY Gegenstand gerichtlicher Auseinandersetzungen gewesen ist, andere, "mächtigere" PIS sind (nach dem Kenntnisstand des Autors) bisher nicht vor Gericht behandelt worden.

Zu prüfen wäre im Einzelfall, ob das jeweilige PIS bzw. eines seiner Teilsysteme eine direkte Überwachung - sei es auch nachträglich - ermöglicht. Bedenkt man den fortschreitenden Integrationsgrad von PIS, der in den Ergebnissen der empirischen Untersuchungen von KILIAN bzw. ORTMANN zum Ausdruck kommt, so kann man davon ausgehen, daß im Bereich der Personalplanung und der Personalverwaltung verstärkt Programme eingesetzt werden, die durch eine Algorithmisierung (oder "Verselbständigung") Daten über Verhalten oder Leistung von Arbeitnehmern ermitteln; in diesen Fällen wäre eine aktuelle Überwachung gegeben (s. JOBS 1983). Eine ausführliche Diskussion der Mitbestimmungsmöglichkeiten der Betriebsräte bei der Einführung und dem Betrieb von PIS ist bei FRANZ (1983) und bei FREUND (1984) zu finden.

Angesichts vielfach geäußerter Zweifel an der vollständigen Kontrollierbarkeit aller Funktionen eines PIS wurde im Rahmen innergewerkschaftlicher Diskussionen ein totales Verbot von PIS erörtert. Wegen der Aussichtslosigkeit der Realisierung dieser Forderung einigten sich die Gewerkschaftsvertreter schließlich auf eine Strategie der Installation einer möglichst hohen "Mißbrauchsschwelle". Zu diesem Zweck wurden u.a. Muster-Betriebsvereinbarungen zu PIS (s. Beleg 13) und Checklisten zur "Analyse" von PIS (s. Beleg 14) entworfen. Trotz solch unterstützender Maßnahmen besteht die Gefahr, daß der PIS-Komplex die Betriebsräte fachlich und durch den damit verbundenen Zeitaufwand überfordert. Notwendig wäre eine "begleitende" Beratung des Betriebsrats durch Experten bzw. durch Gewerkschaften. Zudem besteht die Gefahr, daß wegen der Mitbestimmung des Betriebsrats bei der Einführung und dem Betrieb von PIS (nach BLUME 1984, S. 72)

- eine "Datenschutzbürokratie" entsteht, die die Unternehmen personell, technisch und durch ein "Verstecken" der Funktionen in anderen Systemen besser kompensieren können als die Arbeitnehmervertretungen (z.B. ständige Kontrolllast des Betriebsrats);

- eine katalytische Wirkung auf die traditionelle, auf Normierung und Kodifizierung ausgelegte Gewerkschaftsstrategie entsteht (z.B. über die Definition des "Mißbrauchs" bzw. des erlaubten Grades "abweichenden Verhaltens"); somit führt die Mitbestimmung über einen ständigen Neuverhandlungsdruck bei Änderungen des Systems und sonstigen Mitbestimmungstatbeständen zu einem Sog für die Betriebsräte, sich doch an der DV-gestützen Personalarbeit zu beteiligen;

- wegen der System- bzw. Technologiefixierung systematisch von den z.T. selbst mitgetragenen und zu verantwortenden Bedingungen von PIS abgelenkt wird, und in den Illusionen von "formaler" Mitbestimmung und justitiabler "Sicherheit" weitergehende Ansätze und Autonomiebestrebungen auf der Strecke bleiben;

- über den "Datenschutz" bzw. die installierten "Mißbrauchskontrollen" eine übermäßige "Leistungs- und Verhaltenskontrolle" (v.a. der Personalsachbearbeiter) möglich und eine streng hierarchisch-arbeitsteilige Organisation des Personalwesens legitimiert wird.

Beleg 13 : Regelungspunkte einer Betriebsvereinbarung (BV) zur computergestützten Personaldatenverarbeitung in Stichworten
(aus: KLOTZ u. MEYER-DEGENHARDT 1984, S. 260)

---

1. Gegenstand der BV (Definition personenbezogener Daten und deren Verarbeitung).

2. Abschließender Katalog aller Daten (als Anlage zur BV, nach Dateien gegliedert).

3. Abschließendes Verzeichnis aller verschlüsselten Daten (als BV-Anlage, Gegenüberstellung Schlüssel-Klartext).

4. Abschließender Katalog aller Verknüpfungen, Auswertungen (als BV-Anlage, mit
Erläuterung von Verwendungszwecken, Sortierkriterien, Aufruf-Befehlen, List-
bildern der Druckerausgabe, Bildschirm-Masken).

5. Regelung der Zugriffsberechtigung auf Daten und Programme (als BV-Anlage).

6. Beschreibung der eingesetzten Hardware (Rechner, Speicher, Peripherie-Geräte
mit Standortbeschreibung, als BV-Anlage).

7. Schnittstellen zu anderen EDV-Systemen (als BV-Anlage).

8. Mitbestimmungsrechte des Betriebsrats bei Änderungen (vom Bestand an Daten
und Schlüsseln, von Programmfunktionen und Programmanzahl usw.).

9. Kontrollrechte des Betriebsrats (Regelung der (Klartext-)Protokollierung jeder
Verarbeitung von Personaldaten, Einsichtsmöglichkeiten, Stichproben, Schulung,
Hinzuziehung von Sachverständigen).

10. Rechte der betroffenen Arbeitnehmer (kostenlose und regelmäßige Information
über die gespeicherten Daten, Verfahrensweise bei Zweifel an der Richtigkeit
der Daten).

11. Datenschutz (betrieblicher Datenschutzbeauftragter, Datenlöschung, Datensicherung).

12. Verfahren bei Verstößen gegen die BV (Sanktionen).

13. Schlußbestimmungen (Einigungsstelle bei Auslegungsstreitigkeiten, Kündigungsfristen usw.).

Diese Liste enthält bewußt nur wenige Stichworte der wichtigsten Regelungspunkte.
Die Erfahrungen der Vergangenheit zeigen, daß vollständig ausformulierte "Muster"-
Vereinbarungstexte in den meisten Fällen zu unbefriedigenden Ergebnissen führen.
Deshalb hier diese "Sparsamkeit".

Beleg 14: Checkliste zur Analyse von Personaldatensystemen aus gewerkschaftlicher Sicht (aus: KLOTZ u. MEYER-DEGENHARDT 1984, S. 1260 f.)

1. Welche Daten des Arbeitnehmers werden in Computersystemen erfaßt, gespeichert, verarbeitet? (Z.B. auch besonders sensible Daten wie psychologische Eignungsdaten/ Gesundheitsdaten/Gewerkschaftsmitgliedschaft/Funktionen, Aktivitäten im Rahmen der Interessenvertretung/politische, religiöse Einstellung/Freizeitverhalten/persönliche Verhältnisse/Disziplinarmaßnahmen/Austrittsgründe/Lohnpfändungen/... und Leistungs-, Verhaltensdaten wie Bearbeitungszeiten/Abwesenheiten/Gleitzeitdaten/...)

2. Woher stammen die Daten? (Z.B. Personalfragebogen/Betriebsdatenerfassungssystem/ Verbände, Behörden, andere Unternehmen/Werksarzt/Vorgesetzte/Zugangskontrollsyste-me/Telefonsysteme/Kantinenabrechnungssysteme/computergestützte Arbeitsmittel/...)

3. Zu welchem Zweck werden die einzelnen Daten benötigt? (Z.B. Personalplanung/Stel-len- und Leistungsbewertung/Personaleinsatzplanung/Lohn- und Gehaltsabrechnung/ Projektverfolgung/Aus- und Fortbildungsplanung/...)

4. Welche Daten werden weitergegeben und wohin? (Z.B. Krankenkassen/Arbeitsamt/Ren-tenversicherung/staatliche Stellen/Verbände/andere Arbeitgeber/Werbewirtschaft/...)

5. Ist die Speicherung bzw. Weitergabe der Daten zulässig? (-liegt die Einwilligung des Arbeitnehmers vor?/gibt es Rechtsgrundlagen für die Speicherung bzw. Weitergabe?/ ist die Speicherung im Rahmen des Arbeitsverhältnisses erforderlich?)

6. Welche Personen haben Zugriff auf die Daten? (Wer darf Daten lesen, löschen, ver-ändern?)

7. Gibt es Löschungsfristen für die einzelnen Daten? (z.B. für Disziplinarmaßnahmen/ unentschuldigtes Fehlen/Daten ausgeschiedener Arbeitnehmer/...)

8. Welche computergestützten Systeme sind im Betrieb vorhanden? (Z.B. Zeiterfassungs-systeme/Telefongebührenerfassung/Kantinenabrechnung/Zugangskontrollsysteme/Park-platzkontrolle/Fertigungssteuerung/Betriebsdatenerfassung/CAD(computergestützte Konstruktion)/CAP(computergestützte Planung)/CAQ(computergestützte Qualitäts-kontrolle)/Textverarbeitungssysteme/computergestützte Lagerhaltung, Materialverwal-tung, Bestellungen, Rechnungswesen usw.).

9. Welche Koppelungen bestehen zwischen diesen Systemen?

10. Welche Auswertungsprogramme gibt es im Personalinformationssystem?
(Z.B. Fehlzeitenstatistik/Fluktuationsstatistik/Lohn- und Gehaltsstatistiken/Leistungs-statistiken/Profilabgleich (d.h. Stellenbesetzungsvorschläge durch Vergleich von Ar-beitsplatz- und Mitarbeiterdaten)/Terminüberwachung/automatische Alarmmeldungen (z.B. mehrfach krank in einem bestimmten Zeitraum, Ablauf der Probezeit usw.)/ Maschinenauslastungsstatistiken im Zusammenhang mit Personaldaten/...)

11. Können die Arbeitnehmer ihren Anspruch auf vollständige Auskunft zu den über sie gespeicherten Daten kostenlos und regelmäßig wahrnehmen?

12. Gibt es auf dem Personaldatenausdruck unverständliche bzw. verschlüsselte Angaben oder Lücken?

13. Hat der Betriebsrat unbeschränktes Zugriffsrecht auf Daten und Programme des Per-sonalinformationssystems - gegebenenfalls unter Heranziehung von Sachverständigen?

Allerdings räumt der Autor gleichzeitig ein, daß ein Verbot von PIS das Feld zwar weiter politisieren würde, eine strukturelle Lösung des Problems damit aber nicht zu erzielen sei. BLUME geht davon aus, daß die Lösung des Problems keine technologische Frage ist, sondern in den generellen gesellschaftlichen Strukturen zu suchen ist, die gegenwärtig sichern, daß sich das Kapitalinteresse auf Kosten anderer Interessen durchsetzt.

3.9.10. Zusammenfassung und Schlußfolgerung

Eine pauschale Ablehnung von PIS ist nicht angebracht, da eine reibungslose und schnelle Abwicklung vieler Aufgaben des Personalwesens (z.B. Weitergabe von Informationen aufgrund gesetzlicher Bestimmungen an Behörden) ohne automatische Datenverarbeitung nicht möglich wäre. Allerdings ist die Umsetzung personalpolitischer Aufgaben v.a. im dispositiven Bereich in Programme äußerst kompliziert und die "Pflege" der Daten sehr aufwendig. Die Diskussion um PIS ist durch das Spannungsverhältnis zwischen Rationalisierung und Humanisierung der Arbeit geprägt. Die Möglichkeit der Abbildung von Menschen in Datenmengen beinhaltet die Gefahr einer Machtverschiebung zugunsten der Arbeitgeber und einer unangemessenen Reduktion menschlicher Komplexität. Zudem entsteht die Vision vom "gläsernen Menschen", dessen Recht auf Privatheit, informationelle Selbstbestimmung usw. durch PIS bedroht wird.

Hier soll davon ausgegangen werden, daß für die betroffenen Arbeitnehmer ein Handlungsspielraum existiert, der durch (kollektives) soziales Handeln genutzt werden kann, um die Berücksichtigung eigener Interessen im Zusammenhang mit PIS durchzusetzen. Wie Erfahrungen aus dem betrieblichen Alltag zeigen (siehe die Auseinandersetzungen um PAISY), müssen die Möglichkeiten zur Realisierung dieser Zwecke zum Teil erst erkämpft werden. Es hat sich dabei herausgestellt, daß dann, wenn der Widerstand der Betroffenen gegen PIS zunimmt, deren Rentabilität gefährdet wird und alternative Lösungen attraktiver werden. Einseitige Zumutungen an die Anpassungsbereitschaft der Arbeitnehmer sind u. E. verfehlt; nötig ist derzeit eine (freiwillige) Aufgabe von Herrschaftspositionen durch die Arbeitgeber (z.B. so wenig Daten wie möglich speichern, Einräumen von Mitsprachemöglichkeiten).

4. Literaturverzeichnis

ALBERS, F., FROST, B., ROSCHENBAUM, F. 1983. Marktübersicht "Datenschutz und Datensicherung": Eine Herstellerbefragung im Bereich Personal Computer (PC) und Anlagen der Mittleren Datentechnik (MDT). Datenschutz-Berater 2, 1-3.

AMBROSY, R. 1982). Personaleinsatz bei variabler Organisationsstruktur. Unveröffentl. Manuskrpit, Bochum.

ARNOLD, U. 1977. Probleme der Personalplanung. In: REBER, G. (Hrsg.) Personal- und Sozialorientierung in der BWL, Bd. 1 Personalwesen/Organisation. Stuttgart: Poeschel.

ASCHOFF,Chr. 1978. Betriebliches Humanvermögen. Wiesbaden: Gabler.

BÄCKER, G. & NAEGELE, G. 1983. Früher in den Ruhestand - aber wie? Sozial- und arbeitsmarktpolitische Probleme einer weiteren Absenkung der Altersgrenze. Sozialer Fortschritt 2, 27-34, 3, 59-64, 4, 79-83.

BAMBERG, G. & BAUR, F. 1982. Statistik. München u.a.: Oldenbourg.

BAMME, A., FEUERSTEIN, G., GENTH, R., EGGERT, H., KAHLE, R. & KEMPIN, P. 1983. Maschinen-Menschen Mensch-Maschinen. Grundrisse einer sozialen Beziehung. Reinbek: Rowohlt.

BECK, M. 1982. Welche Personalzusatzleistungen bevorzugen die Mitarbeiter. In: KNEBEL, H. & ZANDER, E. (Hrsg.) Der zweite Lohn-Personalzusatzleistungen. Bonn: Stollfuss (betrieb und personal), 89-96.

BEHREND, Ch. 1983. Probleme bei der Erfassung des Krankenstandes: Sind ältere Arbeitnehmer öfter krank? Berlin: Deutsches Zentrum für Altersfragen e.V. (DZA).

BEHREND, H. 1959. Voluntary absence from work. International Labour Review 79, 109-140.

BELLINGER, B. 1981. Das Problem der Fehlzeiten. Zeitschrift für Betriebswirtschaftslehre 51, 5, 435-450.

BENNINGHAUS, H. 1978. Arbeitssituation und Arbeitszufriedenheit. Reaktionen von Industriearbeitern auf Merkmale ihrer Tätigkeit. Kölner Zeitschrift für Soziologie und Sozialpsychologie 30, 514-547.

BERTHEL, J. 1979. Personalmanagement. Stuttgart u.a.: Poeschel.

BERTHEL, J. & KOCH, H.-E. 1982. Job Sharing und die Struktur von Arbeitsplatz-Anforderungen und Mitarbeiter-Qualifikationen. In: HEYMANN, H. & SEIWERT, L. (Hrsg.) Job Sharing. Stuttgart: Taylorix.

BEYER, H.-Th. 1981. Determinanten des Personalbedarfs. Stuttgart: Haupt.

BIERFELDER, W. (Hrsg.), 1976. Handwörterbuch des öffentlichen Dienstes. Das Personalwesen. Berlin: Schmidt.

BISANI, F. 1976. Das Personalwesen in der Bundesrepublik Deutschland. Teil 1. Köln: Hanstein.

BISANI, F. 1980. Personalwesen. Grundlagen, Organisation, Planung. Wiesbaden: Gabler.

BISANI, F. 1983. Entwicklung und Stand der Personalwirtschaftslehre als wissenschaftliche Disziplin an deutschen Hochschulen. In: SPIE, U. (Hrsg.) Personalwesen als Managementaufgabe. Stuttgart: Schäffer.

BLASS, W.P. 1983. Ten years of business planners. Long Range Planning 16, 3, 21-29.

BLUEDORN, A.C. 1982. A unified model of turnover from organizations. Human Relations 35, 2, 135-153.

BLUME, A. 1984. Wir haben keine Chance - nutzen wir sie! Einige Bemerkungen zu Personalinformationssystemen. Prokla: Zeitschrift für politische Ökonomie und sozialistische Politik 55, 58-78.

BOSCH, G. 1982. Personalplanung und die Folgen ihres Einsatzes. Mehrwert 23, 36-76.

BRINKMANN, Chr. 1977. Arbeitslosigkeit und Mobilität. Mitteilungen aus der Arbeitsmarkt- und Berufsforschung, 201-223.

BROWN, A. 1983. Everywhere, planners are in pain. Long Range Planning 16, 3, 18-20.

BRUGGEMANN, A., GROSKURTH, P. & ULICH, E. 1975. Arbeitszufriedenheit. Bern u.a.: Huber.

BORKARDT, D. & OPPEN, M. 1982. Krankenstandforschung zwischen Personal- und Gesundheitspolitik. Berlin: Wissenschaftszentrum - discussion papers IIVG/dp 82-203.

BULLINGER, H.-J. & WEBER, G. 1982. Job Sharing und flexible Arbeitsformen aus der Sicht der Produktion. In: HEYMANN, H. & SEIWERT, L. (Hrsg.) Job Sharing. Stuttgart: Taylorix.

BUNDESMINISTERIUM FÜR ARBEIT UND SOZIALORDNUNG (Hrsg.) 1981. Lage, Dauer, Tatsachen, Entwicklungen, Erwartungen und Verteilung der Arbeitszeit. Untersuchung im Auftrag des Bundesministers für Arbeit und Sozialordnung, durchgeführt von der Emnid-Institut GmbH & Co. Bonn.

BUNDESMINISTERIUM FÜR ARBEIT UND SOZIALORDNUNG (Hrsg.) 1981. Kündigungspraxis und Kündigungsschutz in der Bundesrepublik Deutschland, Bd. 1 u. 2. Untersuchung im Auftrag des Bundesministers für Arbeit und Sozialordnung, durchgeführt vom Max-Planck-Institut für ausländisches und internationales Privatrecht, Hamburg. (Sozialwissenschaftliche Forschungsgruppe - Falke, J.; Höland, A., Rhode, B.; Zimmermann, G.) Bonn.

BUNDESMINISTERIUM FÜR ARBEIT UND SOZIALORDNUNG. 1983. Konzept zur Vorruhestandsregelung für Arbeitnehmer ab 59 vorgelegt. Sozialpolitische Informationen vom 9.12.1983.

CHMIELEWICZ, K. 1983. Wertschöpfung. Die Betriebswirtschaft 43, 1, 152-154.

CLEFF, S.H. 1979. Das Cleff Job Matching System. Entstehungsgeschichte und gegenwärtiger Entwicklungsstand. In: REBER, G. (Hrsg.) Personalinformationssysteme. Stuttgart: Poeschel.

CLEGG, Ch. W. 1983. Psychology of employee lateness, absence, and turnover: a methodological critique and an empirical study. Journal of Applied Psychology 68, 1, 88-101.

CONRADI, W. 1983. Personalentwicklung. Stuttgart: Enke.

DÄUBLER, W. 1979. Das Arbeitsrecht: Ein Leitfaden für Arbeitnehmer. Reinbek: Rowohlt.

DÄUBLER, W. 1983. Kündigungsschutz - eine sinnvolle Perspektive? In: ELLERMANN-WITT, R., ROTTLEUTHNER, H. & RUSSIG, H. (Hrsg.) Kündigungspraxis, Kündigungsschutz und Probleme der Arbeitsgerichtsbarkeit. Opladen: Westdeutscher Verlag.

DEUTSCHE GESELLSCHAFT FÜR PERSONALFÜHRUNG, 1980. Personalzusatzaufwand. Freiburg i.Br.: Haufe.

DIELMANN, K. 1981. Betriebliches Personalwesen. Stuttgart: Kohlhammer.

DIERKES, M. 1974. Die Sozialbilanz: Ein gesellschaftsbezogenes Informations- und Rechnungssystem. Frankfurt/M.: Herder.

DOHSE, K., JÜRGENS, U. & RUSSIG, H. (Hrsg.) 1982. Ältere Arbeitnehmer zwischen Unternehmensinteressen und Sozialpolitik. Frankfurt/M.: Campus.

DOMBOIS, R. 1976. Massenentlassungen bei VW, Individualisierung der Krise. Leviathan 4, 432-464.

DOMBOIS, R., FRIEDMANN, P. & GOCKELL,P. 1982. Vom Heuern und Feuern zur stabilen Mindestbelegschaft. Drei Jahrzehnte betrieblicher Beschäftigungspolitik eines Schiffbauunternehmens. Mehrwert-Beiträge zur Kritik der politischen Ökonomie 23, 4, 7-35.

DOMSCH, M. 1978. Die Planung des Personalbedarfs. Zeitschrift für betriebliche Forschung, Kontaktstudium, S. 111 f.

DOMSCH, M. 1979. Personal-Informationssysteme. Instrumente der Personalführung und Personalverwaltung. SCS-Schriftenreihe Bd. 6, Hamburg.

DOMSCH, M. 1979a. Das Problem der Kosten-Nutzen-Analyse bei Personalinformationssystemen. In: REBER, G. (Hrsg.) Personalinformationssysteme. Stuttgart: Poeschel, 337-370.

DOMSCH, M. 1980. Systemgestützte Personalarbeit. Wiesbaden: Gabler.

DOSTAL, W. 1982. Fünf Jahre Mikroelektronik. Mitteilungen der Arbeitsmarkt- und Berufsforschung der Bundesanstalt für Arbeit 2, 151-166.

DOSTAL, W. 1983. Beschäftigungsprobleme durch Datenverarbeitung und Mikroelektronik. Materialien aus der Arbeitsmarkt- und Berufsforschung der Bundesanstalt für Arbeit 4, 2-8.

DREHER, G.F. 1982. The Role of performance in the turnover process. Academy of Management Journal 25, 137-147.

DRUMM, H.J. 1983. Personalplanung bei Beschäftigungskrisen. In: DRUMM, H.J., ENGELEN-KEFER, U., KADOR, F.-LÖWITSCH, M. & STINGL, J. (Hrsg.) Gegenwartsprobleme der betrieblichen Personalplanung. Mannheim u.a.: Bibliographisches Institut.

DRUMM, H.J., SCHOLZ, Ch. & POLZER, H. 1980: Zur Akzeptanz formaler Personalplanungsmethoden. Zeitschrift für betriebswirtschaftliche Forschung 32, 721-740.

ECKARDSTEIN, D.v. & SCHNELLINGER, H. 1978. Betriebliche Personalpolitik. München: Vahlen.

ECKERT, H. 1977. Die Personalzusatzkosten in der Wirtschaft. Köln: Deutscher Instituts-Verlag.

ELSCHEN, R. 1982. Risikoschub bei Gruppenentscheidungen? Ein Beispiel für den Umgang von Betriebswirtschaftlern mit verhaltenswissenschaftlichen Forschungsergebnissen. Schmalenbachs Zeitschrift für betriebswirtschaftliche Forschung 34, 10, 870-891.

ELSCHEN, R. 1982. Betriebswirtschaftslehre und Verhaltenswissenschaft: Probleme einer Erkenntnisübernahme am Beispiel des Risikoverhaltens bei Gruppenentscheidungen. Thun u.a.: Deutsch.

EMRICH-OLTMANNS, S. 1976. Arbeitsbuch Personalplanung. Frankfurt/M. RKW.

ENDE, W. 1982. Theorien der Personalarbeit im Unternehmen. Königstein: Hanstein.

ENGELEN-KEFER, U. 1982. Humankapitalrechnung und Arbeitnehmerinteressen - Ein Beitrag aus der Sicht der Gewerkschaften. In: SCHMIDT, H. (Hrsg.) Humanvermögensrechnung. Berlin u.a.: de Gruyter.

ENGELEN-KEFER, U. 1983. Personalplanung und personalpolitische Ziele. In: DRUMM, H.J. u.a. (Hrsg.) Gegenwartsprobleme der betrieblichen Personalplanung. Mannheim u.a.: Biographisches Institut.

ENGFER, U., HINRICHS, K., OFFE, C. & WIESENTHAL, H. 1983. Arbeitszeitsituation und Arbeitszeitverkürzung in der Sicht der Beschäftigten: Ergebnisse einer Arbeitnehmerbefragung. Mitteilungen aus der Arbeitsmarkt- und Berufsforschung 2, 91-105.

FALKE, J. 1983. Kündigungspraxis und Kündigungsschutz. In: ELTERMANN-WITT, R., ROTTLEUTHNER, H. & RUSSIG, H. (Hrsg.) Kündigungspraxis, Kündigungsschutz und Probleme der Arbeitsgerichtsbarkeit. Opladen: Westdeutscher Verlag, 13-43.

FANDEL, G. 1983. Begriff, Ausgestaltung und Instrumentarium der Unternehmensplanung. Zeitschrift für Betriebswirtschaft 43, 5, 479-508.

FEY, R. 1983. Informationswirtschaft - ein personalpolitisches Instrument von wachsender Bedeutung. In: SPIE, U. (Hrsg.) Personalwesen als Managementaufgabe. Stuttgart: Schäffer, 181-192.

FISCHER-WINKELMANN, W.F. & HOHL, E.K. 1982. Konzepte und Probleme der Humanvermögensrechnung. Der Betrieb 51/52, 2636-2644.

FITZGIBBONS, D. & MOCH, M. 1980. Employee absenteeism: A multivariate analysis with replication. Organizational Behavior and Human Performance 26, 349-372.

FLAMHOLTZ, E. 1974. Human Resource accounting. Encino, Belmont (Calif.).

FRANZ, A. 1983. Personalinformationssysteme und Betriebsverfassung. Köln: Bund-Verlag.

FREUND, Chr. 1984. Mitbestimmung bei betrieblichen Personalinformationssystemen. München: Florentz.

FRIEDRICH, W. & SPITZNAGEL, E. 1982. Teilzeitarbeit und Arbeitsmarkt - Bewertung der Arbeitsplatzteilung durch Erwerbspersonen und Unternehmen. In: HEYMANN, H. & SEIWERT, L. (Hrsg.): Job Sharing. Stuttgart: Taylorix.

FRIELING, E. 1977. Die Arbeitsplatzanalyse als Grundlage der Eignungsdiagnostik. In: TRIEBE, J.K. & ULICH, E. (Hrsg.) Beiträge zur Eignungsdiagnostik. Bern/Stuttgart/Wien: Huber.

FORSTENBERG, F. 1982. Sozialpsychologische und sozialorganisatorische Aspekte des Job Sharing. In: HEYMANN, H. & SEIWERT, L. (Hrsg.) Job Sharing. Stuttgart: Taylorix.

GAUGLER, E. 1962. Innerbetriebliche Information als Führungsaufgabe. Hilden.

GAUGLER, E. (Hrsg.) 1975. Handwörterbuch des Personalwesens. Stuttgart: Poeschel.

GAUGLER, E. 1982. Gegenstandsbereich und Erkenntnisstand des Personal-Management. Betriebswirtschaftliche Forschung und Praxis 34, 285-301.

GAUGLER, E. 1982a. Kosten- und Nutzeneffekte der Teilzeitarbeit. In: HEYMANN, H. & SEIWERT, L. (Hrsg.) Job Sharing. Stuttgart: Taylorix.

GAUGLER, E. 1983. Flexibilisierung der Arbeitszeit. Schmalenbachs Zeitschrift für betriebswirtschaftliche Forschung 10, 858-872.

GAUGLER, E., GILLE, G. & PAUL, H. 1981. Teilzeitarbeit:Forsch.Bericht über die wissenschaftliche Begleituntersuchung zum Modellversuch "Teilzeitbeschäftigung". Mannheim.

GAUGLER, E., HUBER, K.W. & RUMMEL, C. 1974. Betriebliche Personalplanung. Göttingen: Schwartz.

GAUGLER, E. & MARTIN, A. 1979. Fluktuation und krankheitsbedingte Fehlzeiten als Indikatoren für Arbeitszufriedenheit. In WUNDERER, R. (Hrsg.) Humane Personal- und Organisationsentwicklung. Festschrift für Guido Fischer. Berlin: Duncker & Humblot.

GIBSON, R.O. 1966. Toward a conceptualization of absence behavior of personnel in organizations. Administrative Science Quarterly 11, 1 (June) 107-133.

GOLA, P. 1983. Anforderungen des Arbeitsrechts an Personal-Informationssysteme - dargestellt am Beispiel der Datenerhebung. In: HENTZSCHEL, B. & WRONKA, G. (Hrsg.) Personalinformationssysteme in der Diskussion. Köln: Datakontext.

GOOS, W. 1980. Der Job Sharing-Arbeitsvertrag: Vorschläge zur Arbeitsvertragsgestaltung mit Erläuterungen.Der Betrieb (DB) 48, 2339-2342.

GOOSENS, F. 1955. Personalleiter-Handbuch. München: Moderne Industrie.

GRONEFELD, H.-G. 1975. Erfassung und Analyse des Personalaufwandes. Bestimmungsgrößen und Errechnung. München: Verlag Moderne Industrie.

GRONEFELD, H.-G. 1981. Personal-Kennzahlensysteme: Planung, Kontrolle und Analyse von Personalaufwand und -daten. Wiesbaden: Gabler.

GRONEFELD, H.-G. 1982. Der Personalzusatzaufwand - Abgrenzung und Einordnung der Aufwandsarten. Personalwirtschaft 10, 20-25.

GRONEFELD, H.-G. 1983. Steuerung und Kontrolle des Personalaufwandes. Wiesbaden: Gabler.

GÖRTLER, J. & SPITZNAGEL, E. 1983. Potentielle Beschäftigungswirkungen alternativer Ruhestandsregelungen, kurz- und mittelfristige Wachstums- und Beschäftigungsperspektiven. Mitteilungen aus der Arbeitsmarkt- und Berufsforschung 2, 177-192.

GUT, P., STEFFENS, E.-J. & THIELE, W. 1983. Strukturanalyse der Arbeitsunfähigkeit. In: VOLKHOLZ, V., BORKARDT, D., EGGELING, F., GUT, P., OPPEN, M. STEFFENS, E.-J. & THIELE, W. (Hrsg.) Kosten der Arbeitsunfähigkeit. Forschungsbericht Nr. 361 der Bundesanstalt für Arbeitsschutz. Dortmund: Verlag für neue Wissenschaft GmbH.

HACKER, W. (Hrsg.) 1980. Spezielle Arbeits- und Ingenieurpsychologie, Bd. 1 und Bd. 2. Berlin: Deutscher Verlag der Wissenschaften.

HACKSTEIN, R., NOSSGENS, K.H. & UPHUS, P.H. 1971. Personalbedarfsermittlung im System Personalwesen (I u. II). Fortschrittliche Betriebsführung 20, 105-124; 159-181.

HACKSTEIN, R. & KOCH, G.A. 1975. Personalinformationssysteme. In: GAUGLER, E. (Hrsg.) Handwörterbuch des Personalwesens. Stuttgart: Poeschel.

HAGNER, G.W. 1975. Die Anwendung der Arbeitsplatz- und Kennzahlenmethode im Rahmen der quantitativen Personalplanung. In: SCHMIDT, H. u.a. (Hrsg.) Handbuch der Personalplanung. Frankfurt/M. Herder & Herder.

HANEL, E. 1982. Rechtliche Probleme bei der Personalanpassung. Personal 3, 130-132.

HARTMANN, H.A., HAUBL, R., NEUBERGER, O., PELTZER, U. & WAKENHUT, R. 1984. Diagnostische Probleme psychologischer Begutachtung. In: HARTMANN, H.A. & HAUBL, R. (Hrsg.) Psychologische Begutachtung: Problembereiche und Praxisfelder. München: Urban & Schwarzenberg, 75-126.

HAUSS, F., MÜLLER, W., OPPEN, M., SCHARF, B., THIELE, W. & WESTHOFF, J. 1984. Krankenstand zwischen Unternehmenspolitik und Gesundheitsinteresse. Düsseldorf: Berg-Verlag.

HAVIGHURST, R.J. & ALBRECHT, R. 1953. Older people. New York: Longmanns.

HEINEN, E. 1978. Neue Ansätze im betrieblichen Rechnungswesen - Eine Einführung in den Problemkreis der Untersuchung. In: ASCHOFF, Chr. (Hrsg.) Betriebliches Humanvermögen. Wiesbaden: Gabler, XI.

HEINRICH, L.J. & PILS, M. 1977. Personalinformationssysteme - Stand der Forschung und Anwendung. Die Betriebswirtschaft 37, 259-265.

HEINRICH, L.J. & PILS, M. 1979. Personalinformationssysteme: Einführung und Überblick. In: REBER, G. (Hrsg.) Personalinformationssysteme. Stuttgart: Poeschel.

HELD, L. & KARG, P.W. 1983. Variable Arbeitszeit - Anspruch und Wirklichkeit. WSI-Mitteilungen 8, 469-480.

HEMMER, E. 1980. Sozialbericht/Sozialbilanz in der Diskussion. Köln: Deutscher Instituts-Verlag.

HEMMER, E. 1981. Personalzusatzkosten - Entwicklung und Methodenkritik. Köln: Deutscher Instituts-Verlag.

HEMMER, E. 1983. Freiwillige Sozialleistungen der Betriebe. Köln: Deutscher Instituts-Verlag.

HEMMER, E. 1984. Personalzusatzkosten im Produzierenden Gewerbe und im Dienstleistungssektor. Personal Report '84, 20-23.

HENSS, K. & MIKOS, L. 1983. Personalinformationssysteme: Der große Bruder im Betrieb. Berlin: Die Arbeitswelt.

HENTSCHEL, B. 1975. Unbekannte Größe Personalkosten. Personal - Mensch und Arbeit 7, 265-272.

HENTZE, J. 1969. Funktionale Personalplanung. Frankfurt/M. Diss.

HENTZE, J. 1970. Die Hauptdeterminanten des quantitativen Personalbedarfs. Zeitschrift für Betriebswirtschaft 40, 10, 677-688.

HENTZE, J. 1977. Personalwirtschaftslehre, Bd. 1 und 2. Bern/Stuttgart: Haupt.

HEYMANN, H.H., LANGENFELD, L. & SEIWERT, J. 1982. Flexible Arbeitszeiten und Job Sharing. Personal - Mensch und Arbeit 2, 76-78.

HILDEBRANDT, E. 1977. Betriebliche Personalpolitik als Spaltungsstrategie des Kapitals - kapitalistische Betriebspolitik und Gegenwehr in der Bundesrepublik 1974-1976. Prokla, Zeitschrift für politische Ökonomie und sozialistische Politik 26, 151-190.

HINRICHS, K. OFFE, C. & WIESENTHAL, H. 1982. Der Streit um die Zeit - die Arbeitszeit im gesellschaftspolitischen und industriellen Konflikt. In: OFFE, C. u.a. (Hrsg.) Arbeitszeitpolitik. Frankfurt/M. u.a.: Campus.

HINZE, D.A. 1982. Determinanten der Arbeitsverweigerung: eine empirische Untersuchung der Einflußfaktoren auf industriellen Absentismus. Spardorf: Wilfer.

HINZE, D.A. & NIEDER, P. 1980. Fluktuationsanalyse bei der Firma Vorwerk. Personal - Mensch und Arbeit 2, 53-57.

HITCHCOCK, F.L. 1941. The distribution of a product from several sources to numerous localities. In: Journal of Mathematics and Physics 2, 224-230.

HOFF, A. 1981. Job Sharing als arbeitsmarktpolitisches Instrument: Wirkungspotential und arbeitsrechtliche Gestaltung. Berlin: Wissenschaftszentrum, IIM/LMP 81 / 17.

HOFF, A. 1982. Notwendigkeit und Möglichkeit der tarifvertraglichen Regelung flexibler Arbeitszeiten. WSI-Mitteilungen 3, 183-190.

HOFF, A. 1983. Betriebliche Arbeitszeitpolitik zwischen Arbeitszeitverkürzung und Arbeitszeitflexibilisierung. München: Minerva.

HOFFMANN, R.-W. 1981. Arbeitskampf im Arbeitsalltag. Frankfurt/M.: Campus.

HOFMANN, J. 1982. Personalinformationssysteme. Frankfurt/M.: Nachrichten-Verlags-GmbH.

HOYOS, C. Graf 1974. Arbeitspsychologie. Stuttgart u.a.: Kohlhammer.

HUECK, A. & HUECK, G. 1980. Kündigungsschutzgesetz, 10. Aufl. München: Beck.

HUNOLD, W. 1982. Personalanpassung in Recht und Praxis. Eine Anleitung zur Lösung betrieblicher Probleme bei rückläufiger Beschäftigung. München: Beck.

HUNOLD, W. 1982a. Frühpensionierung älterer Mitarbeiter - Vergangenheit? Personal - Mensch und Arbeit 3, 110-113.

HUNSICKER, J.Q. 1980. The malaise of strategic planning. Management Review, March, 9-14.

INHOFFEN, A.O. 1979. Die Entlassung von Arbeitnehmern in der mitbestimmten Unternehmung. Stuttgart: Poeschel.

INSTITUT FÜR ARBEITSMARKT- UND BERUFSFORSCHUNG (IAB) (Hrsg.) 1983. Arbeitszeit und flexible Altersgrenze. Beiträge aus der Arbeitsmarkt- und Berufsforschung 75. Nürnberg: Willmy.

INSTITUT FÜR SOZIALFORSCHUNG UND GESELLSCHAFTSPOLITIK (ISG) 1983. Arbeitnehmer in der Spätphase ihrer Erwerbstätigkeit. Köln

IPSEN, D. 1978. Das Konstrukt Zufriedenheit. Soziale Welt 1, 44-53.

JACKOFSKY, E.F. & PETERS, L.H. 1983. The hypothesized effects of ability in the turnover process. Academy of Management Review 8, 46-49.

JOBS, F. 1983. Mitbestimmung des Betriebsrats gemäß § 87 Abs. 1 Nr. 6 BetrVG bei Personalinformationssystemen und Bildschirmarbeitsplätzen. Der Betrieb 43, 2307-2310.

JOHNS, G. & NICHOLSON, N. 1982. The Meanings of absence: New strategies for theory and research. In: STAW, B.M. & CUMMINGS, L.L. (Hrsg.) Research in Organizational Behavior 4, 127-172. New York: JAI Press.

KADOR, F.-J. 1982. Personalanpassung aus der Sicht der Bundesvereinigung der Deutschen Arbeitgeberverbände. Personalanpassungsmaßnahmen im Spannungsfeld interessenorientierter und politischer Wertungen und Positionen. Personal - Mensch und Arbeit 3, 102-105.

KALTENBACH, H. 1981. Früher in Rente mit versicherungsmathematischen Abschlägen? Die Angestelltenversicherung 12, 484-491.

KARG, P.W. 1982. Betrieblicher Personaldatenschutz. Informatik 20, 609-615.

KASL, S. v. 1980. The impact of retirement. In: COOPER, C.L. & PAYNE, R. (Hrsg.) Current concern in occupational stress. New York: Wiley, 137-186.

KERN, H. & SCHUMANN, M. 1984. Industriearbeit im Umbruch. In: Aus Politik und Zeitgeschichte: Beilage zur Wochenzeitung Das Parlament B 45, 31-38.

KIESER, A. 1983. Mythen und analytische Verfahren in der strategischen Planung.   Büro und Verkauf 6, 6-9.

KILIAN, W. 1982. Entwicklungsstand automatisierter Personalinformationssysteme in der Wirtschaft. In: Gesellschaft für Rechts- und Verwaltungsinformatik e.V. (GRVI) (Hrsg.) Personalinformationssysteme in Wirtschaft und Verwaltung. München: Schweitzer.

KILIAN, W., HEISSNER, T. & MASCHMANN-SCHULZ, B. 1981. Personalinformationssysteme in deutschen Großunternehmen. Berlin u.a.: Springer

KITTNER, M. & MEHRENS, K. 1977. Gesellschaftsbezogene Rechnungslegung. WSI-Mitteilungen, 20-23.

KLEES, B. 1983. Ausgewählte Probleme des Kündigungsschutzes in Gegenwart und Zukunft. In: ELLERMANN-WITT, R., ROTTLEUTHNER, H. & RUSSIG, H. (Hrsg.) Kündigungspraxis, Kündigungsschutz und Probleme der Arbeitsgerichtsbarkeit. Opladen: Westdeutscher Verlag, 241-255.

KLINGELHÖFER, L. 1975. Personaleinsatzplanung durch ein computergestütztes Informationssystem. Frankfurt/M./Zürich: Deutsch.

KLOTZ, U. & MEYER-DEGENHARDT, K. (Hrsg.) 1984. Personalinformationssysteme. Reinbek: Rowohlt.

KOCH, H. 1977. Aufbau der Unternehmensplanung. Wiesbaden: Gabler.

KOCH, H. 1980. Neuere Beiträge zur Unternehmensplanung. Wiesbaden: Gabler.

KOHL, H. 1978. Personalplanung und Gewerkschaften: Bericht über eine empirische Untersuchung bei Betriebsräten und Gewerkschaften. WSI-Mitteilungen 4, 222-231.

KOMPA, A. 1984. Personalbeschaffung und -auswahl. Stuttgart: Enke.

KOREIMANN, D. 1977. Lexikon der angewandten Datenverarbeitung. Berlin u.a.: de Gruyter.

KOSSBIEL, H. 1975. Personalplanung. In: GAUGLER, E. (Hrsg.) Handwörterbuch des Personalwesens. Stuttgart: Poeschel.

KRACKE, U. 1982. Sozialbilanzen und sozialverantwortliche betriebliche Sozialpolitik. Berlin: Duncker & Humblot.

KRINK, J. 1983. Organisationsplanung. Neuwied u.a.: Luchterhand.

KROPP, W. 1979. Personalbezogenes Rechnungswesen (pRw). In: GAUGLER, E., WÄCHTER, H. & WUNDERER, R. (Hrsg.) Schriften zum Personalwesen, Bd. 2. Königstein/Ts.: Hanstein.

KROPP, W. & WÄCHTER, H. 1982. Humankapitalrechnung - Kritische Bemerkungen aufgrund von Erfahrungen in einem Unternehmen der Eisen- und Stahlindustrie. In: SCHMIDT, H. (Hrsg.) Humanvermögensrechnung. Berlin u.a.: de Gruyter.

KOLLER, H.-D. 1979. Personalnebenkosten-Rechnung: Information oder Manipulation. WSI-Mitteilungen 12, 688-695.

LANDENBERGER, M. 1983. Arbeitszeitwünsche - Vergleichende Analyse vorliegender Befragungsergebnisse. Berlin: Wissenschaftszentrum discussion papers II M/LMP 83-17

LASKE, S. 1977. Die "Anforderungsgerechtigkeit" in der Arbeitsbewertung oder die Funktion von Fiktionen. In: GOHL, J. (Hrsg.) Arbeit im Konflikt. München: Goldmann, 142-162.

LAZARUS, R.S. 1966. Psychological stress and the coping process. New York u.a.: McGraw-Hill.

LEFKOWITZ, J. & KATZ, M. 1969. Validity of exit interviews. Personnel Psychology 22, 445-455.

LEHR, U. 1979. Flexibilität der Altersgrenze oder Herabsetzung des Pensionierungsalters? - Psychologische Aspekte. Zeitschrift für Betriebswirtschaft 49, 137-144.

LEHR, U. 1982. Berufliche Veränderung. Probleme der Ausgliederung aus dem Berufsleben. In: SCHULER, H. & STAEHLE, W. (Hrsg.) Psychologie in Wirtschaft und Verwaltung. Stuttgart: Poeschel, 359-380.

LEHR, U. 1983. Lebensarbeitszeitverkürzung. Für viele ein Danaer-Geschenk. Der Arbeitgeber 35, 73-75.

LOCKE, E.A. 1976. The nature and causes of job satisfaction. In: DUNNETTE, M.D. (Hrsg.) Handbook of Industrial and Organizational Psychology. Chicago: Rand McNally, 1297-1349.

LUTZ, B., SCHULTZ-WILD, R. & BEHR, M.V. 1977. Personalplanung in der gewerblichen Wirtschaft der Bundesrepublik - Ergebnisse der Betriebserhebung 1975, Bd. 1. Frankfurt u.a.: Campus.

LUTZ, B., SCHULTZ-WILD, R., TIEMANN, F. 1979. Betriebliche Personalplanung zwischen Unternehmensplanung und Personalpolitik - Ergebnisse der Betriebserhebung 1975, Bd. II. Frankfurt/M./München: Campus.

LUTZ, B., MAASE, M., MENDIUS, H.G., SCHULTZ-WILD, R., SENGENBERGER, W. 1980. Personalplanung zwischen Wachstum und Stagnation. Entwicklungstendenzen und Forschungsprobleme. In: MAASE, M. & SCHULTZ-WILD, R. (Hrsg.) Personalplanung zwischen Wachstum und Stagnation. Frankfurt/M.: Campus, 1-46.

MAIB, J. 1981. Fehlzeiten: Eine Untersuchung zu Begriff, Struktur und Bedingungen des Abwesenheitsverhaltens von Arbeitnehmern. Unveröffentl. Dissertation,Göttingen.

MAIER, W. 1983a. Kriterien humaner Arbeit: Persönlichkeitsentwicklung durch humane Arbeitssysteme. Stuttgart: Enke.

MAIER, W. 1983b. Arbeitsanalyse und Lohngestaltung. Stuttgart: Enke.

MARCH, J. & SIMON, H. 1958. Organizations. New York: Wiley.

MARR, R. 1975. Fluktuation. In: GAUGLER, E. (Hrsg.) Handwörterbuch des Personalwesens. Stuttgart: Poeschel, 845-855.

MARR, R. 1981. Datenschutz und betriebliche Personalplanung - ein Appell an die personalwirtschaftliche Forschung. Die Betriebswirtschaft 41, 1, 29-40.

MARR, R. 1982. Humanvermögensrechnung - Entwicklung von Konzepten für eine erweiterte Rechnungslegung der Unternehmen. In: SCHMIDT, H. (Hrsg.) Humanvermögensrechnung. Berlin u.a.: de Gruyter, 45-59.

MARR, R. & Stitzel, M. 1979. Personalwirtschaft. Ein konfliktorientierter Ansatz. München: Moderne Industrie.

MEIER, G. 1979. Job Sharing. A new pattern for quality of work and life. Kalamazoo.

MEIRITZ, W. 1984. Eignungsorientierte Personaleinsatzplanung. Frankfurt/M.: Lang.

MEISEL, P.G. 1974. Die Mitwirkung und Mitbestimmung des Betriebsrates in personellen Angelegenheiten. 4. Aufl. Heidelberg: Verlag Gesellschaft, Recht und Wirtschaft.

MELLEROWICZ, K. 1975. Personal- und Sozialaufwand. In: GAUGLER, E. (Hrsg.) Handwörterbuch des Personalwesens. Stuttgart: Poeschel, 1662-1672.

MENDIUS, H.G. 1980. Personalplanung und Interessenvertretung der Arbeitnehmer. In: MAASE, M. & SCHULTZ-WILD, R. (Hrsg.) Personalplanung zwischen Wachstum und Stagnation. Frankfurt/M. u.a.: Campus, 190-198.

MENDIUS, H.G. & SCHULTZ-WILD, R. 1982. Personalabbau ohne Entlassungen? Potentiale und Probleme von Einstellungssperren und Vorzeitverrentungen. Personal - Mensch und Arbeit 3, 117-120.

MERLE, G. 1963. Der freiwillige soziale Aufwand in der Industrie und seine betriebswirtschaftliche Behandlung. Berlin: de Gruyter.

MEYER, W.-H. 1982. Arbeitszufriedenheit: Ein interessiertes Mißverständnis. Opladen: Westdeutscher Verlag.

MILLER, G.A., GALANTER, E., PRIBRAM, K.H. 1973. Strategien des Handelns. Pläne und Strukturen des Verhaltens. Stuttgart: Klett.

MIRVIS, P.H. & MACY, B.A. 1976. Human Resource Accounting: A measurement perspective. Academy of Management Review 1, 74-83.

MOBLEY, W.H. 1982. Employee turnover: Causes, consequences, and control. London u.a. Addison-Wesley.

MOBLEY, W.H., GRIFFETH, R.W., HAND, H.H., MEGLINO, B.M. 1979. Review and conceptual analysis of the employee turnover process. Psychological Bulletin 86, 493-522.

MOSER, G. 1978. Individual-Assignment im Rahmen eines Personal-Informations-Entscheidungs-Systems: Untersuchung ausgewählter Modelle. Unveröffentl. Dissertation, Linz.

MOSER, G. 1979. Das Assignment-Problem im Personal-Informations-Entscheidungssystem. In: REBER, G. (Hrsg.): Personalinformationssysteme. Stuttgart: Poeschel, 204-264.

MOWDAY, R.T., PORTER, L.W., STEERS, R.M. 1982. Employee-organizations linkages. The psychology of commitment, absenteeism, and turnover. New York: Academic Press.

MUCHINSKY, P.M. 1977. Employee absenteeism: A review of the literature. Journal of Vocational Behavior 10, 316-340.

MUCHINSKY, P.M. & TUTTLE, M.L. 1979. Employee turnover: An empirical and methodological assessment. Journal of Vocational Behavior 14, 43-77.

MOLDER, W. 1984. Organisatorische Implementierung von computergestützten Personalinformationssystemen. Berlin u.a.: Springer.

MOLLER, W.R. 1983. Thesen zur Neuorientierung der Personalpolitik. Die Betriebswirtschaft 43, 515-523.

NEUBERGER, O. 1974. Die Messung der Arbeitszufriedenheit. Stuttgart: Kohlhammer.

NEUBERGER, O. 1980. Arbeitszufriedenheit als Einstellung zur Arbeitssituation. In: HOYOS Graf, C., KROEBER-RIEL, W., ROSENSTIEL, L.v., STROMPEL, B. (Hrsg.) Grundbegriffe der Wirtschaftspsychologie. München: Kösel.

NEUBERGER, O. 1983a. Personalwesen: Arbeits-Wissenschaft und Personalwirtschaftslehre. Vorwort des Herausgebers in W. MAIER.Arbeitsanalyse und Lohngestaltung. Stuttgart: Enke.

NEUBERGER, O. 1984. Rational, rationaler, irr rational, irrational. Über die Allgegenwart irrationalen Handelns in Organisationen. In: BLUM, R. (Hrsg.) Aktuelle Probleme der Marktwirtschaft in gesamt- und einzelwirtschaftlicher Sicht: Festgabe zum 65. Geburtstag von Louis Perridon. Berlin: Duncker & Humblot, 159-201.

NEUBERGER, O. 1985. Arbeit: Begriff - Gestaltung - Motivation - Zufriedenheit. Stuttgart: Enke.

NEUBERGER, O. & ALLERBECK, M. 1978. Messung und Analyse von Arbeitszufriedenheit. Erfahrungen mit dem "Arbeitsbeschreibungs-Bogen (ABB)". Bern u.a.: Huber.

NEUBERGER, O., HUYER, V., KOMPA, A., WIMMER, P. 1982. Mobilität in der Bundeswehr. Versetzungen und ihre Auswirkungen auf den Soldaten und seine Familie. Wehrpsychologische Untersuchungen 17, Heft 5.

NICHOLSON, N. 1977. Absence behavior and attendance motivation: A conceptual synthesis. Journal of Management Studies 14, 231-252.

NICHOLSON, N., BROWN, C.A. & CHADWICK-JONES, J.K. 1976. Absence from work and job satisfaction. Journal of Applied Psychology 61, 728-737.

NIEDER, P. (Hrsg.) 1979. Ein Unternehmer- oder Arbeitnehmerproblem? Wege zur Reduzierung von Fehlzeiten. Bern/Stuttgart: Haupt.

NIEDER, P. 1981. Fehlzeiten und Fluktuation als Signale für die Unternehmensführung. In: STOLL, F. (Hrsg.) Die Psychologie des 20. Jahrhunderts, Bd. XIII Anwendungen im Berufsleben. Zürich: Kindler.

NORD, W.R. 1977. Job satisfaction reconsidered. American Psychologist, 32, 1026-1035.

NOSSGENS, K.-H. 1975. Führungsaufgabe Personalwesen. Analyse und Maßnahmen zur Gestaltung eines Personalinformationssystems. Berlin u.a.: de Gruyter.

OCHS, P. 1976. Analyse betrieblicher Sozialpläne. Saarbrücken: Institut für Sozialforschung und Sozialwirtschaft.

OECHSLER, W.A. & SCHORMAIR, Th.P. 1981. Quantitative Modelle der Personalplanung. Bamberger Betriebswirtschaftliche Beiträge Nr. 2.

ÜTV 1984. Arbeitsinfo. Nr. 5.

OFFE, C., HINRICHS, K. WIESENTHAL, H. (Hrsg.) 1982. Arbeitszeitpolitik. Formen und Folgen einer Neuverteilung der Arbeitszeit. Frankfurt/M. u.a.: Campus.

OLMSTED, B. 1979. Job sharing: an emerging work-style. International Labour Review 118, 283-297.

OPP, K.-D. 1970. Methodologie der Sozialwissenschaften: Einführung in Probleme ihrer Theorienbildung. Reinbek: Rowohlt.

ORENDI, B. 1984. Fehlzeiten und Krankenverhalten. In: FRESE, M., GREIF, S., SEMMER, N. (Hrsg.) Industrielle Psychopathologie. Bern u.a.: Huber.

ORTMANN, G. 1978. Personalplanung und Betriebswirtschaftslehre. Vom schlechten Gewissen einer Wissenschaft. WSI-Mitteilungen 11, 620-627.

ORTMANN, G. 1984. Der zwingende Blick. Personalinformationssysteme - Architektur der Disziplin. Frankfurt/M.: Campus.

OSSIG, H. 1982. Die Vermittlerrolle des Personalmannes - Im Spannungsfeld betrieblicher Beschäftigungspolitik, technischer Auswirkungen und Arbeitsmarkt. Personal - Mensch und Arbeit 3, 122-125.

O.V. 1979. Arbeitsplatz Bayer: Daten aus dem Personalwesen '79. Köln: Backens.

O.V. 1981. Job-Sharing, Mustervertrag der CDU/CSU, Pressedienst des Deutschen Bundestages vom 3.7.1981, Anhang II, 241 ff.

O.V. 1982. Lohnnebenkosten und Beschäftigung. Chronik 8, 1-4.

O.V. 1983. Beschäftigungsprobleme durch Datenverarbeitung und Mikroelektronik. Materialien aus der Arbeitsmarkt- und Berufsforschung (MatAB) 4, 2-8.

O.V. 1983. KKB Bank-Sozialbericht 1983.

O.V. 1985. Mehr Vertragsfreiheit am Arbeitsmarkt. Süddeutsche Zeitung vom 14.1.85, S. 9.

PETERMANN, F. 1980. Einstellungsforschung - Einstellungsforschung. Göttingen u.a.: Hogrefe.

PFOTZNER, R. 1982. Personalanpassung: Volkswirtschaftliche und gesellschaftspolitische Rahmendaten, Korrelationen, Konsequenzen. Personal - Mensch und Arbeit 3, 90-93.

PORTER, L.W. & STEERS, R.M. 1973. Organizational, work, and personal factors in employee turnover and absenteeism. Psychological Bulletin 80, 151-176.

POSTH, M. 1980. Personalfreisetzung - offene Planungsfragen. Rationalisierung 31, 9, 211-213.

PRICE, J.L. 1977. The study of turnover. Ames: Jowa State University Press.

PULLIG, K.-K. 1980. Personalwirtschaft. München: Hanser.

RABE, U. 1975. Techniken der Personalbedarfsvorhersage - Beispiele aus der Personalplanung der Deutschen Bundespost. In: SCHMIDT, H., HAGENBRUCK, H., SXMANN, W. (Hrsg.) Handbuch der Personalplanung. Frankfurt/M.: Herder & Herder, 258-286.

RATIONALISIERUNGS-KURATORIUM DER DEUTSCHEN WIRTSCHAFT (RKW) 1978. RKW-Handbuch: Praxis der Personalplanung. Teil 1-10. Neuwied u.a.: Luchterhand.

REBER, G. 1977. Personal- und Sozialorientierung in der Betriebswirtschaftslehre, Bd. 1. Stuttgart: Poeschel.

REBER, G. 1979. Vorwort zu: G. REBER (Hrsg.) Personalinformationssysteme. Stuttgart: Poeschel.

REHAHN, H. 1978. Zur Kritik der herkömmlichen Personalplanung. WSI-Mitteilungen 4, 214-222.

REMER, A. 1978. Personalmanagement. Mitarbeiterorientierte Organisation und Führung von Unternehmungen. Berlin u.a.: de Gruyter.

REYHER, L. & BACH, H.-U. 1980. "Arbeitskräfte - Gesamtrechnung": Bestände und Bewegungen auf dem Arbeitsmarkt. Mitteilungen aus der Arbeitsmarkt- und Berufsforschung 4, 498-513.

ROSENSTIEL, L.v.: 1974. Psychische Probleme des Berufsaustritts. In: REIMANN, Helga & REIMANN, Horst (Hrsg.) Das Alter. München: Goldmann, 123-142.

ROSENSTIEL, L.v. 1975. Die motivationalen Grundlagen des Verhaltens in Organisationen. Leistung und Zufriedenheit. Berlin: Duncker & Humblot.

ROSENSTIEL, L.v. 1982. Job Sharing - In psychologischer Perspektive. In: HEYMANN, H. & SEIWERT, L. (Hrsg.): Job Sharing. Stuttgart: Taylorix, 282-294.

SACKSTETTER, H. 1984. Nur ISA kennt sie alle - Personalinformationssysteme als angewandte Informationstechnologie. In: JÖRGENS, U. & NASCHOLD, F. (Hrsg.) Arbeitspolitik. Opladen: Westdeutscher Verlag, 198-216.

SADOWSKI, D. 1984. Der Handel mit Sozialleistungen - Zur Ökonomie und Organisation der betrieblichen Sozialpolitik. Die Betriebswirtschaft 44, 579-590.

SADOWSKI, H. 1981. Fehlzeiten - ein Hauptproblem der Personalarbeit. Personal - Mensch und Arbeit 6, 244-246.

SADOWSKI, H. 1983. Die Kosten einer Arbeitsstunde. Arbeit und Sozialpolitik 6, 200-202.

SCHÄFER, W. 1979. Erfahrungen beim Einsatz von PERSIS. In: REBER, G. (Hrsg.) Personalinformationssysteme. Stuttgart: Poeschel, 397-421.

SCHAUB, G. 1983. Arbeitsrechts-Handbuch. 5. Aufl. München: Beck.

SCHLÖTER, H. 1958. Fluktuation - Eine zeitgemäße Untersuchung. Arbeit und Sozialpolitik 12, 157-162.

SCHMIDT, G. (Hrsg.) 1980. Personalbemessung. Praktische Verfahren zur Bestimmung des quantitativen Personalbedarfs. Gießen: Verlag Dr. Götz Schmidt.

SCHMIDT, H. (Hrsg.) 1982. Humanvermögensrechnung: Instrumentarium zur Ergänzung der unternehmerischen Rechnungslegung - Konzepte und Erfahrungen. Berlin u.a.: de Gruyter.

SCHMITZ, K. 1983. PAISY Personal-Abrechnungs- und Informationssysteme. Grundsätze für eine Betriebsvereinbarung zum Personal-Abrechnungs- und Informationssystem PAISY. Frankfurt/M.: IG Metall.

SCHNEIDER, W. 1981. Neun Jahre Betriebsverfassungsgesetz. WSI-Mitteilungen 3 ff., (zit. nach Franz, A. 1983).

SCHOLL, W. & BLUMENSCHEIN, H. 1979. Personalplanung und Personalpolitik in der Rezession. Frankfurt/M.: RKW.

SCHREYÖGG, G. 1981. Zielsetzung und Planung - Normative Aspekte der Unternehmensplanung. In: STEINMANN, H. (Hrsg.) Planung und Kontrolle. München: Vahlen.

SCHOREN, P. 1983. Job Sharing. Heidelberg: Verlag Markt und Wirtschaft.

SCHUH, A.J. 1967. The predicability of employee tenure: A review of the literature. Personnel Psychology 20, 2, 133-152.

SCHUHMACHER, B. 1983. Arbeitsmarktsituation und Flexibilisierung der Arbeitsgestaltung. Personal: Mensch und Arbeit im Betrieb 8, 300-304.

SCHULTZ-WILD, R. 1978. Betriebliche Beschäftigungspolitik in der Krise - Forschungsergebnisse aus der Rezession 1973/75. Frankfurt u.a.: Campus.

SCHULTZ-WILD, R. 1980. Verbreitung und Entwicklung betrieblicher Personalplanung. In: MAASE, M. & SCHULTZ-WILD, R. (Hrsg.) Personalplanung zwischen Wachstum und Stagnation. Frankfurt u.a.: Campus, 48-60.

SCHULTZ-WILD, R. & SENGENBERGER, W. 1980. Zur Stellung der Personalplanung in der Unternehmensplanung. In: MAASE, M. & SCHULTZ-WILD, R. (Hrsg.) Personalplanung zwischen Wachstum und Stagnation. Frankfurt u.a.: Campus, 61-78.

SEIBT, D. 1982. Wirtschaftlichkeit von CPIS und Entwicklungstendenzen. Unveröffentl. Manuskript, Köln.

SIEGERT, W. 1967. Taschenbuch für Erfolgskontrolle der Personalarbeit. Heidelberg: Sauer.

SILCOCK, H. 1954. The phenomenon of labour turnover. Journal of the Royal Statistical Society 117, 429-440.

SÖLLNER, A. 1984. Zur Beteiligung des Betriebsrats und zur Zuständigkeit der Einigungsstelle bei Einführung und Anwendung von Personalinformationssystemen. Der Betrieb 23, 1243-1246.

STAEHLE, W. & KARG, P.W. 1981. Anmerkungen zu Entwicklung und Stand der deutschen Personalwirtschaftslehre. Die Betriebswirtschaft 41, 1, 83-90.

STAW, B.M. 1980. The consequences of turnover. Journal of Occupational Behaviour 1, 253-273.

STAW, B.M. & OLDHAM, G.R. 1978. Reconsidering our dependent variables: A critique and empirical study. Academy of Management Journal 21, 539-559.

STEERS, R.M. & MOWDAY, R.T. 1981. Employee turnover and post - decision accomodation processes. In: CUMMINGS, L.L. & STAW, B.M. Research in Organizational Behavior 3, 235-281.

STEERS, R.M. & RHODES, S.R. 1978. Major influences on employee attendance: A process model. Journal of Applied Psychology 63, 391-407.

STEGMANN, G. 1965. Die statistische Erfassung und die betriebswirtschaftliche Bedeutung des Arbeitsplatzwechsels. Berlin: Duncker & Humblot.

STOPP, U. 1975. Betriebliche Personalwirtschaft. Stuttgart-Grafenau: Lexika-Verlag.

SZYPERSKI, N. & WINAND, U. 1980. Grundbegriffe der Unternehmensplanung. Stuttgart: Poeschel.

TAGUIRI, R. 1980. Planning: Desirable and undesirable. Human Resource Management 19, 11-14.

TAYLOR, R.W. 1976. Psychological aspects of planning. Long Range Planning 9, 66-74.

TERIET, B. 1976. Neue Strukturen der Arbeitszeitverkürzung. Göttingen: Schwartz & Co.

TERIET, B. 1976. Arbeitszeitforschung - ihre Forschungsobjekte und ihr Stellenwert in der Arbeitsmarkt- und Berufsforschung. Mitteilungen aus der Arbeitsmarkt- und Berufsforschung 4, 485-

TERIET, B. 1979. Kasuistik ausgewählter Ansätze einer flexiblen Arbeitszeitordnung. In: BOLTE, K.M. u.a. (Hrsg.) Mitteilungen der Arbeitsmarkt- und Berufsforschung 12. Jg. Stuttgart u.a.: Kohlhammer, 289-299.

TERIET, B. 1982. Arbeitszeitflexibilisierung - ein beschäftigungsstabilisierendes Instrument der Personalpolitik. Personal - Mensch und Arbeit 3, 93-97.

THIENEMANN, Chr. 1983. Betriebswirtschaftliche Fragen kollektiver Arbeitszeitverkürzung. Schmalenbachs Zeitschrift für betriebswirtschaftliche Forschung 35, 873-884.

THOMAE, H. & LEHR, U. 1973. Berufliche Leistungsfähigkeit im mittleren und höheren Erwachsenenalter. Göttingen: Schwartz & Co.

TREBESCH, K. 1979. Fehlzeiten in Betrieb und Verwaltung. In: NIEDER, P. (Hrsg.) Fehlzeiten. Bern u.a.: Huber, 33-58.

TORK, K. 1978. Instrumente betrieblicher Personalwirtschaft. Neuwied: Luchterhand.

ULICH, E. 1975. Fehlzeiten. In: GAUGLER, E. (Hrsg.) Handwörterbuch des Personalwesens. Stuttgart: Poeschel, 841-845.

ULRICH, E. 1980. Technikprognosen. Mitteilungen aus der Arbeitsmarkt- und Berufsforschung 3, 409-425.

ULRICH, E. 1982. Breitenuntersuchungen über die Wirkungen technischer Änderungen auf Arbeitskräfte. In: MERTENS, D. (Hrsg.) Konzepte der Arbeitsmarkt- und Berufsforschung. Beiträge aus der Arbeitsmarkt- und Berufsforschung 70, 635-657.

ULRICH, H. 1971. Der systemorientierte Ansatz der Betriebswirtschaftslehre. In: v.KORTZFLEISCH, G. (Hrsg.) Wissenschaftsprogramm und Ausbildungsziele der Betriebswirtschaftslehre. Berlin: Duncker & Humblot, 43-60.

ULRICH, H. 1980. Management-Philosophie in einer sich wandelnden Gesellschaft. In: HAHN, D. & TAYLOR, B. (Hrsg.) Strategische Unternehmensplanung. Würzburg: Physica.

ULRICH, H., STAERKLE, R. 1965. Personalplanung. Köln und Opladen: Westdeutscher Verlag.

VAN DER MERWE, R. & MILLER, S. 1971. The measurement of labour turnover. Human Relations 24, 233-253.

VOGT, A. 1983. Dispositionsgrundlagen von Personalkosten in Industriebetrieben. Bochum: Brockmeyer.

VOGT, A. 1984. Personalkostenerfassung und -analyse für Planungs- und Kontrollzwecke. Schmalenbachs Zeitschrift für betriebswirtschaftliche Forschung 36, 861-877.

VOLPERT, W. 1975. Die Lohnarbeitswissenschaft und die Psychologie der Arbeitstätigkeit. In: GROSKURTH, P. & VOLPERT, W. (Hrsg.) Lohnarbeitspsychologie. Frankfurt/M.: Fischer, 11-196.

WACKER, A. 1976. Arbeitslosigkeit: Soziale und psychische Voraussetzungen und Folgen. Köln: Europ. Verlagsanstalt.

WÄCHTER, H. 1974. Praxis der Personalplanung. Herne und Berlin: Verlag Neue Wirtschafts-Briefe.

WÄCHTER, H. 1974a. Langfristige Personalplanung unter Erwartung schrumpfender Betriebsgröße. Betriebswirtschaftliche Forschung und Praxis, 123-137.

WÄCHTER, H. 1979a. Einführung in das Personalwesen. Herne und Berlin: Verlag Neue Wirtschafts-Briefe.

WÄCHTER, H. 1979b. Beurteilungskriterien für Lehrprogramme im Bereich des betrieblichen Personalwesens. In: GAUGLER, E. (Hrsg.) Ausbildungskonzeptionen und Berufsanforderungen für das betriebliche Personalwesen. Berlin: Duncker & Humblot.

WÄCHTER, H. 1981. Das Personalwesen: Herausbildung einer Disziplin. Betriebswirtschaftliche Forschung und Praxis 5, 462-473.

WEBER, H.K. 1980. Wertschöpfungsrechnung. Stuttgart: Poeschel.

WEIERMAIR, K. 1979. Wirtschaftlichkeit von Personalinformationssystemen (PIS.)In: REBER, G. (Hrsg.) Personalinformationssysteme. Stuttgart: Poeschel, 326-336.

WEIGAND, K.H. 1979. Personalinformationssysteme: Nutzen und Nutzung im Interessenkonflikt. In: REBER, G. (Hrsg.) Personalinformationssysteme. Stuttgart: Poeschel, 282-290.

WEIS, P. 1983. Beschäftigungsprobleme älterer Arbeitnehmer. Frankfurt/M. u.a.: Lang.

WEITZEL, R. & HOFF, A. 1981. Möglichkeiten und Grenzen der öffentlichen Förderung von Teilzeitarbeit - Ergebnisse einer Explorativstudie. Berlin: Wissenschaftszentrum; discussion papers, I IM/LPM 81/8.

WENZEL, B. 1976. Methoden der Personalbedarfsplanung. Frankfurt/M.: RKW.

WIESENTHAL, H., OFFE, E., HINRICHS, K. & ENGLER, U. 1983. Arbeitszeitflexibilisierung und gewerkschaftliche Interessenvertretung - Regelungsprobleme und Risiken individualisierter Arbeitszeiten. WSI-Mitteilungen 10, 585-595.

WILD, J. 1974. Grundlagen der Unternehmensplanung. Reinbek: Rowohlt.

WIRTSCHAFTS- UND SOZIALWISSENSCHAFTLICHES INSTITUT DES DEUTSCHEN GEWERKSCHAFTSBUNDES (WSI) (Hrsg.) 1977. Betriebliche Beschäftigungspolitik und gewerkschaftliche Interessenvertretung. Köln: Bund-Verlag.

WIMMER, P. 1982. Der "Life-Event"-Ansatz: Lebensverändernde Ereignisse als Stress-Auslöser. psychosozial 1, 40-54.

WINKEL, R. 1979. Arbeitstätigkeit, Entlassung und Stigma. Köln: Institut zur Erforschung sozialer Chancen.

WÖHE, G. 1981. Einführung in die allgemeine Betriebswirtschaftslehre. München: Gabler (14. Aufl.).

WUNDERER, R. 1983. Personalwirtschaftslehre - von Ökonomie nur Sparelemente. Die Betriebswirtschaft 45, 4.

WUNDERER, R. & MITTMANN, J. 1983. 10 Jahre Personalwirtschaftslehre - von Ökonomie nur Sparelemente. Die Betriebswirtschaft 43, 226-655.

WUNDERLI, R. 1979. Alternative Formen der Arbeitszeitgestaltung. psychosozial 1, 77-99.

ZENTRALVERBAND DER ELEKTROTECHNISCHEN INDUSTRIE e.V. (ZVEI) 1978. Personalzusatzaufwand, ZVEI-Leitfäden für die betriebswirtschaftliche Definition des Personalzusatzaufwandes. Frankfurt/Main.

ZÖLLNER, W. 1984. Die Nutzung DV-gestützter Personalinformationssysteme im Schnittpunkt von Datenschutzrecht und Betriebsverfassung. Der Betrieb 4, 241-246.

ZOLCH, G. 1976. Anwendung der Profilmethode bei der qualitativen Personaleinsatzplanung. Zeitschrift für Arbeitswissenschaft 30, 2, 226-233.

ZOLCH, G. 1979. Entwicklung eines lexiographischen Zuordnungsmodells zur qualitativen Personaleinsatzplanung auf der Basis gemischt skalierter Anforderungs- und Fähigkeitsmerkmale. Unveröff. Diss., Aachen.

5. Autorenregister

6. Sachregister